E22

Biographische Quellen zur deutschen Geschichte nach 1945

Herausgegeben im Auftrag des Instituts für Zeitgeschichte
und in Verbindung mit dem Bundesarchiv
von Wolfgang Benz

Band 3

R. Oldenbourg Verlag München 1985

Inhalt

Einleitung: Heinrich Troeger und die Politik in der Bizone 7

Zur Edition 19

Tagebuch 1947 21

Tagebuch 1948 58

Tagebuch 1949 105

Anmerkungen 145

Dokumente: Sozialpolitische Thesen und Vorschläge Heinrich Troegers . 167
Dokument 1: Fragen des Lastenausgleichs (1947) 168
Dokument 2: 10 Thesen zum Lastenausgleich (1948) 172
Dokument 3: Soziale Lebenssicherung (1950) 174

Kurzbiographien 193

Abkürzungen 206

Register 207

Einleitung

Heinrich Troeger und die Politik in der Bizone

I.

Eine der seltsamsten Institutionen der deutschen Verfassungsgeschichte – nicht nur der an staatsrechtlichen Curiosa so reichen Zeit zwischen dem Zusammenbruch des NS-Regimes und der Gründung zweier deutscher Nachkriegs-Staaten – war der „Exekutivrat" des „Vereinigten Wirtschaftsgebiets". Die merkwürdige Bezeichnung rührte von den Schwierigkeiten, „Executive committee" treffend ins Deutsche zu übersetzen, man schrieb dafür in der deutschen Version der Proklamation Nr. 5 der amerikanischen (bzw. der gleichlautenden Verordnung Nr. 88 der britischen) Militärregierung noch „Exekutivausschuß"; Bezeichnungen wie Vollzugsrat, Vollzugsausschuß oder Verwaltungsrat wurden aus sprachlichen und juristischen Gründen verworfen. Schließlich hieß die Einrichtung, die sich am 25. Juni 1947 konstituierte und die am 19. Februar 1948 nach der 123. Sitzung ihrer Mitglieder wieder in der Versenkung verschwand, „Exekutivrat des Vereinigten Wirtschaftsgebiets".

Geschaffen durch den Machtspruch des amerikanischen und des britischen Militärgouverneurs, war der Exekutivrat eine der beiden Keimzellen neuer Staatlichkeit, die im Herbst 1949 in Gestalt der Bundesrepublik konstituiert wurde. Bis dahin war, vom Zusammenschluß des amerikanischen und des britischen Besatzungsgebiets zur Bizone Ende 1946 an gerechnet, ein weiter Weg mit vielen Stationen, deren wichtigste die drei Organisationsphasen der Bizone bildeten. In der ersten, die im Juni 1947 zu Ende ging, waren die Konturen einer funktionierenden staatlichen Administration noch kaum erkennbar: fünf Ressorts („Verwaltungsräte und Verwaltungsämter"), an verschiedenen Orten unkoordiniert und mit geringer Kompetenz tätig, bildeten den mehr als bescheidenen und reichlich ineffizienten Anfang. Die erste Reform, von den Militärgouverneuren ohne deutsche Mitwirkung verordnet und vollzogen, brachte im Juni 1947 ein Parlament, den Wirtschaftsrat und eine Bizonen-Hauptstadt, Frankfurt, wo die einzelnen Verwaltungen mit Direktoren an der Spitze ihren Dienstsitz zugewiesen bekamen. Man hätte statt „Verwaltung" auch Ministerium sagen können und statt „Direktor" Minister oder doch wenigstens Staatssekretär, aber das hätte dem Potsdamer Protokoll widersprochen und hätte als verfrühte westliche Absage an die gemeinsame und einheitliche Verwaltung aller vier Besatzungszonen Deutschlands durch die Alliierten gegolten.

Zu den Errungenschaften der zweiten Bizonen-Phase gehörte der Exekutivrat. Er bestand aus je einem Vertreter der acht Länder des „Vereinigten Wirtschaftsgebiets" und hatte vielfältige Befugnisse: einerseits war der Exekutivrat das Organ zur Vertretung der Länderinteressen, ähnlich dem früheren Reichsrat oder dem späteren Bundesrat, andererseits hatte der Exekutivrat die Aufgabe, die Tätigkeit der Direktoren der Verwaltungen – der bizonalen Fachressorts für Wirtschaft, für Ernährung, Landwirtschaft und Forsten, für Post und Fernmeldewesen, für Verkehr und für Finanzen – zu koordinieren. Damit war er eine Art kollektives Regierungsorgan. Allerdings hatte der Exekutivrat gegenüber den Direktoren kein Weisungsrecht, und absetzen konnte (außer der Militärregierung, von deren Gnade ohnehin alles abhing) nur der Wirtschaftsrat die Direktoren. Dem Wirtschaftsrat als dem parlamentarischen Organ der Bizone oblag auch die Wahl der Direktoren, das Vorschlagsrecht und die Vorschlagspflicht lagen wiederum beim Exekutivrat. Aber auch an der Gesetzgebung nahm der Exekutivrat durch eigene Gesetzesvorschläge, durch Begutachtung der legislativen Akte des Wirtschaftsrats, durch den Erlaß von Ausführungsbestimmungen teil. Zum Pflichtenkatalog der Institution Exekutivrat gehörten also ebenso exekutive und koordinierende wie legislative Elemente, außerdem sollte das Gremium, dessen Mitglieder den delegierenden Regierungen in den Ländern der US-Zone (Bayern, Württemberg-Baden, Hessen, Bremen) und der britischen Zone (Nordrhein-Westfalen, Niedersachsen, Schleswig-Holstein, Hamburg) verantwortlich blieben, föderative Belange wahren.

Im Exekutivrat hatten die Sozialdemokraten die Mehrheit. Der hessische Vertreter und Gründungsvorsitzende, der Darmstädter Oberbürgermeister Ludwig Metzger, schlug am 3. Juli 1947 den Ministerialdirektor im hessischen Finanzministerium Dr. Heinrich Troeger für das Amt des Generalsekretärs vor. Troeger machte in der gleichen Sitzung seine Aufwartung und erregte auf Anhieb das Mißfallen des bayerischen Vertreters Seelos, der ihn für zu zentralistisch hielt. „Er erwartete eine absolute Unterstützung der Länder", heißt es im Protokoll der Sitzung, „und müsse daher die Ernennung des Dr. Troeger als Generalsekretär ablehnen." Auch der Delegierte Württemberg-Badens bat sich Bedenkzeit aus. Das hatte vor allem parteipolitische Gründe, denn Troeger galt als der Kandidat des sozialdemokratischen Parteivorstands. Den christdemokratischen Vertretern Bayerns und Württemberg-Badens wäre der hessische Staatssekretär Hermann Louis Brill lieber gewesen. Der war zwar auch Sozialdemokrat, aber er stand im Rufe eines engagierten Föderalisten. Deswegen wollte aber SPD-Chef Kurt Schumacher ihn nicht auf dem Stuhl des Generalsekretärs des Exekutivrats sehen.

Nach etlichem Hin und Her wurde Troeger am 14. Juli 1947, zunächst auf die Dauer von sechs Monaten, zum Generalsekretär bestellt. Auf die halbjährige Probezeit hatte man sich vor allem deswegen geeinigt, weil sich die Regierungsvertreter nicht sicher waren, wie politisch Troeger sein Amt auffassen und führen werde; namentlich die Herren aus München und Stuttgart legten Wert darauf, daß er als Beamter, nicht als Politiker agieren würde. Außerdem, so steht es im Protokoll der Sitzung des Exekutivrats vom 14. Juli 1947, war die Bestallung Troegers erfolgt „nur unter der Voraussetzung, daß seine Stellung frei bleibt von jedem politischen Einfluß, was auch vom Vorsitzenden zugesagt wurde".

Die Gelegenheit zur Revision dieses Beschlusses ergab sich schon deshalb nicht, weil die Existenz des Exekutivrats die Sechsmonatsfrist gar nicht überdauerte. Das schwergängige Instrument zur Kontrolle der Direktoren – das war die Hauptaufgabe des Exekutivrats gewesen – wurde bei der zweiten Reform des Bizonen-Apparats durch die Militärgouverneure Anfang 1948 beseitigt. An seine Stelle trat als Vertretung der Länderinteressen ein Länderrat. Die übrigen Aufgaben entfielen oder gingen auf neue Institutionen über: Die Direktoren saßen ab Februar 1948 unter dem Vorsitz eines Oberdirektors – dazu wurde der Kölner Oberbürgermeister Hermann Pünder (CDU) gewählt – im „Verwaltungsrat", einer Art Bizonen-Kabinett, zusammen, der Wirtschaftsrat erhielt etwas erweiterte Befugnisse, und auch die Zahl seiner Mitglieder wurde von 52 auf 104 Abgeordnete (die von den Landtagen hinzugewählt wurden) verdoppelt. Die Organe der Bizone hatten damit, in der dritten Phase des Vereinigten Wirtschaftsgebiets, die bis zur Konstituierung der Bundesrepublik im Herbst 1949 dauerte, endgültig Gestalt gewonnen. Sie hatten darüber hinaus Modellcharakter für das Bonner Staatswesen.

Dem Länderrat gehörten nun je zwei Vertreter für jedes der acht Länder an, die Ministerpräsidenten machten selbst von der neuen politischen Plattform als Delegierte Gebrauch, der parteipolitischen Zusammensetzung nach hatten die Sozialdemokraten neun, die Unionsparteien fünf und die Freien Demokraten zwei Mitglieder im Länderrat. Der Länderkammer oblag, wie später dem Bundesrat, die Mitwirkung an der Gesetzgebung. Alle legislativen Akte des Wirtschaftsrats bedurften der Zustimmung des Länderrats, der außer dem Vetorecht auch das Recht zur Gesetzesinitiative hatte. Generalsekretär des neuen Gremiums wurde wiederum Ministerialdirektor Troeger. Ihm unterstand der büromäßige Apparat – gegliedert in Hauptreferate und Referate –, mit dem die Arbeit des Länderrats erledigt wurde. Der Generalsekretär war auch zuständig für den geschäftsmäßigen Ablauf – von der Vorbereitung der Tagesordnung bis zur Reinschrift und Unterzeichnung des Protokolls – der öffentlichen und nichtöffentlichen Sitzungen des Länderrats. Interessanter waren freilich die Konferenzen der Ministerpräsidenten oder die Besprechungen der Militärgouverneure mit den westdeutschen Länderchefs, bei denen Troeger meist als Verantwortlicher für das Protokoll teilnahm.

II.

Geboren am 4. März 1901 in Zeitz im preußischen Sachsen, besuchte der Arztsohn Heinrich Troeger das humanistische Gymnasium in Kempen (in der Provinz Posen, im damals preußischen Polen), wo er 1918 das Abitur ablegte, um – in der Marineschule Mürvik – als siebzehnjähriger Seekadett kurz vor dem

Ende des Ersten Weltkriegs noch Kriegsdienst zu tun. An den Universitäten Breslau, Würzburg und Halle studierte er dann Rechts- und Staatswissenschaften. Im Dezember 1921 legte er das Referendarexamen am Oberlandesgericht in Naumburg ab, und im folgenden Jahr erhielt er von der Universität Breslau die Würde eines doctor juris. Die Stationen des Referendars Troeger waren zunächst Amtsgericht und Landgericht in Oels (Schlesien), dann, unter der Aufsicht des Regierungspräsidenten in Breslau, ein Landratsamt, ein Polizeipräsidium, ein Finanzamt. Dem folgte im August 1925 die zweite (die große) juristische Staatsprüfung beim Preußischen Ministerium des Innern. In Euskirchen und wenig später in Dortmund amtierte er dann als Regierungsassessor im Landratsamt.

Im Februar 1922, als frischgebackener Referendar, war Troeger in Oels der SPD beigetreten. Sein öffentliches politisches Engagement als Versammlungsredner und sozialdemokratischer Publizist brachte ihm in Euskirchen Verdruß mit seiner unmittelbaren Obrigkeit und die Versetzung nach Dortmund. Von dort aus bewarb er sich erfolgreich um das Amt des Ersten Bürgermeisters der Stadt Neusalz an der Oder. Die kleine Industriestadt in Niederschlesien, deren Regiment Troeger im Sommer 1926 – gewählt von einer Mehrheit aus SPD- und DDP-Vertretern im Gemeinderat – übernahm, bot dem jungen Verwaltungsjuristen die Chance, kommunalpolitische Erfahrung zu sammeln, und dem ambitionierten Sozialdemokraten darüber hinaus Wirkungsmöglichkeiten auf parlamentarischer Ebene. 29jährig war Troeger Abgeordneter im Provinziallandtag von Niederschlesien und von diesem delegiertes Mitglied im Provinzialausschuß. Zu den kommunalpolitischen Meriten Troegers gehörten u. a. die Kanalisation der gesamten Stadt Neusalz, die Errichtung eines modernen Krankenhauses und eines Gymnasiums sowie der Bau einer Brücke über die Oder.

Im März 1933 wurde er in „Schutzhaft" genommen und gezwungen, die Beurlaubung als Bürgermeister zu beantragen. Unter Entzug der Pensionsberechtigung wurde Troeger von den nationalsozialistischen Machthabern im Oktober 1933 unter Berufung auf § 4 des „Gesetzes zur Wiederherstellung des Berufsbeamtentums" vom April 1933 entlassen („Beamte, die nach ihrer bisherigen politischen Betätigung nicht die Gewähr dafür bieten, daß sie jederzeit rückhaltlos für den nationalen Staat eintreten, können aus dem Dienst entlassen werden"). Dem zwangsweisen Abschied vorangegangen waren zuerst ein Versuch der NSDAP-Gewaltigen am Ort, den geschätzten Fachmann Troeger zum Umschwenken auf die Hitler-Linie zu bringen, dem folgten Nachstellungen und Pressionen, darunter die üblichen – ergebnislosen – Straf- und ein Dienststrafverfahren sowie eine zweite Inhaftierung im Juni 1933. Des Amtes beraubt entschloß sich Troeger zur Übersiedelung nach Berlin, wo er sich ab 1934, zunächst publizistisch und als Herausgeber von Fachbüchern, auf Devisen- und Steuerrecht spezialisierte, um eine neue freiberufliche Existenz aufzubauen.

1935 wurde Troeger in die Liste der Verwaltungsrechtsräte beim Preußischen Oberverwaltungsgericht in Berlin eingetragen; die Anwaltspraxis mit den

Schwerpunkten Devisenrecht, Recht der Handelsgesellschaften und zwischenstaatlichem Steuerrecht ging gut, trotz gelegentlicher Behinderungen und Verfolgungen durch das NS-Regime. Politisch aktiv, was nach Überzeugung und Temperament Troegers nur die Teilnahme an einem Widerstandskreis hätte bedeuten können, war er bis 1945 nicht. Die Verbindungen und Freundschaften aus der Zeit vor 1933 hielt er freilich aufrecht, und politische Freunde in Schlesien, wie der ehemalige Breslauer Polizeipräsident Fritz Voigt und der Gewerkschafter Franz Leuninger, die als Mitwisser des Verschwörerkreises vom 20. Juli von der NS-Justiz ermordet wurden, hatten ihn für das Amt des Regierungspräsidenten in Liegnitz in Aussicht genommen.

Nach Ausbruch des Zweiten Weltkriegs ergab sich ein neues Betätigungsfeld für Heinrich Troeger: die Firma Massey-Harris, eine deutsche Tochter des kanadischen Landwirtschaftsmaschinen-Konzerns, wurde, weil sich ihre Geschäftsanteile in kanadischer Hand befanden, „Feindvermögen", für das von staatswegen ein deutscher Verwalter bestellt werden mußte. Um zu vermeiden, daß das Unternehmen unter Kuratel eines Nationalsozialisten geriet, betrieb die Firmenleitung mit Erfolg die Ernennung Troegers zum Verwalter. Nach der Besetzung von Belgien und Nordfrankreich wurde er auch Treuhänder der französischen und der belgischen Schwestergesellschaften. Diese Tätigkeit ersparte ihm auch, wegen Unabkömmlichkeit, die Einberufung zur Wehrmacht.

Das Kriegsende und den Zusammenbruch des NS-Regimes erlebte Troeger in Neustadt an der Orla in Thüringen, wohin sich seine Familie, die zunächst aus Berlin nach Schlesien evakuiert worden war, geflüchtet hatte. Dort suchte Troeger wieder nach einem politischen Betätigungsfeld; er bewarb sich beim Innen- und beim Finanzressort der unter amerikanischer Ägide im Aufbau befindlichen Landesregierung in Weimar. Anfang Juni 1945, als sich die Gerüchte vom Wechsel der Besatzungsmacht in Thüringen zur Gewißheit verdichteten, als viele wieder an Flucht Richtung Westen dachten, entschied sich Troeger zum Bleiben. Praktische Überlegungen sprachen ebenso dafür – die russische Besatzung als Nachkriegsakt würde nichts Schlimmes sein, meinte er einerseits, und mit dem Rücktransport der Evakuierten und Geflohenen in die Heimatgebiete, also nach Berlin, wo die Familie Troeger ein Haus besaß, sei andererseits zu rechnen – wie Erwägungen, die seine politische und moralische Position kennzeichneten: „Ich will bleiben, wo mich das Schicksal hingestellt hat, denn alle anständig denkenden Deutschen werden Hand anlegen müssen, wenn das deutsche Volk noch jemals zu einer politischen Geltung kommen soll. Wenn die Sieger Bestrafung, Erziehung und Vergeltung üben, dann müssen wir einig sein, mit allen denjenigen Versöhnung zu betreiben, die sich nichts haben zu Schulden kommen lassen, außer daß sie zu den politisch Urteilslosen gehörten." So Troeger in seinen unveröffentlichten Erinnerungen („Erlebtes und Gedachtes. Erinnerungen von 1945 bis 1970"), die in enger Anlehnung an die Tagebücher geschrieben sind.

Mitte Juni 1945 nahm Troeger Kontakt auf zum früheren Oberbürgermeister von Breslau, Otto Wagner, der sich nach seiner Amtsenthebung 1933 nach Jena zurückgezogen hatte. Die Amerikaner hatten ihn nach der Besetzung dort zum kommissarischen Oberbürgermeister ernannt, aber er wollte das Amt so schnell wie möglich wieder loswerden. Troeger erschien ihm offenbar wie vom Himmel gesandt, und dieser empfand das Ansinnen, Oberbürgermeister in Jena zu werden, geradezu als Erlösung von der Isolation und Untätigkeit in Neustadt. Er stimmte zu, und unmittelbar vor dem Einzug der sowjetischen Besatzungsmacht wurde er nach Jena geholt, am 3. Juli 1945 stellte er sich dem erweiterten antifaschistischen Komitee der Stadt vor, das ihn zum OB-Kandidaten wählte. (Die Antifa-Ausschüsse, die sich nach dem Einmarsch der Amerikaner allenthalben auf Initiative von Männern der Arbeiterbewegung etabliert hatten, fungierten bis zu ihrer Auflösung durch die Militärregierung als erste demokratische Legitimationsorgane für politische Entscheidungen.) Die Amtszeit Heinrich Troegers als Jenenser Oberbürgermeister, die im September 1946 endete, ist von Thilo Vogelsang in den Vierteljahrsheften für Zeitgeschichte dokumentiert worden. (Oberbürgermeister in Jena 1945/46. Aus den Erinnerungen von Dr. Heinrich Troeger, in: VfZ 25 [1977], S. 889−930).

Das Ende in Jena war typisch für die Verhältnisse. Bei den Kommunalwahlen am 8. September 1946 war die Liberaldemokratische Partei (LDP) stärkste Fraktion in Jena geworden, nicht zuletzt deshalb, weil viele Sozialdemokraten nach dem in der Ostzone erzwungenen Zusammenschluß von SPD und KPD zur SED im Frühjahr 1946 die LDP gewählt hatten. Der Sozialdemokrat Troeger war zwangsläufig im April 1946 SED-Mitglied geworden. Trotzdem hatte die LDP-Fraktion ihn zu ihrem OB-Kandidaten bestimmt. Nach Auffassung der sowjetischen Militärregierung mußte aber dem LDP-Wahlsieg durch ein Stadtoberhaupt mit förmlicher LDP-Mitgliedschaft Rechnung getragen werden. Als OB in Jena war Troeger also unerwünscht, andererseits erhielt er im Herbst 1946 von der SED Angebote, für die gleiche Funktion in Leipzig oder Halle/Saale und für das Amt des Wirtschaftsministers in Sachsen. Er selbst hatte sich aber schon früher anderweitig umgetan und stand in Verhandlungen um den Posten des Stadtkämmerers von Berlin.

Aufgefordert dazu hatte ihn Hermann Lüdemann, der spätere Ministerpräsident von Schleswig-Holstein, der damals Kandidat der SPD-Zentrale in Hannover für das Berliner Oberbürgermeisteramt war. Die Berliner Sozialdemokraten favorisierten aber lokale Größen und entschieden sich für Otto Ostrowski. Troeger wurde trotzdem zum Bleiben ermuntert, Stadtverordnetenvorsteher Otto Suhr hätte ihn gerne als Stadtrat für Wirtschaftsfragen in Berlin gehabt. Troeger entschied sich jedoch für eine andere Offerte, und zwar für den Posten eines Ministerialdirektors und Vertreters des Innenministers in Hessen. Angeboten hatte ihm dieses Amt Hermann Brill, den Troeger in der Nachkriegszeit in Thüringen kennengelernt und der ihn tief beeindruckt hatte. Brill war als 25jähriger USPD-Abgeordneter 1920 in den thüringischen Landtag gekommen und gehörte, seit 1922 wieder bei der SPD, 1921−1924 der Landesregierung in Weimar als politischer Beamter an. Der konsequente demokratische Sozialist bekämpfte bis 1933 als Landtagsabgeordneter und Mitglied des Staatsgerichtshofs noch legal, dann in den Widerstandsgruppen „Neu Beginnen" und „Deutsche Volksfront" den Nationalsozialismus; mit seinen Gesinnungsfreunden erhoffte er für die Zeit nach Hitler eine vereinte Arbeiterbewegung, für die er sich theoretisch und programmatisch auch ab 1938 im Zuchthaus Brandenburg und im Konzentrationslager Buchenwald engagierte. Das „Buchenwalder Manifest" vom April 1945, im wesentlichen von Brill konzipiert und formuliert, war die Vision einer neuen demokratisch-sozialistischen Ordnung unter dem Motto „Frieden, Freiheit, Sozialismus", getragen von einer die Spaltung in KPD und SPD überwindenden Arbeiterbewegung. Nach der Befreiung in Buchenwald beauftragte die amerikanische Besatzungsmacht Brill mit der Bildung einer thüringischen Landesregierung. Nach dem Besatzungswechsel in Thüringen verlor der rigorose Antifaschist am 16. Juli 1945 sein Amt als Regierungschef, in der Folge scheiterten auch bald seine Bemühungen um die Herstellung der sozialistischen Einheit nach der Konzeption des Buchenwalder Manifests.

Brill ging Ende 1945 als Berater der US-Militärregierung nach Berlin. Im Juli 1946 wurde der prominente linke Sozialdemokrat als Staatssekretär Chef der hessischen Staatskanzlei in Wiesbaden und bis Dezember 1946, als in der US-Zone die ersten Landtagswahlen abgehalten wurden, galt er als Anwärter auf das Amt des Ministerpräsidenten. Von dieser Position aus hatte Brill mit Troeger im Herbst 1946 verhandelt. Unter dem Datum 8. Dezember 1946 beschreibt Troeger im Tagebuch den Schrecken, der ihn durchfuhr, als er der „Neuen Zeitung", dem amerikanischen Blatt für das deutsche Publikum in der US-Zone, entnehmen mußte, daß Brill in Wiesbaden offenbar nicht mehr zur Debatte stand: „Was wird aus meiner Bewerbung um die Stelle des Ministerialdirektors im Innenministerium? Bleibt Zinnkann Minister des Innern und will er mich noch haben? Würde es dann auch mit dem Umzuge klappen? Aber was wäre für mich Wiesbaden ohne Dr. Brill? Ich kann mir nicht denken, daß Brill dort bleibt, wenn seine Kandidatur für den Ministerpräsidentenposten ausfällt."

In der bangen Erwartung, womöglich auf Stellungsuche gehen zu müssen, immerhin war er Vater von sechs Kindern, bedachte Troeger die Situation und redete sich Mut zu: „Brill sagt nichts, wenn er dessen nicht ganz gewiß ist. Und wenn es ihm ähnlich ginge wie Lüdemann, der auch vom Parteivorstand zum Oberbürgermeister von Berlin vorgeschlagen war, und dann vom Parteiausschuß abgelehnt wurde, dann würde er doch stark genug bleiben, sich auch um mich zu kümmern; er könnte mich doch nicht sitzen lassen, nachdem ich wegen unserer Verabredung die Berliner Angebote abgelehnt hatte." Schließlich beruhigte sich Troeger, der im Tagebuch diese Nacht der Ängste protokollierte: „Das feste Vertrauen auf Dr. Brill siegte. Es mußte die SPD doch wenigstens an einer Stelle den besten Mann herausstellen. Wer hat denn die vielbesprochene hessische Verfassung gemacht, wenn nicht Hermann Brill? Sollte die neue SPD-Fraktion diesen Mann wirklich fallen lassen? Sollte er sich in seinen Chancen so grob getäuscht haben? Sollte etwa die CDU Schwierigkeiten machen, nachdem sie sich mit der SPD, d. h. doch eben mit Brill über die Verfassung geeinigt hatte? Sollte etwa Brill einen groben Lapsus gemacht haben, der ihn für die SPD oder CDU in Hessen untragbar erscheinen ließe? Alle diese Fragen aufwerfen, hieß sie für mich verneinen . . . So schlief ich denn gegen 6 Uhr wieder ein. Aber so ist Troeger: wenn ihm etwas unverhofft in die Quere kommt und seine Kreise stört, auf denen seine ganze Zukunft ruht, dann ist er aus dem Häuschen: Er denkt zu viel, das schadet manchmal."

Brill blieb jedoch entgegen Troegers Befürchtungen in Wiesbaden als Leiter der Staatskanzlei, und Troeger war immer noch, wie er telegraphisch am Heiligen Abend 1946 erfuhr, willkommen: „Meine innere Freude ist nicht zu beschreiben: Ich träume nun wieder davon, Hessen zu einem sozialistischen Musterland zu machen. Es gilt, vom Grunde aufzubauen und zu zeigen, wie man heute in Deutschland als Sozialdemokrat regiert: Eine Aufgabe, die mich deswegen besonders reizt, weil ich weiß, daß ich bei Dr. Brill die politische Schulung erleben werde, die mir fehlt."

Die Übersiedlung von Berlin nach Wiesbaden und die Hintergründe seines dortigen Amtsantritts schildert Troeger in einer nachträglichen Ergänzung zur Tagebucheintragung vom 19. Januar 1947, in der sich auch die Bemerkung findet, „die persönlichen Umstände in Wiesbaden waren damals für mich die schlechtesten, an die ich mich erinnern kann": „Endlich klappte es mit meiner Reise nach Wiesbaden, indem ich die erforderlichen Papiere für die Benutzung eines Militärzuges der Amerikaner nach Frankfurt/Main erhielt. Dr. Brill ließ mich mit seinem Dienstwagen von der Bahn abholen. Ich erfuhr durch ihn – und später durch Albert Wagner, der mich schon als Regierungsreferendar in Breslau kennengelernt hatte – wie es zu meiner Berufung nach Hessen kam. Die Landtagsfraktion wünschte sich einen geborenen Hessen als Ministerpräsidenten und wählte – wohl gegen die Intentionen des Parteivorstandes in Hannover – Christian Stock, der das Hessenland schon in der Nationalversammlung in Weimar vertreten hatte. Bei der Regierungsbildung wurde zunächst verabredet, daß ich als Stellvertreter des hessischen Ministers des Innern Heinrich Zinnkann berufen werden sollte. Später wurde – wie ich vermute auf Initiative von Dr. Werner Hilpert – beschlossen, daß in keinem Falle (außer in der Staatskanzlei) der Minister und sein Stellvertreter derselben Partei angehören dürften. Auf die Frage von Zinnkann: ‚Was soll dann aber mit Troeger werden?' erklärte Dr. Hilpert ‚den nehme ich'. Er wußte von meiner literarischen Arbeit auf dem Gebiete des Devisenrechts, kannte mich aber sonst nicht. Nachträglich muß ich feststellen, daß Hilpert mir gegenüber von Anfang an das gleiche Mißtrauen gezeigt hat, das ihn zu der Forderung bewogen hatte, dem Innenminister und dem Wirtschaftsminister einen CDU-Vertreter zu geben . . . Finanzminister Hilpert, der leider keine Menschenkenntnis hatte, arbeitete in den wichtigen und politisch interessanten Sachen mit seinen persönlichen Vertrauensleuten unter Umgehung oder Vernachlässigung meiner Person als seines amtlichen Stellvertreters."

Um so freudiger ergriff Troeger die Gelegenheit, unter Beurlaubung aus dem hessischen Staatsdienst die Stelle als Generalsekretär des Exekutivrats und dann des Länderrats zu übernehmen. Die erfolgreiche Kandidatur Troegers kollidierte freilich mit den Ambitionen, die sein Förderer Hermann Brill auf das gleiche Amt in der Bizone hatte, und die Beziehungen der beiden wurden auf lange Zeit frostig. Wäre es von der parteipolitischen Konstellation her möglich gewesen, dann wäre Troeger im Herbst 1949 wohl in der gleichen Funktion von Frankfurt nach Bonn zum Bundesrat umgezogen. Statt dessen fand er eine andere Wirkungsstätte am Rhein als Ministerialdirektor in Düsseldorf im Finanzministerium von Nordrhein-Westfalen.

Troeger konnte sich diesem Amt aber nur kurze Zeit – von Februar bis Dezember 1950 – widmen, denn nach den Landtagswahlen in Hessen im November 1950, die den Sozialdemokraten die absolute Mehrheit brachten, bot ihm der neue hessische Ministerpräsident Georg August Zinn das Finanzministerium an. Mit tiefer Genugtuung ließ Troeger sich am 13. Januar 1951 von Werner Hilpert, dem er 1947 als Ministerialdirektor unterstanden hatte, mit dem er sich so schlecht verstand und der drei Jahre zuvor, als Troeger nach Frankfurt zur Bizone beurlaubt war, seine Entlassung aus dem hessischen Staatsdienst betrieben hatte, die Amtsgeschäfte des Finanzministeriums übergeben.

Troeger blieb bis Ende September 1956 Minister in Wiesbaden. Vor allem das gespannte Verhältnis zu Ministerpräsident Zinn, das sich nach einiger Zeit ergab, bewog ihn dann, den Ministersessel mit dem Stuhl des Präsidenten der Landeszentralbank zu vertauschen. Als Minister hatte er sich besonders für die Verwaltungsreform und für die Integration der Heimatvertriebenen, u. a. durch Förderung von Industrieansiedlungen engagiert. Am Herzen lagen ihm aber auch Wiederaufbau und Pflege historischer Bauten und die Förderung der Hochschulen des Landes (später, von 1965 bis 1970 war Troeger auch Mitglied des Wissenschaftsrats).

Über die hessischen Landesgrenzen hinaus hatte Troeger als Vorsitzender eines Expertengremiums gewirkt, das vom Bundesrat berufen war und vom Herbst 1951 bis November 1953 Möglichkeiten und Grenzen der Großen Steuerreform in der Bundesrepublik diskutierte. Das war keine spektakuläre Funktion, aber den Glanz der öffentlichen Stellung suchte der Pragmatiker im protestantischen Habitus auch nicht. Preußische Tugenden waren ihm lieb – Bewerbern pflegte er die klassische Frage zu stellen, ob sie gedient hätten – und manche Zeitgenossen mögen das als Kargheit empfunden haben. Charakteristisch für Troeger war ein Arbeitskreis, dessen Mittelpunkt er bildete: ein Zirkel hochkarätiger Männer verschiedener politischer Couleur, der sich über zwei Jahrzehnte hin einmal im Monat im Raum Köln-Bonn traf, um über politische Fragen zu debattieren. Exklusiver, aber unprätentiöser als die weltweit ambitionierte Geselligkeit und Wohltätigkeit pflegenden Herrenclubs der Erfolg- und Einflußreichen gehobenen Standes hatte der Arbeitskreis um Troeger nur gegen 20 Mitglieder, unter ihnen waren der Jurist Robert Ellscheid, der Verleger Joseph Witsch, der Bankier Robert Pferdmenges (alle Köln), die Sozialdemokraten Herbert Kriedemann, Walter Seuffert, Erwin Schoettle, die ebenso wie Herbert Lubowski seit den bizonalen Anfängen politische Weggefährten Troegers waren. Der Journalist Christoph von Imhoff, der Düsseldorfer Oberstadtdirektor Walther Hensel und Kurt Birrenbach gehörten zum Troeger-Kreis, der sich zu seinen Zusammenkünften prominente und kompetente Referenten holte wie etwa den Bundesfinanzminister Etzel oder den damaligen Rechtsanwalt Hellmut Becker (der wiederum Richard von Weizsäcker mitbrachte), Eugen Kogon oder Fritz René Allemann.

Die letzte Station seiner öffentlichen Wirksamkeit erreichte Troeger als Vizepräsident der Deutschen Bundesbank Anfang 1958. Die Bundesregierung bewog ihn 1967, ebenso wie den Vorsitzenden Karl Blessing, zum Verbleiben im Amt zwei Jahre über die Pensionsgrenze hinaus. Als er, nach den Bundestagswahlen und der Bildung der sozialliberalen Koalition, am 31. Dezember 1969 in den Ruhestand trat, hieß es im „Handelsblatt", es sei ihm, zusammen mit Blessing, als „unerschrockenem Mahner" gelungen, „Wirtschaft und Währung über viele Jahre hinaus eine bemerkenswerte Stabilität zu sichern". Heinrich Troeger starb im Alter von 74 Jahren am 28. August 1975 in Bad Nauheim an den Folgen eines Herzanfalls.

III.

Die privaten Tagebücher des Generalsekretärs Troeger aus den drei Jahren, in denen unter Besatzungsherrschaft in der Bizonen-Administration, auf den Konferenzen der Ministerpräsidenten, im Herrenchiemseer Verfassungskonvent, im Parlamentarischen Rat und in sonstigen Gremien konstitutive Entscheidungen fielen, die in der Bundesrepublik gültig blieben, sind eine historische Quelle ersten Ranges. Troeger, von Amts wegen mit der damaligen politischen Prominenz eng vertraut, war ein präziser Beobachter, der vor eindeutiger Wertung und scharfem Urteil über Personen und Entscheidungen, über Charaktere und Motive keine Scheu hatte. Manches dieser natürlich immer subjektiven Verdikte wurde den von Troeger apostrophierten Zeitgenossen wohl auch nicht gerecht. Werner Hilpert etwa, über den sich Troeger bei Brill so bitter beklagte (Tagebuch vom 17. April 1947), war als frommer Katholik, als CDU-Politiker und in Temperament und Wesen so anders als Troeger, daß sie sich kaum verständigen konnten. Selbst Brill, den seit der gemeinsamen Haft in Buchenwald eine tiefe Freundschaft mit Hilpert verband, konnte zwischen Troeger und Hilpert nicht vermitteln. Harsche Urteile über den Ministerpräsidenten Christian Stock (Tagebuch vom 5. und 25. Oktober 1947) hat Troeger später (13. August 1949) ausdrücklich revidiert. Die Passagen über Kurt Schumacher, am 18. Mai 1947 notiert, sind wiederum ein Beispiel für kritische Beobachtung und sicheres Urteil Troegers.

In Troegers Tagebuchaufzeichnungen spiegelt sich die – oft klägliche – politische Realität des von Ängsten erfüllten und mit Hoffnungen besetzten Interims der ersten Nachkriegsjahre. Seiner damaligen Stellung nach stand Troeger unter keinem Rechtfertigungszwang, und die regelmäßigen Eintragungen des lebenslang passionierten Tagebuchschreibers bürgen auch von den äußeren Umständen her für die Authentizität des Geschriebenen. Die Tagebucheintragung vom 15. Mai 1948, in der Troeger über die Konferenz der beiden Militärgouverneure mit Vertretern der Bizone berichtet, ist ein treffendes Beispiel nicht nur für die Authentizität und Präzision unserer Quelle, sondern auch für deren genuine Bedeutung. Der Vergleich mit dem Protokoll dieser Besprechung, die am Vortag stattfand, zeigt die amtliche Version und beweist die Übereinstimmung der Argumente und Gegenargumente. Aber in welcher Atmosphäre sich die ganze Debatte über die Schwarzwildplage abspielte und wie peinlich die Situation war, geht in voller Klarheit erst aus dem Tagebuch hervor.

Dank der vom Bundesarchiv und dem Institut für Zeitgeschichte gemeinsam verantworteten Edition „Akten zur Vorgeschichte der Bundesrepublik Deutschland 1945–1949" ist die Nachprüfung der meisten Tagebucheintragungen dem interessierten Leser ohne Schwierigkeiten möglich. Die ganze Reihe „Biographische Quellen zur deutschen Geschichte nach 1945", als deren dritter Band die Tagebücher Troegers publiziert werden, versteht sich in gewissem Sinne ja als Supplement zur fünfbändigen Akten-Edition. Im Kommentar wird daher, wenn immer es möglich war, nur auf die entsprechenden Stellen dieser Edition, also auf die dort abgedruckten Protokolle der Sitzungen des Exekutivrats, der Ministerpräsidentenkonferenzen, der Besprechungen mit den Militärgouverneuren oder der Direktorialsitzungen verwiesen.

Im Tagebuch der Jahre 1947–1949 erscheint Heinrich Troeger in erster Linie als Chronist von Ereignissen und Entwicklungen, an denen andere die Verantwortung tragen oder die doch immerhin prominentere Rollen auf der politischen Bühne spielen durften als der Generalsekretär des Exekutivrates bzw. der bizonalen Länderkammer. Der politischen Persönlichkeit Troegers wird diese im Tagebuch gespiegelte Ebene noch nicht ganz gerecht. Als Anhang sind daher drei Texte beigefügt, die Troegers Ambitionen auf dem Feld der Sozialpolitik dokumentieren. Ein Vortragsmanuskript aus dem Frühjahr 1947 und zwei Denkschriften aus den Jahren 1948 und 1949/50 wurden ausgewählt, um Einblick in Troegers Gedanken und Visionen einer gerechten Sozialordnung der Nachkriegszeit zu geben.

Frau Edeltraut Schönewald, Wiesbaden, danke ich herzlich für die Hilfe bei der Verifizierung von Sachverhalten und biographischen Daten. Für Hinweise danke ich auch Herrn Minister a. D. Dr. Erwin Stein, Fernwald bei Gießen, und Herrn Minister a. D. Ludwig Metzger, Darmstadt.

Wolfgang Benz

Zur Edition

Heinrich Troeger begann 1918 als Seekadett bei der Kriegsmarine Tagebuch zu führen und setzte dieses bis in das letzte Jahr seines Lebens 1975 fort. Alles in allem umfassen diese heute im Archiv der sozialen Demokratie der Friedrich-Ebert-Stiftung in Bonn/Bad Godesberg aufbewahrten Tagebücher 55 Bände. Mitte der sechziger Jahre ließ Heinrich Troeger die bis zu diesem Zeitpunkt angefertigten handschriftlichen Aufzeichnungen von Ernst Moering exzerpieren, um sie dann, nachdem er sie zuvor überarbeitet hatte, von seiner Frau Else Troeger in maschinenschriftliche Form bringen zu lassen. Bei dieser Überarbeitung verfremdete oder kürzte Troeger Angaben zu Vorgängen und Personen, sofern er Indiskretionen befürchtete. Außerdem nahm er bei dieser Gelegenheit auch kleinere stilistische Veränderungen vor. Das Resultat dieser Arbeit umfaßt 15 Bände Tagebuchtyposkript, denen Troeger den Titel „Am Rande der Politik" gab. Sie werden ebenfalls im Archiv der sozialen Demokratie aufbewahrt. Später überarbeitete Troeger diese Fassung erneut, wobei bei dieser Bearbeitungsstufe die nachträglich reflektierenden Elemente im Gegensatz zur ersten Version, in der vor allem schonende Kürzungen vorgenommen wurden, relativ stark sind. Da diese erneuten Überarbeitungen handschriftlich in ein Exemplar der ersten Bearbeitungsstufe eingetragen wurden, ist die Identifizierung der erneuten Veränderungen und die Rekonstruktion der zugrundeliegenden Fassung relativ einfach. Eine Kopie dieser Bearbeitungsstufe für den Zeitraum 1945–1956 wird auch im Institut für Zeitgeschichte, München, verwahrt.

Darüber hinaus dienten die Tagebücher als Steinbruch für eine noch stärker überformte Variante, die Troeger unter dem Titel „Erlebtes und Gedachtes. Erinnerungen von 1945–1970" für die Veröffentlichung bestimmt hatte. Dabei hatte er zwar den Tagebuchduktus beibehalten, aber die Aufzeichnungen weiter mit nachträglich eingefügten Elementen angereichert. Eine Kopie dieser Version befindet sich ebenfalls im Institut für Zeitgeschichte.

Die Edition der Tagebücher Heinrich Troegers für den Zeitraum 1947–1949, die an die Veröffentlichung der Aufzeichnungen aus Troegers Zeit als Oberbürgermeister von Jena 1945/46 durch Thilo Vogelsang in den Vierteljahrsheften für Zeitgeschichte 25 (1977) anschließt, setzte umfangreiche textkritische Arbeiten voraus. Der hier veröffentlichte Text beruht auf den Bänden 29–32 des Tagebuchmanuskripts bzw. Band 8 und 9 des ersten Tagebuchtyposkripts. Auf der Grundlage der als frühest bestimmten Transkription wurde erstens ein Vergleich mit der oft schwer lesbaren, Sütterlin- und lateinische Kursivschrift vermengenden Handschrift Troegers durchgeführt. Dabei wurden vereinzelt vorhandene Fehler der Transkription Ernst Moerings beseitigt, weggelassen

Textteile wieder eingefügt und nachträglich veränderte oder ergänzte Stellen kenntlich gemacht.

Zweitens wurden auch die späteren Tagebuchfassungen herangezogen, da Troeger dort zum Teil Angaben vervollständigte, die ihm bei der Anlage seines ursprünglichen Tagebuches manchmal überflüssig erschienen sein mochten. So etwa nannte oder vervollständigte er Personennamen, die ihm im Hinblick auf eine Veröffentlichung seiner Aufzeichnungen nachträglich wichtig waren. Da die Publikationsgrundsätze der Reihe „Biographische Quellen zur deutschen Geschichte nach 1945" keinen aufwendigen textkritischen Apparat vorsehen, mußte für die Veröffentlichung die Wahl für eine Variante getroffen werden. Bei dieser Entscheidung setzte sich die Überzeugung durch, daß dem Leser ein nach Möglichkeit mit dem handschriftlichen Original identischer Text zur Hand gegeben werden sollte, da dessen Authentizität die Veröffentlichung vor allem rechtfertigt und dessen sprachliche Unebenheiten leicht zu kompensieren vermag. Den Konflikt zwischen der Entscheidung des Autors, bestimmte Angaben zu tilgen, und der Neugier des Lesers entschied der Bearbeiter, soweit es ihm verantwortbar schien, zugunsten des letzteren. Dabei rechtfertigt die seit der Bearbeitung Troegers vergangene Frist von etwa 20 Jahren bzw. der doppelt so lange Zeitraum, der zwischen den Ereignissen und dieser Publikation liegt, sicherlich die weitgehende Aufhebung der Troegerschen Selbstzensur.

In einigen seltenen Fällen fiel entgegen der allgemeinen Bearbeitungsregel die Entscheidung dafür, eine nachträglich eingefügte Passage in die Veröffentlichung aufzunehmen, sofern der Wert der dabei zusätzlich gewonnenen Informationen die (aus textkritisch-puristischer Sicht) Einbuße an Authentizität und Stimmigkeit der Tagebuchaufzeichnungen überwog. Diese Stellen sind durch kleineren Druck der entsprechenden Passagen ausgewiesen. Unleserliche Stellen des Tagebuchmanuskripts, die auch durch Heranziehung der Transkriptionen nicht zu erschließen waren, wurden mit eckigen Klammern gekennzeichnet. In gleicher Weise wurde mit den wenigen Ausnahmen verfahren, bei denen der originale Wortlaut des Tagebuches gekürzt wurde, etwa einige Passagen, die, beispielsweise unter dem Datum vom 12. Januar 1947, ausführliche Exzerpte gerade von Troeger gelesener Bücher enthalten. Offensichtliche Rechtschreibfehler wurden stillschweigend berichtigt, ebenso – wenn es etwa in der Eintragung vom 28. Mai 1348 „Tannenbaum" statt „Tenenbaum" heißt – falsche Schreibweisen von Personennamen etc.

Zum Schluß soll nicht versäumt werden, ganz besonders Erna Danzl für ihre wertvolle Hilfe bei der Transkription des handschriftlichen Tagebuches zu danken.

Constantin Goschler

Tagebuch 1947

12. Januar 1947
Ein neues Unglück: der Gasmann hat heute zur allgemeinen Überraschung festgestellt, daß der Zähler nicht geht, und hat darauf zu allgemeinem Entsetzen das Gas abgestellt. Nun sind wir – nach dem Diebstahl – ohne Holz und ohne Gas und ohne die Möglichkeit, elektrisch zu kochen, zur Zeit außerdem ohne Wasser und mit eingefrorenen Abflüssen. Der Strom wird stundenweise abgeschaltet. Die Kartoffeln sind obendrein erfroren. Des Daseins ganzer Jammer – alle Möglichkeiten der Härte und Belastung nach dem verlorenen Kriege scheinen auf uns niederzukommen.
    Hermann Hesse „Das Glasperlenspiel". Soeben habe ich die Lektüre beendet ohne die drei anhängenden Lebensläufe. Es ist lange her, daß ich einen Roman dieses Umfanges gelesen habe. [. . .][1]

19. Januar 1947
Carlo Schmid: Die Forderung des Tages. Verlag von Ernst Klett, Stuttgart [. . .][2]

3. März 1947
Der Krach mit dem Minister[3] wirft seine Schatten voraus. Er gab mir 2 Zettel mit Anweisungen. Schon einmal ging mir formlos ein solches Monitum zu. Ich werde ablehnen – wie? Das will ich erst noch beschlafen.
    Die Neue Zeitung, 3. Jhrg., Nr. 16, vom 24. II. 1947. Da ist Mr. Victor Gollancz abgebildet, ein jüdischer Journalist aus England, wahrscheinlich auch von Osteuropa gekommen, der für die Hilfe zugunsten deutscher Notleidender eintritt. Er hat eine Reise durch Deutschland gemacht und darüber ein Buch veröffentlicht „Im dunkelsten Deutschland" – „In darkest Germany". 2 Bilder aus dem Buche sind wiedergegeben:
    Ein Hamburger Kind sucht in einer Mülltonne etwas zu Essen. Gollancz und ein Düsseldorfer Junge; man sieht einen älteren, glattrasierten Mann mit einer Hornbrille und einem glatten Kopf, der von weißem, flockigem Haar umrahmt ist. Die Haltung des Mannes – leicht gebückt – zeigt die ruhige, besinnliche Teilnahme an der Umwelt. Er schreibt:
    Wenn wirklich jeder Deutsche für das verantwortlich war, was sich in Belsen[4] zugetragen hat, dann wären wir als Angehörige eines demokratischen Landes und nicht eines faschistischen, ohne freie Presse und freies Parlament, persönlich wie als Gemeinschaft dafür verantwortlich, nichts zu dulden, was auch nur entfernt als mit Belsen vergleichbar hingestellt werden könnte, sei es auch nur auf dem Felde der Rhetorik. –

Tatsache ist, daß ich mich aufgerufen fühle, den leidenden Deutschen zu helfen, gerade weil ich ein Jude bin, aber keineswegs aus dem vermuteten Grunde (Kohlen ins Feuer zu schütten)! . . . Es ist eine Frage des schlichten, geraden Menschenverstandes, unbeirrt durch jene eigentliche Sentimentalität, die das Urteil so oft trübt und den Geist so vieler Menschen verdirbt. Drei Vorschläge erscheinen mir als ganz selbstverständlich: Erstens: Nichts kann die Erde retten als eine allgemeine Buße an Stelle des gegenwärtigen selbstgerechten Beharrens auf der Bosheit der anderen; denn wir alle haben gesündigt und tun es noch auf die schrecklichste Weise. Zweitens: Nicht eine schlechte, sondern eine gute Behandlung macht die Menschen gut. Und drittens – um in der gräßlichen Collectivsprache zu reden, die jetzt so sehr Mode ist – Wenn Du einen Menschen, der dich schlecht behandelt hat, nicht gut behandelst, so wirst du gar nichts erreichen. Du wirst vielmehr nur den Anstoß zu weiterem Übel geben und geradewegs auf die Vernichtung der Menschheit lossteuern.

4. April 1947
Thomas Mann: Rede über das Theater (Die Neue Rundschau, 1929, Bd. II, S. 306) „Was für eine lumpige Zeit, in der wir leben, [. . .]"[5]

8. April 1947
Ostern im Kameradschaftsheim der Stadt Kassel mit einem Abstecher zu Süßmuth nach Immenhausen. Trotz des kalt-regnerischen Wetters war es gemütlich und anregend, besonders durch den Regierungspräsidenten Dr. Hoch. Gerhard Szczesny – Europa und die Anarchie der Seele (Verlag Kurt Desch) – der erste Teil des Büchleins bringt eine Analyse der kulturellen Lage – er ist beachtlich, der zweite Teil zieht die Folgerungen intellektuell-individualistisch – er ist nicht befriedigend, schon weil er die politische Lage verkennt und einen Mangel an politischem Urteil verrät.

Hermann Hesse – Gedichte. Genosse Brill war enttäuscht, als ich ihm erklärt hatte, ich könnte den Roman „Narziss und Goldmund" nicht zu Ende lesen; die Szene, wo sich Goldmund zugleich mit 2 Schwestern ins Bett legte und an ihnen zugleich aufgeilte, ohne eine von ihnen zu umarmen, genügte mir, um nach dem Bisherigen den Roman abzulehnen. Der grobe Mangel an dramatischem Ergebnis ließe mich zweifeln, ob Hesse überhaupt einen künstlerischen Roman schreiben könnte. Da gab mir Brill mit dem Bemerken, daß auch ich meine Grenzen hätte – was ich vollauf bejahte – Hesses Gedichte in die Hand: ob ich mit dem Lyriker Hesse etwas anfangen könnte. Ich muß sagen, nachdem ich eine größere Anzahl von Gedichten, insbesondere von den späteren gelesen habe, daß mich nur die kleinen Stimmungsgedichte befriedigen könnten; alle größeren Gedichte leiden an der Form oder am Inhalt oder an beiden. Hesse ist kein Bedeutender!!

Eduard Spranger – Goethes Weltanschauung, Inselverlag, 1946.
Ich kann nicht beschreiben, mit welcher Anteilnahme ich diese Sammlung von

Reden und Aufsätzen gelesen habe. Eins ergänzt und überhöht das andere. Es eröffnet sich ein Ausblick in Höhen und Tiefen, der die Fülle des Daseins und die göttliche Ordnung ahnen läßt. Ein prachtvolles Buch!!!

17. April 1947
„Ein Brief an Brill
heute ist mir zum ersten Male zweifelhaft geworden, ob ich recht daran tat, nach Hessen ins Finanzministerium zu gehen. Da ich Sie wegen Ihrer Reise nach Stuttgart nicht sprechen kann, um Ihnen mein Herz auszuschütten, schreibe ich mir meinen Kummer von der Seele. Ich hatte vormittags den Besuch von Herrn Dr. Veit und Dr. Lubowski, die eben von einer Besprechung mit Herrn Minister Dr. Hilpert kamen und berichteten, daß zu ihrer Überraschung Herr Dr. Blauer zum Vertreter in den Währungsstab bei dem deutschen Finanzrat bestellt ist und dort bereits an 2 Sitzungen teilgenommen hat, ohne daß die Herren etwas davon wußten, obgleich Herr Dr. Veit als Währungsfachmann nach Hessen kam und in der Landeszentralbank für die Durchführung der Währungsreform Sorge zu tragen hätte und Herr Dr. Lubowski Leiter der Bankabteilung ist. Mir war von der Ernennung von Herrn Dr. Blauer ebenfalls nichts bekannt. Die Herren haben wohl ihre Verwunderung Herrn Dr. Hilpert klar zum Ausdruck gebracht, worauf er entgegnet haben soll, daß er einen Horror vor Referenten-Vertretern in solchen Ausschüssen hätte.

Ich wüßte nicht, wann die Herren Nicht-Referenten verantwortlich sind, etwa für die Einhaltung der Richtlinien der Politik, und brauche nicht zu sagen, daß diese Behandlung der Referenten an keiner Stelle zur Förderung der Arbeitslust beiträgt und allen Gepflogenheiten einer ordentlichen Verwaltung widerspricht. Es kommt hinzu, daß meine Ausschaltung keine seltene Ausnahme ist.

Als ich das erste Mal wegen gleichartiger Erfahrungen mit Ihnen gesprochen hatte, rieten Sie mir zu einer Aussprache. Ich habe damals Herrn Dr. Hilpert erklärt, daß ich das Gefühl hätte, öfter geflissentlich ausgeschaltet zu werden und ihn erneut um sein Vertrauen gebeten; dabei habe ich ihm wörtlich versichert, daß er von meiner Seite niemals eine Illoyalität oder eine Unanständigkeit erleben würde. Da es mir unmöglich ist, eine solche Erklärung erneut abzugeben, muß ich mich wohl damit abfinden, daß ich das Vertrauen bei Herrn Dr. Hilpert nicht erwerben kann, das nach meiner Überzeugung die Voraussetzung für eine befriedigende Zusammenarbeit ist. Als ich einige Stunden später in der Zeitung die betrübliche Nachricht las, daß unsere Partei in Berlin einen Mißtrauensantrag gegen Dr. Ostrowski[6] durchgebracht hat, kamen mir Zweifel, ob ich dort nicht wohl besser am Platze gewesen wäre.

Nehmen Sie es mir bitte nicht übel, wenn der Romantiker Ihnen sein kummervolles Herz ausschüttet. Er wird sich schon wieder fangen und hat das Vertrauen, von Ihnen verstanden zu werden."

Dr. Brill hatte darauf mit mir eine Unterredung in seinem Büro bei einer Tasse Bohnenkaffee. Er verwies mich auf die Methode der Politik und den

Unterschied zu den einfachen Verhältnissen in der Kommunalverwaltung. Ich müsse verstehen, daß es – nach den Worten von Max Weber – Leute gäbe, die für die Politik lebten, und Leute, die von der Politik lebten.

Jeden zweiten Mittwoch treffen sich auf meine Anregung im Landtag Parteifreunde der SPD aller Ministerien zur zwanglosen Aussprache. Gestern wurde über die Ernährungskrise gesprochen. Dabei kam Herr Präsident Dietz vom Landesernährungsamt an die Reihe; es sieht so aus, als wenn sich hier eine dicke Eiterbeule entwickelt. [. . .][7]

15. Mai 1947

Friedrich Meinecke: Die deutsche Katastrophe[8]

Dieses Büchlein des Altmeisters des Historismus hat mir große Bewunderung abgenötigt. Es mutet den Politiker gewiß müde und blutleer an, weil es ganz auf der Betrachtung geschichtlicher Ideen beruht und wenig sagt von den großen Machtkämpfen des Kapitalismus gegen die Arbeiterschaft, von Reaktion und Militarismus, von List, Tücke, Propaganda u. a. m. Und doch hat es seinen großen Reiz und Wert. Der Reiz besteht in der Abwendung von der Tagespolitik und den . . .ismen, der Wert in der geschlossenen, traditionsbewußten Eingliederung des deutschen Schicksals in den geschichtlichen Ablauf. Ich meine auch, daß der Standpunkt des Verfassers dem Bedürfnis einer Versöhnung nach Innen und Außen – wohl unbewußt – gerecht wird und einen Maßstab auch für das gibt, was wir heute – nach der Katastrophe – erleben. Dr. Brill tut das Büchlein ab – als die Betrachtung eines halbreaktionären Mannes, der erleben mußte, wohin seine politische Auffassung geführt hat. Ich schreibe das seiner Abgeschlossenheit und Verbitterung zu; er gehört zu den Männern, von denen Meinecke sagt (S. 58): „Die rationale Beachtung dessen, was auf Grund der amtlichen Vorschriften zweckmäßig ist, trat dabei an die Stelle der freien, von allen Seelenkräften genährten Neigung." Homo faber ist so faber, d. i. geschickt, künstlich – im Sinne schlechter Übersteigerung von Pfiffikus, von Schlaumeier – ja, ja. Wenn die Schlaumeier die Welt verbessern könnten, sie wäre gewiß schon lange in Ordnung. Wir brauchen den homo sapiens.

Und noch eins aus der Fülle der Gedanken und Anregungen (S. 168): „Die Höhe der Goethezeit und der hochbegabten Generationen, die in ihr lebten, wurde erklommen dadurch, daß viele einzelne Menschen, nur durch Freundschaften miteinander zu kleinen Kreisen verbunden, das Ideal einer persönlichen, ganz individuellen Bildung, die aber zugleich einen allgemeinen menschlichen Sinn und Gehalt haben sollte, erstrebten und in hohem Grade auch verwirklichten."

18. Mai 1947

Zu Dr. Kurt Schumacher nach Kassel

Das war der Zweck meiner Wochenendfahrt. Ich traf ihn beim Abendessen. Als ich meinen Namen nannte, fragte er sofort: „Sind Sie der Oberbürgermeister von Jena?" – er kannte mich also dem Namen nach. In kleinem Kreise saßen wir noch bis gegen Mitternacht. Schumacher sprach wenig: seine großen Augen verfolgten die Menschen und Geschehnisse, wenn er etwas sagte, dann tat er es ohne Betonung oder Effekthascherei – nur manchmal spannten sich seine Gesichtszüge zu scharfem Ausdruck, dann zog er auch die Augenbrauen hoch empor, neigte sich vor, hob die linke Hand zu beredtem Ausdruck und brachte eine scharf formulierte Aussage oder Erwiderung. Ich hatte den Eindruck, daß er sich seiner Position und der Bedeutung seiner Äußerungen vollauf bewußt ist. Trotzdem wirkt er bescheiden, ja schlicht; der Eindruck wird durch seine einfache Kleidung noch erhöht: er hatte auf sein hellblaues Hemd keinen Schlips gebunden, der Hut war so schlecht, wie mein alter grauer es auch ist; ein langer, dunkler Ledermantel war dem Wetter angepaßt. Königlich allein der langgestreckte, rotbraune Maybach-Wagen.

Die Haltung Schumachers – ich meine die körperliche Erscheinung – verrät einen kranken, sehr schwer kranken Mann. Mager, sehr mager der ganze Körper, die langen Glieder wirken geradezu dürr. Der Rücken ist krumm, dementsprechend der Brustkasten eingedrückt, diese Haltung ist noch dadurch übersteigert, daß Schumacher auch noch den Leib mit einzieht – man sieht deutlich, daß er schwer an Magenschmerzen leidet – oder gelitten hat – und daher daran gewöhnt ist, sich zur Linderung der Schmerzen zu krümmen. Sein Fahrer erzählte, daß er ihn oft die Treppen hinaufgetragen habe, wenn sie von einer Fahrt heimgekommen wären, weil Schumacher wegen Magenschmerzen nicht im Stande gewesen wäre, allein zu gehen. Die Mißhandlung im Konzentrationslager hat ihm gewiß sehr, sehr geschadet.

Über diesem Wrack eines Körpers sitzt auf einem auffällig langen, gebogenen Halse der große, imponierende Kopf. Hochaufgerichtet die breite Stirn, das schüttere Haar sorgsam gescheitelt, tiefsitzend die großen, durchgeformten Ohren. Die Nase ist kräftig und im Profil markant, aber nicht schön, weil sattelförmig gebogen. Die hohe Oberlippe macht das Gesicht flächig, der zahnlose Mund stört etwas, gibt aber dem Ganzen deswegen einen besonderen Ausdruck, weil er in seiner Breite und Tiefe zu den schweren Falten paßt, die sich links und rechts von den Nasenflügeln zu den Kinnladen ziehen und die Backen durchfurchen.

Den Glanz erhält der Gesichtsausdruck von den großen Augen, die Schumacher weit öffnet und durch die hochgezogenen Augenbrauen umrahmt, wenn er seinen ganzen Willen hinter einen Gedanken setzt.

Wenn Schumacher spricht, dann gerät alles in Bewegung. Das Mienenspiel kehrt gewissermaßen übertragen in dem Ausdruck der linken Hand wieder, die er bald weit nach vorn richtet oder von sich streckt oder neben seinen Kopf hält, so daß der Zuhörer schwankt, ob er nach dem Gesicht oder besser nach der Hand schauen soll.

Intellekt und Seele, Geist und Herz sind in diesem Manne vereint und zu einer festen Einheit geschlossen; darüber strahlt ein Wille, eine Energie, die sich verzehrt, verschenkt.

Wie der Mann – so auch seine Rede: scharfer Verstand – politisches Einfühlungsvermögen – beherrschender Wille kennzeichnen seine Vortragsart und sichern den Erfolg. Die tausende und zehntausende einfacher Männer und Frauen, die trotz dichten Regens nach dem Marställer-Platz in Kassel gekommen waren,[9] z. T. von weither, die stundenlang im Regen ausharrten und an seinem Mund hingen, sind gewiß befriedigt nach Hause gegangen. Er hat ihnen allen etwas gesagt und auf den Heimweg mitgegeben, er hat ihnen Mut gemacht und Zuversicht eingeflößt, sie haben ihre innersten Wünsche und Gedanken in scharfer Formulierung aus seinem Munde gehört und dankbar aufgenommen. Es war ihnen – trotz aller Ungunst der Witterung und der Umstände – eine Feierstunde.

Aber auch die geistig geschulten und daher anspruchsvollen Zuhörer kamen auf ihre Rechnung. Vieles von dem, was er sagte, war ihnen bekannt, vieles, was sie erwartet hatten, kam in der Rede nicht vor, manches war nicht für den geschliffenen Geist bestimmt – und doch: wer nicht innerlich verschlossen oder politisch als Gegner festgelegt ist, mußte mit großem Gewinn von dem Marställer-Platz fortgehen. Es ist die Tatsache, daß ein deutscher Politiker ohne Furcht und Tadel um die Stellung des deutschen Namens ringt, daß ein Feind und Märtyrer des Hitler-Reiches auf die Warnungen von einst verweist, daß ein Akademiker die politische Bedeutung der organisierten Arbeiterschaft im neuen Deutschland herausstellt, daß ein Sozialdemokrat mit den Methoden der Diktatur und ihrer Diener abrechnet, daß ein Kriegsverletzter auf die internationale Zusammenarbeit hinwirkt, daß er als erster Sprecher der Deutschen mit weltweiter Wirkung für die eigenständige Politik des deutschen Volkes eintritt.

Es war eine deutsche politische Feierstunde. Feierlich durch die große Menge der Anwesenden, feierlich durch die Einmütigkeit in der Rettung des deutschen Volkes und Vaterlands, feierlich durch den Ernst der politischen und wirtschaftlichen Lage in den deutschen Zonen, feierlich durch die Tatsache, daß der deutsche Mann sprach, der als erster deutscher Politiker – ohne Emigrant zu sein – Gehör und Zugang im Auslande – also Vertrauen – erworben hat. So etwa denke ich mir die alten deutschen Things – so die Urphänomene der Demokratie in Völkerstämmen: ein einig Volk von Brüdern war versammelt.

Die Bruderschaft, die von den Kommunisten angeboten wird, lehnte Schumacher freilich scharf ab: Auch Kain und Abel wären Brüder gewesen.

An der Zulassung der SPD in der Ostzone wäre nichts gelegen, solange nicht von allen 4 Besatzungsmächten die Freiheit der politischen Betätigung in der Ostzone gesichert wäre. Wenn die SE (Sozialistische Einheitspartei) auf den Zulassungsantrag warte, dann könne er nur sagen, in wichtigen Angelegenheiten verhandele man mit dem Hotelbesitzer, nicht mit dem Hausdiener.

Die SE wäre zum Untergang vor der Geschichte verurteilt. Was soll man sagen, wenn Unterschriften auf Quittungen dazu benützt würden, um als Unterschriften für Zulassungsanträge der SED in der Westzone zu dienen?

Die 3 nationalen Pflichten der Deutschen wären im Augenblick
1) Herausgabe aller Lebensmittelvorräte

2) Ablehnung des grauen und schwarzen Marktes
3) Bildung einer eigenen Meinung gegenüber den Besatzungsmächten.

Wie könne sich jemand nationalbewußt als Deutscher nennen, wenn er für den Anschluß an den Panslawismus eintrete?

Es ließe sich noch vieles über Dr. Schumachers Rede sagen; alles würde nur die schon getroffene Charakteristik bestätigen, daß er das Ohr am Herzen des Volkes hat und die Herztöne in Worte umzuformen versteht wie selten jemand. Manche vergleichen ihn mit Goebbels, manche mit Hitler; beides ist falsch – auch wenn es nur für die Vortragsart gesagt wird, denn Goebbels war der diabolisch-hektische Fanatiker, Hitler der pathetische Gangster. Natürlich hat jede öffentliche Vortragstätigkeit eine gleiche Grundlage der Form – Mimik, Gestikulation und Stimmaufwand gehören dazu und wirken zusammen. Das berechtigt aber nicht dazu, Goebbels oder Hitler mit Dr. Schumacher einander irgendwie gleichzusetzen. Schumachers Wirkung auf die Massen beruht auf dem unbedingten Vertrauen in seine absolute Wahrhaftigkeit – während bei Goebbels und Hitler die Hoffnung oder der Glaube an den Erfolg und damit an den eigenen Nutzen entscheidend waren.

Dr. Schumacher ist mir ein Symbol Deutschlands: ein Krüppel steht vor uns, mit nur einem Arm, magenkrank, nervös und spindeldürr. Hunger, Pein und Schmerzen haben ihn gekrümmt. Oft muß er aufgerichtet und getragen werden. Trotzdem beherrscht der große Kopf mit der hohen, klaren Stirn, der kräftigen Nase, den durchfurchten Gesichtszügen und den großen Augen das Bild. Aus dem Geistigen muß die Wiedergeburt kommen.

27. Juli 1947
Generalsekretär!

Nach einem Beschluß des Parteigesamtvorstandes in Hannover wurde ich ohne mein Zutun – und gegen die Absichten des Genossen Dr. Brill – einstimmig zum Generalsekretär des Exekutivrates bestellt.[10] Am Montag dem 20. VII.[11] habe ich den Dienst in Frankfurt/Main Taunusanlage 11 angetreten.

Es fehlt alles, aber auch alles für die Arbeit des Exek. Rates: Feder, Tinte, Papier, Schreibkräfte, Boten, Hilfsarbeiter, Referenten, genügend Räume, Automobile usw. Ich fange mit dem Genossen Bremer als Bürodirektor ganz allein an; d. h. er steht erst ab morgen vollständig zur Verfügung. Es ist kaum zu schildern, wie ich etwa gestern allein dem Ansturm von Besuchern, Telefonaten und Wünschen vom Bipartite Control Office[12] standhalten mußte. Natürlich wurden die Wünsche der Besatzungsbehörden mit knappsten Terminen mitgeteilt – da ist eine Macht ebenso – sagen wir militärisch – bürokratisch wie die andere. Da heißt es dann laufen, diktieren, telefonieren, schreiben, ermahnen usw. Gewiß habe ich es noch bis Mittag geschafft – aber an die eigentliche Arbeit des Generalsekretärs war nicht zu denken. So geht es täglich.

Die erste Begegnung mit den hohen Herren des BICO, darunter 2 Generäle, kam gleich am ersten Tage meiner Tätigkeit. Es ging um die Frage des Umzuges der Bizonenämter. General Adcock machte den Vorwurf, daß die Zahl der eingesetzten Arbeiter trotz aller Werbemaßnahmen zurückgegangen sei. Dagegen sprachen die deutschen Herren mit allen möglichen Gründen und vielen Worten: der Herr Arbeitsminister von Hessen [Josef Arndgen], der Herr Generalbaudirektor von Frankfurt [Dr. Griebel] u. a.; sie sagten, was immer zu hören ist, klagten über Schwierigkeiten und hatten verschiedene Wünsche an die Besatzungsbehörden. Ich hatte General Adcock vor mir, konnte ihn genau beobachten: eine elegante Erscheinung in gepflegter ziviler Garderobe, ein energisches Gesicht – nicht ohne den Ausdruck von Brutalität – eine hohe, klare Stirn und sehr tief sitzende, kleine Ohren. Ich meine, es spielte ständig ein Lächeln, ein unterdrücktes überlegenes Lächeln auf seinem Gesicht über die zappelnden, unbeholfenen, gutmütig-offenen Deutschen. Dem Herrn Arbeitsminister, der sich in allgemeinen Klagen erging, schnitt er das Wort ab. Der massige Oberbürgermeister [Walter Kolb] wirkte jovial-gütig und alle Anstrengungen beteuernd zu den Ausführungen in der Runde und erteilte an seine Referenten mit öliger Geste der Rechten das Wort, ohne selbst zur Sache zu sprechen. Der asketisch-hagere Vorsitzende des Exekutivrates, Dr. Metzger, hatte das Ohr der Besatzungsvertreter am deutlichsten, da er knapp und sachlich blieb. Nach reichlich einer Stunde war die Konferenz mit etwa 15 Teilnehmern vorüber. Ich fragte Herrn Metzger beim Fortgehen, ob solche Besprechungen immer so unfruchtbar wären verglichen mit dem Aufwand; er lächelte. Ich meine, die Besatzungsvertreter haben aus dieser Verhandlung keinen guten Eindruck von der deutschen Demokratie mitgenommen.

Am Dienstag eröffneten Marshall Douglas – angeblich in Soldatenkreisen als Göring II bezeichnet, was nicht ganz abwegig erscheint, wenn man die Körperfülle zugrunde legt – und General Clay die Sitzung des Wirtschaftsrates.[13] Sie sprachen englisch ohne Impuls und Eindruck, hatten schlechte Dolmetscher und keinen Applaus. Als sie sich aus der Sitzung entfernten, erhoben sich die deutschen Abgeordneten und die Mitglieder des Exekutivrates von ihren Plätzen: wieder typisch deutsch eine Geste der Unterwürfigkeit; konnte nicht Präsident Dr. Köhler die Herren herausbegleiten? Ich war sitzen geblieben.

Am Nachmittag war ein Empfang im Hauptquartier (I. G. Farben Verwaltungsgebäude). Am Treppenaufgang fiel mir ein lebensgroßer amerikanischer Soldat in Pappe auf; er hatte die straffe Haltung zum militärischen Gruß. Daneben stand zu lesen: A smart soldier, a smart salut, a smart. Ich dachte sogleich: Wie bei den Preußen! Der Empfang der Abgeordneten usw. war sehr harmonisch und nahrhaft. Ich stellte den ungeheuren Aufwand der Besatzungsmacht fest; da sind sich alle Siegermächte gleich und lassen alles soziale Verständnis vermissen: eine üble Belastung für die werdende deutsche Demokratie.

Am Mittwoch blamierte der Wirtschaftsrat das deutsche Volk vor aller Welt: die CDU-Fraktion, unterstützt von den Demokraten (!), erzwang die Ablehnung des Vorschlages, den der Exekutivrat einstimmig für die Besetzung der Direktorenposten vorgelegt hatte, weil das Amt für Wirtschaft einem Sozialdemokraten zugedacht war; das galt es zu verhindern, deswegen war selbst Herr Adenauer persönlich in den Sitzungen anwesend. Die Reaktion siegte mit 26 über 22 Stimmen.[14] Damit nun nicht etwa ein offener Konflikt ausbrach, gab der Exekutivrat nach und schlug nur CDU-Kandidaten vor, nachdem die SPD in Opposition gegangen war.[15] Eine Blamage! Eine politische Torheit! Ein neues Hindernis im Aufbau, ein Rückfall in die Zeiten des Klassenkampfes, ein Unglück. Hoffentlich führt dieser Fall zu der Stärkung des Exekutivrates, die notwendig ist, um aus dem neuen Apparat eine sachliche Leistung herauszuholen.

Der Exekutivrat läßt sich eine Reihe von Bewerbern für die Referentenstellen vorstellen. Es sollen die Besten ausgewählt werden. Wenn es nicht möglich ist, einen Gehirntrust zu bilden, dann wird das Chaos nicht gebannt.

Da kombinieren und spekulieren die Politiker in vermeintlich unitarischem oder foederativem Sinne. Die einen wollen den Ex.-Rat aushungern u. klein machen, sie wollen die Arbeit und das Schwergewicht zu den Direktoren und Ausschüssen des Wirtschaftsrates legen – sie nennen das unitarisch – die anderen wollen den Ex.-Rat stärken, weil er die größere Gewähr für sachliche Arbeit bietet. Ich glaube, schon die Praxis der Besatzungsmächte wird das Schwergewicht zum Exekutivrat verlagern.

3. August 1947

Zwei von den fünf gewählten Direktoren haben abgesagt: der Oberpostpräsident Fischer aus München, weil er dem Amte keine lange Dauer gibt, und der Bankier Schniewind, weil er nicht die Stimmen der SPD hätte – die bräuchte er wohl wegen seines Entnazifizierungsverfahrens. Nun hoffen alle ehrlich Bestrebten auf den Ausgleich zwischen SPD und CDU, es sind allerorten Gespräche darüber im Gange, die CDU wirbt förmlich, die SPD-Mitglieder des Exekutivrates steuern in dieselbe Richtung. Es kommt zum Schluß alles auf den Parteivorstand an, der am 7. 8. in Hannover tagt.

Kriedemann bleibt ablehnend im Sinne von Dr. Schumacher. Dieser bleibt fest; er spricht von „Nerven-Verliererei" und schiebt dadurch die Diskussion von der sachlichen Ebene fort. Man will sehen, wie die Massen reagieren – sie werden zu den Kommunisten laufen – man will schauen, wie die soziale Politik in der Wirtschaft der CDU aussieht – man wird nicht viel Anderes erleben, als wenn Kubel gewählt worden wäre – man hofft auf eine Spaltung bei der CDU – sie wird nicht kommen, wenn die SPD abseits bleibt. Und wenn der Exekutivrat am Ende erfolgreich arbeiten sollte, dann fällt sein Verdienst in den Schoß der CDU.

Sehr beeindruckt hat mich Minister Köhler, als er den Kollegen des Exek.Rates in bewegten Worten sagte, er würde sein Amt niederlegen, da er nicht die Absicht hätte, sein Leben als „Reaktionär" auf der politischen Bühne zu beschließen. Die Entscheidung im Wirtschaftsrat hätte ihn wahrhaft erschüttert, so könne es nicht zum guten Ende kommen.[16]

Ein Abendessen im Gästehaus der Stadt Frankfurt in Schönberg war nahrhaft und unterhaltsam; es diente der Fühlungnahme wegen der Ersatzwahl für die 2 Direktoren. Es dürfte praktisch kaum etwas herausgekommen sein. Sehr theatralisch-geschwollen – wie immer – eröffnete Dr. Erich Köhler die Reihe der Tischreden: ein Zipfel von Bismarcks Rock sei durch die Räume geweht; eine wahrhaft große Stunde wäre gekommen. Ludwig Metzger entgegnete – wie immer – ernst, etwas trocken anmutend, und verantwortungsvoll. Walter Kolb sprach von der Goldenen Bulle und der alten freien Reichshauptstadt in der Mitte zwischen Ems und Inn – der Osten war bereits ausgefallen. Um Mitternacht war der erste Geburtstag von Kolb als Oberbürgermeister von Frankfurt. Minister Köhler aus Stuttgart hielt eine sehr launige Rede, die immer wieder zu Stürmen des Lachens führte. Der alte Parlamentarier und Politiker bewährte sich hier als Meister des Wortes; am Ende wußte niemand zu sagen, ob er Kolb gelobt oder getadelt hatte.

9. August 1947
Ich besuchte flüchtig die Max Beckmann-Ausstellung im Städelschen Institut in Frankfurt. Es waren mir nur 15–20 Minuten vergönnt, weil ich zur Sitzung des Exekutivrates mußte, deshalb bin ich an den Graphiken nur vorübergerauscht. Zu den Bildern läßt sich sagen: Beckmann ist ein großer Künstler und Könner, sehr groß im Vergleich zu dem, was man sonst allgemein an zeitgenössischer Kunst sieht. Er ist jedoch brutal – selten nur liebenswürdig, und hat die Erotik, die jedem Künstler und Kunstwerk eignet, in manchen Bildern zur Geilheit, zur brutalen Geilheit gesteigert. Da knallte mir an der Eingangstür sogleich „Der Raub der Europa" entgegen – ein Riesenphallos (Stier), über den bäuchlings eine müde Frau halbnackt liegt; prächtig gemacht, farbig, großzügig gestaltet – unvergeßlich. Ebenso geil die zahlreichen Zirkus-, Varieté- und Kabarettbilder mit nackten Frauen und Mordsbrüsten, die immer im Mittelpunkt des Blickfeldes stehen. Die große Begabung B's zeigt sich in den Selbstportraits, die zum Vergleich mit anderen Malern einladen. Da war das Letzte von 1940, wo er auf einem Stuhl sitzend den linken Arm über die Lehne eines zweiten Stuhles hält; in dem Bilde ist alles Form, große Form. Merkwürdig nur, daß dieser selbstbewußte Mann sein Gesicht im Schatten läßt. Weniger eindrucksvoll das Selbstbildnis mit Baskenmütze. Die ganze Wucht Beckmann'scher Malerei zeigt sich in den anspruchslosen Vorwürfen. Da ist eine „Kaimauer", d. h. nur das äußerste Ende des Mauerwerks, um das es wirklich brandet. Ich erinnere an das „Winterbild 1930", das zwei simple, ein wenig geöffnete Fensterflügel zeigt, hinter denen ein sehr kalt-trauriger Ausschnitt von Mauerwerk und gestutzten Bäumen sichtbar ist: ich hatte gemeint, es handelte sich um ein Kriegsbild, um den Blick auf eine zerstörte Stadt. Den öligen Glanz in der Morgenstunde auf einem Passagierdampfer mit seinem Reiz und seiner Widerwärtigkeit hält das Bild „Scheveningen 5 Uhr früh" fest. Weniger überzeugend waren für mich die kleinen Landschaftsbilder „Weg im Schwarzwald" „Holländische Landschaft". – B. hat keine echte Liebe zur Natur, sie reizt ihn malerisch, aber er packt sie nicht.

Trotz aller Versuche der strebend Bemühten ist der Spalt zwischen SPD und

CDU im Wirtschaftsrat eher noch größer als kleiner geworden.[17] Die Absage von zwei Direktoren (Finanz und Verkehr) gab die Chancen zum Ausgleich. Es wurde eifrig darum geredet, auf beiden Seiten und auch herüber und hinüber, doch ohne Erfolg. Da beratschlagten die 6 SPD-Mitglieder des Exekutivrates[18] und waren sich einig, es müßte die Koalition zustande kommen, denn die SPD stünde doch praktisch in der Verantwortung; man wolle sich nicht selbst entmannen. In der Tat: Was ist Politik, wenn nicht Kampf um die Macht? Wie soll die Sozialisierung jemals praktisch werden, wenn nicht mit Hilfe des linken Flügels der CDU, und was könnte die SPD besseres tun, als diesen Flügel gegen die Reaktion in den eigenen Reihen zu stärken? Wie auch könnte verhindert werden, daß sich die Reaktion in der Verwaltung der neuen Ämter festsetzt, wenn sich die SPD jeglichen Einflusses begibt? Die Wirkung des Zwiespalts im Auslande, bei den Feinden der Demokratie, bei den Unentschlossenen und politisch Ungeschulten, auf die Koalitionen in den Ländern, die Schwierigkeit eines Ausweges aus der Sackgasse usw. usw. – alles wurde erörtert. Die Zahl derer, welche nach Zusammenarbeit drängte, wuchs bei jeder Unterredung. Genosse Kriedemann blieb fest in seiner Ablehnung; ich war zufällig Zeuge eines Telefongespräches mit Dr. Schumacher und entnahm daraus das klare „Nein". Der Parteivorstand in Hannover hatte zufällig Sitzung in diesen Tagen; er beschloß, daß die Haltung der Fraktion gebilligt wird; weil die CDU keine Erklärung abgegeben habe, hätte sich an der Situation nichts geändert. Interessant war mir die Diskussion in der Fraktionssitzung, wo ein Mann dagegen stimmte. Die anderen wahrten Disziplin – nicht ohne Schwanken und nicht ohne den Versuch, einen Ausweg zu finden, wozu allerdings keine Zeit vorhanden war. Der folgende parlamentarische Abend zeigte die geladenen Politiker in lebhaftem Gespräch über die Lage und über einen Ausweg. So wurden heute 2 Direktoren gewählt,[19] die nicht Mitglied der CDU sind: die Tür ist noch offen (Dr. Hartmann – Prof. Dr. Frohne).

Minister Dr. Heinrich Köhler aus Stuttgart hat heute die Konsequenzen aus den Ereignissen gezogen: er hat sich vom Exek Rat verabschiedet, weil er am Ende seiner politischen Laufbahn nicht à la suite der Reaktion stehen will. Er sieht ein Versagen des Wirtschaftsrats und seiner Ausschüsse kommen, die nicht arbeiten wollten, und hofft auf sachliche Arbeit des Exek Rats. Da Herr Semler, der neue Direktor des Amtes für Wirtschaft, zunächst 14 Tage auf Reisen gehen will, um die Wirtschaftsminister der Länder zu sprechen, äußerte Minister Köhler seine Enttäuschung. Ohne sehr großen Fleiß sei nichts zu erreichen.

Der augenblickliche Zustand versetzt die FDP in die ausschlaggebende Stellung des Züngleins an der Waage, so daß der rein kapitalistische Standpunkt zur Geltung kommt.[20] Dr. Blücher, der Vorsitzende des Finanzausschusses, hat seine völlige Ablehnung des Sozialisierungsgedankens neulich in aller Öffentlichkeit scharf zum Ausdruck gebracht. Ich kann nur hoffen, daß ein ernsthaftes Gespräch und eine Einigung über die Grundlage einer gemeinsamen Wirtschaftspolitik von SPD und CDU zustande kommen, damit die Politik aus dieser Sackgasse herausgebracht wird.

Dr. Schumacher glaubt wohl, daß im nächsten Jahr allgemeine Wahlen für die vereinigten Zonen stattfinden werden und daß dann die SPD einen Stimmenzuwachs von 500 000 Stimmen zu erwarten hätte, wenn sie jetzt in Opposition steht. Das kann ein großer Irrtum sein. Außerdem: Darf man heute als Politiker solche Strategie machen, d. h. spekulieren? Sollte man nicht mit Taten und Verantwortungsbewußtsein operieren? Ich meine, von Propaganda hat das deutsche Volk genug.

15. August 1947

Der erste Stein für das neue Gebäude ist gesetzt. Ich habe mir die große Mühe gemacht und alle Zuständigkeitsfragen geprüft und zusammengestellt. Nachdem das Werk von 17 Seiten gründlich im Exekutivrat durchgesprochen war, begann die eigentliche Arbeit im Sinne des wirtschaftlichen Aufbaues: der Exekutivrat nahm zu dem 22 Resolutionen des Wirtschaftsrates Stellung und sah sich genötigt, in zahlreichen Fällen mangelnde Zuständigkeit und falsche Rechtsauslegung festzustellen.[21] Es wird ein erhebliches Maß von Arbeit zu leisten sein, bis der Herr Präsident des Wirtschaftsrates Dr. Erich Köhler völlig begriffen hat, daß er weder der Führer noch der Ministerpräsident der vereinigten Zonen ist. Sein Geltungsbedürfnis scheint unbegrenzt; man lächelt schon.

Am Freitag fand die erste gemeinsame Sitzung mit Bipartite Control Office statt.[22] Es zeigt sich immer wieder, daß die Engländer und Amerikaner bemüht sind, ihre juristische Terminologie und Erfahrung in Deutschland anzuwenden, ohne sich in die deutsche Theorie und Praxis hineinzudenken. So kommen immer wieder von neuem Krampfzustände heraus. Ein Beispiel: Man stößt sich an dem Worte „Ausführungsverordnung", weil Verordnung eine allgemeine Rechtsvorschrift wäre – law –, während doch nur regulations in Betracht kommen dürften, also einigte man sich auf „Ausführungsbestimmungen". Ein anderes Beispiel: Was ist Aufsichtsrecht des Exekutivrates? Nach längerer Diskussion kam heraus, daß die Aufsichtsinstanz nur befugt wäre zu kontrollieren, daß und was nach Maßgabe der Gesetze und zu deren Durchführung geschähe, nicht dagegen auch das „Wie"; also die Aufsicht bezieht sich nur auf die Rechtsfragen, nicht dagegen auf die Ermessensfragen. Ob diese Haltung eine Eigenart der Militärs ist oder ganz allgemein für die anglo-amerikanischen Besatzungsstellen Geltung hat, muß noch abgewartet werden. Wichtig war aus der Verhandlung, daß wahrscheinlich sichergestellt wird, daß aller Verkehr zwischen dem Wirtschaftsrat und den Direktoren über den Exekutivrat gehen muß. Das wird den Ex.-Rat wesentlich stärken; er wird ein Mittelding zwischen einem Kabinett und dem Bundesrat.

Eine abendliche Unterhaltung mit Kriedemann und Zinn zeigte mir, wie sehr Dr. Schumacher die Situation beherrscht und seine Schäfchen an der Strippe hat. Bei dem Verhältnis zur CDU handele es sich um eine strategische Überlegung: „Ihr müßt immer so handeln, als wenn 1948 oder 1949 allgemeine Wahlen in der Westzone stattfinden werden" – ist Schumachers Argument. [. . .][23]

24. August 1947

Ich hatte meinen ersten Ärger mit der Presse. Ein junger Mann – Dena[24]-Vertreter – fragte mich nach dem Namen der Hauptreferenten, es kam ein Telefongespräch wegen Umzugsfragen. Daran schlossen sich einige Bemerkungen an. Am nächsten Morgen brachte der Rundfunk ein Interview mit dem Generalsekretär – das m. E. niemals stattgefunden hat. Zwei Tage später brachte die „Frankfurter Rundschau" unter „Letzte Nachrichten" eine Notiz: „Der Mindener Wasserkopf",[25] wonach ich in einem Interview erklärt hätte, daß der Wasserkopf in Minden zusammengestrichen werden würde. Ich wurde von Mitgliedern des Exekutivrates darauf aufmerksam gemacht – lächelnd, schadenfroh, warnend; ich hatte keine Ahnung. Natürlich habe ich mich sehr geärgert. Was nützt mir die Zurechtweisung des Reporters? Ich mußte mich bei Direktor Semler entschuldigen und hatte mir gegenüber der aufdringlichen Presse eine Lehre gekauft.

Am Donnerstag knurrte der bayerische Löwe in Gestalt seines Vertreters Staatsrat Dr. Seelos. Ich hatte am Tage vorher auf Grund der vorangegangenen Besprechungen in- und außerhalb des Exekutivrats als Grundlage für eine Beratung einen kleinen Gesetzentwurf gefertigt, wonach der Wirtschaftsrat den Ex.-Rat und die Direktoren zum Erlaß bindender Anweisungen an die Länderregierungen ermächtigen soll für die Fälle dringender Notwendigkeit im Rahmen der sachlichen Zuständigkeit, weil und solange es an der erforderlichen gesetzlichen Grundlage fehlt. Dr. Seelos hatte den Entwurf an seinen Ministerpräsidenten gegeben. Am nächsten Tage leitete er die Sitzung des Ex.-Rats, da die Herren Metzger und Potthoff fehlten, und begann mit einer Donnerrede. Seine Regierung wäre empört, daß ein solcher Entwurf überhaupt vorgelegt werden konnte, es wäre dies ein unmöglicher Eingriff in die Rechte der Länder, der obendrein der bayerischen Verfassung widerspräche. Ein Beamter, der solche Gedankengänge hätte, müßte sofort abberufen werden. Ich fand kaum Unterstützung von sozialdemokratischer Seite und wiederholte nur das bereits früher Gesagte, daß es sich darum handele, den neuen Apparat handlungsfähig zu machen. Allmählich gewann die sachliche Überlegung wieder die Oberhand.[26] Der Syndikus Lehmann machte auf Grund der Verhandlungen einen guten, etwas geänderten Entwurf und die Sache nimmt ihren Fortgang. Offenbar befürchtete Dr. Seelos, er würde, nachdem er schon vorher wegen seines Verhaltens bei der Wahl der Direktoren eine Beschwerde Dr. Adenauers und Ministerpräsident Ehards[27] ausgelöst hatte, erneut ins Gedränge kommen. Der Vorfall beweist, daß es noch manche Auseinandersetzung mit dem bayerischen Vertreter geben wird; hoffentlich festigen sich die Verhältnisse im Ex.-Rat nach und nach, obwohl Herr Minister Dr. Heinrich Köhler ausgeschieden ist.

Gestern Abend war ich mit Kriedemann zu einem Interview mit dem bekannten Verleger Victor Gollancz und dem britischen Sekretär des Bipartite Control Office (Walter Fliess) gebeten. Ich hatte mich sehr auf eine Begegnung mit dem von mir verehrten Manne gefreut, den ich allerdings nur aus den Nachrichten der „Neuen Zeitung" kannte. Gollancz ist ein großer, kräftiger

Mann, das kahle Haupt ist von buschigem, weißem Haar umsäumt, in dem fleischigen Gesicht sitzt eine dunkle Hornbrille. Er begrüßte uns freundlich und brachte einige Brocken Deutsch. Zunächst sollten Kriedemann und ich unsere Meinung zu der neuen bizonalen Organisation sagen. Kriedemann begann, kam aber nicht weit, weil ihn Gollancz unterbrach: er wolle Fragen stellen. Offensichtlich war es ihm zu langweilig, Altbekanntes zu hören.

Als erste Frage interessierte Herrn Gollancz zu hören, welche wirksame Autorität hinter den Gesetzen und Anordnungen des Wirtschaftsrates und der Direktoren stehe. In genauer Entwicklung eines Beispiels wurde klar herausgearbeitet, daß die bizonalen Stellen keine Zwangsgewalt haben, die Polizei kann immer nur von den Landesregierungen in Bewegung gesetzt werden. Das sah Gollancz als einen groben, wichtigen Fehler der neuen Organisation an. Darauf wurde die Stellung des Exekutivrates untersucht. Gollancz ging davon aus, daß der E-R dem Wirtschaftsrat nicht verantwortlich ist, daß aber jedes Mitglied von seiner Landesregierung jederzeit abberufen werden kann. Er fragte, was geschehe, wenn sich der E-R mit Mehrheitsbeschluß weigern würde, ein Gesetz des W-R durchzuführen? Darauf entgegnete ich, daß im Konfliktsfalle der W-R sich durchsetzen könne, da er die Ausführung seines Gesetzes den Direktoren unmittelbar übertragen könne und jederzeit in der Lage sei, einen renitenten Direktor abzusetzen und durch einen anderen zu ersetzen. Es bleibt dann immer wieder die Frage, wie die Durchführung der Gesetze in den Ländern erzwungen werden kann. Ich verwies auf das Recht des E-R und der Direktoren, Kontrolleure einzusetzen, und vertrat den Standpunkt, daß es möglich wäre, in den Gesetzen und Ausführungsbestimmungen des W-R die Anweisungsbefugnis bizonaler Stellen direkt an die unteren Länderinstanzen vorzusehen.

Die nächste Frage war, was außer dem Mangel an Zwangsgewalt an der bizonalen Konstruktion zu beanstanden wäre. Zunächst große Verlegenheit. Dann sagte ich: der Organismus leidet an einem doppelten Dualismus, nämlich: der W-R ist zentralistisch, der E-R föderalistisch. Der W-R soll unpolitisch, mehr wirtschaftlich-fachmännisch handeln, es haben sich aber die politischen Realitäten als die stärkeren erwiesen.

Darauf stellte Gollancz fest: wenn E-R und W-R die gleiche politische Mehrheit haben, dann müßte alles glatt gehen. Ich erwiderte: in diesem Falle wäre durch Gleichschaltung einer der erwähnten Dualismen ausgeschaltet, der andere, nämlich die Tatsache, daß ein wirtschaftlich gedachter Organismus sich als politisch-bestimmend herausstellt, bliebe bestehen.

Nunmehr fragte Gollancz, wie die SPD zu allgemeinen Wahlen zu einem westdeutschen Bundesparlament in den nächsten Monaten stehe, da mit dem Scheitern der Londoner Konferenz[28] und dem vorübergehenden Auseinanderfallen von Deutschland zu rechnen sei. Kriedemann erwiderte, daß Dr. Schumacher mit baldigen Wahlen rechne, daß die SPD – schweren aber festen Herzens – den Zwang zu solchen Wahlen erwarte. Mit Rücksicht auf die politische Teilung Deutschlands kann die SPD selbst diese Entwicklung nicht fördern.

Als letzte Frage kam die Entnazifizierung dran. Gollancz ist der Meinung, man solle unter die gesamte Entnazifizierung einen dicken, letzten Strich ziehen. Die Hauptschuldigen sollten kriminell bestraft werden, alle anderen sollten amnestiert werden, jedoch mit der Maßgabe, daß die Zulassung zu bestimmten Ämtern, Funktionen, Wirtschaftspositionen usw. von der vorherigen Durchführung eines besonderen politischen Prüfungsverfahrens abhängig gemacht werden müßte. Wir stimmten beide zu.

Bei Gollancz fiel mir die klare, beinahe stechend zu nennende Präzision der Fragestellung und die Energie auf, mit der er sein Ziel verfolgt. Mehrere Male bat er – beinahe barsch –, man solle bei der Sache bleiben und ihn nicht durch Nebenunterhaltungen stören. Nach zwei Stunden waren wir fertig.

8. September 1947

Der Wirtschaftsrat hat wieder einmal getagt;[29] diesmal habe ich mir die Anwesenheit im Plenum geschenkt, weil mir die Vorverhandlungen genügt haben. Es ist ein höchst unerfreuliches Tauziehen nach verschiedenen Richtungen im Gange: die CDU-Direktoren und der Wirtschaftsrat wollen den Exekutivrat klein halten – oder besser gesagt – man will selbst das letzte Wort haben. Das gilt von der CDU-Fraktion, die dem Exekutivrat mit seiner SPD-Mehrheit nicht über den Weg traut, das gilt von den Ausschüssen des Wirtschaftsrats, die gern etwas von sich reden machen wollen, das gilt aber auch von einigen Direktoren, die gern ihre eigene Machtvollkommenheit sichergestellt haben möchten. Am meisten zeigt sich das in Fragen der Personalpolitik. Ich muß gestehen, daß meine Erwartungen auf ein sachliches Zusammenarbeiten schon einige Male grob enttäuscht worden sind, zuletzt bei der Besetzung des Personalamtes mit Oppler,[30] dem man seine zeitweilige Zugehörigkeit zur Sozialistischen Arbeiterpartei vorwirft und den man deshalb bei den Besatzungsmächten angemerkt hat, wie ich gestern bei Omgus[31] erfuhr. Der Wirrwarr ist groß, obgleich die Arbeit in der Bizone eben erst begonnen hat. Da werden Beschlüsse im Wirtschaftsrat und seinen Ausschüssen gefaßt, die jede Rücksichtnahme auf die Zuständigkeiten vermissen lassen. Die Personalfragen, die von Gesetzes wegen den Exekutivrat angehen, werden zunächst mit den Besatzungsmächten besprochen. Der Exekutivrat ist für einzelne Mitglieder ein Gesandten-Kongreß der Länder, der erst Beschlüsse fassen sollte, nachdem die Weisungen der Länderregierungen vorliegen, für andere ist er – so dürfte es auch nach den grundlegenden Bestimmungen richtig sein – ein bizonales Organ auf förderativer Grundlage: dementsprechend wollen einige von ihren Ländern bezahlt werden und lehnen ein Gehalt aus Mitteln des Haushaltsplanes der Bizone ab, während die anderen gerade diese Vergütung für notwendig ansehen. Einige Länder warten sehnsüchtig auf rechtliche Anweisungen des Exekutivrats und seiner Direktoren, andere nehmen die Regelung der Fleisch- und Kartoffelversorgung als einen Eingriff in die Verfassungsrechte der Länder.[32] Der Mangel einer Zwangsgewalt der Bizone ist allen deutlich bewußt – daher erheben die Länderminister z. T. scharfen Protest, wenn sie ihre Meinung nicht durchsetzen können. Metzger als Vorsitzender des Exekutivrates hatte seine ganze Autorität einzusetzen, um selbst sozialdemokratische Minister in Reih' und Glied zu bringen, damit eine sachliche Arbeit geleistet werden konnte. Jeder Hinweis auf die Rechtslage wird politisch ausgewertet; die Briefe, die der Exekutivrat zur Kritik von Beschlüssen des Wirtschaftsrats geschrieben hatte, wurden zum Gegenstand von Vorstellungen bei dem Präsidium des Wirtschaftsrats gemacht, wobei mich der Vorwurf mangelhafter Achtung von dem Betroffenen traf. Der offizielle Einwand des Exekutivrates im Plenum des Wirtschaftsrates gegen die rechtliche Zweckmäßigkeit des sog. Statuts[33] machte keinen Eindruck auf die Herren Abgeordneten aller Fraktionen, weil man eigensüchtige Motive vermutete. Übereilte, entstellte und irreführende Pressenachrichten, die von vorlauten Berichterstattern herausgebracht werden, tragen das ihrige zu dieser chaotischen Situation bei. Ich habe mir schon gehörig Witz gekauft und daher eine wöchentliche Pressekonferenz eingerichtet.[34]

Einerseits bin ich entschlossen, meinen Teil beizutragen, dem Rechtsstaatsgedanken soweit als irgend möglich Geltung zu verschaffen und von vornherein alle Entgleisungen als solche zu behandeln, andererseits ist es mir durchaus zweifelhaft, ob bei diesem System wesentliche Leistungen erreichbar sind. Es ist gar nicht zu verkennen, daß ein Ringen um die politische Macht im Gange ist; die Reaktion besetzt ihre Bastionen, man will keinen Sozialismus, man fühlt sich bürgerlich, man sucht Hilfe bei den Besatzungsmächten gegen die SPD. Die neue Verwaltung wird nicht arbeiterfreundlich, sie wird nicht fortschrittlich, keineswegs sozialistisch sein, nachdem die CDU alle leitenden Stellen übernommen hat.

Eine Enttäuschung bei der SPD, die zunächst freudig – wenn auch sehr zögernd – in die Opposition ging, muß kommen.

Schumachers Politik der Forderung aller Wirtschaftsministerien verlangt eine klare Konsequenz – nämlich die Abkehr vom Listenwahlrecht. Es muß die Wählerschaft immer wieder vor die Frage gestellt werden: Sozialismus oder Kapitalismus? Wahrscheinlich würde es nicht sehr lange dauern, bis sich eine sozialistische Mehrheit in der Reichsebene gebildet hat.

Inzwischen muß aber auch staatsmännisch gehandelt werden, d. h. mit dem Blick über die nächsten Wahlen hinaus. Der Aufbau einer sauberen demokratischen Verwaltung, die Sicherung des Rechtsstaatsgedankens, die Bildung einer geschlossenen Meinung gegenüber den Siegermächten in den wichtigsten Fragen, die Wiederaufrichtung der Wirtschaft, die Bevorzugung der Produktion gegenüber dem Konsum u. a. sind Dinge, über die es keinen Streit geben dürfte.

Leider ist zuviel Mittelmäßigkeit am Werk, als daß bald eine Klärung der Begriffe und der Geister zu erwarten ist. Die Formen des Nazismus überwiegen durchaus. Anstatt Diskussionsversammlungen gibt es Kundgebungen, die moralische Verdächtigung des Gegners ist an der Tagesordnung, die Sucht nach Versorgung in der öffentlichen Verwaltung hat die Form einer Torschluß-Panik angenommen. Korruption gehört fast zum Alltag der Bewirtschaftungsstellen. Man schimpft über die Demokratie und ihre Einrichtungen, ohne daran zu denken, daß man an den Mängeln selbst doch täglich schuldig wird.

Die Besatzungsmächte mildern diese Zustände kaum, häufig vermehren sie nur die Verwirrung durch ihre Anordnungen und Maßnahmen. Schon ihr schleppender und formalistischer Geschäftsgang tut das seinige mit großer Wirkung in der falschen Richtung. Und doch ist nicht zu verkennen, daß die Militärregierung sehr viel Gutes wirkt, weil sie eben den Rechtsgedanken unbeirrt verteidigt und dem Chaos auf deutscher Seite als eine geschlossene Macht – in der Bizone – gegenübersteht. Untereinander freilich herrscht keine Einigkeit bei den Alliierten, woher ja wohl das Grundübel der Zonenwirtschaft kommt. „O selig, wer noch hoffen kann, aus diesem Meer des Irrtums aufzutauchen." Daran muß ich immer wieder denken, und doch: es muß und wird besser werden; was die Einsicht bei den wenigen nicht schafft, wird die Zeit zu Wege bringen. Ich gebe keineswegs mein hartes Bemühen auf.

13. September 1947

Der politische Kampf beginnt. Ministerpräsident Dr. Ehard gibt eine Erklärung gegen den Frankfurter Zentralismus ab[35] – als wenn inzwischen irgend etwas Wichtiges geschehen wäre. Noch nicht ein einziges Gesetz materiellen Inhalts ist verabschiedet! Dr. Seelos, der bayerische Vertreter im Exekutivrat, verlangt einen Beschluß, daß der Exekutivrat keine Gesetzesinitiative ergreifen wird, wenn es sich um eine wesentliche Beschränkung der Länderrechte handelt, es sei denn, daß ein Antrag eines Direktors oder des Wirtschaftsrats vorläge,[36] – als wenn es bizonale Gesetze geben könnte, die nicht in die Länderrechte eingreifen, wo doch die Bizone in dem amerikanischen Besatzungsgebiet lediglich auf Kosten der bisher omnipotenten Länder zu Geltung und Wirkung kommen kann. Im Exekutivrat wird zur Zeit über ein Warenlenkungsgesetz verhandelt,[37] das einen breiten Rahmen für Planwirtschaft und Notmaßnahmen für Gewerbe und Landwirtschaft abgeben soll. Dr. Seelos, der nur auf Anweisung seiner Regierung tätig wird, – er möchte den Exekutivrat gern zu einem Gesandtenrat machen, obgleich er nach der Proklamation Nr. 5[38] ein bizonales Organ mit hauptamtlich tätigen Mitgliedern ist – versucht z. Zt. die süddeutschen Länder zu einer Konferenz zusammenzubringen, weil Herr Metzger im Exekutivrat verhandelt, ohne Weisungen seiner Regierung einzuholen. Das hat bereits zu einer Vorstellung von Staatsrat Apel bei Herrn Metzger geführt. Inzwischen hat Präsident Dr. Köhler vom Wirtschaftsrat den hessischen Justizminister gebeten, gewisse Gesetzentwürfe für den Wirtschaftsrat auszuarbeiten, damit dieser zur Gesetzesinitiative kommt – ich muß schon sagen, daß dies ein merkwürdiges parlamentarisches Beginnen ist, nachdem Justizminister Zinn aus dem Wirtschaftsrat ausscheiden mußte.[39] Inzwischen steckt sich die CDU hinter die Militärbehörde im Sinne ihrer Personalpolitik. So hat Herr Seelos seine Pläne mit der Besetzung der Hauptabteilungen in Berlin vorgetragen, ohne den an sich zuständigen Ex.-Rat vorher zu benachrichtigen. Man versucht, die Bestellung von Ministerialrat Oppler zum kommissarischen Leiter des Personalamtes zu verschieben, indem man seine zeitweilige Zugehörigkeit zur SAP ins Feld führt.
Ich muß schon sagen, daß mir diese Entwicklung einige Sorgen bereitet. Die

Uneinigkeit der Deutschen wird wieder einmal eklatant. Als wenn die Not nicht riesig wäre und alle Kräfte zum Zusammenschluß riefen. Der Herr „Reichsministerchte"[40] Dr. Heinrich Köhler hat das kommen sehen – er hat es deutlich ausgesprochen und seine Konsequenzen gezogen. Es scheint so, als wenn sich die Entwicklung nach 1918 wiederholt. Die Verwaltung wird reaktionär, die Sozialisierung wird abgelehnt, die Arbeiterschaft läßt brav alles über sich ergehen. Wenn Schumacher für die Opposition eintritt, dann hat er grundsätzlich recht, falls es ihm darauf ankommt, eine bessere strategische Lage zu bekommen als 1922 und später. Er müßte nur so konsequent sein und für das Mehrheitswahlrecht eintreten, damit die SPD in der Tat ums Ganze ringen kann.

Mir geht die Entwicklung etwas auf die Nerven. Meine Freunde im Ex.-Rat meinen, ich wäre zu stürmisch und ungeduldig. Ich will versuchen, politisch zu denken und zu handeln.

20. September 1947

Die vergangene Woche stand im Zeichen gespannter Verhandlungen. Am Dienstag (16. 9.) kam endlich die Konferenz mit den Direktoren im Gästehaus der Stadt Frankfurt zustande. Sie begann mit etwa einer Stunde Verspätung, weil – wie ein Telefonanruf 16.20 Uhr meldete –, die Herren Direktoren eben erst gemeinsam abgefahren waren; sie hatten also eine Vorkonferenz abgehalten und kamen mit verabredeten Stellungnahmen zu der ihnen bekannten Tagesordnung. Dr. Semler führte im allgemeinen das Wort.

Was bisher nur zu fürchten war, wurde jetzt hörbar und deutlich: die CDU formiert sich zu einer klaren Front gegen die SPD. Beispiele:

Die Direktoren lehnten die Zuständigkeit des Exekutivrates für die Ernennung der Abteilungsleiter ab, „weil die Rechtslage nicht geklärt sei". (Sie ist nicht geklärt, weil die Herren Direktoren und der Präsident des Wirtschaftsrats Dr. Köhler die Zuständigkeit des Wirtschaftsrates mit CDU-Mehrheit wünschen – das Gegenteil sei nirgends bestimmt – als wenn ein Parlament Beamten zu ernennen hätte!) Immerhin will man dem Ex.-Rat die Vorschläge unterbreiten; sollte es Meinungsverschiedenheiten geben, dann könnte die Rechtsfrage immer noch „durch den Wirtschaftsrat" entschieden werden. (So ganz ohne Eindruck waren der Wortlaut von § 6 Abs. I des Überleitungsgesetzes[41] und die Auslegung von Bipartite Control Office nicht geblieben).

Dr. Semler erklärte, daß „leider" auch Min. Direktor Keiser von der Verwaltung für Wirtschaft nicht Hauptabteilungsleiter bleiben könne und die Stellung und das Gehalt herabgesetzt werden müssen. (Er ist der beste Mann im Amt, freilich Sozialdemokrat). „Keinesfalls" wolle man ihn freilich verlieren; er sei damit einverstanden, unter Josten zu arbeiten, der dem Vernehmen nach Wehrwirtschaftsführer war. So wird die CDU alle Kommandoposten für sich nehmen. Direktor Hartmann verneinte ein Bedürfnis, ihn durch Gesetz des Wirtschaftsrates zum Erlaß von Ausführungsbestimmungen zu den Steuergesetzen zu ermächtigen; er wolle wie bisher mit Koordinierungsbeschlüssen der

Länderminister arbeiten, denn er würde sonst der Kompetenzverteilung der späteren Bundesverfassung vorgreifen! (Ein braver bayerischer Bürokrat! Wer hätte das gedacht!)

Ein Bedürfnis für eine Koordinierung der Berliner Außenstellen der Verwaltung für Wirtschaft und für Ernährung, Landwirtschaft und Forsten sei nicht gegeben, erklärten die beteiligten Direktoren. Die Bezeichnung „Vertretung" wäre falsch und würde beseitigt werden. Ex.-Rat und Wirtschaftsrat sollten wegen einer politischen Vertretung selbst entscheiden.

Die Beauftragung von Min. Rat Dr. Oppler mit der Leitung des Personalamtes hat die CDU-Leute sehr auf den Plan gebracht. Dr. Köhler sprach dem Ex.-Rat seine Verwunderung darüber aus, daß er diese Ernennung aus der Zeitung entnommen habe; der Hauptausschuß des Wirtschaftsrates hätte die gleiche Auffassung geäußert; es könne sich ja nur um eine „vorläufige" Ernennung handeln. Der Hauptausschuß erbäte die schleunige Vorlage des Gesetzes über das Personalamt, darin auch die Ernennung des Leiters zu regeln wäre.[42] (Aha!). Dr. Seelos stimmte gegen Oppler, Dr. Gögler gab – trotz Abwesenheit – seine Ablehnung zu Protokoll.

Derselbe Dr. Gögler hat – nachdem er vielleicht an 6–8 Sitzungen des Ex.-Rats teilgenommen hatte – der württembergisch-badischen Regierung seine Enttäuschung über die bizonale Organisation vorgetragen; dabei hat er die mangelnde Eignung des Bürodirektors und das Versagen des Generalsekretärs behauptet; er vermißt Tagesordnungen und Protokolle für die Sitzungen! Reichsminister Dr. Köhler soll ihm scharf entgegengetreten sein.

Dr. Seelos hatte sich eine besondere Tour geleistet, indem er – während einer Sitzung des Ex.-Rats unter dem Vorsitz von Metzger – die hessische Staatsregierung (Dr. Brill) anrief und um eine Zusammenkunft der 3 süddeutschen Ministerpräsidenten bat zwecks Herbeiführung einer einheitlichen Stellungnahme gegen den Entwurf des Warenlenkungsgesetzes. Eine sachliche Erörterung im Ex.-Rat sei nicht zustande gekommen, weil Metzger erklärt habe, er würde in Sachen der Bizone nach seinem bizonalen Gewissen – nicht nach den Anweisungen seiner Landesregierung handeln. Dieser Verstoß gegen die Vertraulichkeit der Verhandlungen hat den Mitgliedern des Ex.-Rats einen harten Schlag versetzt. (Auch ein Stück CDU-Politik.)

Eben dahin gehören die öffentlichen Erklärungen von Ministerpräsident Dr. Ehard und Staatsminister Baumgartner gegen den „Frankfurter Zentralismus"[43] – als wenn schon irgend etwas geschehen wäre!

Direktor Hartmann schickte heute eine von mir unterschriebene Erinnerung zurück mit dem Bemerken, daß er nach der Besprechung vom Dienstag nur Schreiben mit der Unterschrift des Präsidenten des Ex.-Rats entgegenzunehmen hätte! – Welche Verwirrung!!

Alles deutet darauf hin, daß die CDU-Leute alle Macht für sich haben wollen. – O, welch' eine Kurzsichtigkeit! Ich glaube, es ist nicht so sehr bewußte Ausschaltung der SPD im Sinne des Klassenkampfes, als vielmehr die vom dritten Reiche her überkommene Einstellung, nur in der Mehrheit – am besten ohne Opposition und Kontrolle – arbeiten zu können. Wohin sind die Deklamationen verhallt, daß auf breitester Grundlage regiert werden müßte?! Inzwischen wird der Trubel dem Ex.-Rat ganz bewußt. Da werden ca. 5000 Bauarbeiter beköstigt und bezahlt, und sie leisten nur 15–20 % aus Mangel an Material, aus Mangel an Lastwagen, aus verlängerten Mittagspausen, aus Arbeitsunlust. Da gab es Differenzen mit den Häftlingsarbeitern aus Darmstadt; sie sollten nicht so schaffen, denn sie würden nur das Arbeitstempo verderben. Die Zahl der eingesetzten Lkws geht andauernd zurück, weil bald Reifen, bald Ersatzteile verlangt oder Reparaturen vorgeschützt werden: der schwarze Markt ist gewiß rentabler!

Große Aufregung brachte eine von Dr. Schlange-Schöningen geforderte Anordnung für die Kartoffelbewirtschaftung,[44] in der eine unmittelbare Unterstellung der Landesverwaltungen unter den Direktor der bizonalen Verwaltung gefordert wurde, um die Kartoffelernte zu erfassen und zu verteilen. Um die Rechtsgrundlage für die Anordnung des Ex.-Rats hatte sich Dr. Schlange-Schöningen nicht bekümmert; er kündigte aber seine öffentliche Rechtfertigung in der zu erwartenden Katastrophe an. Bayern opponierte wegen der Verfassungswidrigkeit der geplanten Anordnung, gab aber inzwischen eigenmächtig ein kg Fleisch pro Einwohner aus, weil die Viehtransporte nach den Kühlhallen in Norddeutschland nicht möglich wären. Hessen erhöhte eigenmächtig die Fleischrationen.[45] Hamburg und Rheinland-Westfalen protestierten gegen diese Maßnahmen. Niedersachsen kündigte die Ausgabe von zwei Zentnern Kartoffeln pro Einwohner an, obwohl nur ein Zentner Winterkartoffeln gestattet ist. In Wiesbaden, Essen, Darmstadt usw. usw. sind in den letzten 3 Wochen keine Kartoffeln ausgegeben worden. Es ist Chaos, es droht eine Hungerkatastrophe. Jeder meint: rette sich, wer kann; so gehen Landräte und Bürgermeister zu Ausfuhrverboten über.

Da schien das vom W-R beschlossene Gesetz über die Anordnungsbefugnis des Exekutivrates[46] einen Ausweg zu geben, wenigstens in politischer Hinsicht, damit überhaupt etwas geschehen könne. Es sollte den Exekutivrat ermächtigen, bis zum 31. Dezember dringend erforderliche Anweisungen zur Verteilung gewerblicher und landwirtschaftlicher Produkte zu erlassen, bis die dafür erforderlichen Gesetze des Wirtschaftsrats beschlossen und genehmigt wären. General Robertson sagte die Genehmigung zu – das Gesetz ging ihm sogar nicht weit genug –, General Clay lehnte es ab, wie heute mitgeteilt wurde, weil der Exekutivrat nicht Gesetze erlassen dürfe[47] – und dabei handelt es sich nur um eine Vollzugsanordnung, wie sie in der Warenverkehrsordnung der Militärregierungen vom 10. Juni 1947[48] vorgesehen sind. Welche Verwirrung!! Wie soll es unter solchen Umständen zu einer Verbesserung der Lage, zu einer Autorität der deutschen Verwaltung, zu einem Vertrauen der deutschen Bevölkerung zur Demokratie kommen?

Metzger und ich haben heute eine Stunde zusammengesessen und geplaudert. Er war nach Frankfurt geeilt, um an einer Sitzung bei dem Bipartite Control Office teilzunehmen, die dann eine Stunde vorher abgesagt wurde. Metzger war

verärgert, weil er eine wichtige Sitzung in Darmstadt versäumt hatte; so geht es manchmal, daß keine Rücksicht auf Zeit und Arbeit der Deutschen genommen wird. Das verdrießt. Wir müßten ins Büro, wir wären Oberbürgermeister und stünden der großen Politik fern.
Vorläufig wollen wir weiterschaffen. Wen sollte die SPD an unserer Stelle setzen, den sie nicht woanders bräuchte? – Ich habe dann noch bis 5 Uhr nachmittags ins Stenogramm diktiert – um nicht zu versagen!

4. Oktober 1947
Die Verwirrung der Begriffe und Institutionen hat zu einer ersten Krise geführt, deren hörbares Zeichen für die Öffentlichkeit die Protesterklärung war, die vom Vorsitzenden des Ex.-Rats in der Vollsitzung des Wirtschaftsrats am 30. September abgegeben wurde.[49] Nachdem die Mil. Regierungen die Genehmigung des Anweisungsgesetzes zugunsten des Ex.-Rats abgelehnt hatten, ging der Wirtschaftsrat mit Eiltempo daran, Gesetze zu machen, zunächst ein Gesetz betr. die Kartoffelversorgung.[50] Dabei ging es drunter und drüber, weil die Vollversammlung einberufen war, ohne daß auch nur eine Vorlage vorhanden gewesen wäre. Hatte der Entwurf des Gesetzes über die Kartoffelversorgung den Ex.-Rat immerhin passiert, ohne daß die Länderregierungen befragt werden konnten, so war das Gesetz betr. die Fleischversorgung[51] ganz ohne den Ex.-Rat behandelt worden; das gab den Anlaß zum Protest. Dabei kam erschwerend in Betracht, daß noch schnellstens ein Gesetz betr. Energieversorgung[52] verhackstückt werden sollte. Nun brauste der Ex.-Rat auf und kündigte den offenen Konflikt an, über den die Mil. Regierungen hätten entscheiden müssen. Der Ex.-Rat erwartete eine Entscheidung in dem Sinne, daß die Genehmigung eines Gesetzes abgelehnt würde mit der Begründung, es wäre dem Ex.-Rat nicht Gelegenheit zur Stellungnahme gegeben worden. Dazu wird es wohl nicht kommen.

Interessant jedoch die neuen Erfahrungen über den Zustand der Verwirrung: Die Sekretärin von Direktor Dr. Semler ruft an, sie hätte durch Fernschreiben aus Minden[53] den Text eines Energieversorgungsgesetzes erhalten – allerdings mit einer Verstümmelung. Da es sich um einen Entwurf des Ex.-Rats handle, bäte sie mich um Auskunft. Dabei handelte es sich um einen Entwurf der Verwaltung für Wirtschaft, den Staatssekretär Dr. Strauß eingereicht hatte. Dieser leugnete das schlankweg; er wüßte nichts von dem Entwurf; der Abteilungsleiter Schalfejew kannte ihn nach seinen Angaben auch nicht, der Direktor Dr. Semler war höchst überrascht. – Schuld trifft den Ex.-Rat! Natürlich!!

Dem Wirtschaftsausschuß des Wirtschaftsrats liegen z. Zt. vier Entwürfe zu einem Warenlenkungsgesetz vor, davon ein Entwurf des Ex.-Rats, der auf dem Vorentwurf des Direktors aufgebaut ist.[54] Da dieser allein ordnungsmäßig eingebrachte Entwurf die Grundlage einer Plan- und Bedarfsdeckungswirtschaft hergeben könnte, wird er von der CDU abgelehnt. Also hat diese Partei einen eigenen Entwurf eingebracht, der freilich völlig unzulänglich ist. – Bayern hat Sonderwünsche und hat daher einen eigenen Entwurf vorgelegt. Der Direktor Semler hat den Entwurf des Exekutivrats auf 6 langen Seiten kritisiert, aber dem Exekutivrat trotz Aufforderung seine Kritik nicht zugeleitet. Nunmehr fragen die Abgeordneten, welchen Entwurf sie denn behandeln sollen. – Das Gesetzesinitiativrecht des Exekutivrats interessiert sie nicht weiter, sie könnten doch beschließen, was sie wollten. Die SPD machte wirklich Opposition und verließ die Sitzung, worauf Präsident Dr. Köhler einen Verständigungsausschuß von 7 Mann durchsetzte.[55]

Da täglich neue Gesetze angefordert wurden – vom Herrn Präsident Dr. Köhler – damit der Wirtschaftsrat in Permanenz tagen könnte und damit schnellstens etwas geschähe, wurde die Verwirrung immer toller. Die Verwaltung für Ernährung, Landwirtschaft und Forsten erklärte, es läge kein Bedürfnis vor, wegen der Fleischversorgung sofort ein Gesetz zu machen, nachdem mit den Landwirtschaftsministerien der Länder eine Verständigung erzielt worden sei – trotzdem wurde ein Gesetz gemacht, in aller Eile, ohne den Exekutivrat, damit etwas geschähe. Die Verwaltung für Verkehr erklärte, es wären alle erforderlichen Vorschriften vorhanden, um den Eisenbahnverkehr zu regeln und die Kartoffeltransporte zu sichern und den Bahnmißbrauch zu bekämpfen. Trotzdem mußte sie – auf Anforderung von Präsident Dr. Köhler – einen Gesetzentwurf vorlegen, der dann auch nur Wiederholungen oder Ungeheuerlichkeiten enthielt: Wer in der Nähe von Bahnanlagen mit Handtaschen, Säcken, Handwagen usw. sich aufhält, sollte wegen Verdachts von Diebstahl bestraft werden. Polizeibeamte, die das nicht verhinderten, sollten wegen Amtsverletzung mit Gefängnis bestraft werden usw. usw.[56]

Der neue Vorsitzende des Ex.-Rats Dr. Spiecker, ein erfahrener Politiker und Parteimann, glättete die Wogen und redete für Einvernehmen und Zusammenarbeit. Die Spitzen lenkten ein. Am Donnerstag nachmittag waren Fraktionssitzungen. Ich ging zur SPD. Man hat Min. Dir. Dr. Kaufmann (vom Ex.-Rat) eingeladen, er solle zur Warenverkehrsordnung sprechen. Dazu kam es nicht, weil sofort die Kompetenzstreitigkeiten die Gemüter entfachten. Die Anwesenheit von Kaufmann würde dabei störend empfunden, einige machten plumpe Ablehnungsversuche. Als Dr. Kaufmann nach besonderer Aufforderung seine Meinung wegen der Stellung des Ex.-Rats gegenüber dem Wirtschaftsrat entwickelt hatte, war er bei den meisten SPD-Abgeordneten völlig unten durch. Er wurde dann höflich hinauskomplimentiert. Nunmehr gingen die Gemüter hoch: Der Ex. Rat ist überflüssig! Wir können beschließen, was wir wollen! Wir sind an die Vorlagen des Ex.-Rats nicht gebunden! Der Ex.-Rat wird nur noch 3 Monate – oder höchstens 6 Monate – existieren, wir brauchen uns deswegen um eine Lösung der Schwierigkeiten nicht erst zu bemühen! Der Ex.-Rat ist ein förderalistisches Organ, das uns nicht interessiert, weil wir zentralistisch sind. Wir sind gegen den Ex.-Rat, das hat mit unseren Freunden im Ex.-Rat nichts zu tun. Wir haben die schlechte Organisation der Bizone nicht zu verantworten, das mögen die Militärregierungen tun! Wir müssen nötigenfalls zur Kölner Resolution[57] zurück und alle Ämter niederlegen usw. usw. Hansen und ich, wir verließen die Sitzung gleichzeitig und verständigten uns auf dem Rückwege, daß es keinen Sinn habe gegen eine Menge aufzutreten, die noch völlig im Fahrwasser des Totalitätssystems segele; man müsse stur den Rechtsstandpunkt wahren. Dr. Seelos berichtete in der anschließenden Sitzung des Ex.-Rats von der gleichen, hoffnungslosen Lage bei der CDU. Man will keine rechtlichen Schranken, man will keine Toleranz, man will das letzte Wort haben, man will sofortigen Erfolg – oder was man darunter versteht. Etwas später kam Metzger nach, donnerte seine Aktentasche auf den Sitzungstisch und schimpfte: „Hat es denn einen Sinn, mit einer solchen Gesellschaft zu arbeiten. Ich gehe lieber nach Darmstadt und werde wieder Oberbürgermeister. Hier reibe ich mich auf."

Ergänzung: Hierher gehört ein Hinweis auf meine ehrenamtliche Mitarbeit im Interesse des Wiederaufbaues der Stadt Darmstadt. Sie hat ihren Grund einmal in meiner Freundschaft zum Oberbürgermeister Ludwig Metzger, die durch die gemeinsame Arbeit im Exekutivrat begründet und gefördert wurde und zum anderen in der Wiederbegegnung mit Architekt Kurt Jahn, der aus der Ostzone mit seiner Familie geflohen war und eine erste Unterkunft in Heppenheim gefunden hatte. Jahn suchte eine Betätigung, ihm lag ein Angebot des aus dem 3. Reich bekannten Bürgermeisters a. D. Winkler vor, den Bau und die Leitung einer großen Flüchtlingssiedlung in Süddeutschland zu übernehmen. Jahn entschied sich schließlich für Darmstadt, zumal der Stadtkämmerer Dr. Feick dies dringend wünschte und der Oberbürgermeister mit den Arbeitsbedingungen einverstanden war. Es ging darum, für Darmstadt neue Gewerbebetriebe mit insgesamt 10 000 Arbeitsplätzen zu gewinnen, damit die Stadt, die zu den meist zerstörten Städten Deutschlands rechnete, wieder ihre wirtschaftliche und kulturelle Bedeutung zurückgewinnen konnte, obwohl die Landeshauptstadt inzwischen nach Wiesbaden verlegt war. Der Wiederaufbau unter der Geschäftsführung von Jahn und Feick vollzog sich außerhalb der Zuständigkeit der städtischen Körperschaften in der Wiederaufbaugesellschaft. Ein Kreis ehrenamtlicher Berater traf sich zunächst wöchentlich einmal zur Besprechung aller Probleme und Entscheidung der offenen Fragen bei der Industrieansiedlung in der Volksküche in der Eschollbrückerstraße. Es hatte seinen guten Sinn dorthin zu gehen, weil jeder der Beteiligten damit rechnen konnte, wenigstens eine Tasse Kaffee zu erhalten. Auch Helmut Lentze gehörte zu dem Beraterkreis. Von entscheidender Bedeutung war, daß sich Dr. Hilpert auf Antrag entschloß, den großen Exerzierplatz an der Südseite der Rheinstraße und außerdem einen Millionenkredit zur Verfügung zu stellen.

5. Oktober 1947

Ministerpräsident Christian Stock sprach heute in der Staatsoper zu den Parteijubilaren, ich bekam auch ein Diplom wegen 25jähriger Parteizugehörigkeit. Die Art zu reden – pathetisch-rührselig, in Gemeinplätzen, in Superlativen – gefällt den kleinen Leuten; da der Vortrag bedächtig-überlegt erscheint – das Gesagte ist aufrichtig gemeint – macht er zunächst Eindruck – beim zweiten, spätestens beim dritten Male kennt der kritische Zuhörer den Stil und Inhalt und ist enttäuscht. Stock sprach von der „ganzen Menschheit" (mehrfach!), die der Sozialismus erlösen wolle. Was hätten allein 1000 Ortsgruppen in Hessen, geschweige wohl die Ortsgruppen in der ganzen Welt, an kulturellen Leistungen aufzuweisen. „Für Dezennien" hätte die Kulturarbeit der SPD die bürgerliche Kultur in den Schatten gestellt. Stock erinnerte an die „Kampfzeiten" und allenthalben sprach er vom Kampf um die Freiheit. Die Idee des Sozialismus

„siegte und überwand alles", weil sie unendlich größer ist als ihre Gegner. Solange Kulturwerke bestehen, gibt es die Idee des Sozialismus – von Plato bis Karl Marx. Die Nazis sind am wahren Sozialismus letzten Endes gescheitert, „die geheiligte sozialistische Idee ist die reine Wahrheit jetzt und immerdar". Was uns in den Jahren der Naziherrschaft aufrecht erhalten hat, ist der „Dämon der Sicherheit unseres herrlichen Ideals des Sozialismus". Auf! Sozialisten, schließt die Reihen . . .!

12. Oktober 1947

Es schien so, als wenn es Herrn Dr. Spiecker gelingen würde, die Differenzen zwischen dem Wirtschaftsrat, dem Exekutivrat und den Direktoren zu überwinden; es war wohl eine falsche Hoffnung. Jetzt sind noch die Schwierigkeiten mit den Landesregierungen hinzugekommen. Jeder macht, was er eben will und was ihm eben nützt. Als Radio und Zeitungen meldeten, daß der bayerische Landwirtschaftsminister Baumgartner die Bauern öffentlich aufgefordert habe, die Kontrolleure in Frankfurt mit ihren Mistgabeln vom Hofe zu jagen, wenn sie nicht einen Ausweis mit dem Stempel der bayer. Landesprüfstelle hätten,[58] da stieg die Erregung wieder auf den Höhepunkt. Eine sofortige Prüfung ergab, daß Minister Baumgartner eine Zusatzverordnung zu einem Koordinierungsbeschluß des bizonalen Verwaltungsamtes erlassen hatte, wonach alle Prüfungsbeamten seiner Kontrolle auf ihre Eignung unterworfen wären. Dr. Spiecker wies auf die bevorstehende Pressekonferenz hin und erstrebte eine Stellungnahme des Exekutivrates. Dr. Seelos wollte den Fall eingehend prüfen, obwohl ein Schreiben Baumgartners an die Verwaltung für Ernährung, Landwirtschaft und Forsten und die beiden Verordnungen über die Kontrolle vorlagen[59]; er wehrte sich heftig gegen diesen erneuten Angriff auf Bayern, das allein angegriffen und drangsaliert würde, und vertrat die Auffassung, daß Bayern alles erlaubt sei, was nicht ausdrücklich verboten wäre; so kam er zu dem Ergebnis, daß die Zusatzverordnung von Baumgartner durchaus mit Recht erlassen sei. Ich betonte erneut nachdrücklich den Rechtsstaatsgedanken und wies darauf hin, daß ein einstimmiger Koordinierungsbeschluß nicht durch ein Land allein eingeschränkt werden könnte. Der Exekutivrat beschloß, die Rechtslage zu prüfen. Da Dr. Spiecker sofort nach der Sitzung abreisen wollte, entwarf ich einen Brief an den bayer. Ministerpräsidenten in dieser Sache und sagte darin u. a.: „Der Exekutivrat neigt der Auffassung zu, daß . . . nicht berechtigt sei, einen Koordinierungsbeschluß zu ändern." Dr. Spiecker unterschrieb nach kurzer Besprechung und reiste ab. Ich trug eine Kopie zum bayerischen Büro und war höchst erstaunt, als Dr. Seelos 3 Stunden später in einer Besprechung des Exekutivrats seine höchste Empörung über diesen Brief ausdrückte: der Exekutivrat hatte nicht beschlossen, an den bayer. Ministerpräsidenten zu schreiben; der Exekutivrat hätte keine Meinung geäußert; es wäre nicht wahr, daß der Exekutivrat zu der Meinung neigte, daß . . . Dr. Spiecker hätte schreiben müssen, daß er zu der genannten Meinung neige. Er würde einen solchen Brief das nächste Mal nicht hinnehmen; jedenfalls würde er dafür sorgen, daß der Ministerpräsident den Brief nicht beantworten würde. Ich wies nur darauf hin, daß die Prüfung der Rechtslage eine Stellungnahme der bayerischen Landesregierung voraussetze, nachdem gerade Dr. Seelos am Vortage gefordert hätte, daß nicht die obersten Landesbehörden, sondern eben nur die Landesregierungen von den bizonalen Stellen angesprochen würden.

Gestern mußte der Exekutivrat im Plenum des Wirtschaftsrates erneut Protesterklärungen abgeben, einmal zu einem Gesetz über die Zentrallastenverteilung bei Energie und dann zu dem Gesetz über den Mißbrauch von Kraftfahrzeugen.[60] In beiden Fällen war der Exekutivrat nach der Vornahme wesentlicher Änderungen im Ausschuß nicht mehr gehört worden; die Gesetze wurden – nach Meinung des Exekutivrates – wesentlich verschlechtert. Wahrscheinlich wird es nicht anders gehen, als daß BICO dem Rechtsgedanken durch einen Machtspruch Geltung verschafft!

Es ist geradezu lächerlich und zugleich traurig, welche Formen totalitärer Verwaltung und Politik sich immer mehr breit machen. In einem Protokoll des Wirtschaftsausschusses vom 1. 10. 1947 ist zu lesen: „Der Präsident"[61] erscheint in der Sitzung, läßt sich von dem Vorsitzenden über den bisherigen Ablauf der Sitzung unterrichten und schlägt eine kurze Unterbrechung der Sitzung vor . . . der Präsident schlägt vor – noch den Direktor d. Verwaltung zu hören . . . der Präsident formuliert die Frage wie folgt: Die vom Präsidenten vorgeschlagene Pause wird eingelegt. (Hier hat man die Empfindung, daß es ursprünglich hieß: die von Präsident Dr. Köhler vorgeschlagene Pause wird eingelegt, da es aber nur einen Präsidenten gibt, wie es auch nur einen Führer gab, ist der Name [von wem?] dann weggestrichen worden.)

Erfreuliches klingt von Amerika herüber. Mr. Armstrong hat an General Clay einen offenen Brief geschrieben, der nichts an Deutlichkeit zu wünschen übrig läßt.[62] Die Militärregierung wird als eine Verschwendung von Steuergeldern zum Zwecke des ungerechtfertigten Wohllebens hingestellt, der Morgenthauplan als ein verhängnisvoller Irrtum, die Demontage als ein grober politischer Fehler und Verstoß gegen die Haager Konvention usw. usw. In gleichem Sinne rührt sich Victor Gollancz, der allerdings nach Sigfrid Levy viel zu sagen hat.

Sehr unterhaltsam war die interne Besprechung des Exekutivrats in Marienhöhe [im Rheingau] bei Erbach am 9. X., zu der auch Reichsminister a. D. Köhler gekommen war. Er prostete Dr. Spiecker zu, denn er wäre der alte geblieben – „wir verstehen uns!" Man war sich einig, daß der Rechtsgedanke unbeirrt im ExRat vertreten werden muß.

19. Oktober 1947

Dr. Spiecker gibt nach außen hin dem Exekutivrat eine wesentlich größere Bedeutung. Als alter Journalist und Ministerialbeamter kennt er die Methode des wirksamen Einsatzes, die parlamentarischen Formen sind ihm geläufig, die politische Plattform an zentraler Stelle kommt ihm für seine Zentrumspartei äußerst gelegen, der „Ausschlag-gebenden" Stellung zwischen SPD und CDU ist er sich vollauf bewußt. Er ist hilfsbereit und sehr geschäftig und fleißig, er sucht Verständigung und Ausgleich, er denkt klar und politisch, er ist ein Mann der Regierung – anders als Metzger, der in seiner ungewöhnlich sauberen und puritanischen Art steif und trocken und dadurch hart und unverbindlich wirkt.

Freilich ist Spiecker undurchsichtig – Metzger ist kristallklar – und hintergründig; „er ist eine [unleserlich] nach Dr. Lukaschek, der in diesen Tagen nach neunmonatlichen Bemühungen mit der CDU durch den Justizminister August Zinn zum Amtsgerichtsrat in Bad Königstein gemacht wurde, so daß er seinem Lehrauftrag in Frankfurt und der Arbeit bei dem Friedensbüro in Stuttgart nachgehen kann. Ich habe Dr. Lukaschek gesagt, daß Herr Dr. Hilpert gewiß bemüht war, die Anstellung zu verhindern.

Am Donnerstag wurde dem Exekutivrat und den Vertretern des Wirtschaftsrates der Demontage-Plan überreicht.[63] Kurz danach fuhren die Mitglieder des Exekutivrates zu einer internen Sitzung nach dem Gästehaus der Stadt Frankfurt in Schönberg. Da kam die Nachricht, daß Ministerpräsident Hinrich Kopf nach Rücksprache mit den Kollegen der britischen Zone die Einladung der Ministerpräsidenten, Wirtschaftsminister und Arbeitsminister beider Zonen durch den Exekutivrat vorschlägt.[64] Freudig fingen Dr. Spiecker und die Mitglieder des Exekutivrates diesen Ball auf, bereits eine Stunde später gingen die Einladungstelegramme hinaus. Da am Dienstag 15 Uhr der Exkutivrat mit dem Wirtschaftsrat gemeinsam tagen sollte, war in Aussicht genommen, den Hauptausschuß des Wirtschaftsrates dann zur Teilnahme aufzufordern. Dr. Erich Köhler war nicht anwesend, mit seiner Enttäuschung wurde gerechnet. Da kam Freitag gegen 5 ½ Uhr ein Anruf von Kopf aus Hannover, warum der Wirtschaftsrat nicht eingeladen würde. – Inzwischen hatte das Radio das auch schon gebührend festgestellt. Wer Herrn Kopf darauf hingewiesen hatte, ist mir nicht bekannt. Ich erwiderte, daß nach der Mitteilung von Staatssekretär Sachse die Ministerpräsidenten zusammen kommen wollten, wozu der Exekutivrat einladen solle; vom Wirtschaftsrat wäre keine Rede gewesen . . . Wir einigten uns schließlich auf die Einladung des Hauptausschusses. Dr. Köhler kann nun dabei sein, kann ruhiger schlafen – aber daran kann er nicht vorbei, daß Dr. Spiecker ihn überspielt hat. Es wird interessant, die nächsten Wochen aufmerksam zu verfolgen, wie sich das Verhältnis Exekutivrat – Wirtschaftsrat gestaltet. Hoffentlich kommt aus der großen Konferenz mehr heraus als eine Protestdeklamation.

25. Oktober 1947

Das Ereignis der Woche war die Konferenz der Ministerpräsidenten in Wiesbaden.[65] Alle waren erschienen außer dem Senatspräsidenten Kaisen aus Bremen, der sich durch den sehr famosen Senator Hansen vertreten ließ, ein grundgescheiter Mann mit dem sarkastischen Humor der Hanseaten. Er sagte mir u. a.: „Was können Sie von diesen Leuten schon erwarten, z. B. von Lüdemann? Dieser eitle Mann paßt auf ein Fußballfeld! Oder von Köhler, der immer nur sich selbst sieht?" In der Tat, es war z. T. erschütternd zu erleben, wie die Herren Deutschlands diesmal an die Arbeit gingen. Dr. Erich Köhler, „der Präsident", wie er sich an seiner Bürotür nennt, war höchst beleidigt gewesen, daß der Exekutivrat zu der Konferenz eingeladen hatte. In einer gemeinsamen Sitzung v. ExRat und Hauptausschuß des Wirtschaftsrats kam das deutlich zum Ausdruck. Eine ganze und eine halbe Stunde ist darüber diskutiert worden, wie die Einladung zustande gekommen war; immer wieder brachten Dr. Köhler und Kaufmann (jetzt Bürgermeister von Ettlingen, einstens Methodistenprediger) offene und versteckt-mißtrauische Anfragen, bis endlich ein Telefongespräch mit Wiesbaden geklärt hatte, daß der Herr Präsident und der Hauptausschuß auch zu dem abendlichen Zusammensein in der Staatskanzlei geladen waren. Als endlich Dr. Spiecker seine praktischen Vorschläge zu dem Demontageplan vortrug und über seine bisherigen Verhandlungen mit dem Zweimächte-Kontrollamt berichtete, hörte Dr. Köhler nicht mehr zu und drängte zum Schluß der Sitzung.

Den Vorsitz auf der Konferenz sollte nach Auffassung des ExRats Ministerpräsident Arnold führen als gewandter Politiker und als Chef des am meisten von der Demontage betroffenen Landes. Man bestimmte jedoch nach hergebrachter Gewohnheit Christian Stock als Min. Präsidenten des gastgebenden Landes. Dieser ließ sofort die Presse zu den Konferenzverhandlungen zu und machte damit eine Aussprache unmöglich. Wer sollte sich schon im Beisein von ca. 50 Pressevertretern zu Wort melden, nachdem alles auf öffentliche Wirkung und repräsentative Darstellung ausgerichtet war. So kam es, daß Bürgermeister Brauer von Hamburg sein politisches Referat zu Papier brachte, bevor er das Wort nahm, damit er allen Presseentstellungen vorbeugen konnte; er hatte auch in den USA einen Namen zu verlieren. Seine klaren, markanten, von großer Einsicht und starkem Verantwortungsgefühl getragenen Ausführungen machten auf alle Teilnehmer einen tiefen Eindruck. Er erntete starken Beifall.

Dr. Semler berichtete über die Demontage vom wirtschaftlichen Standpunkte; er sprach klar, aber nicht wohl gegliedert und nicht richtungweisend. Die Kraft und das Ethos von Brauer fehlten. Der Applaus für ihn war gering. Im übrigen gingen die Verhandlungen in dem kleinen Kreise der Ministerpräsidenten vor sich, die Herrn Dr. Köhler deutlich erklärten, daß er vielleicht auf einer höheren Ebene, jedenfalls aber nicht auf dieser hier zuständig sei, und daß daher seine Mitwirkung nicht erforderlich erschiene. So zogen denn die Mitglieder des Wirtschaftsrates nach dem Essen sang- und klanglos ab.

Auffällig war, daß die bayerischen Vertreter, unter ihnen Ministerpräsident Ehard, der einen gediegenen Eindruck macht, als eine geschlossene Gruppe auch in den Pausen zusammensaßen. Unter ihnen befand sich der Staatsminister Pfeiffer, der wohl der spiritus rector der bayer. Staatsregierung ist, und der Staatsminister Josef Müller, der Vorsitzende der CSU, genannt Ochsensepp; der letztgenannte macht einen brutalen, beinahe sturen Eindruck und erinnert im Äußeren an die Simplicissimus-Typen für die urbayrischen Bierbankpolitiker. Es ist mir jetzt vollkommen klar, daß sich Dr. Seelos unter diesen Ministern nicht frei bewegen kann, wenn er nicht sofort kalt gestellt sein will.

Die Vertreter von Württemberg-Baden treten mit Worten gar nicht in Erscheinung. Hannover war durch Kopf vertreten, der wuchtig und achtungerheischend wirkt, wenn auch keineswegs so viel dahinter steckt, wie man auf den ersten Blick vemuten möchte. Dasselbe gilt von Lüdemann (Schleswig-Holstein) und Stock (Hessen).

Die sozialdemokratischen Vertreter hatte ich schon am Vortage in einer internen Besprechung erlebt. Es ging darum, ob die SPD noch schnell vor der Konferenz ihre Stellungnahme veröffentlichen sollte. Den Entwurf dazu hatten die SPD-Wirtschaftsminister am Vortage in stundenlangen Verhandlungen gemacht. Genosse Ollenhauer vom Parteivorstand sprach sich gegen eine solche Erklärung aus; die Angelegenheit wäre nicht so eilig, als daß nicht die nächste Sitzung des Parteivorstandes abgewartet werden könnte. Sehr nachdrücklich betonte Genosse Kubel den „Führungsanspruch" der SPD; sie dürfe sich weder von der CDU noch von den Ministerpräsidenten ins Schlepptau nehmen lassen. Die Funktionäre warteten auf eine Richtschnur – die Nazis hätten das „Ausrichtung" genannt – durch die maßgebende Parteiinstanz. Nachdem der Entwurf der Resolution verlesen war, meldete ich mich zu Wort und erklärte, daß die Resolution unvollständig wäre. M. E. müßte jede Stellungnahme zum Demontageplan von dem Statement ausgehen, weil dies die Begründung auf wirtschaftspolitische Art enthielte. Daher vermißte ich eine Bezugnahme auf Ziffer 14 des Statements wegen der Erfassung der laufenden Produktion, die Forderung nach einer Verlängerung der Fristen und den Hinweis auf den Abschluß der Reparationen für die Bizone. Nach längerem Hin und Her erschien Genosse Brauer-Hamburg und sprach heftig gegen alle leeren Demonstrationen. Als ich nach Mitternacht ging, war diese Besprechung noch nicht zu Ende; eine Erklärung wurde nicht abgegeben.

Es kann nicht verwundern, daß die Konferenz der Min.Präsidenten keinen befriedigenden Verlauf nahm und zu keinem Erfolge führte, nicht einmal zu einer Verständigung der Länder über eine gemeinsame Behandlung der Demontagefrage gegenüber den Siegermächten. Der Teilnehmerkreis war durch die Hinzuziehung der Arbeitsminister und Wirtschaftsminister viel zu weit gezogen worden, so daß eine Diskussion kaum denkbar war, tatsächlich auch nicht zustande kam. Min.Präs. Stock hatte von den zu behandelnden Fragen keine Ahnung; er konnte daher als Leiter der Konferenz auch kein bestimmtes Ziel ansteuern. Dazu kam, daß der größere Teil der Konferenzteilnehmer sich um die rechtliche Seite der Demontagen und um die Begleitschreiben der Militärregierungen gar nicht bekümmert hatte. Min.Präsident Kopf erklärte offen, daß ihm das Statement erst durch die Auslage auf dem Konferenztisch vor Augen gekommen wäre. So unvorbereitet sollte man weder verhandeln noch gar außenpolitische Erklärungen abgeben.

Die Hinzuziehung der Presse zu Beginn der Konferenz gab dem ganzen Unternehmen einen falschen Drall; man war nach den Reden von Brauer und Semler nur noch besorgt, ein Schlußkommuniqué zustande zu bringen; dazu brauchte man 5–6 Stunden Zeit.

Wenn der Vorstand die politische Rede von Brauer als maßgebliche Äußerung entgegennimmt, wenn dann diese Stellungnahme die sonstigen Äußerungen überschattet und alle Teilnehmer die Lehre heimgebracht haben, daß erfolgreiche Arbeit in schwierigen und wichtigen Angelegenheiten nur in kleinem Kreise geleistet werden kann, dann wäre auch dieses Unternehmen nicht vergeblich gewesen.

12. November 1947
Gestern sprach Dr. Fritz Usinger im Haus der Jugend über französisch-deutschen Geist. Ich war hingegangen, um den Mann einmal zu sehen und zu erleben, den Mann und Dichter, der mir durch sein Buch „Medusa" bestens in Erinnerung ist. Wie immer, so ging es auch diesmal. Ich hatte einen gemütlich aussehenden, etwas rundlichen, beweglichen, lebhaften älteren Mann erwartet – etwa so wie Karl Rauch oder auch Ministerialdirektor Viehweg –, und sah einen – Studienrat, einen gepflegten, leicht ergrauten Herrn mit gemessenen Bewegungen und Hornbrille. Er las seinen Vortrag ab – wohlformulierte Sätze, oft atemberaubend lang, stets inhaltsgesättigt und pointiert. Der Aufbau des Vortrags war gut, französischer und deutscher Geist wurden jeweils als Gegensätzlichkeiten behandelt, wobei alle Unterschiedlichkeit von Usinger zurückgeführt wurde auf die Grundrichtung: Frankreichs Literatur strebt zum Geist, der von der Natur getrennt ist, wie bei dem Katholizismus; deutsche Literatur strebt zur Natur, die den Geist umschließt (protestantische Dichter). Der Franzose hat seine Lebensformel, schafft sich seine Endlichkeit, die er erfüllen kann; er genießt das irdische Dasein. Der Deutsche schafft sich eine Unendlichkeit, die nur ein Gott erfüllen kann; er ist unstet und niemals befriedigt. Usinger wies hier auf den Goetheschen Faust, der durch die Natur hindurchstrebt, während der Faust Paul Valérys ein nihilistischer Faust der Analyse bis zur Selbstvernichtung ist. Freilich wahrt der Franzose bis zum Schluß das menschliche Maß, Geist herrscht auch bei der Findung des Nichts.

Blaise Pascal, für den der religiöse Glaube eine Wette ist, kann nur eine Anleitung zum Glauben geben, weil ihm die Natur nichts von Gott zu sagen hat. Jakob Böhme umgekehrt erlebt Gott in der Welt, die der Geist mitumschließt; er glaubt, weil er glauben muß; Gott und Natur sind ihm nichts grundsätzlich Getrenntes. So erklärt Usinger, daß in der deutschen Dichtung die weiße Magie – göttliche – vorherrscht – besonders Faust genannt –, während in der französischen Literatur – wenn überhaupt – so nur die schwarze, satanische Magie zu Wort kommt (Baudelaire).

Die französische Antike kommt von Rom her, der praktisch verwandelten und verwerteten griechischen Kultur. Die deutsche Antike bezieht sich unmittelbar auf Griechenland, sie ist eine theoretische Antike. Jeder neuartige Künstler in Frankreich begründet eine Schule – der deutsche Künstler bleibt allein; es fehlt die aufbauende Kritik in Deutschland, die den lebenden Künstlern dient.

Park und Wald sind die Gegensätze in der Naturbehandlung; Ethos als aktive menschliche Haltung und Bios als lethargische Resignation, die den Auftrag an die Natur zurückgibt, entsprechen auf geistigem Gebiet. Den Franzosen interessiert bei der künstlerischen Schöpfung methodologisch der Weg zu dem erreichten Ziel – der Deutsche forscht ontologisch nur nach dem Ergebnis.

So konnte Usinger sagen: Die französische Literatur ist gesellschaftsbeherrschend für alle Schichten des Volkes, die deutsche dagegen nur für einen Teil der Gesellschaft die Türhüterin zum metaphysischen Bereich.

15. November 1947

Was mich am meisten bedrückt nach den politischen Erfahrungen des Amtes ist die intransigente Art des politischen Machtkampfes der CDU gegen die SPD. Es mag sein, daß die ironisierende Schärfe in Schumachers Reden, der zweifellos als deutscher Politiker die größte Aufmerksamkeit auf sich lenkt und das Ohr der Welt für sich hat, nicht ganz unschuldig an diesem Zustande ist; trotzdem kann sie allein das Verhalten der CDU nicht erklären. Da geht es versteckt immer wieder gegen Dr. Spiecker, der in seiner glatten und verbindlichen Art sich durchzusetzen versteht, den man jedoch gern beiseite gestellt wüßte. Jetzt stänkert (anders kann ich es nicht bezeichnen) der bayerische Landwirtschaftsminister Dr. Baumgartner gegen seinen Gesinnungsfreund Schlange-Schöningen wegen seiner sachlichen Maßnahmen der Ernährungspolitik und gegen seine Personalmaßnahmen.[66] Dann schimpft (völlig unberechtigt) Dr. Holzapfel gegen den Exekutivrat wegen der Behandlung der Vorlage eines Patentgesetzes. Niemand von diesen „Politikern" fragt nach dem Recht, jeder kennt nur sich und seine politischen Interessen.

Dr. Schlange schreibt am 10. 11. an den Präsidenten des Wirtschaftsrates u. a. . . „Eine Erwiderung in der Presse (auf den Artikel von Dr. Baumgartner) lehne ich ab. Ich wünsche nicht, in dieser schwersten Zeit der deutschen Geschichte und im Hinblick auf den bevorstehenden Winter mit all seinen Gefahren für die Lebensmöglichkeiten unseres Volkes eine Mitschuld an dem wieder beginnenden Erbübel der deutschen Selbstzerfleischung zu übernehmen."[67] . . .

Die entscheidende Frage: Soll angesichts der bevorstehenden schweren Notzeit ein einzelner Landesminister das Recht haben, die Rechte der Staatsautorität durch Agitation in der Öffentlichkeit zu ruinieren, und so jede geordnete Bewirtschaftung unmöglich zu machen? Das steht jetzt unausweichlich zur Entscheidung . . . „Das und die Frage, ob denn der unselige Klassenkampf zwischen Arbeitgebern und Arbeitnehmern, zwischen Kapital und Proletariat, zwischen Rechts und Links, zwischen Reaktion und Sozialismus wieder beginnen und alles lähmen und ruinieren muß. Denn das steht auch hinter dem Angriff Baumgartners gegen Schlange, der zum Ziele hat, den Sozialdemokraten Podeyn als Stellvertreter von Schlange zu beseitigen. Man (Dr. Seelos) nennt es das sachliche Bedürfnis, einen süddeutschen Agrarpolitiker zur Mitarbeit kommen zu lassen neben oder unter dem Norddeutschen Schlange – es ist aber der Kampf der Reaktion gegen die sachlich bedingten Maßnahmen einer verantwortlichen Geschäftsführung in der Zentrale, die gar nicht anders als eine planwirtschaftliche Leitung sein kann. Planwirtschaft ist heute ebenso verpönt in den Kreisen der Reaktion, wie es der Marxismus bei den Nazis war. Die Reaktion marschiert . . ."

22. November 1947

Ricarda Huch ist gestorben. Ich erfuhr es, als ich im Gästehaus der Stadt Frankfurt in Schönberg anrief, wann ich sie wohl einmal besuchen könnte, nachdem ich in der Zeitung von ihrem Aufenthalt erfahren hatte. Sie war am Vortage an einer Lungenentzündung gestorben, die einen Schlaganfall auslöste. Auf dem Wege von Berlin nach Frankfurt hatte sie sich eine Erkältung zugezogen, die sie nicht mehr überstand. So ist eine wahrhaft große Frau und Dame schneller aus dem Leben geschieden, als sie es selbst angenommen hatte und als dem deutschen Volke gelegen war; sie hätte noch einiges zu sagen gehabt.

Die erste Woche nach meinem Urlaub brachte mir bittere Erfahrung. Die Selbstzerfleischung der deutschen Politiker hat neue Blüten gezeitigt. Der scharfe Kampf gegen den Exekutivrat geht weiter und hat einen Gipfelpunkt erreicht, indem Herr Präsident Köhler einen Brief des Exekutivrates mit Zustimmung des Hauptausschusses entgegenzunehmen ablehnte.[68] Der Exekutivrat hatte beschlossen, einige Beschlüsse des Wirtschaftsrats als nicht mehr zur Legislative gehörig zu bezeichnen, und diesen Beschluß dem Präsidenten des Wirtschaftsrats zur Kenntnis gegeben. Es ist in einer Demokratie ein ungewöhnlich starkes Stück, daß eine Instanz die Ansicht einer gleichgeordneten Instanz nicht zur Kenntnis nehmen will. Man kann dieses Verhalten als durchaus faschistisch bezeichnen, wenn sich nicht dagegen einwenden ließe, daß die Herren des Wirtschaftsrats wirklich nicht wissen, was sie tun. Auf den Gedanken, die Rechtslage zu prüfen, ist offenbar niemand gekommen. Toleranz ist unbekannt, und von der moralischen Seite dieses Verhaltens ist wohl besser zu schweigen. Ein Herr der Militärregierung meinte, es würde wohl an der nötigen Kinderstube fehlen. Der bayerische Trubel des Landwirtschaftsministers Baumgartner ist beigelegt. Dr. Schlange und Min.Direktor Podeyn fuhren nach München. Man hat sich ausgesprochen und – nach Zeitungsnachrichten – versöhnt.[69] Kriedemann prangerte diesen Fall in der gestrigen Vollsitzung des Wirtschaftsrates gehörig an, indem er hervorhob, daß Podeyn zunächst als „übler Nazidiktator" verschrien und dann als „Freund" gelobt wurde.[70] Huizinga würde das Verhalten von Baumgartner – nach seinem Schatten von Morgen – gewiß als Lausbüberei bezeichnen.

Schlange-Schöningen hielt gestern eine etwa einstündige Rede über die Mißstände in der Ernährungswirtschaft im Wirtschaftsrat und hat dabei in treffender und schonungsloser Weise zum Ausdruck gebracht, daß wir einer völligen Katastrophe entgegengingen, wenn sich die Länderregierungen nicht auf ihre Pflichten im Sinne des Ganzen, das ist vorläufig die Bizone, besännen und entsprechend handelten.[71] Kriedemann hielt dazu ergänzend eine flotte Rede und drohte mit schärfster Opposition, wenn die Abgeordneten des Wirtschaftsrates nicht klar und nachdrücklich für die Durchführung der Beschlüsse des Wirtschaftsrates in ihren Ländern eintreten würden.[72] Ich glaube nicht, daß die Drohung irgend einen Eindruck auf die „Regierungspartei" gemacht hat; sie wird wohl mit Recht annehmen, daß die SPD Obstruktion zu treiben nicht wagen dürfte.

Nach meiner Überzeugung rächt sich der falsche Beschluß des Parteivorstandes, in die Opposition zu gehen, immer mehr. Der Mann im Volke versteht diese Haltung nicht. Ein Gewinn für die nächste Wahl erscheint höchst zweifelhaft, da die meisten Wähler – schon wegen der mangelhaften Presseunterrichtung – gar nicht wissen, was denn der Wirtschaftsrat überhaupt ist und bedeutet. Es mag sein, daß die CDU bei dieser Gelegenheit sich selbst den Beweis liefert, wie schwer es ist, eine Besserung herbeizuführen. Vielleicht steigt sie etwas von ihrem hohen Roß herunter. Das Regieren ist heute noch relativ einfach, weil es mangels Papier zu wenig Zeitungskritik gibt. Die Leitung der Opposition ist schlecht, weil mutlos und matt. So kann man allerdings weiterwurschteln.

Die Deutschen sind immer noch sehr brav und behördenfromm; wahrscheinlich hat der Naziterror diese Eigenschaften noch erheblich schärfer herausgebildet. Wenn ein Minister betrunken zu einer Veranstaltung erscheint, dann flüstern sich das einige Leute zu und zwinkern, die meisten tun so, als merkten sie es nicht. Die Tatsache, daß ein Direktor wegen § 175 vorbestraft ist, wird nur mit Angst kolportiert – als wenn die Gestapo noch heimtückisch dahinter wäre. Was mögen sich wohl die braven deutschen Politiker gedacht haben, als sie in diesen Tagen lasen, daß der englische Finanzminister Dalton zurücktreten mußte, weil er wegen des Etats eine Indiskretion begangen hatte?[73] Nathusius meinte neulich in seiner bissigen Art: den Leuten – er meinte CDU-Politiker – fehle einfach das moralische Fundament zu demokratischer Politik. Er hat recht.

30. November 1947

„Des Teufels General" in Anwesenheit des Dichters Carl Zuckmayer wurde am Dienstag unter der Regie von Heinz Hilpert erstmalig in Frankfurt aufgeführt. Es war ein großer Abend in dem Börsensaal, der als Theaterraum dient. Das Stück ist bühnenwirksam und aufregend. Mich haben die Auseinandersetzungen zwischen General Harras und dem Nationalsozialismus, aber auch seine Haltung zu den Kameraden und zu Korrianke, seinem Burschen, tief erschüttert. Ein Prachtkerl, dieser Harras – ein Pflichtenmensch – ein gerader Charakter – ein Kamerad und Soldat; er wird das Opfer seiner Umwelt. Völlig klaren Blicks springt er ins Grab: er hat den Nationalsozialismus überwunden – denn er hat sich ihm nicht gebeugt. Daß er gemordet wird, daran ist er nicht unschuldig, denn er hat dem Teufel gedient.

Die Tragödie ist ein Loblied auf den preußischen Offizier – wie „Der Prinz von Homburg" –, denn sie zeigt seine menschlich sympathische und überzeugende

Haltung aus dem Bewußtsein der Pflicht und der Kameradschaft. Sie zeigt aber auf die Grenze aller menschlichen Kraft des Einzelnen und die Verstrickung in das Schicksal der Gesellschaft; schuldig-unschuldig – so steht Harras da. Er verkörpert den sittlichen Gedanken – gegenüber dem Teufel; er erweckt Mitleid und Furcht zugleich. Er ist ein tragischer Held. Zuckmayer hat wieder eine deutsche Tragödie geschaffen: deutsch die Problemstellung, deutsch die Fabel, deutsch der Pflichtgedanke, das Verhältnis zum Tode, die gesellschaftlichen Formen, die historische Lage. Nein: die Problemstellung ist allgemein menschlich, das macht die Größe dieser Dichtung aus.

Ganz famos die Figur des Burschen Korrianke. Solche Kerle muß es geben! Was wäre das Leben und die Arbeit eines verantwortlich hochgestellten Mannes, wenn es keine Korriankes männlichen und weiblichen Geschlechts gäbe!

Dann die Hagen – Hitler – Gestalten! Schmidt-Lausitz! Dettlev! Siegbert von Mohrungen! Da liegt die Kehrseite des deutschen Nationalcharakters. Daß Hagen den Siegfried meuchlings ermordete, steht im deutschen Epos als wichtigstes Ereignis. Sie haben es alle gewußt, sie haben es nur nicht glauben wollen, als es soweit war. Die Geschichte eines jeden Volkes wird finster, wenn die Kehrseite des Volkscharakters zur Herrschaft kommt. Bei uns sind es die Hagen-Figuren. Zuckmayer hat es dramatisch gestaltet – wie er die Obrigkeitshörigkeit im Hauptmann von Köpenik darstellte. War nicht die ganze Nazizeit eine große Köpenikiade?

Überflüssig in des Teufels General ist die Liebesgeschichte mit „Pfützchen" – vielleicht eine Konzession an den amerikanischen Geschmack, nicht ganz passend ist die Trinkfreudigkeit von Harras, wohl eine Konzession an die Person von Udet. Die Aufführung war gut. Martin Held als General Harras erinnerte mich etwas an Dr. Paul Meyer, er war mir daher besonders eindrucksvoll.

Am Mittwoch war der Exekutivrat in München bei der bayerischen Staatsregierung.[74] Die Besprechung im Staatsministerium dauerte etwa 3 ½ Stunden; sie war aufschlußreich und verlief harmonisch. Herr Ehard wußte elegant an etwaigen Klippen vorbeizusteuern. Herr Baumgartner wirkte gemütlicher als in der großen Öffentlichkeit. Alle waren davon überzeugt, daß sie sehr im Recht sind, und sahen gar nicht die großen Zusammenhänge, insbesondere im Hinblick auf die Militärregierung. Ich hatte von allen Ministern den Eindruck, daß sie ganz gewiß befähigt sind, den zu stellenden Mindestansprüchen an Kenntnissen und Erfahrungen gerecht zu werden – wobei mich der Vergleich mit Hessen bewegte. Immer jedoch bleibt ein Rest von Zweifeln übrig, ob es je möglich sein könnte, mit bayerischer Mentalität die gesamtdeutschen Verhältnisse zu meistern. – Herrlich waren die Bilder in der Pinakothek.

14. Dezember 1947

Das dicke (oder auch teure) Ende der Londoner Konferenz[75] wirft seine Schatten voraus. Clay und Robertson haben eine Konferenz mit den Ministerpräsidenten angekündigt. Man vermutet, daß Fragen der Organisation der Bizone oder Trizone besprochen werden sollen.[76] Vielleicht. Es kann aber auch sein, daß die Länder an ihre Pflichten erinnert und zur Ordnung gerufen werden sollen. Der Rücktritt des Landwirtschaftsministers Arp in Kiel und des Landwirtschaftsministers Baumgartner in München zeigt es an.[77] Jedenfalls hat sich der Exekutivrat unabhängig davon über den Gedanken wegen einer Änderung der Wirtschaftsverwaltung in der Bizone geeinigt. Das aide-mémoire wird am Sonntag von Dr. Spiecker überreicht werden.[78] Es war ein ernstes Bemühen, politische Konsequenzen zu vermeiden und doch einen Schritt weiter zu kommen. Wenn der Exekutivrat das vorgeschlagene Vetorecht gegen Beschlüsse des Wirtschaftsrats erhält, würde er sehr an Bedeutung gewinnen und das Chaos jedenfalls auf dem Gebiete der Gesetzgebung etwas steuern können. Wahrscheinlich würden die Herren Direktoren dann aber auch das Aufsichtsrecht des Exekutivrats ernster nehmen.

Daneben hat der Exekutivrat einen weiteren wichtigen Schritt getan, er hat die Personalpolitik in seine Hände genommen auf Grund des Vorläufigen Abkommens über die Personalvertretung vom 7. 7. 1947.[79] Er hat sich selbst zur Anstellungsbehörde für die leitenden Beamten aller Verwaltungen gemacht und sich die Zustimmung zu den Abweichungen von den Musterverträgen vorbehalten. Es bleibt abzuwarten, wie der Wirtschaftsrat und die Direktoren darauf reagieren werden und inwieweit Bipartite Control Office zu seiner Meinung stehen wird, die in dem Gesetz ihren Niederschlag gefunden hat.

Zur 9. Plenarversammlung des Wirtschaftsrats[80] ist die Gesetzgebungsmaschinerie wieder ächzend und kreischend in Bewegung gesetzt worden. Es kommen die Entwürfe der Verwaltungen (und zum Teil auch der Referenten) oft zugleich an mehreren Stellen zur Erörterung. Die Verwirrung wächst. Schließlich entscheiden Prestigefragen über Art und Güte der Gesetze.

Die Sonderstelle „Geld und Kredit" bei der Verwaltung für Finanzen hat beantragt, daß bei ihr eine besondere Amtskasse eingerichtet wird, damit die Vertraulichkeit der Beratungen gewahrt bliebe. Der Exekutivrat hat diesen Antrag abgelehnt.[81] Es erinnert etwas an das Sonderfinanzamt in München für die hohen Nazifunktionäre.

Die Russen kämpfen immer noch berechnend und mit ihren eigenen Begriffen auf der Konferenz in London. Ich glaube, die Außenminister der Westmächte warten nur noch auf die Gelegenheit, den Schluß der Konferenz zu erklären; sie sind innerlich fertig und um einen neuen, persönlich erlebten Beweis bereichert, daß hier eine Welt dazwischen liegt. Vielleicht wird Rußland später einmal verständnisbereit werden – ich befürchte beinahe, es wäre ihm schon recht, wenn die Zonengrenze zur Landesgrenze würde.

Der Aufsatz über „Getty oder Die Umerziehung in der Retorte" von Alfred Andersch und „Zwangsarbeit" von Richard Schmid in den Frankfurter Heften (Nov. 1947) schildert die Sklaverei in Sowjetrußland[82]; er hat mich um Einiges einsichtiger gemacht, habe ich doch die Hitler-Diktatur erlebt.

24. Dezember 1947

Die letzte Tagung des Wirtschaftsrates bewies, daß es so nicht weiter gehen kann. Der Wirtschaftsrat benimmt sich wie weiland Prokrustes: Am 18. 12. ist Plenarsitzung, dann müssen mehrere Vorlagen beschlossen werden. Also: Her mit den Vorlagen! Fertig sein mit den Gesetzentwürfen! In 8 Tagen jagen die Ausschüsse durch, was ihnen vor die Nase kommt. Wenn der Exekutivrat keine Stellung genommen hat, – dann ist es seine Schuld; wenn der Exekutivrat eine abweisende Stellung einnimmt, – dann wird er übergangen. Wenn der Exekutivrat in einem Gesetzentwurf irgendwelche Zuständigkeiten erhalten soll, dann wird er herausgestrichen. Der Wirtschaftsrat macht alles, kann alles, tut alles. Er kauft die amerikanischen Heeresbestände für 280 Millionen Dollar, ohne zu wissen, worum es sich handelt; er beschließt zu kaufen und den Vertrag selbst zu unterschreiben, ohne zu überlegen, ob er denn das auch von Rechts wegen kann, denn er ist doch ein Parlament.[83] So nimmt es nicht wunder, daß der CDU-Direktor der Verwaltung für Wirtschaft Dr. Semler einen sarkastischen Brief an den Präsidenten Dr. Köhler schreibt, wonach er für den Erwerb von Katzen nicht zuständig sei, auch wenn sie 280 Millionen Dollar kosteten – das wäre Sache der Verwaltung für Ernährung, Landwirtschaft und Forsten; ob das notwendige Futter aufzubringen wäre, möchte er bezweifeln. Die Säcke wären bewirtschaftet als Mangelware, doch wäre die Frage in diesem Falle zweifelhaft, weil es sich nur um einen Sack handelt, in dem die Katze gekauft wurde. Der Exekutivrat möge daher über die Zuständigkeit endgültig entscheiden.[84]

Der Exekutivrat hatte gegen die Vorlage der I. DVO zum Bewirtschaftungsgesetz protestiert, weil er nicht ordnungsgemäß habe Stellung nehmen können und weil der Entwurf vier grobe Mängel enthalte. Der Wirtschaftsrat ging darüber hinweg.[85] Wo kann da noch von Verantwortungsbewußtsein gesprochen werden? Selbst die Fraktion der SPD, die angeblich in Opposition steht, stimmte dafür. Es wäre hier ihre Aufgabe gewesen, für sich den Protest des Exekutivrates auszuwerten. Aber das ist ja das Merkwürdige: Die SPD ist gegen den Exekutivrat, weil er föderalistisch wäre, die CDU ist gegen den Exekutivrat, weil er sozialdemokratisch orientiert ist. Wenn es nun gelingen sollte, ein Vetorecht für den Exekutivrat bei der Militärregierung zu erreichen – so könnte das Gegenteil von dem erreicht werden, was man wünscht, nämlich eine völlige Ausschaltung der Länderstimmen, indem der Wirtschaftsrat mit ⅔ Mehrheit den Einspruch des Exekutivrates prompt überwindet.

Am 7. Januar findet eine Konferenz der Ministerpräsidenten und der Militärgouverneure statt, auf Einladung der Generäle Clay und Robertson. Bei dieser Gelegenheit werden auch Abänderungsvorschläge zu der Organisation der Bizone behandelt werden.[86] Es bleibt abzuwarten, zu welchem Provisorium man sich entscheiden wird – denn ein Provisorium wird es bleiben und die SPD wird ihre Oppositionsstellung beibehalten.

Die Belegschaft des Exekutivrates und der Landesvertretungen hatten ein sehr gelungenes Weihnachtsfest mit reichlichem Essen und Trinken, Geschenken und Tanz. Es war gemütlich und stimmungsvoll. Ich erzählte die Jenaer Geschichte: „Würstchen kommt". Das Kollegium des Exekutivrats hatte eine Weihnachtsfeier im Gästehaus Schönberg. Alle waren zufrieden. Der persönliche Zusammenhalt des Kollegiums ist erneut vertieft worden. Freilich bleibt bei den meisten das Bedenken bestehen, ob denn Seelos dem Amt des Vorsitzenden (ab 1. Januar 48) gewachsen sein wird.[87] Das Weihnachtsfest im Hause Troeger ist diesmal üppig ausgefallen – mit Ausnahme des Essens. Pakete aus Amerika von einer uns unbekannten Spenderin und aus der Schweiz haben viel Nützliches und Eßbares gebracht. Herr Hill war eifrig unterwegs, mancherlei zu beschaffen. Else war viel gelaufen, einiges konnte ich besorgen. Mir ist manchmal ganz schwindlig geworden, wo das Geld herkommen soll. Die Kosten des Umzugs, der Wohnungsherrichtung, der Krankheit usw. lasten auf dem Portemonnaie. Ich muß jetzt die Kasse wieder selbst in die Hand nehmen.

Herr Dr. Dörr, Verwaltungsdirektor des Wirtschaftsrats, hat sich bei dem Suchen nach einem Bleistift den Erbsknochen gebrochen. Das wurde Herrn Präsidenten Dr. Köhler berichtet; darauf erklärte er in Gegenwart von Dr. Oppler: „Schrecklich, daß ich das jetzt erfahren muß, da ich doch morgen im Rundfunk spreche. Es wird mich der Gedanke stören, daß der Präsident einen Erbsknochen hat."

31. Dezember 1947

Das Jahr 1947 läuft aus mit dem großen politischen Fragezeichen, was sich politisch in Deutschland im Jahre 1948 ereignen soll? Man ist sich darüber einig, daß die Bizone versagt hat. Ist das eigentlich richtig? Ja und nein!!

Gewiß ist die Konstruktion falsch, weil sie wirtschaftlich gemeint war und politisch ausgenutzt wurde und dadurch die Uneinigkeit der Deutschen gleich in volle Tätigkeit setzte. – Mußte es so kommen, mußte es so schlimm werden? Nein, und abermals nein!! Wenn die Beteiligten bessere Demokraten wären, wenn Toleranz und Rechtsstaatsidee wirksam wären, dann hätte die Organisation genügen und wirksam sein müssen. Ferner wäre es nicht halb so übel geworden, wenn die Verwaltungen besser geleitet und besser gearbeitet hätten. Jede noch so geartete Änderung wird unbefriedigend bleiben, weil diese Grundübel nur sehr langsam beseitigt werden können. Es wird Jahre dauern, bis die Verwaltung intakt sein wird. Zwei Wahlen werden vorübergehen müssen, bis die Demokratie nach dem Prinzip der Bewährung sich im Wesentlichen ausgewirkt haben wird.

Freilich wirken noch andere Faktoren hemmend und zersetzend: die Kluft Ostdeutschland-Westdeutschland, die Uneinigkeit der Engländer und Amerikaner untereinander (gestern wußte der englische Sekretär von BICO nicht, was die Amerikaner zur Vorbereitung einer Änderung der Bizone vorhaben und schon vorbereitet haben) und die Sucht der Besatzungsmächte, in die deutsche Verwaltung hineinzureden, wo es wirklich nicht nötig ist und ihren eigenen Versprechungen widerstreitet. Man behandelt uns, vornehmlich von amerikanischer Seite, wie ein Kolonialvolk. Die Briten sind umgänglicher und erfahrener;

die Russen machen Diktatur mit demokratischem Mäntelchen; über die Franzosen kann ich nichts aus eigener Erfahrung berichten.

Ich fürchte, daß die Amerikaner und Engländer bei der Uneinigkeit der Deutschen wiederum nach eigenem Gutdünken verfahren werden und daß deshalb wiederum ein Monstrum herauskommen wird. Die Stellungnahme der SPD, nichts zu tun, um die Teilung Deutschlands nicht verwantworten zu müssen, verstärkt die Stellung der Siegermächte und muß sich für das Volk nachteilig auswirken. Schumacher war hier gar zu sehr Romantiker; er macht prinzipielle Politik, wo es gilt, reale Tatsachen zu schaffen; inzwischen wird nicht nur Zeit versäumt, sondern auch vieles verpaßt und verbockt. Es ist so, als wenn die Lohgerber ihre Felle selbst losbinden und dann halb klagend, halb erfreut zusehen, wie sie davonschwimmen.

Der Übergang des Vorsitzenden im Exekutivrat von Dr. Spiecker auf Dr. Seelos wird allgemein mit großen Bedenken erwartet. Der Exekutivrat wird an Ansehen und Einfluß verlieren, die harmonische Zusammenarbeit des Kollegiums dürfte verloren gehen, wenn es nicht gar zu einem Krach kommt. Eine gewisse Hoffnung auf Rettung besteht in der Absicht des bayerischen Staatsministerium, Dr. Seelos durch Dr. Niklas zu ersetzen.

Inzwischen mehren sich die Fälle offener Sabotage gegenüber dem Exekutivrat. Dr. Strauß, der Stellvertreter des Direktors für Wirtschaft, kennt keine Grenzen für sein intrigantes Verhalten; offen bekämpft er die Personalpolitik des Exekutivrats, er hausiert bei allen Verwaltungen, daß die Richtlinien und Beschlüsse ungültig seien; er will Dr. Oppler beseitigt wissen, er entläßt nicht die Nazibeamten, auch wenn die Militärregierung dies anordnet, er gibt falsche Meldungen über die Zahl der Abteilungsleiter usw. Es fragt sich, wie lange die CDU hier mitmachen kann.

Tagebuch 1948

11. Januar 1948

Die vergangene Woche brachte die lange vorher angekündigte Konferenz der Generäle Clay und Robertson mit den Min. Präsidenten.[1] Ich war als Observer dabei und habe die Protokolle gemacht. In einem entsetzlich vollen Saal des Mil. Gouvernments waren mit knapper Not die Min. Präsidenten (ohne jeden Begleiter), 2 Herren des Wirtschaftsrats und 2 Herren des Exekutivrats untergebracht. Die Mitglieder des Hauptausschusses und die 6 Direktoren waren auch nur Observers.

Hauptgegenstand der Verhandlungen war die Neuorganisation der Bizone. Es ist also klar, daß die franz. Besatzungszone zunächst nicht hinzutritt und daß eine westdeutsche Bundesrepublik vorläufig nicht errichtet wird. Offenbar wird an der Frage der Währungsreform die endgültige politische Entscheidung herbeigeführt werden; deshalb wird die Gründung einer Länderunionsbank vorbereitet. Hoffentlich zerbricht die deutsche Wirtschaft nicht, bevor die Währungsumstellung praktisch geworden ist.

Die Herren Clay und Robertson machen einen durchaus militärischen Eindruck: selbstbewußt, mit zurückhaltender Verbindlichkeit, begrüßten sie nur die Militär-Gouverneure ihrer eigenen Länder. Ich stellte mir vor, daß sich der Vize-König von Indien in gleicher Weise verhalten würde. Am Abend des ersten Konferenztages war ein Dinner im Schloß Kronberg für insges. 40 Personen; dort soll es höchst feierlich bei Kerzenbeleuchtung zugegangen sein. Die Deutschen hatten nur eine formlose mündliche Einladung über den Exekutivrat erhalten, und zwar 2 Tage vor der Konferenz, so daß sie gar nicht die Möglichkeit gehabt hatten, einen Frack anzuziehen, selbst wenn sie ihn besäßen; so wurde Straßenanzug zugelassen und die Herren Adcock und MacReady erschienen in hellen Anzügen – ein feiner Zug. – Er muß versöhnend gewirkt haben, nachdem vorher an die deutschen Gäste die Aufforderung ergangen war, mit 2 Militäromnibussen von Frankfurt nach Schloß Kronberg zu fahren; dagegen war Dr. Ehard aufgebraust mit dem Erfolg, daß es später hieß, die Herren Ministerpräsidenten könnten auch mit ihren eigenen Wagen kommen und würden an der Einfahrt nicht gehindert werden.

Der Vorschlag der Mil. Regierungen zur Änderung der bizonalen Organisation erschütterte die Herren des W-Rats sehr, weil die Exekutive zwar den Landesvertretern abgenommen, dafür aber unpolitischen Direktoren übertragen werden soll, so daß der W-Rat nicht mehr mit der pol. Verantwortung operieren und sein Präsident nicht die Rolle eines obersten Chefs der Bizone für sich in Anspruch nehmen kann. Die Sozialdemokraten, die sich bisher so sehr wohl gefühlt hatten in ihrer vermeintlichen Oppositionsstellung und die mit frischen Richtlinien aus Hannover eben eingetroffen waren, kamen z. T. auf ihre Rechnung, indem es keinen Weststaat geben soll – wenigstens vorläufig nicht. Andererseits werden sie sich allerdings erneut mit der Frage ihrer pol. Verantwortung in der Verwaltung der Bizone beschäftigen müssen, denn alle Direktoren kommen zur Neuwahl. Die SPD müßte doch gewiß einen Vorschlag für den geplanten „Oberdirektor" machen, sie könnte jetzt in die Verlegenheit kommen, daß ihr die CDU das Amt der Verwaltung für Wirtschaft überließe. Sie sollte sich überlegen, ob sie noch weiter der CDU die Besetzung der Beamtenstellen mit Reaktionären überlassen will; allenthalben tritt diese Entwicklung schon in der Öffentlichkeit zu Tage. Direktor Schuberth von der Postverwaltung ist sogar in der Neuen Zeitung angeprangert.[2] Bei Frohne ist es aber offenbar noch toller.

Das Niveau der Verhandlungen war nicht sehr erschütternd. Die Min. Präsidenten kamen ganz unvorbereitet; alle die vielen Bemühungen des E-Rats waren also bei den Landesregierungen ins Leere gefallen. Sie haben keine Vorstellung von den praktischen Erfahrungen mit dem W-Rat in den letzten 6 Monaten. So konnte es geschehen, daß man sich darauf einließ, die Abgrenzung der Zuständigkeit zwischen W-Rat und Länderrat einer späteren Einigung unter den Deutschen vorzubehalten. Als ich versuchte, unter Hinweis auf die Weimarer Verfassung dagegen etwas einzuwenden, drehte mich Herr Dr. Ehard mit dem Bemerken ab, daß es nicht an der Zeit sei, Verfassungsfragen zu erörtern. Seine Haltung war so, daß Herr v. Elmenau in das Büro der bayer. Vertretung eilte und um Hilfe gegen die zentralistische Einstellung seines Ministerpräsidenten bat. Dann erschienen die Herren Pfeiffer und Müller (Ochsensepp), setzten sich rechts und links von ihrem Min.Präsidenten und ließen ihn nicht mehr aus den Augen. So konnte Dr. Seelos zur Presse sagen: der Föderalismus hätte seinen schwärzesten Tag erlebt.

Glücklicherweise ist noch Zeit und Gelegenheit zum Verhandeln. Der Ex.-Rat wird den Versuch machen, sofort Einfluß zu gewinnen auf die Formulierung des Vorschlages, den die Mil. Regierungen den Min. Präsidenten zur Prüfung vorlegen wollen.

17. Januar 1948

„Wenn 3 Deutsche sich äußern sollen, dann kommt nichts heraus, weil sich bald 4 Meinungen gebildet haben, mit denen niemand im Guten fertig wird". So etwa möchte ich die Erfahrungen der vergangenen Woche über die deutschen Politiker bei Erörterung wichtiger Fragen zusammenfassen, denn um solche handelte es sich, wenn auch nicht im Ergebnis, sondern nur im Stadium der Vorbereitung. Da war auf anglo-amerik. Vorschlag eine Kommission Wirtsch. Rat und Min.Präsidenten[3] wegen der bevorstehenden Verhandlungen über die neue Proklamation zu bilden. Der Ex.-Rat machte Vorschläge nach sachlichen Gesichtspunkten für 3 Ausschüsse, die möglichst klein gehalten werden sollten und wobei die Eignung für die zu behandelnden Fragen jeweils entscheidend war. Wer nun nicht berücksichtigt war, fühlte sich zurückgesetzt und protestierte. Aber auch persönliche Abneigungen gegen den einen oder anderen wurden hervorgekehrt. Der Ausweg über die Bestellung von Sachverständigen führte bei wachsender Anzahl der Verhandlungsteilnehmer nur zu Teilergebnissen. Der Ausschuß über die Organisation der Bizone konnte nur gemeldet werden, indem alle Ministerpräsidenten hereingenommen und alle Ex-Ratsmitglieder herausgenommen wurden. Das Ergebnis ist blamabel, weil es eben kein Ausschuß mehr ist, es ist unbefriedigend, weil das Komitee in der jetzigen voluminösen Fassung eigentlich keinen Sachverständigen hat. Es war grausig mitzuerleben, wie sich bei den andauernd laufenden Telefongesprächen von 20 zu 20 Minuten – mitunter noch öfter – eine ständig wechselnde Situation ergab, die nur noch mit Gelächter aufgenommen werden konnte. Am Schluß bleibt Resignation übrig, die Besten wollen nicht mehr mittun, alle Hoffnung konzentrierte sich bei ihnen auf die Einsicht der Besatzungsmächte. Mögen sie die Entscheidung treffen, der sich dann die deutschen Recken – hoffentlich – fügen. Die Aussichten scheinen nicht ganz ungünstig, weil Dr. Hans Simons (früher Reg. Präsident in Liegnitz) an maßgebender Stelle bei Omgus mitwirkt. Er kennt die Deutschen und ihre Bedürfnisse, ist unabhängig in seinem Urteil und hat den Vorschlag des Ex.-Rats in Händen. Ich habe ihm heute noch die vorbereitenden Unterlagen zukommen lassen.

In dieses Bild der Verwirrung paßt die mir gestern zugetragene Mitteilung, daß Min. Präsident Kopf durch Aussage von Dr. Diehls über seine Stellung und Tätigkeit bei der Haupttreuhandstelle Ost in Kattowitz wegen seiner Mitwirkung bei der Enteignung polnischen und jüdischen Eigentums stark belastet erscheint.[4] Die Amerikaner können ihm kein Spruchkammerverfahren aufhängen, weil er in der britischen Zone lebt und webt; die Engländer werden eine Nachprüfung wahrscheinlich nicht anstellen, so daß die Befürchtung besteht, daß man zu gegebener Zeit einen Schlag gegen Kopf in der Presse führt. Der gute Ludwig Metzger ist ebenfalls gefährdet, weil er in der Aussiedlungsstelle in Luxemburg verantwortlich mitgearbeitet hat und der Freiheitsberaubung und Unterschlagung bezichtigt wird. Die Amerikaner in Nürnberg wollen zumindest erreichen, daß bei solcher Belastung die Betroffenen nicht an hohen Stellen im öffentlichen Leben wirken. Also auch hier Verwirrung.

Die Ernährungskatastrophe[5] ist da. Es gibt kein Fett für die 111. Zuteilungsperiode; das Angebot an Fleisch deckt höchstens die Hälfte. Die Kartoffelversorgung ist unzureichend. Die Brotrationen müssen herabgesetzt werden. Nun meldet sich der Kommunismus und sieht seinen Weizen blühen. In den Zeitungen wird ein Geheimdokument der Komm. Partei wegen Inszenierung von Streiks im Ruhrgebiet veröffentlicht.[6] Teilstreiks haben schon stattgefunden.[7] Was tun die Deutschen? Sie sind uneins. Nordrhein-Westfalen will wegen der Rückstände an Fett voll beliefert werden, ebenso Hamburg und Bremen. Bayern will sich erst einmal selbst versorgen, ebenso Württemberg-Baden; die anderen Überschußländer (Schleswig-Holstein und Niedersachsen) möchten gleichfalls nicht gern abgeben, sind aber kompromißbereit. Die Verwaltung für Ernährung, Landwirtschaft und Forsten möchte reinen Tisch machen, die

Rückstände abgelten und am Ende der 111. Periode ohne unerfüllte Verpflichtungen dastehen. Die Militärregierung berät; sie schiebt die Schuld der deutschen Verwaltung zu, die besser erfassen sollte; diese macht neue Kontrollen und weist darauf hin, daß sie die Katastrophe seit Monaten vorausgesagt habe, weil die anglo-amerikanische Bewirtschaftungsform falsch sei: man könne nicht alle Vorräte in die laufende Zuteilung hineinstecken; die ordnungsgemäße Bewirtschaftung erfordere, daß zu Beginn einer Periode die Mengen vorrätig wären, die während der Periode zur Ausgabe gelangen sollten. Offenbar können die Amerikaner rein verwaltungsmäßig nicht über die Mittel des Haushalts 1947 hinaus, sie wollen es auch nicht; das Defizit in der Rechnung, das auf übertriebenen Ernteschätzungen und Ablieferungsmengen der Militär-Dienststellen beruht, wird nicht anerkannt, man sagt, es handele sich um verschobene Mengen, falsche Statistiken und den schlechten Willen der deutschen Verwaltung und überläßt die Deutschen der eigenen Kunst – o wenn man das nur täte! – nein, man geizt gar nicht mit Ratschlägen und Anweisungen. Dabei werde ich immer wieder an Christian Morgenstern erinnert: Weil, so schließt er messerscharf, nicht sein kann, was nicht sein darf!

Das ist es, die anglo-amerik. Rechnung über die Ernährung 1947/48, die sogar eine Erhöhung der Normalverbraucherration auf 1700 Kal. wollte, ist tatsächlich falsch – aber schuld daran müssen die Deutschen sein.

Ein Ratschlag von Herrn Clay und Robertson war, man solle alle Läger bei Bauern, Restaurationen, Händlern, Transportunternehmen und in allen Haushaltungen prüfen und erfassen.[8] Jeder Haushaltsvorstand sollte eine eidesstattl. Erklärung über seine Lebensmittelvorräte abgeben, die gesamte Polizei sollte eingesetzt werden. Wer die Erklärung nicht abgibt, sollte keine Lebensmittelmarken erhalten, wer falsche Angaben macht, sollte bestraft werden. Der Wirtschaftsrat sollte das Gesetz sofort erlassen, damit General Clay bei seinem kurz bevorstehenden Besuch in Washington den üblen Pressenachrichten über die mangelhafte Erfassung von Lebensmitteln in Deutschland entgegentreten könne; diese Nachrichten stammten zur Hauptsache aus deutschen Quellen. Dr. Erich Köhler, der Präsident, hat den letzten Bericht von Schlange über die Mißstände in der Kartoffelerfassung schon am Tage nach dem Eingang im Rundfunk verwandt und obendrein hinterher als Drucksache öffentlich bekanntgegeben[9]. Das ist die Folge, wenn ein politischer Neuling Legislative und Exekutive nicht unterscheiden kann und vor Geltungsbedürfnis förmlich bersten möchte.

Man ging sofort mit Eile an die Herstellung eines Gesetzes nach Vorschlägen von General Clay, d. h. man ließ sich von den Generälen Adcock und MacReady erst einmal dringlich mahnen in einer 2stündigen Besprechung. Hier machten die Anglo-Amerikaner detaillierte Vorschläge – man vermutet, daß sie ihnen aus der Verwaltung Ernährung, Landwirtschaft und Forsten zugesteckt worden sind. Dann ergriff der Präsident sofort die Initiative und lud den Exekutivrat zu gemeinsamer Beratung mit dem Hauptausschuß ein. Der Exekutivrat roch den Braten und schickte nur seinen Referenten. Inzwischen kamen mit den Überlegungen die Bedenken, die Pläne schmolzen zusammen, die Köpfe wurden ruhiger, man empfand ein grobes Unbehagen und es stellte sich zur rechten Zeit ein treffendes Wort ein: mit der Bezeichnung „Speisekammergesetz"[10] ist das Unterfangen gekennzeichnet und belastet. Und das im Namen der Demokratie, wo bleibt die Unverletzlichkeit der Wohnung, die Befreiung von Terror und Angst, von Denunziantentum und schlechtem Gewissen? Es bleibt abzuwarten, was am Ende herauskommt.

26. Januar 1948

Die Verhandlungen mit den Anglo-Amerikanern kamen insofern schneller als angenommen war, als in einer Woche 3 Proklamations-Entwürfe den Deutschen übergeben wurden[11]. Dabei gab es jedesmal das gleiche Bild: Man sprach von Verhandlungen mit den Deutschen, auf deren Mitwirkung, besser noch Zustimmung zu den Gesetzen, großer Wert gelegt würde, sprach dann aber jedesmal den Deutschen nur die Eigenschaft von Sachverständigen zu, die den englischen Wortlaut fachgerecht in die deutsche Sprache übertragen sollen. Dagegen begehrte Ministerpräsident Ehard auf: er sei nicht ein Sachverständiger, sondern ein Ministerpräsident, der von seiner politischen Verantwortung nicht absehen und abgehen könne und wolle. Wenn er nichts zu sagen habe, dann würde er sofort abreisen. Dann gab man nach; es fragt sich nur, mit welchem Endergebnis? Die kleinen Leute, die hier auftraten – Litchfield, Marreco, Holgate usw. – sind ja eigentlich keine geeigneten Verhandlungspartner für Minister und Ministerpräsidenten.

Die Deutschen auf der anderen Seite sind – wie immer – uneinig. Sie reden über Formalitäten und Grundsätze, Weltanschauung und Zukunftspläne, nur nicht über die gegenwärtige praktische Aufgabe. Es kann einen der Jammer ankommen.

Besonders gilt das auch für den Vorstand der SPD in Hannover.

28. Januar 1948

Die Konferenzen wegen der 3 neuen Proklamationen[12] sind heute beendet; es war mir ein neues politisches Erlebnis, das nur als grausig bezeichnet werden kann. Es hatte für mich damit angefangen, daß man mir vom Parteivorstand in Hannover sehr heftige Vorwürfe wegen des Entwurfes des Exekutivrats gemacht hatte. In einer 3stündigen Unterredung mit Ollenhauer und Heine glaubte ich, diese Vorwürfe richtig gestellt und entkräftet zu haben und fuhr weiter zu Dr. Irmer und Erich Lotz in Braunschweig. In meiner Abwesenheit hat mich Schumacher – wenn auch nicht ohne Worte der Anerkennung – namentlich als Parteischädling hingestellt (so Veit Stuttgart). Der PV faßte einen Richtungsbeschluß für die Ministerpräsidenten und Fraktionsgenossen und gab ihn sofort zur Presse, so daß die Ministerpräsidenten der SPD gestern und heute wie die Schulbuben parierten und gehandikapt waren. Max Brauer hing der Katze die Schelle um und sprach das offen aus. Die Fernsteuerung von Hannover hatte wieder einmal geklappt. Man muß allerdings sagen – nach dem Verhandlungsniveau, das ich soeben erlebt hatte, daß eine Ausrichtung nicht ganz unberechtigt ist. Nur das Maß des Zentralismus erscheint übertrieben und ganz unstaatsmännisch.

Es ist schwer zu beschreiben, wie wenig Sachkunde die Herren Ministerpräsidenten der SPD in den Verhandlungen beweisen.

Wenn Stock sich zu Wort meldete, war mir stets ganz Angst, was da wohl Neues an Unsinn oder Mißverständnis herauskommen würde. Kopf brüllte von Zeit zu Zeit etwas dazwischen wie ein Stier, blieb allerdings nicht allein. Lüdemann tat fachkundig, ohne zu überzeugen. Brauer sagte wenig, aber kluge Worte. Kaisen schwieg in der Hauptsache wie ein weiser Mann. Ehard rang bei jedem Satz mit dem Text und Sinn der Bestimmungen voller Mißtrauen und wollte die zentralistische Tendenz des Entwurfes der Proklamation ins Föderalistische umbiegen. Dr. Köhler unterstützte ihn da zurückhaltend. Dr. Hilpert focht von der Zuschauerbank aus für die CDU und hielt seinen Ministerpräsidenten Stock an dem umfangreichen hessischen Kabinettsbeschluß fest. Es war ein mühseliges Verhandeln um kleine und kleinste Dinge. Ergebnis: 9 Seiten Abänderungswünsche, z. T. mit divergierenden Anträgen der Mehrheit und Minderheit der Ministerpräsidenten.

Die Abschlußverhandlungen mit den Angloamerikanern verliefen dementsprechend würdelos. Man ermüdete vor deutschen Querelen, verlor die große Linie, bekämpfte sich gegenseitig und lachte mehrfach über sich selbst. Die Herren Christopher Steel (Britisch) und Dr. Litchfield, die gewiß keine erste Garnitur darstellten, versteiften sich nur noch mehr auf ihr amerikanisches Rezept und drängten zum Schluß.

Wenn sich die Ministerpräsidenten damit begnügt hätten, 2 oder vielleicht auch 4 Kardinalfragen herauszustellen und im übrigen ihre kleinen Wünsche schriftlich vorzulegen, dann hätten sie Eindruck machen können. So haben sie eine Chance verpaßt – jedenfalls aber einen schlechten Eindruck hinterlassen.

7. Februar 1948

Inzwischen war ich in Berlin bei Omgus gewesen, um an der deutschen Übersetzung der neuen Proklamation für die Bizone mitzuarbeiten.[13] Gestern ist sie bekanntgegeben worden. Ein neuer Abschnitt des Übergangs beginnt. Hoffentlich hat man aus der Vergangenheit Lehren gezogen, und hoffentlich wählt der Wirtschaftsrat brauchbare Männer für den Verwaltungsrat aus. Der sogenannte Oberdirektor könnte vieles verbessern. Ich habe mir ja im stillen gewünscht, sein Generaldirektor und Vertreter zu werden, doch kann daraus nichts werden, weil die SPD nach dem jetzigen Verhalten – weiter in der sogenannten konstruktiven Opposition verharren dürfte[14]. Es wird für mich noch eine ganze Weile Wartezeit geben; dabei hoffe ich noch viel zu lernen. Denn ich muß mir selbst gestehen, daß ich wohl Lust hätte, ein Amt zu leiten, weil ich immer wieder erlebe, mit wie wenig Verstand, Erfahrung und Fleiß dies im allgemeinen geschieht, daß ich aber andererseits nicht geringe Hemmungen hätte, weil doch oft bei bestem Willen und Können der Erfolg oder die Sympathien von Umständen abhängen, die man nicht meistern kann oder oft aus moralischen Gründen nicht meistern will. Die Mittelmäßigkeit, zu der ich mich nicht rechnen möchte, hat es oft leichter, sie sitzt meist fester, denn sie erhebt sich eben nicht weit über der Grundlage.

Der Exekutivrat löst sich innerlich – Schiller würde sagen: moralisch – langsam auf. Man sieht sich am Ende und spekuliert nur in Bezug auf die eigene Person, wie es weiter gehen soll. Allgemeine Überlegungen, die ich vortrug, fanden keine offenen Ohren, am wenigsten bei dem Herrn Vorsitzenden, Staatsrat Dr. Gebhard Seelos, den Dr. Spiecker einen unglücklichen Menschen nennt, weil er ohne soziales Verständnis sei, und den Dr. Josef Müller scharf ablehnt, weil er ihn für unfähig ansieht. Er zerredet die meisten Fragen und Vorlagen in nervös-sprunghafter Oberflächlichkeit und drängt stets nach der formellen, niemals nach einer sachlichen Erledigung, sofern ihm diese nicht von seiner Landesregierung vorgeschrieben ist. Ich hoffe, daß Dr. Spiecker als Vorsitzender des Länderrats wiederkehrt; doch wer kann sagen, was acht Ministerpräsidenten ohne gründliche sachliche Vorbereitung beschließen oder tun werden?

Übrigens sind die Leute allenthalben sehr besorgt wegen eines Krieges. Man befürchtet, daß die Russen Berlin besetzen oder abriegeln, oder daß die Amerikaner Berlin aufgeben werden; Dr. Manfred Apelt schreibt lange Briefe, ich solle ihn links des Rheins unterbringen, weil die Russen eines Tages in 24 Stunden bis zum Rhein vorstoßen würden. Das ist ihm heiliger Ernst. Eugen Kogon schreibt dagegen in den „Frankfurter Heften", daß jetzt einige geschichtliche Minuten kämen und alles auf eine friedliche Lösung hindeute.[15] Hoffentlich zeigt sich das bald für aller Augen!

14. Februar 1948

Die Konstituierung des neuen Länderrates hat den Exekutivrat in der vergangenen Woche besonders beschäftigt. Es wurde darum gerungen, der neuen Institution eine arbeitsfähige Form zu geben. Ich habe sowohl für den bizonalen Länderrat eine Geschäftsordnung wie für eine Konferenz der Ministerpräsidenten der Bizone – Länderkonferenz – ein Statut vorgeschlagen.[16] Dabei wurde in beiden Fällen Wert darauf gelegt, aus den ständigen Vertretern der Länder das achtgliedrige Arbeitsgremium zu machen, das – dem bisherigen E-R ähnlich – die laufenden Geschäfte erledigt, die Min.Präsidenten sollen in der Regel nur einmal im Monat zusammenkommen; dann tagt der bizonale Länderrat öffentlich, während die Länderkonferenz der Ministerpräsidenten ihre Geschäfte ebenfalls erledigt.

Von entscheidender Bedeutung für das Funktionieren dieser Konstruktion ist die Frage des Vorsitzenden. Für das große Gremium des bizonalen Länderrats muß ein Min.-Präsident den Vorsitz führen; das mögen die Ministerpräsidenten unter sich ausmachen. Für das geschäftsführende Gremium der acht Vertreter wird Dr. Spiecker gewünscht; Dr. Hansen käme als Vertreter in Betracht.

Alles war gut bedacht, als sich herausstellte, daß die Länder in ihren Kabinetten mit Rücksicht auf die Koalitionen beschlossen, je einen Minister als zweiten Vertreter neben den Ministerpräsidenten zu entsenden. So nahm Hessen in Aussicht, Stock und Dr. Hilpert zu delegieren und Nordrhein-Westfalen Arnold und Dr. Menzel. Die Folge wäre, daß die ständigen Vertreter der Länder in Frankfurt in die Rolle von stellvertretenden Mitgliedern herabsinken. Solche könnten aber doch nicht den Vorsitz oder die Stellvertretung im Vorsitz führen. Ergebnis: Dr. Spiecker schied als geschäftsführender Vorsitzender aus.

Da kam heute die wichtige Entscheidung der Generäle Clay und Robertson in einer Verhandlung mit Bipartite Control Office,[17] daß es eine Stellvertretung und Stimmenübertragung nicht geben könne. Also stehen die Landesregierungen vor der Frage, auf alle Fälle einen ständigen Vertreter zu entsenden, der nicht Mitglied des Kabinetts ist. So ist wieder die Chance gegeben, daß Dr. Spiecker als ständiger Vertreter von Nordrhein-Westfalen und ordentliches Mitglied des Länderrats in Erscheinung tritt. Es wäre ein Glück für die neue Institution und für die föderativen Notwendigkeiten der Bizone, denn Dr. Seelos hat sich als ungeeignet für die Führung der Geschäfte erwiesen.

Eine Unterredung mit Prof. Dr. Ernst Fraenkel hat mich davon überzeugt, daß der Länderrat sehr an Bedeutung gewinnen würde, wenn er die Einrichtung der question-time vom englischen Unterhause übernehmen würde. Dann wären die Direktoren in öffentlicher Sitzung mit dem Länderrat versammelt, sie hätten auf Anfrage Rede und Antwort zu stehen und wären praktisch für ihre Verwaltung auch dem Länderrat verantwortlich. Die Einrichtung würde wohl den Gedanken der Demokratie sehr fördern und wahrscheinlich bald Nachahmung finden. Ich bin bewußt daran gegangen, für die sogenannte zweite Kammer eine neue Form zu entwickeln. Die übliche Art des Parlamentarismus hat sich in Deutschland jedenfalls bisher nicht einbürgern und durchsetzen können. Manche sprechen davon, daß die Form des parteipolitisch organisierten Parlamentarismus wegen Verhältniswahl und Fraktionszwang sich überlebt habe; sie passe nicht mehr in die großräumigen Verhältnisse des 20. Jahrhunderts; die Erfahrungen der Franzosen bewiesen es schlagend. Auf der anderen Seite entwickelt sich eine Ministerialdiktatur, die ebenfalls der Demokratie abträglich wirkt. Vielleicht ist es möglich, über eine andere Arbeitsweise des Länderrates für die Demokratie und gegen die zentralistischen Methoden der Bürokratie zu arbeiten. Deshalb trete ich auch dafür ein, daß der Länderrat ein Generalsekretariat haben soll mit den erforderlichen Referenten und Sachverständigen, die nicht als Ressortpatrioten an die Geschäfte gehen, sondern freier arbeiten werden. Es ist ein Novum, einer Kammer einen Beamtenapparat beizugeben. Ich glaube, daß es eine Verbesserung werden kann. Freilich ist es zweifelhaft, ob acht Min. Präsidenten bereit und in der Lage sind, solche grundsätzlich neuen Wege zu beschreiten. Zur Demokratie gehört die Macht der Gewohnheit; es wird lange dauern, bis in Deutschland eine demokratische Institution entstanden sein wird.

22. Februar 1948

Das Ereignis dieser Woche war die Konferenz des Parteivorstandes und Parteiausschusses für die SPD-Fraktion des Wirtschaftsrats.[18] Nachdem es am Vormittag eine heftige Auseinandersetzung im P.Vorstand gegeben hatte, hielt Dr. Schumacher nachmittags vor dem größeren Gremium ein politisches Referat zur Begründung seiner Empfehlung, daß die SPD in der Bizone auch weiterhin außerhalb der Verantwortung bleiben soll. Er führte etwa Folgendes aus: Meine Ausführungen gelten nur für die Bizone, in der Ebene der Kommunalverwaltung und der Länder gelten andere Gesichtspunkte, weil es sich dort nur um Fragen der Verwaltung handelt; darüber spreche ich nicht.

Die Zukunft der Bizone steht im Zeichen des Dollars nach dem Marshallplan, den wir brauchen und begrüßen. Doch kommt der Dollar als „Geschäft" und zugleich als politische Waffe gegen den Kommunismus. Wer sich heute nicht selbständig behauptet, läuft Gefahr als russischer oder amerikanischer, kommunistischer oder kapitalistischer Quisling zu erscheinen. Wir wollen dagegen eine eigene, deutsche, sozialdemokratische Politik.

Der Marshallplan betrifft außer Deutschland 16 europäische Staaten, die sämtlich zentralistisch regiert und verwaltet sind: die Oststaaten und Ostdeutschland sind sogar zentral kommandiert. Wir können uns unter diesen Umständen den Luxus der förderalistischen Buntheit nicht erlauben.

Der Wirtschaftsrat, der nicht zuständig ist für Kultur- und Polizei-, Wohlfahrts- und Justizfragen, gibt als politisches Kampffeld in Fragen der Wirtschaft ein ganz klares Bild. Die SPD ist für die Verwertung der menschlichen Person, die CDU will die Hochwertung des letzten Vermögens in der Wirtschaftspolitik, die Kirche hat sich dem Streben der CDU, dem Kapitalismus angeschlossen. Niemöller hätte nicht gegen die Nazis, sondern gegen die Sachwertbesitzer auftreten sollen.

Wir streben nach einer einheitlichen deutschen Vertretung. Voraussetzung dafür ist die gleiche demokratische Grundlage, d. h. überall das Recht der freien Entscheidung. Das ist auch die Frage der legalen LPD und CDU in der Ostzone.

Der Vorschlag Adenauers wegen Einsetzung eines Kooperativ-Ausschusses für ein einheitliches Deutschland ist zur Zeit nicht annehmbar.[19] Er läuft, wie alle Angebote der Ostzone, auf eine Restituierung der Diktatur mit einem demokratischen Mantel hinaus, indem er der Diktatur die Chance gibt, ihre brutalen Machtmittel unter demokratischem Gewande anzuwenden. Jede solche Organisation bedeutet heute praktisch die Kapitulation vor der Diktatur.

Die Lage der SPD ist deswegen nicht günstig, weil der Westen überwiegend katholisch ist und daher der kapitalistischen CDU zuneigt. Uns fehlt der protestantische Osten und die dortige Arbeiterschaft.

Die neue Bizone ist nur ein Provisorium, das von einem Provisorium abgelöst werden wird.

Im Frankfurter Wirtschaftsrat sind alle nicht ökonomischen Dinge ausgeschaltet. Wir haben den Fall des absoluten und totalen Klassenkampfes. Dabei muß die SPD den Kampf um die Gleichheit der Lebensbedingungen führen, während die CDU für die Erhaltung der Sachwerte eintritt. Wir brauchen den Plan als organisatorisches [unleserlich].

Die CDU hat ihre linken Kräfte in den Ländern gelassen und sitzt mit den kapitalistischen Leuten im Wirtschaftsrat. Wenn wir mit diesen Männern eine Koalition eingehen, laufen wir die Gefahr, Komplizen des Kapitalismus zu werden. Wir würden die Verantwortung dafür übernehmen, daß die anderen verdienen. Es gäbe doch nur soviel sozialistische Politik, als die Sachwertbesitzer der CDU es zulassen würden. Die Frage heißt daher CDU *oder* SPD.

Auf diese Periode folgt eine andere Zeit, die Zeit der direkten demokratischen Legitimierung, der gewollten Expansion der SPD. Diese muß eine nationale kameradschaftliche Kampforganisation sein. Die CDU hat die Kirche hinter sich, die KPD die russische Diktatur. Wir müssen mit anderen Gruppen, die sich von der CDU trennen werden, die Dritte Kraft werden.

In der Diskussion sprach zunächst Dr. Berger für die Koalition, weil die SPD allen Einfluß in der Verwaltung verliert und einen Zustand herbeiführt, der später nicht mehr zu ändern ist und uns große Schwierigkeiten machen wird. Dr. Kreyssig trat dagegen für die oppositionelle Haltung ein, die allerdings durch bessere Propaganda unterstützt werden müßte. Schoettle begründete die Haltung der Fraktion des Wirtschaftsrates und kritisierte die mangelhafte Arbeit des Parteivorstandes und insbesondere von Agartz. Henßler (Düsseldorf) gab mit scharfen Worten seinem Unwillen über die vergebliche und wirkungslose Opposition Ausdruck. Einen leidenschaftlichen Appell für die Änderung der Taktik richtete Kaisen an die Versammlung: er fürchte um die Zukunft der Partei, der Sinn der Politik der SPD könne nur der Kampf um die Staatsmacht sein. Die Politik würde von den Wählern nicht verstanden werden, wenn sie sich in einer wirkungslosen Opposition erschöpfe. Es stände die Zukunft auf dem Spiele. Dr. Suhr und Franz Neumann warben um die Unterstützung ihrer Politik in Berlin.

Im Schlußwort führte Dr. Schumacher aus: die SPD hätte die Position der deutschen Linken. Sie müßte für die Durchsetzung des [unleserlich] Lebensgefühls des Wählers eintreten. Da die Sozialdemokraten zum Funktionieren des Frankfurter Apparates nicht nötig sind, könnten sie in der Opposition verharren. Sie müßten sich von dem Mythos der Verwaltung frei machen, sollen dabei um alle Stellen kämpfen, außer um die beiden ersten Stellen.

Die Wendung der Intellektuellen zum Sozialismus ist nach 1945 nicht eingetreten. So käme es darauf an, den Kampfeswillen in die Massen zu projizieren. Wir dürften nicht in die Verantwortung eintreten als die mitgenommenen Zweiten. Erst nach der Durchführung allgemeiner Wahlen werden wir in die Rolle der stärksten Partei kommen. Jetzt würden wir nur Gefolgsleute eines Systems sein, das wir bekämpfen, eines Systems der Nutznießer des Dritten Reiches und der Gegenwart. Wir müssen abwarten, bis wir ein Podium für die Änderung der sozialpolitischen Struktur hätten.

Die Entpolitisierung der Wirtschaftsverwaltung in Frankfurt bedeute zugleich Entdemokratisierung; wir würden in diesem Falle der einzige Lastträger sein.

Wir wollen die Partei in eine Rolle bringen, in der sie kämpfen muß.

Ollenhauer ließ am Ende darüber abstimmen, ob der Parteivorstand und Parteiausschuß mit den von Dr. Schumacher gegebenen Richtlinien der Politik einverstanden sei. 3 Mann stimmten dagegen (darunter Kaisen und Berger), 7 Mann enthielten sich der Stimme (darunter Dr. Menzel und Henßler). Ollenhauer stellte fest, daß zum ersten Male eine Opposition gegen die Politik Dr. Schumachers da wäre.

Ich meine, daß eine kurzfristige Opposition – etwa 1–1¼ Jahre – eine Spekulation ist, die sich verantworten läßt, wenn inzwischen eine kraftvolle Politik gemacht wird. Sonst bringt sie nichts ein und schadet nur.

Die Genossen im hessischen Kabinett haben sich einen Schlager geleistet und beschlossen, Dr. Gase zu meinem Nachfolger zu machen. Zinn hat als einziger dagegen gestimmt. Hilpert reibt sich die Hände vor Vergnügen. Nun fehlt noch, daß er gegen mich als Generalsekretär des Länderrats stimmt, dann ist alles gut! Unsere sogenannten Politiker verdienen volle Verachtung oder Mitleid, denn sie wissen nicht, was sie tun. Es ist kaum zu beschreiben, wie unfähig die Herren Ministerpräsidenten insgesamt und die Sozialdemokraten unter ihnen insbesondere sind, wenn es um die Frage der größeren Politik geht. Der Föderalismus richtet sich selbst. Eine blinde Eitelkeit macht alle grundlegend-vernünftige Arbeit unmöglich oder doch jedenfalls so schwierig, daß die tüchtigen Leute die Lust an der Arbeit verlieren.

Als Dr. Schumacher am Mittwoch vom Klassenkampf sprach, empfand ich das als einen Atavismus. Wenn ich dafür den Kampf der CDU-Politiker gegen die Sozis setze – als Partei, nicht als Klasse, denn die Klassenunterschiede liegen anders – dann entspricht das der täglichen Erfahrung. Der Marxist nimmt den Gegensatz materiell-ökonomisch und sieht die Arbeiterklasse gegen die Sachwertbesitzer. Ich meine, es ist die Reaktion gegen den gewollten sozialen Fortschritt. Da rechts sitzen nicht nur die Kapitalisten und Sachwertbesitzer, die Kirche und die Offizierskaste, sondern auch große Teile des Mittelstandes, der Intelligenz und der bequemeren Arbeiterschaft. Warum? Weil sie nicht denken wollen oder können, weil sie weltanschaulich an die Kirche oder das Christentum gebunden sind und die Sozialdemokratie aus alter Propaganda als religionsfeindlich ansehen, weil sie kleine Vorteile festhalten wollen, weil sie keine Fantasie haben, sich ein Zukunftsbild zu machen, weil sie keinen Schwung haben, für ein Ideal einzutreten, weil sie die Politik nur als eine religiös-weltanschauliche Entscheidung ansehen und die Führung anderen überlassen, weil sie niemals vor echte politische Entscheidungen gestellt worden sind. Das Verhältniswahlsystem nimmt dem Wähler alle Verantwortung ab und fördert den Führergedanken. Das liegt den Untertanen-Deutschen sehr.

Auch bei den Fortschrittspolitikern der Linken gibt es viel Bequemlichkeit und Unfähigkeit, Standesinteresse und Herdentrieb – doch liegt der Zug der Zeit bei ihnen, weil nun eben einmal die deutsche Rechte im besten Falle konservativ-stillstehend, in dem großen Durchschnitt jedoch reaktionär ist. Die englische Politik ist polar – rechts und links stehen in fruchtbarer Spannung zueinander und bewegen sich gleichmäßig weiter; der Abstand bleibt gewissermaßen räumlich, nicht jedoch zeitlich. Anders bei uns: der Abstand ist häufig nur zeitlich bedingt, räumlich geht es ganz durcheinander.

Ich wollte gern ein Büchlein an die Intellektuellen in Deutschland schreiben, um ihnen die Situation der Politik deutlich vor Augen zu führen. Vielleicht komme ich dazu, ich müßte es mir von der Seele schreiben, denn diese Gedanken belasten mich sehr.

29. Februar 1948

Der Länderrat hat mit 13 gegen 3 Stimmen beschlossen, ein Generalsekretariat bei sich einzurichten, die Entscheidung über die Person ist bis zum 5. März vertagt. Inzwischen werden die Geschäfte von mir geführt.[20] Die Ministerpräsidenten der US-Zone hatten – nach Dr. Brill – beschlossen das Generalsekretariat abzulehnen, weil überflüssig! So auch Dr. Brill. Deshalb Flucht von Kaisen am Dienstag nach Bremen, um nicht gegen die Verabredung stimmen zu müssen.

Die Ernennung von Gase zu meinem Nachfolger im hess. Finanzministerium hat großen Krach hervorgerufen. Die SPD-Fraktion ist wütend, hatte sie doch 48 Stunden vorher in Gegenwart von Stock einstimmig beschlossen, ich müßte einen SPD-Nachfolger haben. Hilpert hat einen Mann seines Vertrauens verlangt, er hat mich als – vielleicht! – guten Oberbürgermeister, aber nicht als Finanzfachmann hingestellt und schließlich erklärt: „Troeger oder ich!" Die Drohung mit dem Rücktritt hat die Minister (außer Zinn) zum Umfall bewogen, denn sie befürchten – wohl mit Recht – eine Kabinettsumbildung nicht zu überstehen!

Um den Oberdirektor der Bizone wird heftig gerungen. Adenauer hatte Lukaschek am 21. II. Dr. Hilpert als den Mann seiner Wahl bezeichnet. Am 24. II. hat die CDU-Fraktion nach Ablehnung von Hermes u. Prittwitz Lukaschek und Steltzer vor sich geladen.[21] Jener hatte nach seiner Meinung etwa 80 % der Stimmen für sich, zumal Steltzer Protestant ist und halb abgelehnt hatte. Nachträglich hat sich Steltzer sehr um den Posten bemüht und Klinken geputzt. Hilpert hat weiter gegen Lukaschek intrigiert, teils direkt, indem er ihn als kleinen, alten Mann hinstellte, teils indirekt, indem er durch den Bürgermeister von Königstein Erkundigungen einzog; er soll inzwischen bei Adenauer gewesen sein. Gestern sagte er nach der Beratung der Geschäftsordnung für den Länderrat in der hess. Staatskanzlei im Vorbeigehen: „Wir werden ja am Montag erfahren, ob Steltzer oder Lukaschek Oberdirektor wird." Nun, ich hoffe für Lukaschek. Ob er diesen Auftrag erfüllen oder ob er enttäuschen wird, muß die Zukunft lehren. Er ist nicht mehr jung, hat wohl niemals sehr flott gearbeitet, war gewiß immer von bedächtiger und ausgleichender Art und wird beweisen müssen, ob er außer seiner zähen und unerschütterlichen Anständigkeit auch eigentliche durchschlagende Energie hat. Wenn er nicht vom ersten Tage an als starker Mann in Erscheinung tritt, dann wird er nichts Sichtbares und Entscheidendes erreichen.

„Es geht um das Vaterland", sagte Dr. Lukaschek vorgestern zu mir mit vollem Ernst. Nach der Entwicklung in der Tschechoslowakei kann ich ihm nur allzusehr Recht geben.[22]

2. März 1948

Heute hat der Wirtschaftsrat die Direktoren der bizonalen Verwaltung nach der neuen Proklamation gewählt.[23] Doch ist alles so ungeschickt und politisch-unbeholfen angefaßt worden, als es nur möglich war. Die amerikanischen Beobachter schüttelten merkbar den Kopf über diese deutschen Demokraten, sie wären gewiß zufrieden, wenn sie ihnen während der Besatzungszeit wenigstens die Anfangsgründe demokratischen Verhaltens beibringen könnten.

Einige Tage lang sah es so aus, als wenn Dr. Hans Lukaschek zum Oberdirektor (Vorsitzenden des Verwaltungsrates) gewählt werden würde; er ist dann aus der Diskussion verschwunden. Inwieweit hier Dr. Hilpert gewirkt hat, kann ich nicht erkennen. Es ist immerhin wahrscheinlich. Lukaschek hätte sehr gerne diese schwierige und undankbare Aufgabe übernommen.

Die Wahl fiel auf Dr. Pünder, den Oberbürgermeister von Köln. Die Demokraten waren dagegen und nominierten den früheren Reichsminister Dr. Dietrich. Die Sozialdemokraten und das Zentrum hätten die Wahl von Dr. Pünder gern verhindert; sie versuchten, dies auf dem Umweg einer Änderung der Geschäftsordnung zu erreichen, indem sie beantragten, daß weiße Stimmzettel als „Nein"-Stimmen bewertet werden sollten; die CDU vertrat dagegen den richtigen Standpunkt, daß weiße Stimmzettel bei einer Wahlhandlung als Stimmenthaltung oder als ungültige Wahlzettel zu behandeln sind und daher nicht bewertet werden können. Dieser Stellungnahme schloß sich die Mehrheit an. So wurde Dr. Pünder mit 40 gegen 8 Stimmen für Dietrich bei 48 weißen Stimmzetteln gewählt. Die SPD bekundete ihr Mißfallen durch die Bemerkung, daß sie durch die weißen Stimmzettel ihr mangelndes Vertrauen zu den Direktoren zum Ausdruck bringen würde. Der Zentrumsabgeordnete Stricker hielt der SPD vor, daß sie in der Lage wäre, eine andere Entscheidung herbeizuführen und daher für die Kandidaten der CDU volle Verantwortung trüge. Es war ein peinliches Erlebnis und ein betrübliches Bild für die meisten Anwesenden.

Aber wie soll es sein, wenn die größte Partei – jedenfalls ebenso groß wie CDU/CSU – einfach nicht mitmacht und ihr Verhalten „Opposition" nennt. Es bleibt nur Verwirrung und Ohnmacht übrig und das Feld frei für die Reaktion. Politik, die nicht nach der Macht greift, wenn sie zu haben ist – von Kampf gar nicht zu reden –, verdient diesen Namen nicht.

Daß die sechs Direktoren zu keinerlei Hoffnungen berechtigen, mag noch erwähnt werden. Dr. Schlange ist – man überlege dies – noch der Beste. Das deutsche Volk wird weiter enttäuscht sein und die Kosten tragen.

7. März 1948

Mein Geburtstag war für mich ein Freudentag, weil ich in einem bisher nicht gekannten und völlig überraschenden Umfange mit Glückwünschen und Geschenken aus dem Mitarbeiterkreise bedacht worden bin. Ich zählte etwa 50 große Fliederstengel neben zwei Blumenkörben und einer Topfblume und anderen wertvollen Geschenken, darunter ein Kasten Exportbier. Und das alles am Tage vor der Besetzung des Generalsekretariats.

Der Länderrat hat in geheimer Sitzung nach Ausschluß aller Beobachter mit 15 Stimmen bei 1 Stimmenthaltung meine Wahl zum Generalsekretär vorgenommen.[24] Das Ergebnis war nach den vorangegangenen Auseinandersetzungen sehr befriedigend. Ich habe meinen Stolz offen bekundet. Nun kann es losgehen!

Doch vorher noch ein Besuch in Lörrach.

Ergänzung: Die Entscheidung des Länderrats wegen meiner Bestellung zum Generalsekretär verlief insofern nicht ohne Aufregung, als der süddeutsche Länderrat in Stuttgart beschlossen hatte, seinen eigenen Generalsekretär Dr. Roßmann für die gleiche Stellung beim bizonalen Länderrat vorzuschlagen. Man war sich seiner Sache so sicher, daß der Gegenkandidat bereits Anstalten traf, um sich in Frankfurt in den Räumen des Exekutivrats einzurichten und meinem persönlichen Mitarbeiter Oberinspektor Zimmer Anweisungen zu erteilen. Es muß dann im Kreise der Sozialdemokraten eine heftige Auseinandersetzung gegeben haben mit dem Ergebnis, daß man sich doch für mich entschied. Als mir von dem Vorsitzenden des bizonalen Länderrats, Ministerpräsident Ehard, meine Wahl zum Generalsekretär mitgeteilt wurde, stellte ich sofort die Frage, ob ich wohl nur das Vertrauen einer knappen Mehrheit im Länderrat hätte, worauf Dr. Ehard antwortete: „Wir haben alle, bis auf einen, für Sie gestimmt"; ich vermute, daß sich die hessische Regierung mit dem Vorschlag Dr. Eberhard nicht hat durchsetzen können.

Die Fahrt nach Lörrach war insofern von einer großen Bedeutung, als sie zu einer Zusammenkunft mit Frau Berta Hess und mit Herrn Albert Manz an der Grenze diente, die in rührender Weise immer wieder durch die Lieferung von Lebensmitteln ihre Verbundenheit bekundeten.

14. März 1948

Der neue Oberdirektor Dr. Pünder hat seinen Dienst aufgenommen.[25] Die Presse tat empört wegen der geheimen Abstimmung über die Bestätigung im Länderrat; die Amerikaner wünschen offenbar ebenfalls öffentliche Verhandlungen im Länderrat, weil sie ihn als zweite Kammer ansehen, die grundsätzlich öffentlich zu tagen habe. Es wird sich herausstellen, was die Besprechungen der nächsten Tage bringen. Jedenfalls habe ich neulich einem Herrn von Omgus Berlin sehr eindrücklich gesagt, was der Länderrat anstrebt und weshalb er sich ein Generalsekretariat mit Referenten zugelegt hat. Man will den Deutschen hier im Rahmen der Bestimmungen der Proklamation volle Freiheit lassen. Ich hoffe daher nach wie vor, daß es mir gelingt, durch die Praxis zu beweisen, daß die Länder daran interessiert sind, ein gutes Generalsekretariat zu haben.

Dr. Pünder ist ein sehr höflicher Mann. Es wird sich bald zeigen, ob er die Aufgaben erfaßt und die Möglichkeiten, die in seiner Stellung liegen. Er läuft Gefahr, von den Direktoren als Collegium eingesackt zu werden oder ganz an das Gängelband der CDU zu geraten oder wegen falscher Sparsamkeit keine Leitung und Überwachung durchsetzen zu können, weil es einfach an geeigneten Referenten fehlt. In den ersten acht Tagen ist jedenfalls praktisch nichts geschehen, so daß ich gestern in einer Referentenbesprechung die weitere Bearbeitung durch die Referenten des Länderrats angeboten habe, damit überhaupt sachlich etwas getan wird. Herr Dr. Krautwig, der Adlatus von Dr. Pünder, hat keinerlei klare Vorstellungen von der Arbeitsweise des Oberdirektors. Ich habe einige Befürchtungen für den so notwendigen Erfolg. Herr von Elmenau, den die Bayern zur Dienstleistung bei Dr. Pünder angeboten haben, wird vielleicht Ordnung schaffen.

Übel ist der Kampf um weitere Machtstellungen der CDU. Sie will Dr. Oppler, den Leiter des Personalamtes, durch Dr. Lukaschek ersetzen und dem Rechtsamt unter Strauß größere Vollmachten geben. Es ist erschütternd, immer wieder zu erfahren, wie konsquent von der CDU der Klassenkampf gegen die SPD geführt wird. Man nutzt alle Möglichkeiten einer Besetzung der maßgebenden Stellen aus, von Toleranz oder gar noch Zusammenarbeit ist nichts zu spüren.

25. März 1948

Der Länderrat, das ist die Gesamtheit der Herren Ländervertreter,[26] insbesondere der Ministerpräsidenten, macht mich krank. Gestern wurde von Bayern und Hessen ernsthaft bestritten, daß in der Tat ein Finanzreferent nötig wäre. Ich muß gestehen, daß mir der Atem wegblieb. Gerade die Bayern, die Föderalisten, wollen nicht einsehen, daß man die Länderinteressen nur mit guten Gründen und daher auch mit guten Leuten wirksam vertreten kann. Ich denke aber, die Sache kommt noch zurecht.

In solchen Zeiten beginnender Demokratie sollte ich nur an leitender Stelle tätig sein. War es schon mit dem verschlagenen Hilpert unmöglich, anständig zusammenzuarbeiten, weil er kein Vertrauen und keine Toleranz kennt und nur seine Parteiinteressen – neben den persönlichen – im Auge hat, so brachte die Geschäftsführung des Exekutivrates erst nach Monaten der Bewährung ein erträgliches Verhältnis, jedenfalls mit den Mitgliedern, die nicht zur SPD gehörten. Nunmehr beginnt ein neues Beriechen und Bespitzeln; die Bayern und die Hessen kommen vor lauter Mißtrauen und Unkenntnis zu keinem Auftrieb. Die Mittelmäßigkeit – dritter Güte – drückt alles platt. Wie soll das anders werden, wenn man seine Herren Chefs – 15 – in der Regel nur einmal monatlich in der Sitzung erlebt und diese wie die Filmdiven zu allem und jedem reden und peinlich darauf bedacht sind, daß ihnen nicht etwa ein Stein aus der Krone fällt. Welcher Aufbau! Welche Demokratie! Ich muß an das öfter gebrauchte Bild denken, wonach im Convoy das langsamste Schiff das Tempo aller bestimmt; so auch hier. Ich selbst komme mir mehr als Schäferhund vor, der sich ständig bemüht, die Herde in eine bestimmte Richtung zu treiben.

Unter dem Einfluß der Engländer – Clave – hat sich Kriedemann dem Gedanken der Koalitionsgemeinschaft mit der CDU so genähert, daß er darüber offen spricht. Die Regierungsbeteiligung der SPD soll schon vor den erwarteten allgemeinen Wahlen praktisch werden.

28. März 1948
Gestern war ich bei Dr. Lukaschek in Bad Königstein, wo er im Parkhotel mit seiner Frau in einem Zimmer haust. Es waren noch Dr. Brinkmann und Frau zu Besuch. Interessant folgendes: Die Wahl von Dr. L. zum Oberdirektor ist an Hilpert gescheitert, der L. als zu weit links stehend in der Fraktion der CDU hingestellt hat; sein Verkehr mit Dr. Spiecker und mir hat dabei eine Rolle gespielt. So hat man Dr. Pünder genommen, der allgemein als unzureichend angesehen wird; er war früher mit Dr. L. sehr befreundet auf Grund gemeinsamer Erlebnisse im Gestapo-Gefängnis und nachfolgender Führung der Praxis von Dr. Pünders Bruder durch Dr. L. Das scheint alles verraucht und vergessen und zwar so weitgehend, daß Frl. Reichelt, die ich als Vorzimmerdame zu Dr. Pünder gab, mit höchstem Mißtrauen behandelt wird, weil sie jahrelang bei Dr. L. gearbeitet hat. Das heißt man Volksgemeinschaft und nationale Haltung.

General Clay hat in der vergangenen Woche zu Dr. L. geschickt, er solle die Erklärung abgeben, daß er bereit sei, den Posten des Präsidenten, nicht auch des Vizepräsidenten des Obergerichts anzunehmen. Nach Rücksprache mit Minister Zinn gab Dr. L. die Erklärung ab; dabei hat Zinn gesagt, er müsse es tun, weil doch unmöglich Min. Direktor Canter zum Präsidenten ernannt werden dürfe. (Man fragt sich nur, wie Hessen zu einem derartigen Vorschlag – offenbar unter Mitwirkung von Zinn – gekommen war.) Einige Tage später wird Dr. L. von Omgus gedrängt – ich nehme an von Dr. Biel und von Housen – er solle den Posten des Vizepräsidenten annehmen, Clay habe sich gegen Robertson nicht durchsetzen könne, der einen Sozialdemokraten verlangt und Ruscheweyh vorschlug, da ja die CDU alle Posten in Frankfurt innehabe. Ich redete Dr. L. zu, damit er endlich aus der Ecke in Königstein herauskäme. Er hat angenommen, ich habe die Nachricht an Dr. Biel gegeben. Das Ergebnis ist durchaus befriedigend. Man rätselt nun darüber, wie lange es mit Dr. Pünder gehen soll.

1. April 1948
Gestern und heute waren Besprechungen über die Organisation des Marshallplanes mit Sir Cecil Weir und Mr. Wilkinson. Man hat sich in Paris geeinigt sowohl über die Art der Zusammenarbeit wie über die Beteiligung der Westzonen.[27] Diese treten getrennt auf (französische Zone und Vereintes Wirtschaftsgebiet), vertreten durch die Befehlshaber der Besatzungsmächte. Das tut uns Deutschen natürlich weh, daß noch nicht einmal hier eine Einheit gefunden ist. Aus den überreichten Entwürfen ergibt sich die volle Gleichberechtigung Deutschlands. Die deutsche Stellungnahme fiel daher völlig positiv aus. Das quittierte die andere Seite mit Genugtuung.

Peinlich war die dringende Mahnung von Wilkinson, die deutschen Vorschläge müßten ehrlich, wahr und so sein, daß sie aller Kritik standhielten. Die

Weltpresse würde sich damit beschäftigen. Diese Mahnung war offenbar sehr begründet, denn die deutschen Anforderungen über 2,235 Mrd. Dollar liegen viel zu hoch. Dem Vernehmen nach müssen sie auf 1,2 Mrd. Dollar ermäßigt werden. Man traut uns nicht – mit Recht bei dieser Verwaltung – und will eine Blamage vermeiden. Die deutschen Vertreter benahmen sich entsprechend schlecht. Dr. Pünder stimmte ganz und gar den Ausführungen der Gegenseite zu und behauptete mit Emphase, daß die deutschen Vorschläge ganz den gestellten Anforderungen entsprächen. Dr. Köhler tönte in Dank und Wichtigkeit. Kopf gab eine wohlgesetzte, vorbereitete Erklärung ab, in der er feststellte, daß er die deutschen Vorschläge nicht kenne; das gab Verwunderung. Die Gegenseite wünschte strenge Vertraulichkeit, Dr. Köhler drang auf ein Pressekommunique und die Bekanntgabe seiner Erklärung; es ist einfach zum Platzen.

Die Russen gehen nun daran, die anderen Besatzungsmächte aus Berlin herauszudrängen. Das kostet Nerven. Man weiß nicht recht, wie die Amerikaner nach den vielen Beteuerungen, daß sie in Berlin bleiben würden, ohne einen erheblichen Prestigeverlust davonkommen sollen. Denn schließlich müssen zwei Millionen Berliner ernährt werden. Man darf gespannt sein, was jetzt kommt.[28]

2. April 1948

Heute war eine Konferenz der Finanzminister der Länder, die in einem Dämmerschoppen im Ratskeller bei Hochheimer Wein endete. Dort erzählte Hilpert viel von sich und seiner Vergangenheit. Einiges davon scheint mir beachtenswert, da Hilpert immerhin der große CDU-Mann ist, der wohl noch einmal eine große Rolle spielen wird. Nach längeren unterhaltsamen Erzählungen, die sich nett anhörten, fragte Finanzminister Dudek Hilpert, der gerade gesagt hatte, er müsse zu einer Wahlversammlung nach Dieburg: „Was sagen Sie denn dort über die SPD?" Hilpert antwortete etwa folgendermaßen: „Ich bedauere die SPD, denn sie geht dem Verfall entgegen, da sie totalitäre Tendenzen hat. Sie hat noch einige gute Vertreter." Darauf wurde von Finanzminister Schenck entgegnet, der Totalitarismus gehe durch alle Parteien. Hilpert sagte dann weiter: „Am Rohbau des neuen deutschen Staates sollten SPD und CDU zusammenarbeiten. Wenn es um die Innenausstattung geht, dann kann man sich ja um den Geschmack streiten". Und dann weiter: „Wir brauchen eine Restauration des Kapitalismus mit einer Kerenskidemokratie". Im Verlaufe der Unterredung wurde an Dr. Hilpert die Frage gerichtet, wie er zu den Berliner Ereignissen und dem russischen Vorhaben stehe? Hilpert entgegnete, daß er an einen Krieg nicht glaube. Die Amerikaner wären entschlossen, den Bolschewismus zu vernichten; dazu würden sie im nächsten Jahre stark genug sein. Ein Überrennen Westdeutschlands mit russischen Tanks wäre nicht möglich. Eine Tankoffensive bedinge eine tiefe Staffelung und käme nur 40 km weit bei den Verhältnissen in Mitteldeutschland. Es würden ja alle Brücken über die Elbe sofort gesprengt. Wenn die Amerikaner einen Gürtel von Atombomben hinter die russischen Linien legten, dann wäre es sowieso sofort aus. Dazu komme die Bewaffnung der Bevölkerung, die nicht aufgehalten werden könnte und einen Partisanenkrieg zur Folge hätte. Die Russen wären viel zu schwach für einen Krieg, das wüßten sie selbst.

11. April 1948

Der Marshallplan – ERP – tritt jetzt in den Bereich unserer praktischen, täglichen Arbeit. Der Start war schlecht, weil wir Deutschen immer wieder in die politische Verantwortung hineingezogen werden für Dinge und Verhandlungen, an denen wir gar nicht beteiligt waren. So legte man uns den Entwurf des Vertrages über die Organisation zur Durchführung des ERP vor, der für streng geheim erklärt wurde, und wollte die volle deutsche Billigung von Wirtschaftsrat und Länderrat, obgleich weder das Plenum des Wirtschaftsrates noch ein Ausschuß noch gar der Länderrat sich damit befassen konnten. Immerhin: was 16 souveräne Staaten in Europa tun, das frommt auch dem besiegten und besetzten Deutschland. Diese Entscheidung war leicht.

Einige Tage später kam eine Einladung zur Besprechung des deutschen Vorschlages zum ERP. Min. Präs. Kopf mußte erklären, daß er zu dem Vorschlage nicht Stellung nehmen könne, weil er ihm gar nicht bekannt sei. Das schlug ein, zumal die SPD eine öffentliche Erklärung abgab, worin sie gegen die CDU-Kramerei in Sachen des Marshallplanes protestierte. Ein näheres Zusehen ergab, daß eigentlich Herr Dr. Keiser allein diesen äußerst wichtigen Vorschlag gemacht hat, ohne seine Vorgesetzten wesentlich und seine Mitarbeiter überhaupt daran zu beteiligen. Nun soll auf Wunsch das Büro des Länderrats eingeschaltet werden.

12. April 1948

Am Freitag hatte ich ein erfreuliches Erlebnis im Sinne der Demokratie. Dr. Ruscheweyh und Dr. Lukaschek, Präsident und Vizepräsident des neuen Obergerichts[29], waren im Büro Dr. Hansens zusammengekommen, um sich über ihre nächsten Aufgaben zu unterhalten. Da saßen sich nun zwei deutsche Demokraten gegenüber: der eine etwas rundlich mit breitem, freundlichem Gesicht und grauen Haaren, höflich in gemessenen Worten und behutsam sprechend – der andere gelassen und entschieden in seinen Meinungsäußerungen, verständigungsbereit und auf Würde bedacht, ein langer, derb anmutender und doch weicher und gutmütiger Mann. Insgesamt zwei echte Demokraten, auf die das neue Deutschland stolz sein kann. Sie werden auch den Siegermächten Achtung abnötigen und dort Sympathien haben.

Heute fand eine Besprechung in Bipartite Control Office[30] statt, die erneut Dr. Pünders Schwäche zeigte. Dazu kommt, daß er aus Opportunismus gar nicht ängstlich bei der Wahrheit bleibt. Als er wegen der schleppenden Behandlung der Auflösung der zonalen Dienststellen zur Rede gestellt wurde, behauptete er, von dem entsprechenden Schreiben erst vor einer Woche – also am 5. IV. – Kenntnis erhalten zu haben; gleich darauf bezog er sich jedoch auf ein eigenes

Schreiben vom 24. März, mit dem er um Fristverlängerung bis 25. April gebeten habe. Zu seiner Entschuldigung führte er ferner aus, daß er bei der Amtsübernahme keinen Stuhl und keinen Federhalter vorgefunden habe – eine glatte Lüge, da ich ihm fünf komplett eingerichtete Büroräume überließ, darunter sein Büro mit meiner eigenen Ausstattung!

17. April 1948

Die vergangene Woche war anstrengend, brachte aber die Erledigung wichtiger Aufgaben. Ich selbst war bis zum Zerreißen angestrengt. Im Mittelpunkt der Verhandlungen stand der deutsche Vorschlag zum ERP.[31] General Adcock und MacReady gaben am Montag dem dringenden Wunsche der Militärregierungen Ausdruck, daß die deutschen politischen Stellen oder Parteien ihre grundsätzliche Zustimmung zu dem deutschen Vorschlage kundtun sollten, weil der Eindruck bestünde, als wenn es sich um einen Vorschlag der CDU handelte.[32] Am Dienstag fand eine gemeinsame Besprechung der deutschen Stellen und Vertreter statt, die lediglich der Information diente. Dann befaßte sich der Länderrat eingehend mit dem deutschen Vorschlag, nachdem der Wirtschaftsminister Dr. Seidel-München ein gutes Referat gehalten hatte. Nach langer Debatte entschloß sich der Länderrat, seine Zustimmung auszudrücken mit dem Hinweis auf die Tatsache, daß nur ein Anfang gemacht würde und Änderungen und Ergänzungen von allen Seiten bei nachgewiesenem Bedürfnis untersucht werden möchten. Der Bericht Dr. Seidels wird dem Protokoll beigefügt, das an BICO geht. Die Konferenz mit Clay und Robertson[33] brachte die Gewißheit, daß die Währungsreform kommt und die Deutschen sich sofort mit der notwendigen Steuerreform beschäftigen müßten. Den Kriegsschadenausgleich sollten die Deutschen allein machen. Über eine deutsche Regierungsbildung könne noch nichts gesagt werden, weil das eine europäische Angelegenheit sei, über die in zehn Tagen in London verhandelt würde.[34] Wegen der beantragten Einfuhr von Fleisch und eines Moratoriums wegen der Restitution von Vermögenswerten gab es von seiten General Clays eine scharfe Abfuhr.

Der Finanzausschuß des Länderrates entwickelte gestern seinen grundsätzlich föderalistischen Standpunkt zur Finanzverwaltung; die beiden Sozialdemokraten – Dudek und Schenck – unter den Finanzministern sind ohne Durchschlagskraft; Dr. Hilpert meistert die Fragen in seinem Sinne.

Heute kam Kriedemann aufgeregt zu mir. Der soz. dem. Parteivorstand hat in Nr. 154 des Sonderdienstes von Sopade die sog. „Pünder-Denkschrift", gemeint ist der deutsche Vorschlag zum ERP, scharf angegriffen als unzulänglich und allzu zaghaft, weil unter dem Drucke der Militärdienststellen in Deutschland angefertigt.[35] Westdeutschland dürfte nicht wie „ein Ausräuberungsgebiet für Rohstoffe" behandelt werden. Es wird von einem „Anspruch Deutschlands auf Beteiligung am ersten Jahr des Marshallplanes von nur 800 Mio. Dollar" gesprochen. Nach dem Stande der deutschen Bevölkerung müsse überhaupt „ein Betrag von 1 Mrd. Dollar das Minimum darstellen". Zur Begründung wird mit den Berichten 4 offizieller amerikanischer Gremien operiert: Krug-Report,

Nourse-Report, Harriman-Report und Herter-Report und auf einen „Konflikt zwischen den verantwortlichen Stellen und den Vertretern der Besatzungsregierung in der Frage des deutschen Anteils an der Marshall-Plan-Hilfe" hingewiesen.[36] Es wird vorgeschlagen, in voller Offenheit zu verhandeln, einen Brief an Herrn Hoffman, den amerikanischen ERP-Gewaltigen, zu schreiben und den Länderrat und die Gewerkschaften mobil zu machen. Man kann gespannt sein, was dieser Vorstoß für Wirkungen auf deutscher und amerikanischer Seite haben wird. Die Kommunisten werden sich freuen, und die Deutschen werden sich gleich am Anfang unbeliebt machen; das verstehen sie bestens.

20. April 1948
Prophezeiung Dr. Lentze
   Heute hatte mich Dr. Lentze zu einem Herrn Karl Schumacher gebracht, dem Inhaber der Fa. Keimsch und Co. Frankfurt/Mainzgasse. Dabei kam die alte Voraussage Lentzes zum Jahre 1952 mit dem Treffen in [unleserlich], zu dem er die Tochter des früheren Reichskanzlers Luther eingeladen hat, zur Sprache. Ich fragte auf Grund der vorangegangenen Aussprache über die Teilung und mögliche Wiedervereinigung Deutschlands, was Lentze deswegen zu sagen habe. Er meinte mit voller Überzeugung: Berlin wird im Winter 1954/5 wieder Hauptstadt Deutschlands werden. Politischer Anlaß zu diesem Ereignis wird ein großer Streit in China sein. Deutschland wird die Grenzen von 1937 wieder erlangen. Die Lage in China würde durch den schnellen Bevölkerungszuwachs zu einer gewaltsamen Auseinandersetzung führen. Nous verrons!

1. Mai 1948
Dr. Schumacher ist sehr krank; nach Angabe von Kriedemann ist die Lebensgefahr vorüber und damit auch die Gefahr einer Beinamputation. Schumacher wird auf Wochen und Monate im Bett liegen müssen.
   Gestern gab es in der internen Sitzung des Länderrates[37] eine lange Aussprache über die allgemeine politische Lage, insbesondere wegen der Einrichtung einer Westrepublik. Anlaß dazu war der Wunsch nach einer vertraulichen Aussprache mit den Generälen Clay und Robertson, weil die Monatskonferenzen[38] mehr das Gepräge von öffentlichen Sitzungen haben. Dazu kam die Nachricht aus der New York Herald Tribune über den Stand der Londoner Verhandlungen, wonach alsbald allgemeine Wahlen zu einer verfassunggebenden Versammlung der drei Zonen stattfinden sollen mit je 1 Sitz auf 750 000 Einwohner. Die Amerikaner und Briten wären entschlossen, die Staatsorganisation notfalls auch ohne die Franzosen hinzustellen.[39] Dr. Ehard, der diesmal ohne Begleiter – Pfeiffer oder Müller – erschienen war, ging kräftig ins Zeug, verteidigte die Ellwanger Bemühungen[40] gegen die Abstinenzpolitik von Adenauer und Schumacher und forderte eine offene Aussprache der Ministerpräsidenten mit Clay und Robertson. Max Brauer, Harmssen, Spiecker schlugen in dieselbe Kerbe.

Eine Neuerung auf dem Gebiete der demokratischen Praxis stellte die Anfrage an Dr. Schlange-Schöningen dar wegen der Mängel in der Statistik und Planung. Schl. war trotz 2maliger Einladung nicht erschienen; die weitere Behandlung der Angelegenheit ist daher verlegt worden, nachdem Dr. Ehard und Kopf sehr klare Worte der Kritik an der bizonalen Verwaltung für Landwirtschaft, Ernährung und Forsten gesprochen hatten. Podeyn tat mir leid, daß er nicht anerkannt wurde und nicht zu Worte kam. Er soll beim Weggang gesagt haben, der Länderrat würde diese Sitzung noch zu bedauern haben.

Als ein Punkt für eine offene politische Schlacht wurde die Frage der Auflösung der Finanzleitstelle in Hamburg angesehen.[41] Nach einem sehr geschmeidigen Referat von Dr. Hilpert verständigte man sich dahin, daß es im amerikanischen Gebiet bleiben soll wie bisher und daß die Funktionen der Finanzleitstelle von den vier Finanzministern der britischen Zone zunächst treuhänderisch übernommen werden sollen; auf diese Weise bleibt die Entscheidung wegen einer Sonderverwaltung des Bundes – Reichs? – auf dem Gebiete der Steuern bewußt offen.

Die Kommunalwahlen in Hessen[42] haben der SPD einen üblen Rückschlag eingebracht; die CDU hat sich trotz aller schlechten Prophezeiungen relativ gut gehalten. Der Aufschwung der Demokraten war z. T. erwartet, die SPD mußte jedoch glauben, daß er auf Kosten der CDU vor sich gehen würde; tatsächlich ist die SPD indirekt daran auch sehr stark beteiligt, vielleicht noch mehr als die CDU. Die Wahl der Flüchtlinge (ca. 600000) hat der SPD nichts eingebracht. Ich glaube, es ist das zu einem erheblichen Teile die gerechte Quittung für falsche und schlechte Politik. Woher soll denn auch die Achtung vor Stock, Koch, Kolb, Nischalke usw. kommen, um nur einige der am häufigsten genannten Namen aufzugreifen? Wird man daraus lernen? Ich glaube kaum, die Tatsachen werden Klarheit schaffen müssen.

8. Mai 1948

Gestern fand eine der Besprechungen bei Bipartite Control Office[43] statt unter Vorsitz der Generäle Adcock und MacReady, die so ganz den schlechten Gang der deutschen Verwaltung demonstrieren. Die Generäle haben ja auch nicht das Bedürfnis, mit den Deutschen irgendwelche Probleme freimütig zu diskutieren. Wie sollten sie auch als Militärs und Nichtfachmänner? Sie stellen nur immer wieder fest, daß die Deutschen ihre Ankündigungen nicht wahr machen, daß sie sehr langwierig und umständlich verfahren, daß sie gegebene Anordnungen nicht durchsetzen, daß sie wesentlichen Problemen nicht auf den Leib rücken, daß sie die ihnen gegebenen Vollmachten nicht ausfüllen – und daß es häufig eines drastischen Druckes der Militärregierungen bedarf, um eingetretene Mißstände zu beseitigen. Mich muten solche Verhandlungen stets peinlich an, weil sie keineswegs zur Steigerung des deutschen Ansehens beitragen. Wenn dann die Deutschen noch untereinander uneinig sind, wird der Eindruck noch schlechter.

Es sind allerdings auch wenig imponierende Gestalten unter den deutschen

Spitzen zu sehen. Dr. Pünder ist von vornherein als ein eitler und schwacher Mann in Erscheinung getreten. Dr. Erhard in der Verwaltung für Wirtschaft hat keinen Kredit nach seinem Versagen in München als Wirtschaftsminister.[44] Dr. Frohne ist nazibelastet in den Augen der Militärregierung und wenig tatkräftig. Dr. Schubert ist wegen seiner Beamtenpolitik verdächtig. Dr. Hartmann tritt wenig hervor und tut wenig. Dr. Schlange-Schöningen ist bei den Deutschen umstritten, weiß sich aber jeweils gut zu stellen, da er ein erfahrener Parlamentarier ist. Dr. Köhler wirkt mit seiner theatralischen Haltung und großen Eitelkeit lächerlich. So kommt es, daß der Länderrat mit seinen Ministerpräsidenten noch verhältnismäßig den besten Eindruck macht. Die Spannung SPD – CDU ist auch hier wirksam, unheilvoll wirksam. Ich kann verstehen, wenn die Militärregierungen im Zweifel sind, ob sie den Deutschen jetzt schon größere Vollmachten geben sollen.

15. Mai 1948

Das Ereignis der Woche war die Konferenz mit Clay und Robertson[45]; sie gestaltete sich erneut zu einer für die Deutschen blamablen Angelegenheit. General Clay kann allerdings auch zynisch und hämisch sein, freilich machen es ihm die Deutschen stets sehr leicht. Da hielt z. B. Dr. Köhler einen umständlich breiten, mit detaillierten Zahlenangaben versehenen Vortrag über die Notwendigkeit der Bekämpfung des Schwarzwildes mit Schußwaffen. Clay stellte, nachdem Dr. Köhler in seiner geschwollenen Art geendet hatte, die Gegenfrage: „Welches ist denn nun der Unterschied zwischen der Wirklichkeit und Ihren Zahlen?" Köhler erwiderte, daß er sich auf einen Bericht der Verwaltung für Ernährung stütze. „Ja", entgegnete Clay, „das habe ich mir gedacht; aber die Verwaltung stützt sich doch auf die Angaben der Bauern. Es wäre interessant, wenn die Bauern mit derselben Gründlichkeit errechnen würden, wie sich der Unterschied zwischen Ernte und Ablieferung erklärt. Von Herrn Dr. Köhler habe ich auf meine Frage keine Antwort erwartet". Clay sicherte dann eine erneute Prüfung dieser Frage zu und bemerkte abschließend: „Wir wollen aber soviel Schwarzwild übrig lassen, daß die Bauern auch in Zukunft damit operieren können".

Ähnliche Abfuhren gab es wegen des Vorschlages zur Änderung des Statuts der Länderbank [Bank deutscher Länder] und bei Erörterung der Kohlenlage.

Anschließend hatten die Ministerpräsidenten eine kleine vertrauliche Besprechung mit Clay und Robertson wegen der zu erwartenden politischen Entwicklung in Westdeutschland. Die Sache wird in zwei bis drei Wochen offen zur Erörterung stehen. Clay meinte, er und Robertson hätten sich durch das Eintreten für Deutschland hinreichend unbeliebt gemacht. Man müsse bedenken, wie die Verhandlungslage noch vor 1–1½ Jahren gewesen sei. Die Ministerpräsidenten würden wohl in die Lage kommen, in gleicher Weise ihre Popularität dranzusetzen, da sie die ersten Maßnahmen zur Errichtung einer begrenzt verfassungsmäßigen Regierung durchzusetzen hätten.

Herr Hilpert hat an Kopf einen Brief geschrieben, er solle bei Abschluß meines Anstellungsvertrages die Beschränkung meiner Zuständigkeit nach § 31 Abs. 3 der Geschäftsordnung des Länderrates[46] ausdrücklich aufnehmen – was mag er wohl im Schilde führen? Der CSU-Mann, Oberregierungsrat von Elmenau, bajuvarisiert die Direktorialkanzlei um Dr. Pünder. Bewerber, die nicht von der CDU-Leitung kommen oder aus dem Bekanntenkreise v. Elmenaus stammen, haben keinerlei Aussichten.

Unser guter [unleserlich] ist suspekt, obgleich er geschworen hat, nicht Mitglied der SPD zu sein. Dem tüchtigen Rolf muß ein zuverlässiger Mann vorgesetzt werden. Es schüttelt einen, wenn man das sieht und erlebt bei soviel Unzulänglichkeit.

Dr. Pünder selbst erscheint völlig unzuverlässig, redet er doch jedem nach dem Munde ohne Rücksicht auf die Wahrheit und bei peinlichem Bedacht auf „seinen guten Namen", wobei die Kenner nur lächeln können. Lord Pakenham gegenüber hat er die Sozialisierung des Ruhrgebietes abgelehnt und behauptet, die SPD wolle keine Zusammenarbeit mit der CDU, weshalb sie sogar ihn selber mit lügnerischen Behauptungen angreife (er meinte wegen des ERP-Vorschlages). Dazu muß man nur einmal erlebt haben, wie liebedienerisch Dr. Pünder mit sozialdemokratischen Politikern umgeht.

Die große Trennungslinie geht hier wie überall durch das Gewissen. Entweder haben die Politiker das Bedürfnis nach Moral und Sauberkeit (dann kann ich mit ihnen verhandeln und arbeiten), oder sie haben es nicht! O, wieviele nehmen Unmoral als Schläue oder politische Begabung!

23. Mai 1948

Die Währungsreform hebt sich immer dunkler am Horizont ab wie eine schwarze, aufsteigende Gewitterwand. Die Schlauen haben sich hinter Sachwerten gesichert, die Fleißigen hoffen auf gerechte Entlohnung, auch wenn sie noch die letzten Vermögensreste verlieren sollten. Die Armen und Arbeitsunfähigen können ohne Gruseln gar nicht daran denken, daß sie radikal vor dem Nichts stehen sollen. Die deutschen Sachverständigen flattern umher, wie aufgescheuchte Nachteulen, weil ihre Währungsträume (sprich: Vorschläge) abgelehnt sind. Sie wollen für das, was kommt, nicht verantwortlich sein. Einer von ihnen, ein Sozialdemokrat, ist aus dem sagenhaften Camp ausgebrochen[47] und hat sich dem Parteivorstand als starker Währungskommissar angeboten. Im Finanzausschuß des Länderrates, der am Freitag von 9 bis 23 Uhr tagte, fiel die treffende Bemerkung, man könne jetzt erst ermessen, was Erfüllungspolitik heiße und was Politiker wie Erzberger, Wirth, Stresemann geleistet und (unter dem Parteigegnern) gelitten hätten.

Kurt Jahn machte gestern abend bei einer Debatte über Tagesfragen einen Radikalvorschlag zum sogenannten Kriegsschadenausgleich. Man solle alle Ansprüche streichen und nur gewisse soziale Forderungen erfüllen. Jeder Versuch einer gerechten Lösung wäre sachlich zum Scheitern verurteilt und gefährde die neue Währung. Alle müßten von vorn anfangen und würden dadurch zu höchster Leistung angespannt. Die Geschädigten hätten dann die Genugtuung, nicht allein verarmt zu sein, die Belasteten hätten die Chance, ihre Vermögenswerte wieder zu erlangen. So wäre den Schiebern am besten beizukommen. Ich brachte diesen Vorschlag heute in einem Kreise von Sozialdemokraten (Fachleuten) vor und fand dabei großen Anklang.

29. Mai 1948
Die Währungsreform zeichnet sich nun deutlich am politischen Horizont ab. Es gibt viel Gerede darüber. Man ist im voraus unzufrieden. Die Deutschen werden am Rande angehört und sind z. T. empört darüber, daß ein junger amerikanischer Student namens Tenenbaum (angeblich 28 Jahre alt) ziemlich forsch und streng mit den deutschen Sachverständigen umgeht.[48] Am meisten sind die Gemüter darüber aufgeregt, daß die Geldreform brutal-monetär durchgeführt wird und kein Wort über den Kriegsschadensausgleich verlautet. Das sollen die Deutschen selbst machen. Aber wie und mit welchen Mitteln und für welchen Bereich, da die französische Zone noch eine Weile abseits stehen wird? Es fehlt ja auch jede Führung in der Bizone, wie die letzte Tagung des Wirtschaftsrates bei Behandlung des Preisproblems zeigte. Dazu kommt die Geheimniskrämerei mit der Währungsreform, die jede offene Aussprache unmöglich macht. Ich muß schon sagen, daß auf diese Tour Politik nicht zu machen ist. Vielleicht hat Schumacher mit seiner Oppositionspolitik am Ende doch recht, dann nämlich, wenn wir bald ein Besatzungsstatut erhalten. Es ist nur nicht sehr wahrscheinlich bei dem Verhalten der Franzosen. Da las ich heute im Auslandspresse-Spiegel der bayerischen Staatskanzlei vom 26. V. 48 den Auszug aus einem Artikel Léon Blums im „Populaire" vom 6. V. 48:

„Auch Frankreich sollte sich einer kleinen Gewissensprüfung unterziehen! Ist es nicht gerade Frankreich, das, um Gebietsabtrennung vom Westen zu erzwingen, monatelang jedes Vorgehen des Kontrollrates in Berlin gelähmt hat? Hat nicht gerade Frankreich die Schaffung einer Zentralverwaltung, die sich über alle vier Zonen erstreckt hätte und die von Washington aus vor mehr als zwei Jahren vorgeschlagen und schließlich von Moskau angenommen wurde, Widerstand entgegengesetzt? Angesichts der gegenwärtigen Lage scheint es mir schwer, die Trennung als eine endgültige und unwiderrufliche Tatsache hinzunehmen, sie aufrecht zu erhalten und daraus ein für allemal die Konsequenzen zu ziehen."

Diese Worte des alten Sozialistenführers sind mir aus der Seele gesprochen, denn sie entsprechen ganz meiner Empfindung, daß in Frankreich die kleinliche Politik des Spießbürgers gemacht wird, der sich von nationalistischen und merkantilen Augenblicksregungen leiten läßt. Es ist dieselbe Erfahrung wie nach 1918, als die Franzosen in der Attitude einer gewissen Überheblichkeit – vielleicht aus Angstgefühlen heraus – sich als grande nation aufspielten und dabei in Deutschland psychologisch genau das Gegenteil von dem erreichten, was ihnen gefrommt hätte. So kommt es diesmal genau wieder, wenn sich die Amerikaner nicht durchsetzen.

Eben las ich die letzte Nummer der New York Herald Tribune und die Berichte über die Londoner Konferenz.[49] Der Widerstand der Franzosen spielt die entscheidende Rolle. Sie wollen die Länderregierungen mit der Einsetzung der Constituante beauftragen und Rheinland und Westfalen aufteilen. Merkwürdig nur, daß die Politik der CDU, der Adenauer, Hilpert, Ehard, Müller usw. damit so haargenau übereinstimmt. Es lief mir eine Gänsehaut über den Rücken, als ich das las. Dr. Heinrich Köhler, der alte Fuchs aus Karlsruhe, kam neulich in eine peinliche Lage, als er gefragt wurde, ob er denn ebenfalls die Erzbergerische Steuerreform[50] für falsch und schädlich halte, an der er doch tätig mitgewirkt habe? Antwort: „Ich hielt sie für gut und bin auch heute noch dieser Ansicht. Wenn ich mich jedoch jetzt für die Steuerverwaltung durch die Länder einsetze, so tue ich das deshalb, weil ich weiß, daß die Franzosen eine einheitliche Steuerverwaltung nicht zulassen würden." So – und das ist nun der Schwanengesang eines bekannten Zentrumpolitikers. Ich bin davon überzeugt, daß die Entwicklung darüber hinwegschreiten wird. Gestern fand die Ministerpräsidentenkonferenz auf trizonaler Basis statt.[51] Die Währungsreform hatte sie veranlaßt. Leider war die Regierung von Freiburg/Südbaden nicht vertreten. Ich nehme an, daß nur CDU-Minister und ihre Berater erschienen waren. Sie führten eine erfreulich deutliche Sprache; ich war besonders davon beeindruckt, wie sehr sie nach der Trizone streben und eine Bundesregierung wünschen. Sie haben die französische Politik drei Jahre lang zur Genüge erfahren. Der Lastenausgleich ist nach ihrer Meinung nur trizonal zu machen, sonst bricht die französische Zone ab. So wird die deutsche Masse der Nicht-Sachsbesitzer vor eine große Entscheidung gestellt werden. Hoffentlich ist die SPD bereit und stark genug, diesen Wahlkampf zu führen und die maßgebende Aufklärung zu schaffen. Es geht um Deutschlands Zukunft!

11. Juni 1948

Das Kommunique über die Londoner Konferenz[52] hat in Deutschland wegen der Internationalisierung des Ruhrgebietes und wegen der föderalistischen Art der Deutschlandpolitik im Sinne der Franzosen eine große Enttäuschung bereitet. Gerade die SPD hatte als selbstverständlich angenommen, daß die verfassunggebende Versammlung eine deutsche Nationalversammlung sein werde, hervorgegangen aus allgemeinen Wahlen. Statt dessen haben sich die Alliierten, wohl unter französischem Druck, dahin geeinigt, daß die Länder die verfassunggebende Versammlung bilden sollen. Es kommt alles darauf an, wie sich die Ministerpräsidenten und die Länderparlamente, also schließlich die Parteien, verhalten. Werden sie sich zu einer gemeinsamen Aktion verständigen oder werden sie sich separatistisch einstellen? Den Bayern traue ich eine separatistische Haltung zu, denn sie rühmen sich, mit den Franzosen in enger Fühlung zu sein. Hier wird sich Grundlegendes entscheiden. Dahrendorf meint heute, daß die sozialdemokratischen Ministerpräsidenten schlechthin ablehnen sollten, aufgrund der Londoner Beschlüsse tätig zu werden. So kann es doch nicht gehen, denn wir müssen doch alle uns gegebenen Chancen ausnutzen.

Die Deutschen können nur stark werden, wenn sie einig sind, sie müßten doch wenigstens in der Frage der deutschen Einheit einig sein. Ich bin gespannt, was da in der nächsten Woche herauskommt, wenn die Ministerpräsidenten sich mit den Militärgouverneuren treffen. Es geht um lebenswichtige Dinge des deutschen Volkes.

Wie sehr im Auslande die Meinungen divergieren und was sich insbesondere die Franzosen vorstellen, erfuhr ich vorgestern, als Ministerialdirektor Brecht und ein Prof. Kopelmanas aus Paris beim Länderrat waren, um die deutsche Meinung zu erforschen. Kopelmanas trug vor, West-Deutschland solle 3 Staaten bilden, die sich als Interimslösung zusammenschließen sollten in einem Bund (Union), der nur diejenigen Zuständigkeiten haben sollte, die später auf die europäische Union übergehen würden, so daß die deutsche Union mit der Begründung der europäischen Union hinfällig würde; dann könnten die deutschen Staaten Glieder der europäischen Union werden. Ich habe scharf dagegen eingewandt, daß es politisch nicht möglich wäre, den Deutschen keine provisorische Verfassung anzubieten. Es wurde weiter darauf hingewiesen, daß Föderalismus nicht Schwächung Deutschlands bedeuten dürfe; der Sicherheitsgedanke Frankreichs dürfe nicht in die Forderung auf Zerschlagung Deutschlands münden.

Nach meiner schon lange vorgetragenen Meinung werden die Franzosen das ganze Konzept verderben. Sie werden in Deutschland den Nationalismus züchten, weil sie die deutsche Einheit und den Wiederaufbau zu verhindern bestrebt sein werden, und sie werden die europäische Union hintanstellen, weil sie nicht für die „grande nation" die Führerrolle erreichen können. De Gaulle ist ein Nationalist – kein Demokrat, noch weniger ein Europäer, wenn ich mich nicht irre. Die Franzosen werden wohl niemals verstehen, daß man ein besiegtes Volk versöhnen muß, wenn man es überwinden will. Die Engländer haben es mit den Buren getan und die Preußen unter Bismarck mit den Österreichern. Die „revanche pour Sadowa" war eine französische, nicht eine österreichische Propaganda-Forderung.

Die Währungsreform wird streng liberalistisch-kapitalistisch gemacht. Der Wirtschaftsrat will dagegen protestieren.[53] Er sollte es sich vielmehr angelegen sein lassen, auf diese Währungsreform eine gleiche Erfassung der Sachwerte zu setzen und das Signal zu einem neuen Start zu geben. Wenn die Demokratie jetzt nicht eine Tat vollbringt, wird sie verspielt haben für lange Zeit. Ich bin gespannt, ob die SPD mit meinen Vorschlägen etwas anzufangen versteht.

Wenn die SPD jetzt nicht in die Verantwortung geht, versündigt sie sich am deutschen Volke, denn nun beginnt die Zeit, da es nicht mehr möglich sein wird, die Zustände ganz auf das Konto von Hitler zu buchen. Die Jugend braucht Auftrieb und Zukunftschancen. Für die Sachwertbesitzer kann es nur das Leistungsprinzip geben, wir müssen in die Zukunft schauen, nicht auf das Vergangene.

19. Juni 1948

Die Währungsreform ist da.[54] Endlich, denn die Wirtschaft kam zum Stillstand aus Angst, mehr zu verdienen, als unbedingt erforderlich wäre. Die Kaufleute drückten sich um die Warenabgabe, die Geldbesitzer kauften, was irgendwie erreichbar. Nun kommt eine Zeit echter Geldnot, hoffentlich auch zugleich die Einsicht in die Notwendigkeit, zu arbeiten und zu sparen.

Ganz unerfreulich ist der asoziale Charakter der Geldreform. Man hätte einen besseren Start gehabt, wenn die Kopfquote – etwa mit 30 oder 40 DM – ohne Anrechnung ausgezahlt wäre. Das Umtauschverhältnis 1:10 bringt die kleinen Leute um ihre Spargroschen. Auf der anderen Seite besteht die Möglichkeit für ein günstigeres Umtauschverhältnis bei der Arbeiter-Kopfquote der Arbeitgeber, welche sich gerade bei Warenhamsterern als eine Prämie auf die Warenhortung auswirken kann. Dazu kommen die Abwertungsgewinne, welche die Schuldner, insbesondere die Sachwertbesitzer, machen, so daß die Frage der Erfassung der Sachwerte ganz brennend wird. Sie dürfte die politische Kardinalfrage der nächsten Zukunft werden. Ich habe einen radikalen Vorschlag gemacht, der den sozialdemokratischen Partei-Vorstand heute beschäftigen dürfte.[54a] Hoffentlich hat man die Courage, den Kriegssachgeschädigten grundsätzlich nichts zu geben – außer einer Vorzugsrente und einer kleinen Hausratentschädigung, und dafür im Interesse der sozialen Gerechtigkeit das Reinvermögen der Sachwertbesitzer mit 80 % zu erfassen; das wäre ein Start zu neuem Tun. Wir wollen sehen, wozu die deutschen Politiker reif und entschlossen sind.

Die Konferenzen mit den Generälen Clay und Robertson in der vergangenen Woche ergaben kein erfreuliches Bild.[55] Zunächst wehrte Clay scharf die Anschuldigungen und Zumutungen von Wirtschaftsrat und Verwaltung für Wirtschaft ab; Dr. Köhler hatte mit der Androhung einer Ablehnung deutscher Verantwortung die Herausgabe der deutschen Vorschläge zur Steuerreform ohne Änderung gefordert, was Clay als ein Ultimatum bezeichnete und ablehnte.[56] Dr. Erhard hatte betont, daß kein deutscher Exportkaufmann mehr daran glaube, daß den Alliierten an einer Stärkung des deutschen Exports gelegen wäre, worauf Clay jede weitere Diskussion ablehnte, während Robertson darauf aufmerksam machte, es wäre nicht Pflicht des Direktors der Verwaltung für Wirtschaft, solche Ansichten bei den Militärgouverneuren vorzutragen, vielmehr bei den Urhebern zu bekämpfen unter Hinweis auf die Tatsachen.[57]

Sehr deutlich wurde den Herren vom Wirtschaftsrat klar gemacht, daß der Länderrat in allen Fragen mitzuwirken habe; man lehnte die Erörterung der Vorschläge des Wirtschaftsrates ab, solange ein Votum des Länderrats nicht vorläge. Hier hat sich eine Wandlung vollzogen, die gewiß auf französischen Einfluß zurückgehen dürfte. General Robertson zeigte sich in seinem diplomatischen Geschick und persönlichen Charme, als er allein mit wenigen deutschen Experten am Mittwoch über die Endfragen der Steuerreform verhandelte.[58] Die Offenheit seiner Fragestellung, das verständnisvolle Eingehen auf die deutschen

Ansichten und Vorschläge und die legere Art seines Auftretens – mit hochgekrempelten Hemdsärmeln – gewannen ihm die Herzen aller. Auf dem Rückwege meinte Dr. Hilpert: „England ist noch lange nicht am Ende seiner Kraft angelangt. Der Seniorchef spricht schließlich das entscheidende Wort!"

27. Juni 1948
Die bizonale Konferenz der Ministerpräsidenten mit den 3 Militärgouverneuren ist zum 30. 6. verschoben worden.

So brachte die letzte Woche uns eine ebenso langwierige wie aufregende Konferenz der Finanzminister über Fragen der Währungs- und Steuerreform.

Bisher ist es mit der Geldumstellung glatt gegangen. Die Leute bekamen Geld in die Hand, konnten einiges kaufen und haben mit Begeisterung, d. h. z. T. ohne Sinn und Verstand, eingekauft. Die Eisenbahnen sind leer, die Schwarzhändler sind z. T. verschwunden, die Bauern bringen Obst und Gemüse auf den Markt, die Kaufleute beginnen, wieder höflich zu werden. Es ist ein Wunder geschehen, alles ist in Erwartung dessen, was noch kommen mag.

Einen tiefen Schatten werfen die Ereignisse in Berlin[59] auf die deutsche politische Lage. Sie zeigen, daß die Russen in ihrem brutalen Imperialismus keine Scham und Schranke kennen; wenn sie nicht doch Angst vor einem Kriege mit den USA hätten, säßen sie gewiß schon am Rhein, um „den deutschen Militarismus mit Stumpf und Stiel auszurotten." Das Übelste an diesen Erfahrungen ist, daß es immer zahlreiche deutsche „Politiker" gibt, die liebedienerisch bereit sind, ihr eigenes Volk zu knebeln, zu verraten und zu verkaufen. Wir müssen es täglich sehen, daß die Barbaren nicht nur von außen – aus der Fremde – kommen, wie wir es aus der Geschichte des Abendlandes wissen, sondern auch von unten her im eigenen Staat und Volk, wie die tägliche Praxis des Ostens beweist. Insofern widerlegt der Marxismus-Leninismus-Stalinismus seine eigene materialistische Geschichtsauffassung durch seine eigene Praxis. Man möchte heute geneigt sein zu behaupten: Alle große Geschichte ist der Kampf der Kulturen gegeneinander.

Ich werbe im Stillen für einen radikalen sozialen Lastenausgleich und bin gespannt, was der Parteivorstand darüber in den nächsten Tagen in Hamburg beschließen wird. Leider bin ich verhindert, an den Verhandlungen teilzunehmen, weil am Mittwoch die Konferenz der Min.-Präsidenten stattfindet.

4. Juli 1948
Die trizonale Konferenz der Min.-Präsidenten ist mit den drei Militärgouverneuren erst am Donnerstag zustande gekommen.[60] In höchst unwürdiger Weise hatten die drei Militärgouverneure einladen lassen: viel zu spät, ohne Angabe von Stunde und Raum und durch die Ländergouverneure. Es war deshalb auch drei Tage lang ein ständiges Fragen, Telephonieren, Bestellen und Umbestellen. Lediglich Bürgermeister Brauer hatte sich nicht aus der Ruhe bringen lassen und war, wie verabredet, am Donnerstag früh erst eingetroffen.

Die Verhandlung wickelte sich höchst formell ab, indem jeder der Militärgouverneure ein Dokument vorlas über Verfassungsfragen bzw. Ländergrenzen bzw. Besatzungsstatut.[61] Die Deutschen erklärten durch Min.-Präsident Maier, daß sie heute noch keine Stellung bezögen, auch nicht Fragen allgemeiner Art stellen würden. Untereinander kamen die Min.-Präsidenten nur zu dem Ergebnis, am Dienstag, 8. Juli, erneut zusammenzutreten und zwar in Koblenz.

General Koenig machte auf mich keinen durchaus sympathischen Eindruck, weder rein menschlich noch nach seiner Geistesstärke. (Man erzählte später, daß er sich in der Zeit als französischer Militärgouverneur in Deutschland außerordentlich bereichert habe.) Er wirkt eitel, geistig eng und kalt.

Erschüttert war ich von dem Anblick der drei Min.-Präsidenten der französischen Zone: Wohleb, Altmeier und Bock. Daß diese Herren den französischen Militärs nicht entgegentreten oder (besser gesagt) nicht imponieren können, sieht man auf den ersten Blick – nicht weil sie klein sind, vielmehr kommen Haltung, Kleidung und Gesichtsausdruck zusammen. Ihre Begleiter [unleserlich] und Karl [Carlo] Schmid waren sehr in Nöten, den gleichen Eindruck hatten Dr. Spiecker [?] und Dr. Kaub [?], auch andere Herren.

Gestern hatte ich ein Gespräch mit Ollenhauer, Kriedemann und Nau über die zu ergreifenden Maßnahmen. Wir haben uns schnell verständigt, nur bin ich der Meinung, daß bis November die neuen Wahlen aufgrund der Verfassung nicht zustande kommen werden, auch wenn es ausgesprochenermaßen eine „provisorische Verfassung" wird. Es ist mir auch zweifelhaft, ob die SPD ein Interesse daran haben kann, mitten in der Umstellungskrise allgemeine Wahlen durchzuführen. Sie will jetzt anscheinend bald in die Regierung gehen.

Mein Vorschlag zum Lastenausgleich ist vom Parteivorstand gebilligt. Er will durchaus mit einem eigenen, in die Zukunft weisenden Programm für den Lastenausgleich auftreten. In Kürze werden deswegen noch nähere Beratungen abgehalten werden.[62]

10. Juli 1948

Die Konferenz der Min.-Präsidenten in Koblenz[63] ist das deutsche politische Ereignis der Woche. Ich bekam davon persönlich insofern etwas mit, als ich an der Vorbesprechung der Sozialdemokraten im Hotel Jagdschloß Niederwald bei Rüdesheim teilnahm.[64] Dort ging es gemäßigt zu. Ollenhauer leitete die Konferenz sachlich und zielbewußt. Carlo Schmid stieß auf heftige Ablehnung bei Brauer, als er seinen negativen Standpunkt der Unannehmbarkeit des Dokuments 3 wegen des Besatzungsstatuts vortrug. Allgemeine Erkenntnis war der Fortschritt, der in jedem Fall in der Durchführung der Londoner Beschlüsse liegt, besonders gegenüber den Franzosen.

Kaisen vertrat den realistischen Standpunkt, daß eine Revisionsmöglichkeit des Besatzungsstatuts gefordert werden müsse. Er war es, der in Kassel Andreas Gayk auf dessen Bemerkung: Wir haben zwei Feinde – die CDU und die Besatzung – entgegenschleuderte: „Dann beschließt doch gleich, daß die Besatzung abziehen soll."

Brauer warnte davor, die französische Politik der Verzögerung zu unterstützen. Er verlas ein Schreiben seines Gouverneurs Berry, wonach es die größte Gefahr für Deutschland wäre, wenn die Londoner Beschlüsse von den Deutschen gesprengt würden. Brauer trat für direkte Wahlen ein: „Wir verkaufen das Erstgeburtsrecht der Wähler, wenn wir die verfassunggebende Versammlung durch die Landtage wählen lassen." In der Frage der Ländergrenzen empfahl er Zurückhaltung, weil sie die Deutschen zerreißen würde.

Man einigte sich auf die Forderung, die Trizone schnellstens einzurichten ohne eine symbolische Beteiligung von Ostdeutschland und bei der Möglichkeit der Einbeziehung von Gesamtberlin. Jedenfalls indirekte Wahlen, damit schnell gehandelt werden kann und dann allgemeine Wahlen zur gesetzgebenden Körperschaft stattfinden können.

In den Nachtstunden zogen dann alle Ministerpräsidenten ihre Landkarten mit den geänderten Ländergrenzen heraus – sie hatten schon im geheimen ihre imperialistischen Gedanken gepflegt.

Erschütternd war der Appell von Louise Schröder, die übrigens sehr gealtert erscheint, für einen Kredit von 100 Millionen DM zugunsten Berlins. Die Lage wäre sehr ernst: 400000 Arbeitslose müßten wegen Strommangels feiern und unterstützt werden. Die Ostmark beherrsche beinahe vollkommen die Westsektoren, wenn nicht neues Geld käme. Die Menschen setzten ihre ganze Hoffnung auf die Besatzung und auf die Berliner Genossen, daß sie vor den Russen bewahrt würden. Immer wieder drängten sich die Frauen an sie heran, um einen Händedruck zu erreichen als Trost und Kräftigung. Man müsse Berlin in den Stand setzen, noch 4 bis 6 Wochen auszuhalten, bis die Entscheidung im diplomatischen Felde getroffen wäre.

Die Nachrichten aus Koblenz werden von den Alliierten mit Besorgnis aufgenommen, wie ich da und dort hörte, weil das Negative von den Deutschen gar zu sehr herausgestellt würde. Es sind die Geburtswehen eines neuen Organismus. Ich hoffe, daß der russische Druck die Deutschen zu einmütiger Auffassung zusammenschließt.

Die Diskussion um meinen Vorschlag zum Lastenausgleich geht weiter; er setzt sich immer mehr in unseren Reihen durch, weil man sich den realistischen Einsichten und Forderungen nicht verschließen kann. Ich hatte eine sehr förderliche Diskussion in dem soz. ökonomischen Arbeitskreis gegen Dr. Lubowski und Dr. Siebrecht. Diese kamen schließlich zur Ablehnung mit dem einen Grund: Es würde in der Hand des Staates eine ungeheure Vermögensmasse von 20 bis 30 Milliarden Mark konzentriert, was praktisch den Tod der bürgerlichen Wirtschaftsform bedeutet und an bolschewistische Methoden heranreiche. Hier zeigt sich im Letzten der gegensätzliche Standpunkt der Sozialisten und Kapitalisten. Ich meine: die Zeit marschiert mit uns. Es war bezeichnend, daß man mir keine Gegenvorschläge machen konnte. Die klare, realistische Grundlage meines Vorschlages wurde allgemein anerkannt.

11. Juli 1948

Edgar Reichel „Der Sozialismus der Fabier" (Verlag Lambert Schneider, Heidelberg). [. . .]⁶⁵

Am Donnerstag legte ich den elf Finanzministern den Antrag von Frau Louise Schröder wegen eines Kredites von 100 Millionen DM an Berlin wegen Zahlung von Arbeitslosenunterstützung und Vergrößerung des DM-Umlaufes vor. Hilpert hatte die Vorlage an den Schluß gestellt; es war gegen 6 Uhr nachmittags. Als Hilpert die Sache zur Sprache brachte, standen die Finanzminister Kraus-Bayern¹ und Köhler-Stuttgart auf; sie hätten keine Zeit mehr, länger zu bleiben. Sie hätten auch kein Geld und wollten sich die Angelegenheit bis zur nächsten Sitzung überlegen. Mein Hinweis auf die große Dringlichkeit und den Wunsch der sozialdemokratischen Ministerpräsidenten machten keinen Eindruck. Ich erhielt keinerlei Unterstützung, weder von Dudeck noch von Schenck. Es war ein trauriger Fall.

Ganz typisch für mich: die süddeutschen Länderbevollmächtigten sind entrüstet, wenn der Generalsekretär sich um die Auslegung der drei Dokumente bei BICO bekümmert, so daß er in aller Form revozieren muß – die süddeutschen Finanzminister lehnen es ab, sich über den Kampf um Berlin zu unterhalten und sofort die beantragte Hilfe zu gewähren. „Der eine fragt: Was kommt danach? der andere: ‚Was ist Recht?' und also unterscheidet sich der Freie von dem Knecht."

18. Juli 1948

Die Konferenz der Ministerpräsidenten in Koblenz beherrschte in der vergangenen Woche alle Gespräche, zeitweise sogar mehr als die Blockade von Berlin. Unter Assistenz der Parteiführer Adenauer und Ollenhauer haben sich die elf Ministerpräsidenten darauf geeinigt:
a) Keine Verfassung für einen westdeutschen Staat, sondern ein Organisations- oder Verwaltungsstatut zu machen.
b) Die Ländergrenzen so wenig als möglich zu ändern.
c) Ihre Wünsche zu einem Besatzungsstatut anzumelden.⁶⁶

Carlo Schmid hat offenbar einen großen Einfluß auf das Ergebnis gehabt, weil er am besten vorbereitet war. Die Sozialdemokraten wollten keine direkten Wahlen zu der sogenannten verfassunggebenden Versammlung, dafür aber so schnell als möglich Abschluß dieses Zwischenstadiums und allgemeine Wahlen nach einem neuen Wahlgesetz für die Trizone. Dann will man offenbar tatkräftig in die Verantwortung gehen. Die CDU hatte alle Veranlassung, ohne direkte Wahlen diese verfassunggebende Versammlung zu besetzen, dann bekam sie dort einen Einfluß, der ihr nach der jetzigen Situation nicht zukommt. Man kündigte Wahlen für November an, ich habe schon Ollenhauer gesagt, es würde Februar werden.

Clay war durch die deutschen Vorschläge beleidigt: man hätte die Entscheidung in die Hände der Franzosen gelegt, hätte die Geschäfte der Russen gemacht, weil doch der Weststaat gegen die russische Politik notwendig wäre, und hätte wiederum keinen Mut bewiesen.[67] Clay schickte seine Mitarbeiter Prof. Friedrich, Litchfield, Dr. Simons zu den Ministerpräsidenten und auch zum Parteivorstand nach Hannover, um Vorwürfe zu machen und gut zuzureden. Auch Anthony Eden reiste herum und sprach persönlich mit allen Prominenten.

Brauer faßte seine Antwort an Clay wie folgt zusammen: die Tatsache, daß sich die elf Min.-Präsidenten geeinigt haben, möge Ihnen zeigen, wie das deutsche Volk denkt, denn wir haben Ihnen die Meinung des deutschen Volkes vorgetragen. Wir halten an dem Gedanken der deutschen Einheit fest und wollen nicht ausschließlich amerikanische Politik machen. Wenn Sie jetzt sagen, wir hätten die [anglo-amerikanische] Politik für Deutschland durchkreuzt und die französische Abwehrstellung gestärkt, dann dürften Sie nicht mit uns verhandeln oder müßten uns darüber vorher verständigen. Wenn man die deutschen Min.-Präsidenten zu Gegenvorschlägen auffordert, dann muß man bereit sein, über solche Gegenvorschläge zu verhandeln. Sonst hätte man befehlen sollen oder sagen müssen, inwieweit die Empfehlungen der Londoner Beschlüsse ultimativ sind.[68]

Die für Donnerstag, den 15. VII. angesetzte Konferenz mit den elf Ministerpräsidenten fiel aus; Koenig hatte schon vorher wegen seiner Frau [?] absagen lassen. Zunächst wollen sich die drei Militärgouverneure untereinander verständigen. Es wird wohl doch zu der provisorischen Verfassung kommen.

Der Lastenausgleich zieht weiter Blasen. Es herrscht allerdings völlige Verwirrung. Kriedemann bemüht sich, die Sozialdemokraten etwa auf meine Linie zu bringen. Er kämpfte zwei Tage lang in Bad Vilbel[69] mit allen möglichen Vertretern und Funktionären. Dabei kamen die unmöglichsten Gesichtspunkte zum Vortrag; die große Linie sahen nur einige. Immer wieder brachte irgendein praktischer oder theoretischer Einwand zu einer Detailfrage die Sinne durcheinander. Einige eitle Wissenschaftler um Gerhard Weisser und Prof. Preller kamen mit betriebswirtschaftlichen und soziologischen Problemen, die die [unleserlich] waren. Der Vertreter der Gewerkschaften Dr. Wolkersdorf hatte die größten Bedenken wegen Gefährdung der Rentabilität der belasteten Betriebe. [unleserlich]

In Einzelgesprächen habe ich immer wieder festgestellt, daß mein Vorschlag im Großen gebilligt wird und daß über Detailfragen sehr schnell Einigung zu erzielen ist. Ich habe alles gegen eine Bekanntgabe meines Vorschlages in der Presse getan. Nachdem Suchan gegenüber Dr. Bley nicht zurückhaltend genug war und dieser, ohne mich zu fragen, zwei nur halb richtige Artikel in die Welt gebracht hatte, werde ich jetzt allenthalben angefragt und um Material gebeten. So ergibt sich ein gewisser Konflikt mit dem Propagandainteresse der SPD.

Gestern war „Cosi fan tutte" im Darmstädter Theater: ein wahrer Genuß, zwei bis drei Stunden von Mozart heiter und geistvoll unterhalten zu werden.

25. Juli 1948

Die Min.-Präsidenten waren erneut versammelt[70] und haben sich geeinigt, nachdem eine Aussprache mit den drei Generälen stattgefunden hatte[71] und diese mitgeteilt hatten, was von den Empfehlungen unabänderlich sei. Ich glaube, daß die Rundfunkansprache[72] und die spätere ausführliche Unterredung Max Brauers mit Clay zu dem versöhnlichen Ton gerade dieses empfindlichen Mannes beigetragen hatten. Brauer hatte auseinandergesetzt, daß die Deutschen sich nicht ganz diplomatisch ausgedrückt hätten bei ihren Gegenvorschlägen, da ja die Ministerpräsidenten gar nicht Diplomaten sind, und daß ihre Einstimmigkeit doch beachtlich sei, weil sie die wahre Meinung des deutschen Volkes weitgehend treffen würde. Ferner hat Brauer wie vordem schon Kaisen scharf hervorgehoben, daß die Deutschen auf eine Verhandlung rechneten, da sie die drei Empfehlungen doch nicht als Ultimatum verstehen könnten. Die Sache läuft sich m. a. W. zurecht.

Der Lastenausgleich erfaßt immer weitere Kreise, mein Vorschlag hat zahlreiche Gemüter in Bewegung gesetzt. Die SPD hat inzwischen 10 Grundsätze zum Lastenausgleich bekannt gegeben[73], die z. T. völlig mit meinen 10 Thesen übereinstimmen. Ich werde allenthalben als Redner oder wegen Beiträgen zu Zeitungen aufgefordert, halte mich aber auf Wunsch von Kriedemann mehr zurück.

Dr. Hagen, bisher Vizepräsident des Oberlandesgerichts in Gera, ist nach dem Westen geflohen, weil er als CDU-Abgeordneter von den Russen scharf bedrängt wurde. Er erzählte mir einiges aus seiner politischen Tätigkeit, was denn doch anders aussieht als die Erfahrungen, die ich noch gemacht habe.

Die Vorstände der Kreisgruppen, Ortsgruppen usw. der CDU werden von den Russen vorgeschlagen und müssen einstimmig angenommen werden. An den betreffenden Sitzungen oder Versammlungen nehmen russische Offiziere teil und erklären erforderlichenfalls, daß jeder abweichende Vorschlag als eine feindselige Haltung gegenüber der Besatzungsmacht angesehen wird. Wo dann die Versammlungsteilnehmer, wie z. B. in Heiligenstadt, das Lokal verlassen, um sich nicht an der Wahl eines aufgezwungenen Vorstandes zu beteiligen, ernennt die Besatzungsbehörde den Vorstand kommissarisch. In dieser Weise wurde auch Dr. Alfons Leitner (?) gedrängt, Nachfolger von Kaiser[74] und Vorsitzender der Ost-CDU zu werden. Die Vorlage eines ärztlichen Attestes wegen Herzkrankheit hat ihm nichts genützt. So hat er denn die Flucht ergriffen, um nicht Diener der Besatzungsmacht zu werden.

Die Gründung der nationaldemokratischen Partei in Thüringen ging so vor sich, daß man den Chirurgen der städtischen Krankenhäuser in Erfurt zur Administration bestellte, er solle die neue Partei gründen. Als er ablehnte, besonders mit Hinweis auf seine schlechte Erfahrung mit der Politik – er hatte der SS angehört – und auf seine starke ärztliche Inanspruchnahme, wurde ihm mitgeteilt, daß in Sibirien ein Gefangenenlager der SS mit etwa 20 000 Insassen wäre, die eine ärztliche Versorgung brauchten, er solle ihnen aus seiner

Erfahrung und aus seinem Bekanntenkreise eine Liste von geeigneten Ärzten für die Lagerversorgung in einigen Tagen vorlegen. Ergebnis: er zog es vor, Gründer der Nationaldemokratischen Partei in Thüringen zu werden.[75] Willi Gebhard ist nach Dr. Hagen ein übler Patron, weil er die Leute ohne Recht und Rechtsmittel verhaften und sitzen läßt. Wenn es wahr sein sollte, daß Eggerath geflohen ist, käme Gebhard nach Wunsch der russischen Administration als Landespräsident in Betracht.

Josef Klein, früher Perserteppiche en gros in Berlin, war hier. Er macht jetzt in Amerika ganz groß in Möbelstoffen. Daß sich dieser flotte, gewandte, fleißige und gescheite Kaufmann durchsetzen würde, war mir klar. Er wußte sehr interessant über die politischen Verhältnisse und Ansichten in Amerika zu berichten.

2. August 1948

Die Min.-Präsidenten haben sich mit den Militärgouverneuren geeinigt[76]; es war ein Rückzug der Deutschen, der in dieser breiten Front nicht notwendig geworden wäre, wenn man sich früher intensiver um die außenpolitische Lage gekümmert und rechtzeitig nach der Meinung der Besatzungsmächte gefragt hätte. Offenbar fürchteten die Amerikaner um das Ergebnis ihrer langen Auseinandersetzungen mit den Franzosen, die heute nach der Versteifung der Lage in Berlin noch mehr nach dem Osten schauen, als dies vor zwei Monaten der Fall war. Die ganze Angelegenheit beweist, wie wenig selbständig die Deutschen sind und wie sehr sie eine Regierung brauchen, damit in solchen Fällen vorher wenigstens inoffiziell mit den Besatzungsmächten verhandelt werden kann.

Ich hatte jetzt zwei Tage lang Gelegenheit, bei Mr. Berley in Hilter an einer Diskussion über die deutsche Verfassung unter Leitung von Professor Gatteridge-Cambridge teilzunehmen (deutsche Teilnehmer: Steltzer, Kogon, Peters, Bergsträsser, Bourdin, Reisser).

Hier gab sich schnell die Möglichkeit einer Verständigung sowohl zwischen den Deutschen der verschiedenen Parteien als auch mit den Briten. Natürlich setzt eine jede Diskussion, die erfolgreich sein soll, ein hohes Niveau der Aussprache wie ein politisch sauberes Ziel voraus. Die Anerkennung der gegebenen Tatsachen ist jeweils nur möglich, wenn diese Tatsachen überhaupt bekannt und anerkannt sind. Ich habe immer die Feststellung machen müssen, daß meistens von ganz falschen Voraussetzungen ausgegangen wird, wenn sich Differenzen ergaben. Wo freilich verschiedene Ziele angesteuert werden, dort muß man sich über sie einigen; in solchen Fällen hängt die Fruchtbarkeit der Diskussion ab von der Entscheidung über das, was wichtig und was weniger wichtig ist.

Die Aussprache in Hilter zeigte mir, daß die Briten doch ein erheblich höheres Kulturniveau haben und den deutschen Verhältnissen viel näher stehen, als ich dies bisher an den Amerikanern – soweit sie nicht Emigranten aus Deutschland sind – gemerkt habe. Europa ist denn doch etwas anderes als Amerika. Es war wirklich wohltuend, sich in einem gepflegten Hause unter gebildeten Menschen mit anständiger Gesinnung zu bewegen. Ich wollte, daß ich das öfter erlebte.

7. August 1948

Stalin hat die Gesandten der drei Westmächte empfangen.[77] Es werden nur Vermutungen über das Gespräch geäußert. Ich meine jedoch: wenn es eine Einigung gibt, dann wird der Progermanismus in England und Amerika ein schnelles Ende finden und Deutschland die Zeche schwer bezahlen; wenn es am Ende einer Viererkonferenz keine Einigung gibt, dann wird Berlin von den Westmächten aufgegeben werden. Walter Lippmann kritisiert im New York Herald Tribune die Politik von Marshall und Bevin und die Londoner Beschlüsse.[78] Er macht es sich sehr leicht, weil er nur die augenblickliche Lage beurteilt; man muß beachten, was früher war. Zweifellos müssen die Amerikaner teures Lehrgeld dafür bezahlen, daß sie die Russen als vertrauenswürdige Partner behandelt haben. Alle Schwierigkeiten kommen – soweit sie nicht unvorhergesehen sind – doch von der mangelnden Vertragstreue der Russen. Dieses Faktum ist heute voll erkannt; das ist eine Realität.

Ich weiß nicht, ob jede Diktatur sich durch Verachtung von Recht und Vertrag auszeichnet; die Diktaturen in Deutschland, Italien und Rußland haben jedenfalls damit begonnen und ihre Erfolge eingeheimst. Vielleicht kommen die Historiker einmal zu der Feststellung, daß die plebiszitären Diktaturen – soziologisch betrachtet – die Herrschaft der Unsozialen bedeuten, d. h. derjenigen Gruppen, die keine innere und echte Verpflichtung zur Gemeinschaft kennen und nicht bereit sind, der Allgemeinheit in Demut zu dienen. Nicht will ich damit sagen, daß die Demokratien und Demokraten sämtlich als sozial, der Gemeinschaft verpflichtet, anzusehen sind, aber sie sind doch deswegen immerhin moralisch gebunden und faßbar.

17. August 1948

Vorgestern gab es wieder eine gehörige Abreibung für die Deutschen durch das Zweimächtekontrollamt. Mr. Phelps machte scharfe Vorwürfe wegen der Bearbeitung der ERP-Angelegenheiten auf deutscher Seite. Die Herren sollten sich merken, daß es sich hierbei um wichtige Dinge für Deutschland handele. Es ist peinlich, dabeizusitzen und mitzuhören. Es ist auch wirklich jammervoll, wie Pünder und seine Direktoren arbeiten. Soviel Unentschlossenheit, Oberflächlichkeit und Säumigkeit ist kaum glaubhaft. Der Herr Oberdirektor und sein Vertreter waren nicht da – auch das noch! Dafür hat er sich einen großen Mercedes zugelegt mit einem ovalen Schild „O. D. Frankfurt/Main" – soll heißen: Oberdirektor – man glaubt es nicht, wenn man es nicht gesehen hat. Auch hat er einen neuen Pressechef im Range eines Ministerialdirektors, [Carl Heinrich Knappstein], der mir sagte, daß Pünder von ihm – ähnlich wie Dr. Köhler – erwartet, daß sein Name möglichst häufig in der Presse genannt werde. Jetzt kommt die Ausarbeitung eines Vierjahresplanes[79] für die Bizone auf

Anforderung von Administrator Hoffman. Es graut mir schon jetzt davor – d. h. vor der deutschen Unzulänglichkeit. Glücklicherweise sind wir Sozialdemokraten nicht ganz ohne Informationen und Einwirkungsmöglichkeiten. Trostlos bleibt, daß wir weder in der Bank deutscher Länder noch in der neuen Wiederaufbaubank maßgeblich vertreten sein werden.[80]

Der Lastenausgleich zeigte ebenfalls deutlich, daß Initiative und Phantasie, Tatkraft und Arbeitstempo fehlen. Langsam kommt auch diese Angelegenheit in Fluß. Ich hielt am Donnerstag den Finanzministern und den Mitgliedern des Finanzausschusses des Wirtschaftsrates einen Vortrag über die finanzpolitische Lage. Dr. Hilpert war wohl wenig davon angetan, weil er solche Dinge lieber allein auf seinem Amt erledigt. Wenn auch eine Diskussion nicht zustande kam – vielleicht aus mangelnder Einsicht – so waren meine Ausführungen doch nicht ohne Eindruck auf alle Beteiligten geblieben und werden ihre Wirkung tun.

Den gleichen Vortrag hielt ich gestern abend auf einer Arbeitssitzung der Evangelischen Akademie Hessen-Nassau, die sich zum Ziele gesetzt hatte, ein Wort der evangelischen Kirche zum Lastenausgleich zu formulieren. Die Besprechungen waren auf beachtlichem Niveau. Gute Leute wirkten mit[81] [unleserlich].

Es war uns möglich, die realistische Linie auf der Ausgabenseite klar durchzuhalten und alle Utopien wegen einer Entschädigungszahlung abzuwehren. Die christlich-religiöse Begründung der Stellungnahme ist gut und m. E. wirkungsvoll. Auffallend war mir die scharfe Stellungnahme gegen den Massenwahn der Entschädigungssucht. Klar und deutlich stellten sich alle auf den Standpunkt, daß die Kirche der Anwalt der Armen sein müsse.

Ergänzung: Die grundsätzliche Auseinandersetzung über Ziel und Ausgestaltung des Lastenausgleiches hat mich lange Zeit stark beschäftigt, wurde ich doch immer wieder zu Vorträgen eingeladen, in denen ich für den „sozialen" Lastenausgleich eintrat und energisch den „quotalen" Lastenausgleich ablehnte. In den bürgerlichen Kreisen und auch unter den Flüchtlingen wurde unter Hinweis auf die Unantastbarkeit des Privateigentums der Gedanke verfochten, aus dem Aufkommen der Abgaben zum Lastenausgleich einen Fonds zu bilden, der nach den Regeln des Konkursverfahrens auf alle Kriegssachgeschädigten mit der gleichen Quote verteilt werden sollte. Das hätte zur Folge gehabt, daß diejenigen Flüchtlinge und Kriegsgeschädigten, die sich meist in besseren wirtschaftlichen Verhältnissen befanden, Zahlungen aus dem Lastenausgleich erwarten konnten, während die große Mehrheit der kleinen Leute auf die allgemeine Fürsorgeunterstützung bei den Wohlfahrtsämtern angewiesen wären. Demgegenüber verlangten die Grundsätze des sozialen Lastenausgleichs, daß niemand von den Vertriebenen und Kriegssachgeschädigten wegen Bestreitung seines Lebensunterhalts usw. auf die Hilfe des Wohlfahrtsamtes angewiesen sein sollte, vielmehr wären den Vertriebenen und Geschädigten Rechtsansprüche auf eine Unterhaltsrente, auf Ausbildungsbeihilfe für die Kinder und darüber hinaus auf öffentliche Unterstützung zur Gründung neuer Existenzen und zur Wiedereingliederung in die Wirtschaft einzuräumen. Erst wenn diese Aufgaben vom Lastenausgleich einmal erledigt sein sollten, wäre Raum für den quotalen Lastenausgleich. Die politische Entscheidung, die zugleich unter Mitwirkung der SPD zunächst als sogenannte Soforthilfe und später für den Lastenausgleich getroffen wurde, war ein Kompromiß: Man entschied sich für den sozialen Lastenausgleich, auf den nach Jahren der quotale Lastenausgleich folgen sollte; zwischen beiden stand die sogen. Hausratshilfe, eine pauschale Sachentschädigung für den verlorenen Hausrat innerhalb enger Grenzen. In Anbetracht der Tatsache, daß sich je länger je mehr die Vorzugsstellung der Nichtgeschädigten in der wirtschaftlichen Entwicklung deutlich herausstellte, und daß die Abgaben zum Lastenausgleich, insbesondere durch die Verrentung der Abgabebeträge keine drückende Last wurden, muß das große Unternehmen des Lastenausgleichs trotz eines Gesamtumfanges von vielleicht 70–80 Milliarden DM insoweit als gescheitert angesehen werden, als es einen wahrhaften Ausgleich der Lasten zwischen den Geschädigten und den Nichtgeschädigten, zwischen den Sachwertbesitzern und den Habenichtsen nicht gab. Die Praxis hat klar erwiesen, daß es schlechthin unmöglich ist, eine ausgeglichene oder gar eine wachsende Volkswirtschaft zu behalten und gleichzeitig in großem Stile eine Umschichtung der Vermögen real durchzuführen.

29. August 1948, Basel

Seit zehn Tagen bin ich in der Schweiz und esse, trinke und schlafe, schlafe viel und tief. Einige geistige Anregungen habe ich auch gehabt und einiges gelesen; wirkliche Erholung war mir die Hauptsache. Ich kann daher über die politisch relevanten Eindrücke dieser Zeit nichts Wichtiges sagen, weil ich, abgesehen von einem Besuch bei dem konservativen Altregierungsrat Imhof nur mit meinen Gastgebern gesprochen habe; es sind Emigranten, die z. T. ihre deutsche Mentalität behalten haben, z. T. in ihren persönlichen Sorgen befangen sind und davon frei zu kommen suchen, so daß sie für die größeren Zusammenhänge keine Zeit und Aufmerksamkeit aufbringen. Jedenfalls blieben alle politischen und wirtschaftspolitischen Erörterungen an der Oberfläche.

Soweit man überhaupt in zehn Tagen unter solchen Umständen Beobachtungen und Feststellungen machen kann, möchte ich sagen, daß die Schweiz auf mich den Eindruck eines großen Badeortes macht; es steht alles im Zeichen der Fremdenwerbung, des berechnenden Calculs gegenüber Ausländern und wohlhabenden Leuten, der selbstbewußten Besitzpflege, der selbstwohlgefälligen Erfahrung und Erkenntnis aus klein-bürgerlich-übersichtlichen Verhältnissen. So kommt es, daß die Demokratie eine solche der örtlichen Selbstverwaltung und des Volksreferendums ist; sie arbeitet langsam, unter weitgehender Ausschaltung der persönlichen Verantwortung der leitenden Beamten, in anonymer Selbstgewißheit, die einen starken Einschlag von Fatalismus hat. Man ist konservativ, ohne es zu wissen oder zuzugeben. Die soziale Frage ist im Grunde genommen unbekannt; deshalb sind in den breiten Massen die Sorgen und Nöte, wenn man überhaupt von solchen sprechen kann, allenthalben die gleichen; sie heißen: Sicherung der wirtschaftlichen Existenz, Erhaltung und Mehrung des Privateigentums, Fernhaltung aller Unruhe und nicht überschaubarer Neuerungen. Ein typisches Beispiel ist die Behandlung des Frauenwahlrechts. Man ist stolz darauf, die älteste Demokratie in Europa zu sein, schämt sich aber ein wenig, daß die Frauen vom öffentlichen politischen Leben ausgeschlossen sind, nachdem sie doch in aller Form in den Arbeitsprozeß eingegliedert sind. So gibt es immer wieder den Versuch, durch Initiativantrag, durch Volksabstimmung das Frauenwahlrecht einzuführen. Dabei treten alle Parteien kräftig für die Parole der Zulassung der Frauen zum demokratischen politischen Leben ein, machen Aufrufe und Versammlungen, differenzieren vielleicht ein wenig nach

Alter, Berufsstellung usw., doch immer kommt es zur Ablehnung solcher Initiativgesetze, weil – man nicht will; die Männer stimmen ja allein ab über das Frauenwahlrecht und stimmen auch in den Kantonen dagegen, wo – wie z. B. in Basel/Stadt – eine absolute Mehrheit der sozialdemokratischen Wähler vorhanden ist. Dabei beruhigt man sich mit dem Gedanken, daß die Frauen selbst ja eigentlich das Wahlrecht gar nicht haben wollen. Man freut sich über die fortschrittliche Haltung der Gesetzesinitiative, man gebärdet sich demokratisch-modern in allen Parteien – und ist am Schluß ganz zufrieden damit, daß alles beim alten geblieben ist, denn eigentlich gehört die Frau ja doch in die Küche zum Kochtopf.

Ja, und so ist es auch noch in der gesellschaftlichen Haltung. Der Mann ist der Herr, er hält sich fern von allen hauswirtschaftlichen Aufgaben, er holt niemals ein, trägt auch nicht zur Entlastung seiner ihn begleitenden Ehefrau Päckchen und Pakete. Die Frau dient.

Es ist billig festzustellen, daß die Schweizer satt sind, daher wenig Elan haben und die Schattenseiten ihres gesellschaftlichen Lebens nicht kennen. Die ehemaligen Deutschen befürchten einen Rückschlag am Ende der augenblicklichen Hochkonjunktur. In der Tat werden sich die hohen Preise und überhöhten Löhne eines Tages als hinderlich erweisen; das Fettpolster ist jedoch so stark, daß man lange Zeit zur Umstellung nötig haben wird. Dann werden die armen Staatenlosen und Ausländer noch mehr bedrängt und bedrückt werden. Die westeuropäische Staatenunion könnte der Schweiz gegenüber in ihrem heutigen überhöhten Niveau erheblich Abbruch tun.

Wie ich im allgemeinen höre, sind die Deutschen sehr wenig beliebt. Man trägt ihnen die Verbrechen der Nazis in den Konzentrationslagern nach und hält sie für feige Untertanen. Dabei vergißt man, daß sich die Schweiz selbst an manchem Morde mitschuldig gemacht hat, indem sie Flüchtlinge an die Gestapo auslieferte oder abschob – freilich hat die öffentliche Kritik hier Abhilfe geschaffen.

1. September 1948

Igor Gusenko „Ein Mann trotzt dem Kreml" (Neue Zeitung, 21. 8. 48): „Jemand, der es wagen könnte, in Gegenwart Stalins die Hände in die Taschen zu stecken, begibt sich in Gefahr der sofortigen Erschießung. Das gleiche trifft für einen Mann zu, dem es einfallen könnte, sich hinter den Generalissimus zu stellen."[82]

18. September 1948

Der Parteitag in Düsseldorf[83] gab mir Gelegenheit, eine Reihe alter Bekannter zu treffen und mit Freund August Serwe zusammen zu sein. Der kreisrunde Saal – eben erst im Rohbau fertiggestellt und daher recht nüchtern – des Planetariums nahm die Delegierten „geschlossen" auf, umarmte sie förmlich. Am eindrucksvollsten waren die Mahnworte der ausländischen Gäste, die in allen Fällen den deutschen Zuhörern die tatsächliche Lage in den Weltbeziehungen zeigten und mir klar machten, daß wir noch sehr weit entfernt sind von einer Völkergemeinschaft Europas, zu der Deutschland gerechnet wird. Die letzten Vorgänge um die deutsche Beteiligung an dem Marshallplan-Fonds 1948/9 und dem Rundfunkübereinkommen[84] haben uns zu deutlich bewiesen, wie sehr man bereit und einig ist, die Deutschen an den Rand zu stellen und mit Resten abzuspeisen. Der „Rheinische Kurier" spricht im heutigen Leitartikel (P. W. Wenger) „Die SPD in der Krise" von einem Parteitag der Ratlosigkeit.[85] Ich möchte dieser anspruchsvollen Kritik zustimmen, wenn ich auf das Ganze des Parteibe- und getriebes hinblicke. An Worten – auch emphatisch vorgetragen – fehlt es den SPD-Funktionären – jedenfalls den meisten – nicht. Aber von wirklich bis ins Letzte und bis in Einzelheiten überlegten Einsichten und Vorschlägen ist kaum etwas zu merken – jedenfalls auf dem Gebiete der Wirtschafts- und Sozialpolitik. Nur bin ich der Auffassung, daß es bei anderen Parteien mindestens ebenso traurig aussieht – und wahrscheinlich in den Köpfen des Herrn Wenger und seiner Redaktionskollegen auch nichts anderes als Leere ist. Daher bin ich entschlossen, mich mit einigen verantwortungsbewußten Männern dran zu machen, einen Rahmen für ein Wirtschaftsprogramm der SPD auszuarbeiten. Da man in der Partei ein neues Programm ausarbeiten will, dürfte es richtig sein, erst einmal über die Tatsachen und Zusammenhänge gründlich nachzudenken und zu diskutieren.

26. September 1948

Nachträglich erhielt ich das Referat des Genossen Dr. Rudolf Zorn über „Soziale Neuordnung als sozialistische Gegenwartsaufgabe" auf dem Parteitag in Düsseldorf.[86] Was ich bisher darüber gehört hatte, war unterschiedlich. Die einen sprachen von einem fleißigen und mit interessantem Material ausgestatteten Referat ohne zukunftsweisenden Charakter; die anderen nannten es den Höhepunkt des Parteitages. Ich bin jetzt der Meinung, daß beides zutrifft, indem der Parteitag – wie schon der „Rheinische Merkur" richtig feststellte – die Programmlosigkeit der SPD ganz deutlich machte, was auch Zorns Ausführungen bewiesen. Er sagte es selbst: „Wir haben allerdings noch keine Erfahrung gesammelt, wie ein System von Lenkungsmitteln aussehen muß. – Es wird Sache der Fachleute, der Wirtschaftstheoretiker und Wirtschaftspraktiker sein, den Politikern die Wege vorzuschlagen. – In der sozialistischen Neuordnung dagegen wird das Problem gelöst durch kreditpolitische Stützungsmaßnahmen, durch staatlich geförderte Investitionsmaßnahmen, durch Regelung der Arbeitszeit und dergl. mehr." Ist das alles, was die SPD an sichtbarster Stelle zu sagen hat? Ist es nicht der [unleserlich] Geistesbankrott?

Ich will das Meinige dazu tun, hier einen Wandel zu schaffen – wie beim Lastenausgleich.

Die erste Aussprache über die wirtschaftspolitischen Aufgaben Deutschlands hat in meiner Wohnung am Donnerstag stattgefunden: Kriedemann, Dr. Lauffer, Dr. E. Wolf, Podeyn waren zugegen, Dr. Fürst und Dr. Lubowski stoßen noch dazu. Ich möchte wissen, warum es nicht gelingen sollte, ein paar brauchbare Vorschläge auszuarbeiten und damit in den nächsten Wahlkampf zu gehen.

3. Oktober 1948

Am 30. September hatten die Min.-Präsidenten eine Konferenz mit Clay und Robertson im I.G.-Hause.[87] Teilnehmerzahl sehr beschränkt: von alliierter Seite noch Murphy und Strang, ferner noch zwei Herren, die ich nicht kannte, und zwei Dolmetscher. Die Besprechung hatte einen persönlich-vertraulichen Charakter – dennoch: sie blieben formell, steif – mindestens auf deutscher Seite –, unpersönlich und ohne Nachhall. So war es beachtlich, daß Senatspräsident Kaisen einen warmen Appell an die beiden Generäle richtete: „Wir kommen mit unseren Sorgen – diesmal ist es Berlin – zu Ihnen und möchten wissen, welches Ihre Auffassung ist; wir wollen hören, nur hören, ob wir denn mit unseren Maßnahmen auf dem richtigen Wege sind. Ich meine, auch Sie haben Sorgen mit den deutschen Verhältnissen. Können wir Ihnen dabei nicht helfen? Bitte, sagen Sie uns, wenn Sie uns brauchen! Haben Sie Vertrauen zu uns! Wir müssen doch zusammenarbeiten!"

Clay antwortete: „Bisher bestand noch nicht die Notwendigkeit, wegen Berlin mit Ihnen zu sprechen." Robertson sagte: „Die Bemerkungen von Herrn Kaisen finden meinen vollen Beifall. Wir wollen uns vertrauensvoll aussprechen und zusammenarbeiten." Doch dabei blieb es – wenigstens für dieses Mal –. Der Abschluß mit der Frage der Besatzungskosten war sogar höchst frostig.

Ich hoffe, daß eine deutsche Regierung, deren Notwendigkeit von beiden Seiten immer deutlicher betont wird, in engen, persönlichen Kontakt mit den Militärgouverneuren kommt – sonst kann es ja nicht klappen.

In Bad Münster am Stein tagten Vertreter der Gewerkschaften und Sachverständige drei Tage lang, um Leitsätze zum Lastenausgleich festzustellen. Ich habe stunden- und stundenlang mitgetan, bis mir gestern Abend völlig klar wurde, daß es sinnlos ist, immer wieder von vorn anzufangen und zu buchstabieren. Es waren entsetzliche Simplifikateure am Werk, die durchaus das Konkursverfahren retten wollten. – Verteilen, nur verteilen ist die Sorge dieser Leute.

17. Oktober 1948

Der letzten Konferenz mit den Generälen Clay und Robertson wohnte John Foster Dulles bei[88]; vielleicht ist es diesem Umstande zuzuschreiben, daß die Besprechung diesmal in milderer Form von seiten der Militärgouverneure ablief. Erst gegen Schluß machte Clay eine Rechnung über die Dollarbeträge für Importzwecke auf, um Dr. Erhard nachzuweisen, daß sein Appell wegen höherer Einfuhrzuweisungen ganz unberechtigt wäre, denn es ständen ihm momentan 277 Millionen Dollar zur Verfügung, darunter Beträge aus Zuweisungen vom 28. Mai 1948.

Der Ochsensepp [Josef Müller] macht eine Krise um Schlange-Schöningen[89] –

ich meine, weil er den Bauern in Bayern beweisen will, daß die CSU ebenso gegen den Frankfurter Kurs eingestellt ist wie die Bayernpartei der Lallinger und Baumgartner. Wie es auch kommen mag, die CDU kann bei diesem Manöver nicht gewinnen, weil die Realitäten gegen diese Politik sprechen. „Vernunft gegen Chaos" heißt der Artikel Schlanges in der letzten Nummer der „Zeit"[90] – ich hätte als Sozialdemokrat kaum anders schreiben können. – Daß der Ochsensepp ans Krankenbett von Schlange ging, um ihn zum Rücktritt aufzufordern, hat die Amerikaner sehr verwundert – man muß schon sagen, das ist ein starkes Stück.

30. Oktober 1948

Gestern waren die Ministerpräsidenten wieder mit Clay und Robertson zusammen.[91] Es gab scharfe Worte von Clay zu hören. „Ich habe es satt, noch über die Demontage zu sprechen." „Jede Denkschrift kostet Sie zehn bis zwanzig Betriebe." „Mit einem politischen Druck erreichen Sie höchstens das Gegenteil." „Sagen Sie den Vertretern der Gewerkschaften, daß sie die ganze Frage nichts angeht und daß sie Ruhe halten sollen, wenn sie noch weiter auf amerikanische Hilfe Wert legen." „Ich befürchte, daß Sie nicht realistisch denken – was Sie heute an Demontagebetrieben ersparen, werden Sie später teurer als Reparationen aus der laufenden Produktion bezahlen. Sie müssen ja wissen, daß sechzehn Staaten sich damit einverstanden erklärt haben, daß ihre Kriegsschädenansprüche durch die Demontage endgültig abgegolten sein sollen."

So und ähnlich rügte Clay mit strengem Tonfall die Min.-Präsidenten wegen ihrer Demontage-Denkschrift,[92] auf die sie doch so stolz waren. – Leider war Stock, der Präses, nicht dabei – er hatte vermutlich „Wichtigeres" zu tun. Als Wortführer der Min.-Präsidenten und Leiter des Büros der Min.-Präsidenten hatte er ja besonders großen Anteil an der Denkschrift. –

Nur Bürgermeister Brauer gab Widerpart, indem er betonte, daß den Min.-Präsidenten ein politischer Druck etwa im Sinne des Kommunismus völlig fern liege, daß im Gegenteil der innere Widerstand gegen den Kommunismus sich sehr deutlich bei den Wahlen als durchaus erfolgreich gezeigt habe; Clay sagte dazu scharf: „Das sahen wir an dem Beispiel Stuttgart gestern".[93] – Er meinte gewisse nationalistische Ausschreitungen gegen Besatzungsangehörige. – Ich hatte noch lange über diese Unterredung nachgedacht. Was soll man davon denken? Offenbar liegt der größte Mangel in dem Nebeneinanderdenken und -handeln der Ministerpräsidenten und der Militärgouverneure. Ich glaube schon, daß Clay sich die größte Mühe gibt, für Westdeutschland alles nur Mögliche herauszuholen, und daß er mitunter ärgerlich ist, wenn ihm dabei die Deutschen tolpatschig in die Arme fallen. Aber, ja aber! Was tut er dazu, seine Politik mit dem Verhalten der Deutschen in Einklang zu bringen? Nichts! Nachher, wenn dieses oder jenes schief gegangen ist, wenn es Verdruß gegeben hat, insbesondere bei Verhandlungen mit den europäischen Staaten, dann setzt es scharfe Worte. Ich kann mich nicht des Eindrucks erwehren, daß auch Clay

nach den Sitzungen klüger ist als vorher; seine herrische Art läßt ein vertrauensvolles Zusammenwirken – wie auch bei seinen Mitarbeitern – nicht aufkommen. Mit Robertson wäre das eher möglich!
Ergebnis: auch die Deutschen haben ihren Stolz. Bald werden sie aufgefordert, ihre Ansichten energisch zu vertreten, bald werden sie zurechtgewiesen, daß sie politisch nur Schaden für die deutschen Interessen anrichten. Also fordern sie Selbständigkeit, betonen sie die Gesamtverantwortung der Alliierten und streben aus dem Kolonialstatuts heraus. Ich fürchte, daß dieser unwürdige Zustand solange andauern wird, als es eine Besatzung von drei verschiedenen Nationen gibt, die untereinander nicht einig sind. Man hofft nun auf die Verfassung von Bonn und das Besatzungsstatut. Selbst wenn die Bundesregierung personell besser besetzt ist als der – jammervolle – Verwaltungsrat, wenn die deutschen Vertreter dann mehr Achtung erwerben und genießen, sie würden doch nur durch konsequente Zusammenarbeit mit den Militärdienststellen auf Verständnis stoßen und Reibungen ausschließen können. Daran fehlt es heute fast ganz. Es sollte – cum grano salis – keine Geheimnisse zwischen Deutschen und Alliierten geben; beide sollten sich über die Zukunftspläne ständig unterrichten; sie sollten zusammenarbeiten. Hoffentlich kommen bald solche Politiker ans Ruder.

31. Oktober 1948

Daß man im Parlamentarischen Rat ernsthaft darüber verhandelt, ob nicht Bonn die vorläufige Hauptstadt – anstelle von Frankfurt – werden soll,[94] beweist den hohen Grad von Verwirrung und den größten Mangel an politischer Verantwortung. Bei Dr. Adenauer wundert es mich nicht sonderlich, nachdem ich jetzt gehört habe, in wie dreister Weise er sich erst neuerdings wieder bereichert hat, als er sich von der Stadt Köln zwei Häuser in völlig überholtem Zustand schenken – gratis zurückgeben – ließ. Bei Dr. Walter Menzel bin ich schon mehr erstaunt, selbst wenn er unter dem Druck des Kabinetts von Nordrhein-Westfalen stand. Kann jemand ernsthaft glauben, daß man ca. 5000 Beamte und Angestellte nach Bonn verpflanzen kann? Wäre es vertretbar, ca. 30 Millionen DM fälschlicherweise in Frankfurt für Bauten verausgabt zu haben? Nein! Nein! –

Christian Stock scheint böse auf mich zu sein. Da ist ihm jede Gelegenheit recht, sich an mir zu rächen.

Willi Apel hilft dabei dienstbeflissen. Er sollte ruhig seinen Landesfürsten darauf aufmerksam machen, daß es sich nicht gehört, die Ministerpräsidenten zu einer Sitzung einzuladen, nachdem der Kollege Lüdemann bereits vorher als Vorsitzender des Länderrats eingeladen hatte.[95] Apel erwiderte: „Ich stehe mich gerade gut mit meinem Landesfürsten und möchte es mit ihm nicht verderben." Solche Krauter [?] und Charaktere wollen sozialdemokratische Politik machen!

Vor kurzem hielt er eine Pressekonferenz ab und kündigte dabei neue Maßnahmen an wie z. B. die Abstempelung der Noten. Einige Tage darauf wurde Dr. Strobel, ein Pressevertreter, gefragt, wie es denn auf der Pressekonferenz gewesen wäre; er antwortete „Stockfinster".

7. November 1948

Kriedemann ist gestern aus England zurückgekommen und besuchte mich heute. Er erzählte, daß der Herr Präsident des Wirtschaftsrates Dr. Erich Köhler beleidigt heimgefahren wäre. Er hatte angenommen, daß er zu einem Staatsbesuch eingeladen gewesen wäre, und war sehr enttäuscht, bei einer politischen Gesellschaft zu Gaste zu sein. Daher strebte er nach Frankfurt zurück und forderte für sich ein Sonderflugzeug, das er nicht erhalten konnte. So wollte er nach Frankfurt telefonieren, um sich von hier ein Flugzeug kommen zu lassen. Auch das war vergebens, und so mußte er mit dem Dampfer heimkehren.

Bei dem Besuch beim Speaker des Unterhauses sagte Dr. Köhler von sich selbst: „I am the Lord of Bizonien", was höchstes Erstaunen auslöste. Doch Lächerlichkeit tötet in Deutschland nicht. Die Engländer haben sich bereits bei Robertson über diesen merkwürdigen Gast beschwert. Er wird wohl nicht mehr eingeladen werden.

Die Krise um Dr. Schlange-Schöningen ist noch nicht beendet.[96] Die bayerische Verblendung kennt keine Grenzen. Die Militärregierungen haben Schlange nun deutlich gestützt; er bekommt jetzt sogar eine offizielle Einladung nach England – aber die Deutschen, besonders die Bayern, sind manchmal komisch – es gibt wieder einmal einen Tollpunkt bis zum bitteren Ende durchzustehen – ich meine die angeblich freie Marktwirtschaft.

17. November 1948

Heute morgen – im Bett – kam mir der Gedanke, daß man das Leben eines sozialdemokratischen Intellektuellen charakterisieren könnte mit den Worten: „Vor der Tür" – nämlich vor der Tür der großen Gesellschaft und maßgebenden, wirtschaftlich entscheidenden Organisationen. Wenn z. B. jetzt der Verwaltungsrat der Kreditanstalt für Wiederaufbau zusammengesetzt wird, kommt gewiß kein CDU-Direktor des Vereinigten Wirtschaftsgebietes auf den Gedanken, einen Sozialdemokraten hinzuzunehmen. Ebenso war es ja auch bei dem Fardip-Ausschuß zur Entflechtung des I. G. Farbenkonzerns.[97] Man glaubt schon einen Akt besonderen Entgegenkommens gezeigt und sehr demokratisch gewesen zu sein, wenn man auch ein oder zwei Sozialdemokraten hinzunimmt. Dr. Hilpert hat dafür die ständige Entschuldigung: „Die SPD hat leider keine Offiziere". Wenn sie aber welche nennt, dann sind sie leider nicht alt und erfahren genug oder die Stelle ist gerade anderweit besetzt oder es muß in diesem Falle ein Mann des persönlichen Vertrauens sein, weshalb natürlich ein Sozialdemokrat nicht in Betracht kommt.

So geht es auch im Großen bei dem Parlamentarischen Rat in Bonn und im Wirtschaftsrat. Ein oder zwei Stimmen Mehrheit genügen, um eine Politik zu machen, die derjenigen der SPD völlig konträr ist. Da macht es keinen

Unterschied, ob man über Preispolitik, Wirtschaftslenkung, Lastenausgleich usw. verhandelt. Die kapitalistische Reaktion hält das Heft fest in der Hand und zwingt die christlichen Arbeitnehmervertreter eisern in die Reihe! Im Wahlkampf schimpfen die Redner der CDU freilich genau so wie die politischen Gegner auf die Politik von Frankfurt. Wenn gelegentlich die SPD auf den Gedanken kommen sollte, genau so zu handeln, dann gäbe es natürlich ein großes Geschrei gegen die rote Mehrheit. Wir sind doch noch sehr weit entfernt von einer Demokratie!

28. November 1948

Der Bonner Parlamentarische Rat hat von Robertson einen „Anpfiff" bekommen, indem er sagte, daß der günstigste Augenblick für eine den Deutschen genehme freie Lösung der Verfassungsfrage schon verpaßt wäre.[98] Die Alliierten haben nun bestimmte Wünsche geäußert, die wohl trotz starker Worte von Carlo Schmid nicht zu umgehen sein werden. Adenauer hat seinen Senatsgedanken schon begraben und läßt die CDU für den reinen Bundesrat stimmen – ein später Fortschritt. In der Tat, man hat so viel geredet und Prinzipien verkündet, daß am Schluß völlige Uneinigkeit herrscht und niemand „aus Prestige" mehr zurück wollte. Wie es der CDU mit dem Bundesrat erging, wird es der SPD mit der Bundessteuerverwaltung ergehen: es wird wohl eine Auftragsverwaltung herauskommen, wie ich sie in meiner Broschüre als durchaus akzeptabel angekündigt habe. Warum auch nicht?[99]

Gestern wurde erzählt, Professor Bergsträßer – SPD – hätte 1½ Stunden darüber gesprochen – im Parlamentarischen Rate –, ob es heißen müßte „schwarz-rot-gold" oder „schwarz, rot, gold", d. h. ob bei der verfassungsmäßigen Feststellung der Reichsfarben der Gedankenstrich oder das Komma sinngemäß richtig wäre.[100] Ich habe das für einen schlechten Witz gehalten, bin dann aber darüber belehrt worden, daß diese Frage eine große Bedeutung hätte. Welche? Das weiß ich allerdings noch nicht. So kommt denn die Meinung auf, es wäre in der Bundesversammlung von 1848 wohl ähnlich zugegangen wie jetzt im Parlamentarischen Rat.
25 Professoren
Vaterland Du bist verloren!
24 Advokaten
Vaterland Du bist verraten!

Neulich hat de Gaulle eine Donnerrede gehalten[101], darin er von Pfändern gegenüber Deutschland sprach und alle Gemeinsamkeit leugnete. Es wiederholen sich alle Fehler von einst – damals Poincaré, jetzt de Gaulle; damals Ruhrbesetzung, jetzt französische Zone. Man muß den Gegner versöhnen oder vernichten; das Letztere ist nicht mehr möglich – außer durch die Russen; bleibt nur die Versöhnung, wie sie die Amerikaner mit dem ERP betreiben. Aber wenn alle einig sind, dann kommt doch noch ein Starrkopf und will alles kaputt machen.

Wenn der Militarismus unser Unglück ist – nicht nur für Deutschland, sondern für die ganze Welt – dann sollte Frankreich ihn abschaffen, denn es kann ihn am wenigsten gebrauchen, wie die Zeit der Dritten Republik gelehrt hat. Freilich hat der „Marxist" Stalin alle Voraussetzungen dafür geschaffen, daß es keinen Frieden gibt.

Die Freibeuter- (Freihandels-)Politik der CDU mit Erhard und Pünder scheint ins Wanken zu kommen. Der Länderrat hat seine ablehnende Haltung bereits deutlich bekundet – nun wird sich der Wirtschaftsrat damit zu befassen haben. Wahrscheinlich kommt nach guter deutscher Sitte erst noch eine Verschärfung bis zur Absurdität, indem Dr. Schlange zum Rücktritt veranlaßt wird – dann wird eine allgemeine Notlage auch bei der Brotversorgung kommen, und dann vielleicht aus Angst vor den Wahlen eine gewisse Schwenkung der CDU. So geht's.

11. Dezember 1948

Es wird nachgerade die höchste Zeit, daß wir eine Bundesregierung bekommen. Die Militärgouverneure beschwören wieder einen Ernährungskrieg der Länder gegeneinander und gegen die Bizone herauf, indem sie die Brotrationen auf dem Wege über die Kontingentzuteilung der importierten Lebensmittel differenzieren.[102] Die Einigung der deutschen verantwortlichen Stellen wird wieder einmal brüsk beiseite geschoben – wie bei dem Gewerbezulassungsgesetz[103] und der Bundesversicherungsaufsicht.[104] Es war mir interessant, daß die Stuttgarter Wirtschaftszeitung (ein gewiß kapitalistisch orientiertes Blatt) auf die Einseitigkeit der amerikanischen Besatzungspolitik hinwies durch auszugsweisen Abdruck je eines Artikels des Economist und Observers. Danach wird die Ablehnung der vom Wirtschaftsrat beschlossenen Wirtschaftsstellen mit 50 % Beteiligung der Gewerkschaften und der Sozialisierung im Ruhrgebiet als verfehlt hingestellt. Man könnte das hessische Betriebsrätegesetz als einen noch krasseren Fall daneben stellen.[105] Ich kann mich nicht des Eindrucks erwehren, daß irgendwelche unsichtbaren Verbindungen zwischen den Besatzungsmächten, insbesondere Omgus, und deutschen Unternehmerkreisen, wohl auch der CDU-Führung bestehen. Die enge Verbindung Hilperts mit Dr. Wahrhaftig fiel mir auf, zumal mir Wahrhaftig einmal beim Essen sagte: „Das wird mir wohl die SPD niemals verzeihen, daß ich Dr. Hilpert nach Kassel [?] gebracht habe!" Die Tatsache, daß Clay noch niemals mit Schumacher oder Ollenhauer zusammen war – dies denke ich – spricht im Gegensatz zu General Robertson eine deutliche Sprache.

Mein Achtmänner-Arbeitskreis hat sich gut eingespielt, er wird hoffentlich bis Mitte Januar mit seiner Arbeit fertig, so daß eine Broschüre herausgegeben werden kann. Alles treibt in die Richtung eines Planungsministeriums. Wird man dazu den Mut haben? [handschriftlich später zugefügt die Namen der Mitglieder des Arbeitskreises:] S[. . .]mann, Kriedemann, Podeyn, Lubowski, Fürst, Hansen, Lauffer, Troeger.

24. Dezember 1948

Weihnachten stimmt die Menschen milder und versöhnlicher – nur die Russen nicht. Clay fand ermunternde und anerkennende Worte in seiner Weihnachtsbotschaft[106]; er hat sogar am 22. XII. eine Dreiwochenfrist für die Regelung der Gewerbefreiheit durch den Wirtschaftsrat bewilligt, was von deutscher Seite niemand zu erhoffen gewagt hatte. Doch sonst mehren sich allenthalben Stimmen und Anzeichen, daß die Meinung des Auslands – auch in England und Amerika – sich deutlich zu Ungunsten Deutschlands verändert hat. Man wirft uns Rückfall in den Nationalismus vor – weil? Ja weil Proteste erhoben wurden gegen die Demontage,
gegen die Ausfuhrpraxis der Besatzungsstellen,
gegen die französische Besatzungsmethode,
gegen die Verzögerung des Besatzungsstatuts,
gegen die Sprengung der leeren Hallen einer früheren Torpedofabrikationsstätte in Eckernförde[107],
gegen die Entnazifizierung,
gegen die Lizenzierungspraxis bei der Presse,
gegen dieses und jenes.
Es ist gewiß,
daß die Deutschen schlecht geführt sind,
daß sie sich in politischen Fragen ungeschickt anstellen,
daß sie keinen Einfluß nehmen auf die ausländische Presse,
daß sie noch recht wenig von demokratischer Haltung an sich haben,
daß sie noch Untertanen geblieben sind.

Gerade das Letzte zeigt mir, daß die Auslandspresse – zuletzt der Daily Herald – die Bedeutung und Auswirkung des Besatzungsregimes wenig kennt und daher gar nicht ermessen kann, ob sich die Deutschen nach den Umständen richtig oder falsch oder nur ungeschickt benehmen. Übel ist es allerdings, daß sich die Reaktion in der CDU so breit macht und die soziale Kluft weit aufreißt, weil maßgebende Kreise der Industrie und des Handels gar nicht schnell genug wieder zu Kapital und Reserven kommen können. Dafür sind die Amerikaner sehr weitgehend verantwortlich zu machen, denn sie lehnen au fond die Sozialdemokraten noch heute deutlich ab und fördern die CDU in aller Form. Freilich wird die SPD klüger handeln müssen als bisher; ein Fritz Heine ist kein Pressechef der größten deutschen Partei, Schumachers Zynismus ist nicht immer am Platz, Ollenhauers Biederkeit genügt nicht.

Der Länderrat hat gestern Einspruch beschlossen gegen das Preisgesetz[108] und das sogen. Leitsätze-Gesetz,[109] die der Wirtschaftsrat beide entgegen dem Vorschlage des Länderrates verlängert hatte. Das gibt eine ernste Krise, weil kaum damit zu rechnen ist, daß die erforderlichen 53 Stimmen zur Beseitigung des Vetos im Wirtschaftsrat aufgebracht werden. Erfreulich an der Entwicklung, die der Länderrat genommen hat, ist die Tatsache, daß man anfängt, den Dingen mehr auf den Grund zu gehen. Das konnte nur vom Länderrat her kommen, weil der Verwaltungsrat und sein Vorsitzender gründlich versagt haben.

Einen schrillen Mißton in die Bonner Verhandlungen brachte der SPD-Mißtrauensbrief gegen Dr. Adenauer.[110] Ich habe schon lange darauf gewartet, daß diesem arroganten, intriganten und kapitalhörigen Manne einmal ein Hieb versetzt werden würde, denn niemand mit Charakter kann dem Manne offenes Vertrauen entgegenbringen – auch gute CDU-Leute gehen ihrem Parteivorsitzenden bewußt aus dem Wege und wollen möglichst nichts mit ihm zu tun haben. So – nun hat er seinen Denkzettel für die unaufrichtige Art bei der Verhandlung mit den Militärgouverneuren. Freilich glaube ich nicht, daß dem Mann beizukommen ist außer über eine große Wahlniederlage seiner Partei.

Tagebuch 1949

20. Januar 1949, Bad Nauheim
Es war mir in den letzten Wochen nicht gut gegangen – trotz der Feiertage am Jahresende –, weil ich sehr überarbeitet bin. So kam ich nicht dazu, Tagebuch-Aufzeichnungen zu machen, obgleich mir der Kopf voll von Gedanken und Bedenken war.

Das Raten um die voraussichtlichen Ereignisse des neuen Jahres geht weiter. Über eines ist man sich klar: Krieg mit Rußland ist nicht zu befürchten – noch nicht, sagen die Skeptiker. Ich sage: wer will wissen, was sich in China entwickelt, das durch die Niederlage Tschiang Kai Scheks[1] in den Mittelpunkt des weltpolitischen Interesses gerückt ist. Ich glaube, daß von dorther Wirkungen ausgehen werden, die in unserer schnell-lebigen Zeit große Überraschungen bringen dürften, die freilich dann, wenn sie eintreten, ganz selbstverständlich anmuten, wenn sie auch heute für schier unglaublich gehalten werden.

Was mich mehr bewegt, ist das deutsche Schicksal. Die letzten Wochen haben gezeigt, daß die Deutschen ihre kümmerliche Lage noch gar nicht erkannt oder vielleicht gar die große Schuld und Niederlage schon wieder vergessen haben. Sie sind wie die Kinder; ich sehe es an den Meinigen. In den ersten Monaten des Jahres 1945 ging es uns schlecht, und daher war jede Verbesserung unserer Lage ein dankbar aufgenommenes Geschenk des Schicksals; heute geht es uns verhältnismäßig gut, da ist dann auch alles wieder selbstverständlich, die Kinder streben nach mehr und glauben dem knickrigen Vater nicht recht, wenn er immer wieder sagt: „Ich habe kein Geld". Dabei befinde ich mich in einer relativ gesicherten Position – aber das deutsche Volk hat wenig und zahlt weder Zinsen noch Schulden und lebt von ausländischen Subventionen – und das alles ist ihm noch zu wenig. Wenn dann die Siegerstaaten, die doch ständig für uns anschaffen und zahlen, sich untereinander über gewisse zu regelnde politische Fragen, ohne uns anzuhören, verständigen, dann gibt es stets großes Geschrei bei allen politischen „Führern", das uns als Nationalismus angekreidet wird. So bei der Demontage, bei dem Ruhrstatut – so auch gewiß bei dem Besatzungsstatut.

Natürlich sind Generäle schlechte Diplomaten und Verwaltungsbeamte, natürlich ist jede Besatzung lästig und teuer, natürlich ist die Demontage als Reparationsersatz schmerzlich, natürlich ist die Ruhrkontrolle[2] ein Einbruch in die – noch gar nicht vorhandene – deutsche Souveränität usw. usw. Aber darauf kommt es heute anscheinend noch nicht an. Entscheidend ist, daß wir Vertrauen im Ausland gewinnen und daher zunächst einmal selbst solches Vertrauen zu den Siegermächten haben und zeigen – ich meine natürlich die westlichen

Mächte USA, England und Frankreich – Rußland hat sich eines solchen Vertrauens als unwürdig erwiesen. Bei den USA ist es noch am leichtesten, Vertrauen zu haben, denn sie sind eigentlich unser reicher, guter Onkel Jack, dem wir schon aus Dankbarkeit vertrauen sollten – trotz aller Ärgernisse! Ja, aus Dankbarkeit! Die wahren Politiker lachen darüber, ich weiß es! Vielleicht verstehe ich nichts von Politik. Doch es ist meine Meinung, daß wir nur mit Menschlichkeit uns bewähren können, und da stehen in unserer Lage Dank und Vertrauen an erster Stelle. Womit sollten wir sonst zahlen? Oder schulden wir nichts? Das freilich behaupten auch viele Politiker, weil wir ja bedingungslos kapituliert hätten! Haben wir deswegen ein Recht, auch nur ein moralisches Recht auf Milliarden Subventionen, ihr Politiker? War nicht der Morgenthauplan die logisch-politische Konsequenz aus unserer Kriegsniederlage?

Würde müssen wir behalten. Sie liegt nicht in lautem Geschrei, sie liegt in stiller Arbeit. Frei müssen wir werden. Können wir es nicht aus eigener Kraft, dann müssen wir die Hilfe der anderen dankbar annehmen und davon nach und nach loszukommen trachten. Die Logik der Tatsachen arbeitet für uns; das geht langsam vor sich, wir machen diesmal erst die Erfüllungspolitik durch und sollten froh sein, daß wir noch keinen Friedensvertrag haben – er wäre schrecklich ausgefallen.

Natürlich sehe ich die Schwierigkeiten, die uns auch eine Labour-Regierung in England bereitet; sie hat mit den Nachwirkungen des Krieges schwer zu kämpfen und denkt selbstverständlich zunächst an England und seine Wirtschaft. Viel unerfreulicher sieht es mit unserem Verhältnis zu Frankreich aus, das von Minderwertigkeitsgefühlen geplagt ist. Hier habe ich die große Angst, daß eine echte Verständigung wiederum ausbleiben wird, weil Frankreich herrschen – über Deutschland herrschen will, weil es eine friedliche Zusammenarbeit fürchtet. Hier scheinen mir sehr große Hindernisse für die deutsche Einheit zu liegen, solange eine echte Verständigung mit Rußland nicht zustande gekommen ist.

So steht die Frage der deutschen Einheit praktisch für viele im Westen nicht im Mittelpunkt des politischen Handelns, weil ein Gespräch mit Rußland nicht zustande kommt und wohl auch nicht zustande kommen kann, weil Rußland ebenfalls ganz Deutschland beherrschen will. Erst wenn Rußland tatsächlich die Volksdemokratie für ganz Deutschland, die militärische Herrschaft jenseits der Curzonlinie, die Weltrevolution in Westeuropa aufgäbe, dann würde uns das erträumte Glück zuteil, ein einiges, friedliches Deutschland zu bilden. Es müssen Jahre vergehen, bis ein solcher Zustand uns zufallen kann.

Inzwischen haben wir in Westdeutschland alle Anstrengungen zu machen, uns darauf vorzubereiten. Wir müßten wirtschaftlich gestärkt und von den ausländischen Subventionen unabhängig werden, damit wir nicht als „amerikanische Kolonie" in den Augen der Russen gelten, damit wir die Brüder in Ostdeutschland aufnehmen könnten, damit wir dann nicht mehr viel über Reparationen zu sprechen brauchten. O, wie weit sind wir davon entfernt! Wer denkt daran? Allenthalben zeigt sich die deutsche Uneinigkeit, Bonn ist unser amtliches

Gesicht geworden. Welch' eine Fratze! Welch' ein Spottgebilde! Alle sind daran schuld, nicht nur die Bayern, nicht nur Dr. Adenauer, auch Carlo Schmid. Das Beste an der Tragikomödie ist, daß das deutsche Volk so gut wie keinen Anteil daran nimmt! Wenn wir doch bei der SPD mehr Schwung und menschliche Größen hätten! Der kranke Dr. Schumacher allein kann es nicht, er ist auch zu wenig staatsmännisch in seiner Haltung. Ollenhauer ist brav, aber ohne umfassende Konzeption. Brauer, Reuter, Kaisen sind auf Nebenposten und jeder in seinem Amt für die Parteibürokratie suspekt. Was tun? Ich sagte neulich Kriedemann, wir müßten uns dreierlei vornehmen

1) Werbung für unsere Sache durch gute, saubere, zielstrebige Arbeit in Gesetzgebung und Verwaltung. Wir müssen durch Erfolge unsere Propaganda machen. Freilich setzt das eine andere Personalpolitik voraus.
2) Wir müssen unsere Partei den kleinen Nazis öffnen und unseren kleinlichen Kampf gegen sie aufgeben; wir müssen auch im Innern Versöhnung betreiben.
3) Wir müssen die Intellektuellen zu gewinnen versuchen. Dazu gehört die Aufgabe des Marxismus in Theorie und Propaganda.

Manchmal wäre ich froh, wenn ich nicht in der Politik verfangen wäre. Immer aber sage ich mir, daß ich mich der politischen Arbeit nicht versagen soll, wenn sie auch fortwährend Enttäuschung bringt. Vielleicht stehen mir in diesem Jahre noch besonders große Enttäuschungen bevor, ich meine im Zusammenhang mit der Bildung der westdeutschen Bundesregierung. Es ist gerade nicht nötig, daß ich ein Ressort erhalte – beileibe nicht –, aber es ist nötig, daß die SPD nur ihre besten Leute herausstellt, sonst ist sie von vornherein gehandikapt. Es würde mir eine große Freude sein, unter Brauer oder Reuter oder Kaisen oder noch Kopf, vielleicht auch Nölting zu arbeiten, aber nicht mit Kubel, Hielscher, Halbfell, Zinn; solche Leute können nicht für uns arbeiten, denn sie werden nichts schaffen.

Schoettle sagte gestern, er möchte mal einen Minister sehen, der nicht von seinem Ministerialdirektor beherrscht wird. Ich antwortete ihm, da würde er wohl lange suchen müssen.

Das ist für die SPD das traurigste Kapitel. Die CDU ist vielfach besser dran – sie hat mit ihrer Personalpolitik in der Bizone genügend Schaden angerichtet. Ob sie daraus gelernt hat, erscheint doch noch zweifelhaft.

29. Januar 1949

Wenn ich mir die Entwicklung im Osten und Westen Deutschlands überlege: hier Marshall-Plan, Westeuropa-Union, Zoll- und Wirtschaftsgemeinschaften, Ruhrstatut, Bonner Verfassung, Lastenausgleich, Steuerentwicklung usw. usw., dort Deutsche Wirtschaftskommission[3], SED-Herrschaft, Russifizierung der Wirtschaft und des Menschen usw., dann komme ich zu dem Ergebnis, daß – jedenfalls zur Zeit – weder die Westmächte noch Rußland im Grunde die

Einheit Deutschlands wollen, daß nur beide nicht darüber sprechen. Ich glaube, daß das ganze amerikanische Konzept gestört wäre, wenn etwa die nahe Aussicht bestände, daß Deutschland ein Einheitsstaat würde, unabhängig und daher frei in seiner Entschließung, auch mit dem Osten Politik zu treiben und sich dort anzuschließen. Die Franzosen würden vollkommen außer sich geraten, wenn ein gesamtdeutscher Staat entstände, denn dann wären sie zahlenmäßig und wirtschaftlich offenbar die Kleineren und Deutschland für sie weder innerhalb noch gar außerhalb einer Europaunion zu ertragen; den Franzosen gefällt die Teilung Deutschlands mit Ruhrkontrolle und Sicherheitskommissar und Besatzung noch eben gerade. Für die Russen sehen die Verhältnisse entsprechend aus: ein ostdeutscher Satellitenstaat ist ihnen sympathischer als ein freies demokratisches Gesamtdeutschland, allerdings wäre ihnen ein „volksdemokratisches" Gesamtdeutschland noch angenehmer. So habe ich die Befürchtung, daß sich der augenblickliche Zustand festigt und verewigt: wir Deutschen sind nur Objekt der Außenpolitik, die Einheit Deutschlands wird sich niemand etwas kosten lassen, wenn man sich mit der Teilung billiger verständigen kann; die Franzosen werden sogar immer für die Teilung sein. Diese Situation kann sich im Laufe der Jahre noch verhärten, wenn die Amerikaner am Ende doch wieder heim wollen; sie wird ein Symptom haben in der Behandlung Berlins. Den Russen kommt es entscheidend darauf an, daß die Amerikaner aus Europa fortgehen; sie werden möglicherweise, wie in Nordkorea, vorleisten und die Besatzungstruppen einseitig zurückziehen unter Hinterlassung einer „progressiven Demokratie" – getarnten SED-Kommunisten-Diktatur –, die sich eines Tages sogar „spontan" in eine Volksdemokratie umwandeln kann. Die Amerikaner sind entscheidend daran interessiert, daß die Subventionen für Westdeutschland eines Tages aufhören; für Deutschland ist das eine Frage der Ernährung, d. h. eben der landwirtschaftlichen Produktionsmöglichkeiten: ohne die Ostzone dürfte es nicht möglich sein, Westdeutschland bei einem erträglichen Lebensstandard zu erhalten, selbst dann ist es noch schwierig. An dieser Stelle könnte sich nach Ablauf des ERP eine amerikanisch-russische Verständigung zur Vereinheitlichung Deutschlands und Rückziehung der Truppen ergeben. [. . .]

Mir war stets zweifelhaft,
1) ob die Einheit Deutschlands „marschiert,
2) ob die Einbeziehung Westdeutschlands in eine westeuropäische Union nicht alle Hoffnungen auf die Einheit vereiteln müßte,
3) was geschehen soll, wenn die Besatzung eines Tages aufhört?
4) was geschehen soll, wenn sich 1952/53 herausstellt, daß Westdeutschland ohne ausländische Subventionen nicht leben kann?
5) wie die SED-Herrschaft in der Ostzone auf die Dauer zu beurteilen ist im Hinblick auf die deutsche Einheit?

20. Februar 1949

Reuter hat eine außenpolitische Reise zu Bevin und Schuman gemacht – ein großer Erfolg für die SPD.[4] Ich wünschte, daß er das Bundeskanzleramt bekäme, die Erfahrungen mit Pünder sind denkbar schlecht. Das sagen [unleserlich] meiner Referenten ganz offen. Es ist gar nicht auszudenken, welchen Schaden die CDU mit ihrem schwachen Verwaltungsrat dem deutschen Volke angerichtet hat. Leider fehlt der bürgerlichen Partei das gewaltenvolle(?) Verantwortungsbewußtsein, die Konsequenzen aus den Erfahrungen zu ziehen. Die SPD ist dort, wo sie selbst sitzt, auch nicht viel besser. Ich brauche nur auf die hessischen Verhältnisse hinzuweisen, wo gerade der Fall Dietz[5] abrollt. So erwerben die Deutschen keine Achtung im Ausland und von den Militärgouverneuren.

Alle Hoffnungen konzentrieren sich auf die kommende Bundesregierung. Sie wird es schwer genug haben. Wenn wir doch nur eine angemessene, d. h. bessere demokratische Presse hätten, dann wäre manches einfacher.

Unsere Leute in Hannover sehen die Dinge zu doktrinär und ohne Umsicht. Es fehlt an geeigneten Leuten. Die Partei wird große Schwierigkeiten zu überwinden haben, wenn den Beamten das passive Wahlrecht genommen wird. Ich bin neugierig, welche Konsequenzen aus dieser amerikanischen Forderung gezogen werden.[6] Man müßte eine Anzahl guter Leute in den Ruhestand versetzen, um sie für die parlamentarische Arbeit frei zu machen.

Clay war am 15. Februar auf der Konferenz mit den Bizonen-Vertretern[7] recht aufgeschlossen und milde gestimmt, obgleich es wieder Gelegenheit gab, den Deutschen politische Ohrfeigen zu geben. Das Tollste scheint mir zu sein, daß der Verwaltungsrat die Beteiligung der Bizone an der Leipziger Frühjahrsmesse beantragt hat. Doch sprach Clay kein Wort davon.

Ergänzung: Kriedemann hatte Pünder in der Sitzung des Wirtschaftsrates am Freitag wegen der Treuhandgesellschaft Eisen und Stahl scharf angegriffen – und das gab einen tollen Krach, so daß die Sitzung aufflog.[8] Die Sache wird ein Nachspiel haben, denn die SPD wird bezichtigt, daß sie Deutsche vor der Militärregierung anklagt. Die Scheinheiligen sollten sich hüten, zumal das gar nicht stimmt. Es könnte einem alle Lust vergehen, für die Allgemeinheit zu arbeiten.

27. Februar 1949

Die katholische Kirche strengt sich gewaltig an, in Deutschland maßgebenden politischen Einfluß zu gewinnen. In der CDU ist es ihr jedenfalls bei den kleineren Geistern voll gelungen. Ich denke nur an Hilpert und Pünder, vermute es auch von Wohleb und Ehard.

Ob Dr. Adenauer, der alte Fuchs, sich von Kardinal Frings sehr einspannen läßt, ist für mich schwer zu beurteilen. Ich bin jedoch gewiß, daß ein gutes Einvernehmen zwischen dem Kardinal und den CDU-Führern herrscht oder jedenfalls erstrebt wird. Es wird sich zeigen, wie lange die Protestanten diesem Treiben zusehen. Der Kultusminister Dr. Stein in Hessen ist Protestant – seine

Personalpolitik jedoch völlig im Sinne des Bischofs von Mainz, der sich des Herrn Min.Rats Hoffmann als seines „Bediensteten" bedient. Hat er doch kürzlich dem Landkreis Friedberg den dritten katholischen Schulrat aufgedrückt, nachdem schon zwei vorhanden sind und trotzdem die Bevölkerung zu erheblichem Teil (wohl gar überwiegend) protestantisch ist.

Bei der Beerdigung von Reichsminister Köhler in Karlsruhe[9] hat auf mich die Rede – Predigt – des Erzbischofs von Freiburg den größten Eindruck gemacht, weil sie politisch sehr aufschlußreich war. Er sagte u. a.: „Ich habe es in den letzten Jahren mehrere Male selbst erlebt, daß der Verstorbene, der sich in höchster Staatsstellung befand, vor dem ganzen Volke niederkniete. Wer sich so zu Gott und seiner Kirche bekennt und das tut, was die Kirche von allen Gläubigen verlangt, der wird sich mit Recht mit seinem Volke einig fühlen und von seinem Volke getragen werden. Er hat sich einen Platz im Gedächtnis des Volkes geschaffen, und Gott wird sich seiner gnädig annehmen. Er war ein wahrhafter Christ und ein wahrhaft großer Mann."

13. März 1949

Manchmal ist mir Angst und Bange um Deutschlands Zukunft. So geht es mir auch heute, nachdem ich in der vergangenen Woche wieder eine Reihe von Enttäuschungen erlebte. Zunächst eine persönliche, indem Fritz Heine die Herausgabe des Long-Term-Programms mit sieben erläuternden wirtschaftspolitischen Aufsätzen aus dem Diskussionsergebnis unseres Arbeitskreises als Lizenzträger der Hannoverschen Presse verhindert hat. Da sind sechs Wochen verloren. Wir hatten uns eingebildet, daß die Partei froh sein könnte, wenn die Referenten brauchbares Material zur Wirtschaftspolitik in die Hand bekämen.[10]

Am Mittwoch war Dr. Roos vom „Tag" – Berlin – hier; er kam von einem vierzehntägigen Aufenthalt in England und war voller Eindrücke und Ideen. Eine Fülle von Aufgaben und Möglichkeiten für die deutsche Politik wurde erörtert.

Roos hatte vorher mit Dr. Hermes und Dr. Walter Strauß gesprochen. Roos erzählte, daß Adenauer nach den Wahlen zum Volkstag eine Koalition mit der liberal-demokratischen Partei erstrebt – gegen die SPD.

Daher wird in den Kreisen um Hermes und Strauß überlegt, ob es nicht angebracht wäre, in einer deutschen politischen Gesellschaft die jüngeren poltischen Kräfte zu sammeln, die für die Zusammenarbeit CDU-SPD eintreten. Roos erwartet übrigens, daß die SPD die stärkste Partei im Volkstag sein wird, weil die CDU in Bayern wegen der Krise der CSU und sonst wegen der Haltung des hohen katholischen Klerus einen Teil der protestantischen Wähler an die LDP und SPD verlieren würde.

Eine abendliche Aussprache mit Professor Hermberg, der von seinem Urlaub in den USA zurückgekehrt ist, wirkte sehr ernüchternd auf mich. Hermberg sieht eine grundsätzliche Einigung zwischen den Siegermächten über Deutschland noch in diesem Jahr voraus. Rußland würden große Reparationen zugesprochen werden, die Räumung Deutschlands von den Besatzungstruppen würde die SED auf den Stand von 5 bis 10 % der Wähler zurückführen und die Demokratie für Deutschland wiederbringen. Die Ostgrenze an der Oder-Neiße-Linie würden die Amerikaner allerdings hinnehmen bzw. den Russen konzedieren; es wäre ja auch praktisch unmöglich, die umgesiedelten Polen wieder aus Schlesien herauszuholen. Man dürfe doch nicht außer acht lassen, daß Hitler das deutsche Reich zerstört habe. Sein Eindruck aus vielen Gesprächen in den USA wäre, daß man dort weitab von den europäischen Verhältnissen sei und daher alles in Schwarz oder Weiß sähe, d. h. schnell bereit sei, mit Ja oder Nein zu entscheiden.

Hermberg kritisierte erneut das Bestreben der deutschen Stellen nach einem Aufbau der Schwerindustrie, die Deutschland nur teuer zu stehen käme. Es wäre völlig unverständlich, weshalb Dr. Keiser den Maschinenexport herunterzudrücken bestrebt wäre, obgleich er sich gut angelassen habe. Hier käme allerdings eine echte nationalistische Tendenz der deutschen Wirtschaftspolitik zum Ausdruck. Auch der kleine Mann, auch weite Kreise der Arbeiterschaft ständen noch unter dem Eindruck, daß die Größe der Schwerindustrie maßgebend wäre für die Größe der volkswirtschaftlichen Leistung, daß die Schwerindustrie die Grundlage einer eigenen Wirtschaftspolitik wäre und daß der Widerstand des Auslandes gegen eine große Stahl- und Eisenproduktion einem egoistischen Konkurrenzneid entspränge. So käme alles wieder, wie es war – es wiederholte sich die Entwicklung 1920 bis 1928.

Hermberg erinnerte daran, daß er damals in aller Form gegen die Subventionierung der Landwirtschaft, gegen den Ausbau des landwirtschaftlichen Kreditsystems und gegen den Schutz der schlechten Landwirte gesprochen und geschrieben habe. Es wäre ein Unglück für Deutschland, daß es seit Friedrich d. Gr. jeweils ein ausgezeichnetes Agrarbanksystem hatte, welches die Verschuldung erleichterte, die Bodenrente in die Höhe trieb und damit die Schutzzoll-Politik notwendig machte. Er wäre ganz meiner Meinung, daß die Landwirtschaft durch eine Flächensteuer zu intensiver Bewirtschaftung gezwungen würde. Allerdings sei er fest überzeugt, daß alle Parteien, auch die SPD, eine solche Politik nicht mitmachen würden aus Angst vor dem Verlust von Wählerstimmen. Man müsse doch beachten, daß die Landwirtschaft einen großen Wählerblock darstellt – einen ähnlichen bildet nur die Arbeiterschaft – und daß die fähigen Landwirte jeweils gern die Vorteile einstecken, die ihnen die schlechten Landwirte einbringen.

Und in der Tat: bei den maßgebenden Politikern und erst recht bei den jetzt amtierenden Beamten fehlt es völlig an einer großen volkswirtschaftlichen Konzeption. Man schreit nach Wohnungsbau mit billigen Argumenten und verpaßt die Chance des Marshallplans; man fordert eine große Schwerindustrie und nützt – zur Freude der Engländer – nicht die Möglichkeit der Maschinenindustrie. Man füttert die „notleidende" Landwirtschaft, die wieder einmal schuldenfrei wurde, und verteuert die gesamte deutsche Lebenshaltung. Man will gern Investitionen, weiß aber keinen anderen Rat als den Schrei nach Auslandskapital. [. . .]

Wo gibt es eine geschlossene deutsche Front? Man streitet sich untereinander! Man vergiftet das öffentliche Leben mit Mißtrauen! Man kennt nur taktische und vielleicht auch strategische Gesichtspunkte – natürlich vom Standpunkte der Partei, sofern nicht in Einzelfällen nur persönliche Interessen im Spiele sind. Besonders übel wirkt sich dabei noch die Tatsache aus, daß die Partei-Führer fernab vom Schuß sitzen – in Godesberg oder Hannover oder München – und nur aus Ideologie oder Dogmen oder Prinzipien – schnellstens – entscheiden. Und obgleich dabei häufig ganz blühender Unsinn herauskommt, wie z. B. bei dem Mißtrauensantrag gegen Adenauer von seiten der sozialdemokratischen Fraktion des Parlamentarischen Rates[11], der von Schumacher befohlen und in die Presse gesetzt war, ohne daß die Fraktion darüber beraten hatte, weshalb sie denn auch Ollenhauer mit allen gegen drei Stimmen desavouierte.

Unter diesen Umständen tagte gestern und vorgestern der Parteivorstand in Köln[12]. Devise von Schumacher: alliierte Forderungen zum Grundgesetz ablehnen, eventuell gegen das Grundgesetz stimmen. Kriedemann wollte ausgeschlafen zum Kampf der Geister erscheinen. Kaisen durfte erneut seine Kassandrarufe ausstoßen in Sorge um Staat und Partei.

Die Amis wollten gern vernünftige Leute dort haben und fragten Hansen, ob er nicht Brauer zur Teilnahme veranlassen könnte!

Ich bin neugierig zu hören, was sich dort getan hat.

Erbarmt Euch über's Vaterland, Ihr armen Deutschen, rührt die Hand!

20. März 1949

Graf Sforza zum Atlantikpakt in der Abgeordnetenkammer (Neue Zürcher Zeitung v. 18. III. 49):

„Ich bin überzeugt, daß die Sowjetunion Eroberungen durch die Fünfte Kolonne liebt, daß sie aber keine Lust hat, einen Krieg zu riskieren. Am Tage, an dem Rußland sehen wird, daß die Fünften Kolonnen im Westen wenig nützen, wird Rußland seine ausländischen, allzu eifrigen Diener mit raschen Beschlüssen überraschen, die dann zu der Entspannung führen, von der man viel spricht, aber an die man wenig glaubt. Ich habe Ihnen gesagt, daß meiner Überzeugung nach die Sowjetunion heute den Krieg nicht will. Aber die Gefahr besteht immer, in einem Lande, das panslawische Ausdehnungsbestrebungen verfolgt, die im Falle Rußlands zu einer neuen Religion hinzukommen. Ich sage mit vollem Bedacht ‚Religion', auch wenn diese materialistisch ist. Der Atlantikpakt bildet für Rußland ein Memento, dieser Versuchung nicht zu unterliegen. Wir wollen den Frieden für alle, auch für Rußland."[13]

27. März 1949

Lentzes politische Voraussagen.

Eine politische Diskussion im Hause Kurt Jahn am 25. März veranlaßte Dr. Helmut Lentze, erneut zu versichern, daß ich noch in diesem Jahre einen Ministerposten haben würde – möglicherweise Finanzminister in Hessen . . .

Lentze spricht mir eine Salazar-Rolle zu etwa bis 1955, dann würde ich eine hohe wirtschaftliche Stelle bekleiden. Er war so sicher in seinen Äußerungen, daß ich nur kräftig lachen konnte. Interessant war seine weitere Behauptung – in beschwörenden Worten –, daß Ende 1954 ein großer Krach in China sich ereignen würde, der Deutschland die Chance gäbe, seine Grenzen von 1937 wiederzuerlangen.

Da Lentze vor 1 ½ Jahren richtig vorausgesagt hat, daß die Bundesregierung nicht vor zwei Jahren – also Ende 1949 – kommen würde, als jedermann einen viel früheren Termin als gegeben annahm, bin ich auf den Ablauf dieses Jahres – auch meinetwegen – gespannt.

10. April 1949

Die SPD sitzt in Bonn in einer Sackgasse und will nicht heraus, weil sich die Ablehnung der alliierten Forderung nach Aufgabe der Bundesfinanzverwaltung besser macht als die Anerkennung.

Es hat mich sehr überrascht, daß mein Adlatus Zimmer gestern bemerkte: „Die SPD ist die einzige Partei, die Rückgrat zeigt – hoffentlich bleibt sie fest!"[14] Das ist kurzsichtig und wirkt nationalistisch.

Schon in meiner Broschüre über die finanzpolitischen Gegenwartsfragen[14a)] habe ich angemerkt, daß der Bund auch mit einer Auftragsverwaltung auskommen kann. Als ich darüber mit Menzel sprach, lehnte er scharf ab: Es müsse der Bund ein Zwangsmittel gegen die Länder haben, das könnten nur die Finanzen sein. Dafür hat die SPD in Bonn einen großen Preis gezahlt. Jetzt steht sie vor der Tatsache, daß sie den Preis und das Kaufobjekt los ist. Die CDU will einen Ausgleich schaffen, aber die SPD, mindestens Schumacher und seine Hannoverschen Sekretäre, sind dagegen. Es ist ja auch peinlich, wenn die SPD von ihren Zugeständnissen einen Teil zurücknimmt – weil, ja weil sie mit falschem Ziele verhandelt hat.

Realpolitisch ein großer Fehler mit dem Ergebnis einer unmöglichen Zwangslage. Man kann eben nicht ohne tägliche Fühlung mit den Regierungsproblemen, mit den politischen Gegnern und den Militärregierungen brauchbare Politik machen. Es hatte schon damit angefangen, daß anstelle eines kurzen Grundgesetzes eine umfangreiche Verfassung entstand, gewiß nur deswegen, weil die deutschen Politiker das fair play der Engländer nicht kennen und – wohl durch zahllose Erfahrungen gewitzigt – ein ganz übles zersetzendes Mißtrauen gegeneinander haben. So kam es zu dem lähmenden Perfektionismus in Bonn, der politisch sehr geschadet hat, weil die Bevölkerung in ihrer Notlage dafür kein Verständnis aufbringen kann.

Wir brauchen dringend eine Regierung und müssen uns mit ihrer Hilfe unser Haus nach und nach so einrichten, wie wir es brauchen. Was heute nicht möglich ist, wird vielleicht in zwei oder drei Jahren auch von den Militärregierungen gefordert werden.

Wir müssen eine Bundesregierung mit sozialdemokratischer Beteiligung haben, weil das heutige Regime des Verwaltungsrates sich als eine schwere Schädigung für die deutsche Wirtschaft auswirken wird. Professor Erhard hat es fertiggebracht, einem Reporter der „Frankfurter Rundschau" zu erklären: „Selbst wenn Westdeutschland die Möglichkeit hätte, die im Long-Term-Programm vorgesehenen 27 Milliarden DM Investitionen selbst aufzubringen, wäre ich dagegen, dieses zu tun. Denn das setzt einen derartig begrenzten Lebensstandard für die Deutschen voraus, der nicht verantwortet werden kann. Seit zehn Jahren wartet das deutsche Volk darauf, Fortschritte zu machen. Ich bin gegen die bekannten Methoden, bei denen es heißt, ihr müßt nun erst noch einmal vier Jahre hindurch den Leibriemen besonders eng schnallen, dann beginnt die glückliche Zeit. Es gibt bessere Wege, auf denen das Volk Freude an der Arbeit behält. Diese brauchen wir. Im März ist der Produktionsindex in dem Vereinigten Wirtschaftsgebiet auf etwa 85 Prozent gestiegen, und diese freiwillige Mitarbeit müssen wir uns erhalten."[15] – Ich muß sagen: In einem Staate mit Ministerverantwortlichkeit müßte ein solcher Wirtschaftsminister sofort abtreten. Es fehlen mir alle Worte, eine solche Meinungsäußerung zu charakterisieren. Ist es Demagogie, nationalistische Dummheit oder Verantwortungslosigkeit eines Unfähigen? Da sitzen die Sozialdemokraten nun daneben, ringen die Hände und müssen zusehen, wie die Wirtschaft mit Fehlinvestitionen ins Kraut schießt und die Amerikaner an unserem Verstande zu zweifeln gezwungen werden.

14. April 1949

Kurt Schumacher hat seinen dicken Kopf durchgesetzt und wird die SPD gegen das Bonner Grundgesetz einnehmen, wenn es nicht zu einer Bundesfinanzverwaltung kommt[16]. Alle Beschwichtigungs- und Überzeugungsversuche sind abgeprallt. Carlo Schmid mußte sich sagen lassen, daß „mit einer Eiszone der Isolierung" umgeben würde, wer es unternehmen wollte, gegen den Parteivorstand zu regieren – ob er wohl glaube, daß ein anderer als er (Kurt Schumacher) der SPD acht Millionen Wählerstimmen einbringen könnte. Kaisen erzählte, daß er in Godesberg vor dem Parteivorstand allein dafür eingetreten sei, man solle sich im Rahmen des Auftrags der Militärgouverneure halten, der nun eben keine Bundesfinanzverwaltung vorsehe, sonst hätte man den Auftrag gar nicht annehmen dürfen. Dagegen hätten Heine und Henßler sich gegen die Übernahme der Verantwortung für ein Grundgesetz ausgesprochen, das von dem Kompromiß des Hauptausschusses abweiche. Die Ausführungen Henßlers wären so nationalistisch gewesen, daß Kaisen ihm gesagt habe: Er würde wohl bald „Heil dir im Siegerkranz" anstimmen.

Kriedemann hatte am Dienstag den Versuch gemacht, mit Schumacher persönlich zu sprechen und war deshalb eigens nach Hannover gekommen. Schumacher hat es abgelehnt, ihn zu empfangen – er hätte keine Zeit, auch am nächsten Tage nicht. Diese Haltung hat Kriedemann so erschüttert – und für die SPD so beschämt, daß er seiner Begleiterin sagte, Schumacher hätte ihn auf den nächsten Morgen bestellt. Genossin Woerner aber vergoß bittere Tränen.

Ist das noch Politik, – Demokratie – Parteigenossenschaft und Kameradschaft? Was soll das? Der Parteichef will aus seiner Isolierung heraus und – nicht von des Gedankens Blässe angekränkelt – am kommenden Mittwoch vor dem Parteiausschuß und der Bonner Fraktion kalt berechnete Fragen stellen – und mit aller Schärfe beantworten, so daß ihm niemand wird zu widersprechen wagen. – Ja! Wagen! Denn die Parteibürokratie wird ihn kaltstellen, wenn sie kann, sie wird ihn verschmähen, wird ihn aus der politischen Ebene entfernen. Das ist am einfachsten mit den Parteiangestellten – sie helfen daher eifrig mit; es ist leicht mit den Abgeordneten, den amtierenden und denen, die es werden wollen, denn sie kommen nicht auf die Liste – es ist am schwierigsten bei den Funktionären in bekannter oder gesicherter Stellung; an diese knüpfen sich daher die Hoffnungen, ich nenne Kaisen, Brauer, Reuter. – Brauer steht diesmal allerdings in Schumachers Nähe, denn er hofft auf einen Umfall der Amerikaner.

Kriedemann war gestern innerlich ganz außer aller Fassung. Ruhelos trieb er sich umher, Alkohol und Zigarren verschlang er ohne Maß und Geschmack. Die Anwesenheit Lüdemanns gab willkommene Gelegenheit, im Hause Schleswig-Holstein ein Zusammensein mit wenigen Parteifreunden zu veranstalten, damit die Zeit verging. Heute ist er – welche überraschende Entscheidung! – nach dem Schwarzwald zu einem Osterurlaub mit seiner Frau gefahren – ein sehr schlechtes Zeichen für diesen unermüdlichen Arbeiter der Partei, da er doch eben erst 4 Tage fortgewesen war.

Die Amerikaner werden schon unruhig. Gestern haben sie Kaisen und Kriedemann zu einer Aussprache gebeten, an der von der anderen Seite Litchfield und Simons teilnahmen. Die beiden Sozis haben gründlich ausgepackt und keine Hoffnung auf die Annahme eines Grundgesetzes in Bonn gelassen. Kaisen hatte vorher Dr. Adenauer zugesagt, daß die Ministerpräsidenten gegebenenfalls eingreifen würden.

Auch das muß schon in der Presse bekannt sein, denn Friedlaender erzählte heute in der „Zeit"[17] ein politisches Märchen zur Überwindung der Krise in Bonn: 3 Ministerpräsidenten sollten sich binnen 3 Tagen über die Formen der bizonalen Regierung einigen, so wie sich die 3 Außenminister über das Besatzungsstatut geeinigt haben, indem sie alles Strittige und Unwesentliche der praktischen Entwicklung überließen. Schön wär's!

Ich bin neugierig, ob die SPD sich noch fängt oder gefangen wird!

24. April 1949

Die SPD hat sich in Hannover zu einem konstruktiven Vorschlag zusammengefunden.[18] Darauf haben die drei Außenminister sehr schnell reagiert und den Militärgouverneuren eine neue „liberale" Richtlinie gegeben.[19] Es ist zu hoffen, daß nun doch noch in Bonn ein Kompromiß der großen Parteien zustande kommt, zumal es die Alliierten eilig haben. Die Russen wollen doch wieder ins Gespräch kommen, man liest schon von Vorbereitungen zur Aufhebung der Blockade Berlins.[20] Der Wechsel im Außenministerium in Moskau[21] war eben doch von sachlich prinzipieller Bedeutung. Wenn die Alliierten in Bonn nachgeben – so sieht es ja jetzt aus –, dann hätte Schumacher einen großen Erfolg für sich und die SPD errungen.

Albert Wagner hat mit mir gestern Abend hessische Staatspolitik gemacht; es ging um Änderungen im Kabinett, die kommen müssen, wenn Hilpert in die Bundesregierung übersteigt. [unleserlich]

Wenn ein Ministerrat in Hessen für mich auch kein materieller Vorteil wäre, so bedeutet es doch den besten Übergang aus der Beamtenlaufbahn in die Politik. Ich hätte auch Spaß daran, den Endspurt der Partei in der laufenden Legislaturperiode anzukurbeln, denn sonst sehe ich ganz schwarz für die Wahlen im Herbst 1950.

Gestern war Rechtsanwalt Dr. Kübel aus Berlin, jetzt Gießen, bei mir. Er hat einen großen Kampf gegen den Aku-Konzern – Allgemeine Kunstseide – vor; dort war er lange Jahre Justitiar und hat sich ein stattliches Aktienpaket verdient, das nun von holländischer Seite her gefährdet erscheint. Er erzählte lange von seinen Nachforschungen über Korruption, Untreue, Unterschlagung, Steuerhinterziehung, Bestechung, Bilanzfälschung, Meineid usw. unter den Herren Direktoren und Großaktionären, angefangen von Herrn Dr. Blüthgen. Als die staatlichen Stellen beim Reichsfinanzministerium und der Staatsanwaltschaft sich nicht mehr enthalten konnten, Verfahren zu eröffnen, haben [unleserlich] und Körner die notwendigen Entflechtungsanordnungen gegeben.

Interessant war mir in diesem Zusammenhang, daß Konrad Adenauer von der Glanzstoff-AG im Jahre 1929 ein Geschenk in Höhe von 1 000 000 RM erhalten hat und daß zu gleicher Zeit die Deutsche Bank auf eine Forderung über 500 000 RM verzichtet habe. In dem Steuerfahndungsbericht heißt es, Adenauer hätte sich dafür in seiner Eigenschaft als Präsident des preußischen Staatsrates bereit erklärt, für eine Erhöhung der Schutzzölle auf Kunstseide zu wirken. Kübel meinte, daß Adenauer selbst zur Erklärung dieser Zahlung angegeben hat, daß Dr. Blüthgen ihm einen Tip wegen Ankaufs von Aku-Aktien im Auslande gegeben habe, der sich nachträglich als falsch herausgestellt hätte. Da Adenauer auch für andere Aku-Aktien gekauft und sich deswegen verschuldet hätte, wäre die Aku moralisch verpflichtet gewesen, ihn aus der Situation herauszuholen. Über seine Verschuldung wäre damals einiges durchgesickert; das hätte Adenauer zu einer Inanspruchnahme der Deutschen Bank wegen Bruch des Bankgeheimnisses veranlaßt; diese hätte dann den Schuldensaldo Adenauers über ca. 500 000 RM gestrichen, um einer Auseinandersetzung mit ihm aus dem Wege zu gehen.

Ich kann nur sagen: Schöne Sachen! Nicht im Traume wäre es mir eingefallen, auf solche Transaktionen zu kommen, die einem Oberbürgermeister, Parlamentarier und Politiker zu Vermögen verhelfen sollen[22].

30. April 1949

Ergänzung: Kurt Schumacher lehnte es damals ab, das Material gegen Adenauer – es lag auch die Akte wegen Steuerhinterziehung vor – zu verwenden. – Er muß – so sagte er siegesgewiß – „in offener Feldschlacht" fallen.

Die Alliierten haben in Bonn – genauer gesagt: in Frankfurt – nachgegeben und der SPD einen großen Erfolg für die deutsche Sache verschafft. Am Ende der 5½stündigen Verhandlung[23] erklärte der politische Berater des französischen Militärgouverneurs zu Carlo Schmid: „Sie haben einen ausgezeichneten Kampf geführt; Sie haben gewonnen!" Sprach's und ging ohne Verabschiedung von dannen. Die Auseinandersetzungen in Hannover bedeuteten eine Niederlage Schumachers, die nur für den Außenstehenden nicht klar erkennbar wurde. (So heute auch Reuter-Berlin.) Sie hatten darüber hinaus die Wirkung, daß sich die Bonner Fraktion innerlich ganz vom Parteivorstand frei machte und im Interesse des Grundgesetzes weiterverhandelte; es hat einige Mühe gekostet, mehrere SPD-Abgeordnete davon abzuhalten, ihr Mandat niederzulegen aus Protest gegen die Lenkungs-(Befehle-)Politik von Hannover.

Gestern hat sich Clay von den Ministerpräsidenten der amerikanischen Zone verabschiedet.[24] Kaisen erzählte: „Es war ein schwerer Abschied; man merkte Clay die große innere Erregung an." Ich glaube, daß Clay sich sehr große Verdienste um Deutschland erworben hat.

Sein Abgang vor der Überleitung auf den Hochkommissar nach dem Besatzungsstatut ist m. E. darauf zurückzuführen, daß er in der vorigen Woche einen heftigen Streit mit Murphy und den Briten wegen der Bekanntgabe des Briefes der 3 Außenminister am 7. April hatte – des Briefes, der Schumachers Haltung rechtfertigte und den Bonner Streit löste.[25]

7. Mai 1949

Da hat einer wider den Stachel gelökt – der Abgeordnete des Parlamentarischen Rates Dr. Fritz Löwenthal, ein früherer Reichstagsabgeordneter der kommunistischen Partei, der sich in der SED und der Ostzone freigemacht hatte. Er war empört über die Diktator-Allüren des Parteivorstandes der SPD in Hannover und hat deswegen seinem Herzen in einem Artikel im Tagesspiegel Luft gemacht mit der Ankündigung, man müßte eventuell eine neue sozialdemokratische Partei gründen.[26] Prompt hat ihn die Fraktion in Bonn ausgeschlossen – die bürgerliche Presse nimmt davon natürlich mit erhobenem Zeigefinger Kenntnis. Ich meine, Löwenthal hat sich gewiß in der Form vergriffen – aber die SPD müßte sich groß und erhaben [?] fühlen, über eine solche Disziplinlosigkeit hinwegzukommen.

Der völlig unverständliche Streit über die Frage, ob Frankfurt oder Bonn Sitz des Bundes sein soll – ein Streit, den es für vernünftige und sparsame Leute gar nicht gibt –, hat eine sehr amüsante Szene, zuzusagen einen Höhepunkt, entwickelt. Der Vertreter der Stadtverwaltung Frankfurt, der sozialdemokratische Stadtrat Fay, ein trinkgewohnter Journalist, hatte mit Min.-Direktor Dr.

Wandersleb, dem Leiter der Staatskanzlei in Nordrhein-Westfalen und Vorkämpfer für Bonn, eine Versöhnung beim Weine vorgesehen. Es muß dabei kräftig gezecht worden sein, denn Fay landete schließlich mit einem auf ungeklärte Weise gebrochenen Bein in seinem Hotelzimmer. Damit aber noch nicht genug, dieses Hotelzimmer ging am nächsten Tage auf ebenfalls ungeklärte Weise in Flammen auf. Der Streit war trotzdem nicht begraben, denn Fay beschuldigte den Oberstadtdirektor Langendörfer in Bonn in einer Pressekonferenz, zu der er mit Gipsverband am Bein gehumpelt war, der Aufmachung einer „Milchmädchenrechnung" über die Kostenunterschiede Bonn-Frankfurt. Das brachte nun wieder Herrn Langendörfer in Harnisch, der seinerseits eine Pressebesprechung abhielt. Dabei fragte einer der Pressevertreter, ob es denn wahr sei, daß Frankfurt das Abstimmungsergebnis im Parlamentarischen Rat mit einer eventuellen Wohnungszuteilung an die Abgeordneten des Wirtschaftsrats in Zusammenhang bringen wolle. Diese Drohung kam den Frankfurtern sehr ungelegen, so daß sich Stadtrat Dr. Altheim, ebenfalls SPD, zum Wort meldete: „Sie kennen doch alle meinen Freund Fay und wissen, daß er in fröhlicher Stunde manchmal etwas überspitzte Formulierungen gebraucht. Man darf diese nicht zu ernst nehmen." Zwischenruf: „In vino veritas!" Antwort Altheims: „Diesmal war es keine veritas." (Bericht der Westdeutschen Allgemeinen vom 15. 5. 1949).[27]

15. Mai 1949

Dr. Köhler hat Clay noch einen Abschied in Frankfurt in kleinem Kreise gegeben, der – abgesehen von den Störungen der Film- und Photoopérateure während der offiziellen Ansprachen – harmonisch und eindrucksvoll verlief.[28] Clay wies in seiner Antwort an die drei deutschen Redner – Köhler, Pünder, Stock – auf die Freiheit als Grundlage des Lebens und die Sinngebung des Lebens hin. Er gab dann an seinem Tisch im Gespräch mit Nachdruck der Befürchtung Ausdruck, daß die Deutschen den Verlockungen der Russen nicht würden widerstehen können. Die deutschen Politiker würden in den nächsten fünf Jahren häufiger auf den Berg der Versuchung geführt werden, wo ihnen gezeigt würde, was sie haben könnten, wenn sie sich dem Osten anschlössen.

Danach haben selbst die Amerikaner Sorge um eine östliche Orientierung der deutschen Politik. Wenn Clay doch nur persönlich die Folgerung gezogen und den Arbeitervertretern dieselben Chancen gegeben hätte wie den Unternehmern.

Auf unerhörten Druck von Adenauer hat die CDU im Parlamentarischen Rat durchgesetzt und mit 33:29 Stimmen – bei 2 Stimmenthaltungen der Kommunisten – Bonn als Sitz der Bundesregierung beschlossen. Die Bevölkerung ist allgemein entsetzt über diesen Beschluß und der Demokratie noch ablehnender gesonnen. „Mit unseren Steuergroschen!!" Vielleicht kann die SPD im Wahlkampf für sich daraus Vorteile ziehen.

Kriedemann hatte am Donnerstag einen großen Erfolg im ERP-Ausschuß des Wirtschaftsrates, als er einen detaillierten Entwurf für eine programmatische

Erklärung zum ERP im wesentlichen mit allen Forderungen nach Planung und Lenkung durchsetzte. Dabei war es interessant, daß Dr. Holzapfel (CDU) gleich zu Beginn der Beratung seinen differierenden Parteifreunden entgegentrat und sich zu 90 % mit Kriedemanns Vorschlag einverstanden erklärte. Das Ganze war ein erneuter Beweis dafür, daß mit größerem Fleiß und sachlicher Einsicht auch aus der Opposition heraus etwas zu machen ist – auch in Deutschland.

Ergänzung: Es wird wohl niemals offen dargelegt werden, wie der Beschluß zu Gunsten von Bonn als Hauptstadt der Bundesrepublik zustande gekommen ist. Die Sozialdemokraten und die Süddeutschen stimmten erklärtermaßen für Frankfurt; sie bildeten zweifellos die Mehrheit. Die geheime Abstimmung hat zweifellos eine Reihe von Abgeordneten in die Lage versetzt, nach ihren eigenen privaten Interessen und gegen ihren politischen Auftrag zu stimmen. Manche haben dies offen erklärt, wie z. B. die sozialdemokratischen Minister des Landes Nordrhein-Westfalen, die sich für Bonn entschieden. Das hätte zur Bildung einer Mehrheit nicht genügt. Ich persönlich bin davon überzeugt, daß z. b. Dr. Erich Köhler aus Wiesbaden und Dr. Heinrich von Brentano aus Darmstadt für Bonn gestimmt haben, weil es mir andernfalls unerfindlich erscheint, daß der eine Präsident des Bundestages und der andere Vorsitzender der CDU-Fraktion wurde; es gibt gewiß noch andere solche Fälle.[29]

Die Arbeitslosigkeit nimmt ständig zu, so daß nun auch Unternehmer gegen Erhards Politik der freien Marktwirtschaft mißtrauisch werden. Wenn der Schrumpfungsprozeß noch eine Weile weitergeht, dann können wir manche Überraschung erleben. Aktive Wirtschaftspolitik der Kreditausweitung sollte jetzt die Parole sein!

Ergänzung: Damals brachten die Verwaltung für Wirtschaft und die Verwaltung für Arbeit in Frankfurt/Main-Höchst in 14tägiger Reihenfolge eine Zeitschrift „Wirtschaftsverwaltung" heraus, die eine Folge von Aufsätzen über wirtschaftliche Fragen bei Durchführung des Long-Term-Programmes als Ergebnis von zahlreichen Diskussionen in meinem Arbeitskreis abdruckte; die Aufsätze stammten aus meiner Feder und betrafen den „Rahmen der deutschen Wirtschaftspolitik" (Heft 9), den „Außenhandel als Lebensfrage" (Heft 11), „Sicherung des Massenverbrauchs", „Kapitalbildung und Lohnpolitik" (Heft 12). Die Reihe sollte fortgesetzt werden. Da kam das Veto von Professor Erhard persönlich oder aus seiner Umgebung, die darauf aufmerksam gemacht worden waren, daß der Autor sich keineswegs im Sinne des Neoliberalismus geäußert hatte. Leonhard Miksch schrieb eine Entgegnung über die Sicherung des Massenverbrauchs und Dr. Helmut Meinhold eine Antwort unter der Unterschrift „Lenkung oder Marktwirtschaft im Long-Term-Programm" (beide Heft 13). Der Herausgeber der Zeitschrift, Ministerialrat Medicus, wäre darüber beinahe zu Fall gekommen.

25. Mai 1949

Gestern war Arbeitskreis-Diskussion. Es ging um Investitionsfinanzierung und Kreditspritze. Allgemein herrschte Übereinstimmung, daß etwas geschehen müßte und es besser wäre, jetzt eine dosierte Kreditspritze – natürlich eine kräftige Maßnahme – zu verabreichen, als später gezwungen zu sein, eine Teilinflation zu machen. Es ist durchaus zweifelhaft, ob die jetzt im Zentralbankrat beschlossenen Maßnahmen ausreichend sind.[30]

Kriedemann, bei dem wir tagten, entließ uns nicht – es war schon 22.45 –, sondern hielt uns noch eine Stunde fest. Er ist voller Befürchtungen über den Ausgang der Konferenz der Außenminister in Paris.[31] Oppler bestätigte aus seinen Unterredungen im State Departement in Washington, daß Acheson voller Optimismus für eine Einigung über Deutschland wäre. Man rechnete mit der vollen Zustimmung der Sozialdemokraten, die ja bei freien Wahlen die absolute Mehrheit gewinnen würden. Wenn die Russen hinter die Curzonlinie zurückgingen, dann wäre nichts mehr für eine Demokratie in Deutschland und für den Frieden in Europa zu befürchten. – So einfach liegen die Dinge nicht, und so vertrauenswürdig sind die Russen nicht; man sollte doch aus den Erfahrungen der letzten zehn Jahre gelernt haben. Kriedemann befürchtet den Verlust der Freiheit in Deutschland, wenn eine Verständigung mit Rußland zustande kommt. Der Rückzug der Amerikaner aus Europa lieferte Deutschland hoffnungslos dem russischen Einfluß aus. Die Deutschen – 98% aller Politiker – würden beruhigt oder sogar begeistert den Handel mit dem Osten, die Nationalisierung des Landes und eine Teilung Polens aus den russischen Händen entgegennehmen. Clay hatte zum Abschied gesagt, daß Deutschland in den nächsten 5 Jahren immer wieder auf den Berg der Versuchung geführt werden würde.

1. Juni 1949

Die Verhandlungen in Paris haben von russischer Seite keine der befürchteten Versicherungen an das deutsche Volk gebracht. Ich hatte Kriedemann, der seine Befürchtungen wiederholt lebendig vorgetragen hat, das letzte Mal gesagt, daß ich die Russen nicht für intelligent genug halte, den Teufel zu spielen. Die Diktaturen, besonders die asiatischen, gehen gröber, brutaler, unsozialer vor. Vielleicht fürchten sie auch einen erneuten Reinfall mit den Deutschen, nachdem ihnen Hitler eine große Enttäuschung eingebracht hatte. So macht sich, insbesondere wegen des Vorschlages der Westmächte[32], ein Gefühl der Erleichterung bemerkbar. Freilich bedeutet diese Entwicklung für den Osten Deutschlands – Ministerpräsident Arnold spricht von Mitteldeutschland, weil Ostdeutschland unter polnischer Verwaltung steht – eine starke Enttäuschung, es werden sich dort noch üble Maßnahmen sozialistischer Diktatur zeigen. Die erneute Sperre gegenüber Berlin[33] beweist das deutlich. Ich glaube, daß auch der Menschen Engel die Zeit sein muß; nach drei bis vier Jahren dürfte die Situation eine andere sein. Die Heirat von Stalins 27jährigem Sohn mit der Tochter Molotows[34] zeichnet eine Entwicklung ab, die zu ganz unerwarteten Ergebnissen führen kann.

Bemerkenswert ist der starke Druck ultramontaner Kreise in Deutschland. „Le Monde" führte das einhellige „Nein" der bayerischen Regierung und der CSU auf die Einwirkung des Vatikans zurück.[35] Es bahnt sich hier eine Entwicklung an, die mindestens in der CDU zu großen Außeinandersetzungen mit den Protestanten führen kann. Wahrscheinlich wäre die Folge eine Rechtsentwicklung für große Teile des Bürgertums, wenn die SPD nicht den Charakter der Labour party annimmt. Jedenfalls marschiert die CDU z. Zt. kräftig in reaktionärer Richtung. Wenn die SPD darauf warten will, bis ihr nach einem Anschluß der Ostzone die Mehrheit einmal zufällt, dann könnte sie in eine nicht zu meisternde Situation kommen; sie hätte sich nicht nur mit der Reaktion des Westens, sondern obendrein auch noch mit dem Konkurs der Ostzone auseinanderzusetzen, eine Aufgabe, der sie nicht gewachsen sein dürfte, wenn sie nicht schon erhebliche Kräfte in der Verwaltung hätte.

14. Juni 1949

Die Min.-Präsidenten haben den Militärgouverneuren Abänderungswünsche zum Wahlgesetz des Parlamentarischen Rates vorgetragen[36] – wahrscheinlich hat dabei, wenigstens bei den Sozialdemokraten, der Gedanke mitgespielt, daß diese Wünsche gar nicht annehmbar seien –; doch nach kaum 48 Stunden war das Einverständnis der Militärgouverneure da. Nun grollte der Parteivorstand der SPD in Hannover. Ollenhauer fuhr zur nächsten Besprechung der Min.-Präsidenten.[37] Die sozialdemokratischen Herren stellten auf dringliche Vorstellungen der Vertreter des Parlamentarischen Rates fest, daß das Wahlgesetz nach dem Text des genehmigten Grundgesetztes vom Parlamentarischen Rat festzustellen ist und sie gar nicht von der Ermächtigung der Militärgouverneure zur Verkündung des Wahlgesetzes Gebrauch machen können. Sie beschlossen daher, die Angelegenheit den Militärgouverneuren erneut vorzutragen mit der Bitte um Entscheidung, wer denn nun eigentlich das Wahlgesetz rechtsgültig verkünden darf. Es muß das entweder der Parlamentarische Rat tun – weshalb er immer noch nicht aufgelöst ist – oder die Militärgouverneure. Das Volk versteht das Ganze nicht, wundert sich über die weitere Verzögerung des Wahltermins und ist in seiner Empfindung bestärkt, daß die Demokratie in Deutschland nicht recht funktionieren will.

Die Pariser Konferenz der vier Außenminister hatte jetzt ihre Sensation, den lang erwarteten russischen Vorschlag zum Friedensvertrag.[38] Es bleibt abzuwarten, wie die Westmächte darauf reagieren werden. Man kann ja wohl nicht den Endpunkt fixieren, ohne genaue Klarheit darüber zu haben, wie denn die Zwischenstationen aussehen werden. Die Nervenprobe für die Westmächte und ihre Vertreter geht weiter.

2. Juli 1949

General Robertson fordert von den Ministerpräsidenten eine endgültige Entscheidung über den Sitz der Bundesregierung.[39] Die Situation der Ungewißheit wäre für beide Seiten unwürdig und sogar als lächerlich zu bezeichnen. Ich bin gespannt, ob die Ministerpräsidenten am 6. Juli in Schlangenbad[40] zu einer Einigung mit den Parteivertretern über einen Ausweg kommen werden. Kopf hat vorgeschlagen, es sollten die Landtage abstimmen, weil sie ja auch den Parlamentarischen Rat gewählt hätten. Ich bezweifle nur, ob Dr. Adenauer das akzeptiert. Immerhin ist es ein Gedanke, den die versammelten Ministerpräsidenten und ihre Vertreter – auch Dr. Müller für Bayern – sympathisch aufgenommen haben. Es sieht allerdings so aus, als ob Herr Hays gar nicht recht dafür ist, denn er betonte in der Konferenz und nachher gegenüber der Presse, daß man sich an die getroffene Entscheidung des Parlamentarischen Rates für Bonn halten sollte.[41] Hoffentlich ist dieser Streit in drei Wochen ausgestanden.

Kriedemann hat heute seinen Schicksalstag. Wenn er vom Landesparteivorstand der SPD in Hannover nicht an sicherer Stelle der Landesliste als Kandidat für den Bundestag aufgestellt wird, dann will er aus der SPD austreten. Er will entweder in der Lage seien – wie bisher – das Gesicht der Partei irgendwie mitzubestimmen und zu gestalten und für die Partei zu kämpfen und zu leiden – oder er will abtreten, weil er der Auffassung ist, daß die Partei schon viel zu stark in das Fahrwasser geraten ist, das zu der Katastrophe von 1933 geführt hat. Kriedemann rechnet damit, daß es mit dem Besitzbürgertum z. B. wegen der Sozialisierung im Ruhrgebiet zu schweren Kämpfen kommen kann und hält es gar nicht für ausgeschlossen, daß die Sozialdemokraten noch einmal in die Emigration gehen müssen.

19. Juli 1949

McCloy ist zum ersten Male an den sogenannten Konferenzen mit den Militärgouverneuren beteiligt gewesen.[42] Er hat wenig gesagt. Nur für das Beamtengesetz – Militär-Regierungsgesetz 15 – hat er eine starke Lanze eingelegt und seine Befürchtungen über den finanziellen Zustand der Reichsbahn ausgedrückt. Es ist kaum zu sagen, wie dieser Mann sich für Deutschland auswirken wird. Ich vermute, daß er auf wirtschaftlich-finanziellem Gebiet einen großen Einfluß ausüben wird – das ist sein Metier. Es hat mich sehr sympathisch berührt, daß er von Toleranz und gegenseitigem Verständnis als Voraussetzung für den weiteren Aufstieg Deutschlands sprach, als er die langen Begrüßungsworte Dr. Köhlers erwiderte. Ich meine, in diesem Kreise zum ersten Male das Wort Toleranz gehört zu haben.

Die Militärgouverneure haben den Bizonalen den vollen Ernst der finanziellen Lage im Haushalt sehr deutlich gezeigt, besonders wegen der Reichsbahn und wegen Berlin. Sie werden offenbar alle Möglichkeiten benutzen, um Investitionsmittel für das Long-Term-Programm zu schaffen. Wenn die Deutschen keine Kapitallenkung betreiben, werden sie ihnen Ausgaben aufbürden, die zu der Anreicherung des Counterpart Funds führen.

Die „Obersekretäre" – nach Kopf – bemühen sich, die neue Bundesverwaltung zu organisieren[43] – auf dem Papier. [unleserlich] Im sogenannten Organisationsausschuß hat man mit 6:5 Stimmen dem Sekretariat des Länderrats das Todesurteil gesprochen.[44] Ich hoffe trotzdem im Interesse der Länder und des neuen Bundesrats – ja überhaupt der neuen Demokratie –, daß dieses Urteil nicht bestehen bleibt. Es scheint mir ein allgemeines Streben zu sein, ja nichts Neues aufkommen zu lassen. Für die kleinen Geister ist das am bequemsten, und für die „Politiker" häufig keine Sache, die sich lohnt.

Mir kribbelt es immer wieder in allen Gliedern, wenn ich erleben muß, wie schlecht verwaltet wird und welche Möglichkeiten der Verbesserung – organisatorisch und wirtschaftlich – immer wieder verpaßt werden. Da gibt es beinahe kein Ressort, wo ich nicht mit aufgekrempelten Hemdsärmeln eingreifen möchte – Reichsbahn, Post, Finanzen, Wirtschaft, Beamtenrecht, Steuern, Kapitallenkung, Zollpolitik, Wohnungsbau, Hausratversorgung, Kunst usw. usw. So simuliere ich eigentlich Tag für Tag, was wohl nach den Wahlen geschehen wird: Ich befürchte, daß wir eine rein bürgerliche Regierung bekommen werden, daß die kapitalistische Reaktion sehr ins Kraut schießen wird, daß die sozialen Spannungen sich verschärfen und die SPD dann an die Staatsmacht kommen wird, wenn es – vom Standpunkt der CDU – gar nicht mehr anders geht. Es sei denn, daß schon der Wahlausgang eine deutliche Unzufriedenheit mit der „freien" Marktwirtschaft seitens der Bevölkerung dokumentiert.

Die CDU-Taktiker rechnen mit einer absoluten Mehrheit der SPD, wenn es einmal zu einer Vereinigung von Ost-Westdeutschland kommen sollte; deshalb möchten sie wohl vorher noch alles Mögliche im Sinne ihrer kapitalistischen Restaurationspolitik auf die Beine gestellt haben.

Ich meine, wir leben nach den Parolen von Dr. Erhard so, als wenn wir den Krieg gewonnen hätten. Es muß eine grausige Ernüchterung kommen. Die Entwicklung in England zeigt die ganze Schwere der Lage. Freilich hat England wiederum den Versuch gemacht, die finanziellen Lasten des Weltkrieges ohne einen Währungsschnitt zu verkraften. Nun sitzt es in der Klemme, weil es im Pfundwährungsgebiet keine Handlungsfreiheit hat: Es kann das Pfund nicht abwerten, ohne die Wirtschaftseinheit des Commonwealth zu stören oder gar zu vernichten.

Manche freilich meinen, die Sozialisierungspolitik der Labour party habe sich als ein Fehlschlag erwiesen, weil die Arbeiterschaft – moralisch – nicht mitginge. Man stecke sich die Vorteile und Annehmlichkeiten gern – vielmehr als selbstverständlich – ein und dächte gar nicht daran, lehne es vielmehr glatt ab, selbst mehr zu leisten – ob es nun gewisse Preiserhöhungen oder Arbeitsbedingungen oder Mehrstunden oder anderes betrifft. Ein Beispiel, das mir Mr. Fliess erzählte: Eine Dame, Mitglied der Labour party, hatte vor kurzem ein Kind gehabt und aus diesem Anlaß große staatliche Förderung nach dem health act erfahren. Nunmehr schimpfte sie Mord und Bein über eine kleine Erhöhung des Milchpreises, die irgendwie notwendig geworden war. Fliess war empört über diese Einstellung.

Ja, ja! Muß man da nicht an Ortega y Gassets „Aufstand der Massen" denken? Die Demokratie kann nicht darin bestehen, daß die Massen regieren – sie müssen „demokratisch" geführt werden. Wenn wir diese Führung nicht erreichen und dazu ein gewisses Maß von Gleichheit und Sicherheit der Existenz, dann gibt es nur die Polizei als Lösung. Denn das ist ja immer wieder das beschämend Überraschende: die großen Schreier in der großen und kleinen Politik werden augenblicklich still – und zufrieden? –, wenn sie nicht mehr die Möglichkeit haben, sich „demokratisch" zu betätigen. Vielleicht sollte man doch dazu übergehen, die Moskau-Anhänger nach den Volksdemokratien abzuschieben, wo sie ihr Paradies haben sollen.

Ob die allgemeine Exkommunizierung der Kommunisten aus der katholischen Kirche[45] einen politischen Erfolg zeitigen wird, darauf bin ich sehr neugierig. Es wäre immerhin ein Erfolg der „idealistischen Geschichtsauffassung".

30. Juli 1949

Der Wahlkampf hat begonnen. Dr. Adenauer fiel nichts Besseres ein, als die SPD zu verleumden mit zwei hanebüchenen Behauptungen: die SPD wäre an der Diktatur der SED in der Ostzone schuld, denn die meisten Führer der SED wären ehemalige Sozialdemokraten.[46] Ich möchte wissen, was Herr Adenauer zu antworten hätte, wenn jemand ebenso laut und vernehmlich behaupten wollte, die katholische Kirche wäre am Nationalsozialismus schuldig, denn Hitler, Heß, Goebbels und viele andere Führer der NSDAP sind Katholiken gewesen. So geht es doch nun wirklich nicht!

Ferner hat Adenauer behauptet, die SPD wäre über den Brief der drei Außenminister unterrichtet gewesen, wonach ein Entgegenkommen in Verfassungsfragen zu gewähren sei[47]; er stelle anheim, ihn zu verklagen. Was ist das für ein Verhalten! Schumacher hat seinen Gegner daraufhin „Lügenauer" genannt[48] – auch kein Zeichen nobler Gesinnung und des fair play. Nun kann ja Adenauer Klage erheben!

Was sagt das Volk? Es rückt ab von dieser Sorte Demokratie und will nicht zur Wahlurne gehen.

Ein „Unflat", ein übler Demagoge mit dickem Fell ist auch Dr. Erhard. Er gehört wohl zu den Politikern, die am schnellsten ihre großen Versprechungen vergessen, so daß sich selbst die „Neue Zeitung" veranlaßt sah, vor seinen „voreiligen Prognosen" zu warnen.[49] Nunmehr geht die volkswirtschaftliche Diskussion in den ernsthaften Zeitungen und Zeitschriften an Erhards Vorschlägen vorüber. Freilich bedeutet das politisch vorläufig noch gar nichts, denn die Herren Politiker lesen die Wirtschaftsblätter nicht. Nur in Wolfenbüttel ist er neulich niedergebrüllt worden.[50]

Ergänzung: Unvergeßlich bleibt mir eine Diskussion, die der Vorbereitung der Monatskonferenz mit den Generälen Clay und Robertson diente. Es ging um die deutsche Stellungnahme zu dem sogenannten Long-Term-Programm, das u. a. eine Steigerung des deutschen Exports innerhalb von 5 Jahren auf etwa 12 Milliarden DM jährlich vorsah. Professor Erhard höhnte über die Vorschläge im Long-Term-Programm und erklärte insbesondere die erwartete Steigerung des deutschen Exports für eine vollständige Unmöglichkeit; wer solche Zahlen ausrechnet, habe bewiesen, daß er von den deutschen wirtschaftlichen Verhältnissen keine Ahnung habe, der deutsche Export habe nur im Jahre 1928 einmalig die Summe von etwa 12 Milliarden DM erreicht. Überhaupt war Professor Erhard gegen die Ziele und Maßnahmen des Marshallplanes für Deutschland eingestellt: Man solle uns das Geld geben, dann werden wir es besser anzuwenden verstehen, war seine Auffassung. Ganz anders General Clay, der es in einer Verhandlung ausdrücklich ablehnte, Zahlungen aus Marshallplanmitteln an deutsche Stellen zu leiten, solange nicht für ihre Anlage und Verwaltung ein eigenes Bankinstitut – die Kreditanstalt für Wiederaufbau in Frankfurt – errichtet sei. Die Praxis hat bewiesen, daß die amerikanischen Schätzungen im Rahmen des Long-Term-Programmes noch niedriger lagen als die tatsächlich erreichten Ziffern.[51]

Wenn mich meine Freunde und Mitarbeiter politisch ansprechen – gerade deswegen, weil sie mich zu den etwas prominenteren Sozialdemokraten rechnen –, dann höre ich immer wieder dasselbe: „Warum sorgt man nicht dafür, daß Sauberkeit, Wahrhaftigkeit und Sachlichkeit wenigstens an den leitenden Stellen herrschen? Wie ist es möglich, daß ein solcher Tropf wie Pünder, ein solcher Demagoge wie Erhard, ein solch mediokrer Mann wie Stock, daß Wohleb, Altmeier, Lüdemann an sichtbarster Stelle und in höchst verantwortlichem Amt sein können? Wie ist es zu begründen, daß der Unsinn mit Bonn geschah? Was tun die Politiker gegen die reine Protektionswirtschaft des Personalreferenten in der Verwaltung für Ernährung, Landwirtschaft und Forsten, gegen die groteske Stümperei in der Reichsbahn, gegen die Bummelei in ERP-Angelegenheiten, usw.?" Ich kann nur sagen: „Hoffentlich beteiligt sich die SPD an der Bundesregierung, hoffentlich schickt wenigstens die SPD einige handfeste Männer in die Regierung, die solche Dinge aufdecken und bekämpfen, hoffentlich beseitigt der ständige Säuberungsprozeß der demokratischen Prozedur die gröbsten Schädlinge und Trottel." Im Innern aber bin ich keineswegs davon überzeugt, daß die SPD diese Übelstände erkennt und zu beseitigen entschlossen ist. Auch bei ihr herrscht eine Ämterpatronage, die nicht von schlechten Eltern ist. Dabei sind die Ansprüche, die an die neue Demokratie und ihre Exponenten gestellt werden, durchaus bescheiden und vernünftig. Ich komme immer wieder zu demselben Ergebnis: Saubere Amtsführung, Wahrhaftigkeit und greifbare Erfolge für die große Masse der Notleidenden können auf die Dauer der SPD zu Macht und Ansehen verhelfen.

31. Juli 1949

Thomas Mann hatte am 25. Juli in der Paulskirche in Frankfurt aus Anlaß der Verleihung des Goethepreises 1949 eine „Ansprache im Goethejahr" gehalten.[52] Die Veranstaltung hat die Gemüter bewegt pro und contra Thomas Mann. Ich habe sie selbst erlebt und muß sagen: der Vortrag von Fritz von Unruh[53] im vergangenen Jahre an derselben Stelle war – trotz mancherlei Einschränkungen – ein Erlebnis für mich gewesen, der Vortrag von Thomas Mann war es bei weitem nicht in demselben Maß. Die Teilnehmer waren von Unruh förmlich in Bann geschlagen und am Ende fast ausnahmslos stürmisch begeistert, obwohl beinahe jedem eine heftige Kritik widerfahren war. Der kühle, sehr bewußte und von seiner Überlegenheit überzeugte Thomas Mann hatte einen ähnlichen Erfolg nicht erzielt.

Die Goethefeier begann mit dem Allegro con brio aus dem Streichquartett in f moll (opus 95) von Beethoven, gespielt vom Lenzewski-Quartett. Der Klang der Instrumente verlor sich in der kahlen Kuppelhalle der Paulskirche. Dann sprach ein Schauspieler Gedichte von Goethe sonorig und ausdrucksvoll: Prometheus, Grenzen der Menschheit und Das Göttliche. Dann kamen die Begrüßungsworte des Oberbürgermeisters Kolb – viel zu lang und ohne jede innere Teilnahme, denn auch der naivste Zuhörer bekam je länger je mehr das wachsende peinliche Gefühl, daß Kolb etwas vortrug, was er weder gemacht hatte, noch nach Inhalt und Fassung verantworten, d. h. für sich selbst in Anspruch nehmen konnte. Es war ein umfangreicher Aufsatz über Thomas Mann, seine Werke und seine künstlerische Arbeitsweise aus der Feder eines Literaturhistorikers Müller, der sich als „Begrüßungswort" gar nicht eignete, aber obendrein so verkrampft und geschwollen war, daß ich nicht umhin konnte mir drei Stilblüten aufzuschreiben. Der Redner sprach, zu Mann gewandt, von der Mitgift seiner geistigen Wahrnehmungs-Kapazität; er nannte ihn den „Seismographen dieser Zeit – das will etwas heißen – Sie sind nicht Balsam, sondern Mahner . . ." Er charakterisierte Manns Werke, geschrieben „mit den hochdifferenten und extravaganten Mitteln einer Spätkunst", wo die geistreich-melancholischen Parodien sehr wohl Ehrfurcht sein können. Das war mir zu hohl, zu gemacht, zu sehr effekthaschend und daher verfehlt. Thomas Mann selbst sprach, d. h. genauer er las Wort für Wort von einem Manuskript ab, so daß er als Vorlesender, nicht als Redner wirkte. Die geschriebenen Seiten in der linken Hand haltend, hatte er Gelegenheit, seine Worte mit der Rechten zu unterstreichen, was er spärlich, meist mit erhobenem Zeigefinger tat. Als er davon sprach, daß ihm Goethe „Trost und Kraft und Glauben" gebracht habe, da erweckte diese Wortfolge in mir die Vorstellung eines priesterlichen Mahners. Wenn ich meinen ganzen subjektiven Eindruck dieses Schriftstellers, den ich zum ersten Male sah, jemandem anschaulich und kurz bildhaft kennzeichnen sollte, dann würde ich sagen: er macht den Eindruck eines sehr gebildeten, gepflegten und selbstbewußten Oberstudiendirektors mit stark priesterlichem Einschlag. Der Vortrag begann mit einer breiten Auseinandersetzung politischer Art gegenüber seinen Anfeindern. „Ich stelle mich, den Freunden und den Feinden". „Zum Bußprediger fehlt mir alles – (ich bin nicht dieser Auffassung) – aber auch zum Propheten". So richtig ich es empfand, daß Mann etwas Persönliches aus Anlaß seines ersten Besuches in Deutschland nach seiner Emigration sagte, so sehr hätte ich eine gewisse Beschränkung sowohl dem Umfange nach als auch in den psychologischen Reflexionen für erforderlich gehalten. Ein Schriftsteller, der „die Betrachtungen eines Unpolitischen" geschrieben hat und mit Recht sich wie ein Künstler von hohen Graden fühlt, sollte der Politik ferner stehen und könnte politische Irrtümer für sich geltend machen. Es wäre richtiger und wirkungsvoller gewesen. Die Feststellung, daß es keinen nationalsozialistischen Staat gegeben hätte, wenn alle Deutschen den Nationalsozialismus so gehaßt hätten, wie er es getan habe, ist so unpolitisch und unhistorisch, daß sie mich baß in Erstaunen setzte. Die Bemerkung, daß seine Muttersprache seine Heimat wäre, nachdem er vorher von seiner neuen Heimat drüben gesprochen hatte, wurde von einigen übel vermerkt, weil die Muttersprache doch sein Geschäft sei. Ich meine, hier war ebenfalls ein grober Fehler zu vermerken. So fand Mann wenig Beifall.

Was er über Goethe sagte, war – wie erwartet – klug und gut formuliert und gewiß auch werbend für das Ausland. Ich bin sicher, daß kaum ein Zweiter es so gut hätte aussprechen können. Die Verehrer von Thomas Mann waren am Ende begeistert. Die Politisch interessierten Zuhörer waren weniger angetan, viele lehnten ihn nach wie vor wegen seines politischen Verhaltens ab. Ich glaube, daß Thomas Mann ein so ausgesprochener Vertreter der bürgerlichen Lebensauffassung des vergangenen Jahrhunderts ist und in so ausgesprochener Weise der gegenwärtigen Kunstform fernsteht, die keine Zeit und keine Neigung für das Epische hat, daß er wohl interessant, aber nicht fördernd wirkt.

11. August 1949
Einst war dieser Tag der Feiertag der deutschen Republik.[54] Unselige Erinnerungen tauchen auf, wenn ich daran denke, wie es niemals gelungen ist, an diesem Tage wirklich nationale Begeisterung anzufachen. Ich habe mir als junger Bürgermeister ernsthaft Mühe gegeben, ihn jeweils feierlich zu begehen. Anfangs beteiligte sich sogar der Stahlhelm geschlossen an dem Festzuge – doch so blieb es nicht: die Reaktion siegte in der Meinung des Bürgertums. Es sieht heute wiederum so aus, als wenn es uns an einer wahrhaft konservativen bürgerlichen Partei fehlen würde. Man ist politisch ungeschult und wirtschaftlich egozentrisch, daher läuft man den Demagogen nach, die rückwärts schauen und törichte Hoffnungen erwecken oder die nationalistischen Instinkte anfachen.

In München veranstaltet der Staatskommissar für die Wiedergutmachung Auerbach eine jüdische Protestversammlung gegen eine üble antisemitische Zuschrift, welche die „Süddeutsche Zeitung" abgedruckt hatte – als ein Beispiel, wie es nicht sein soll.[55] Dennoch wird sie als „der Stürmer von 1949" hingestellt. Die Versammlung zieht dementsprechend mit Plakaten in zwei Sprachen durch die Straßen und will das Zeitungsgebäude demolieren. Es kam jedoch nur zu Straßenschlachten mit der deutschen Polizei, bis amerikanische Panzerspähwagen eingriffen. Wer ist schuldig? Schwer zu sagen! Bezeichnend scheint mir nur die Tatsache zu sein, daß die Straße mobilisiert wird und auch schnell mobilisiert werden kann und die Autorität des Staates zur Farce wird. Ich glaube, annehmen zu können, daß die Vermutung einer gewissen Sympathie der Besatzungsbehörden gerade zugunsten der Juden hier eine Rolle gespielt hat, die ermunternd gewirkt hat. Sicher scheint mir zu sein, daß Herrn Auerbach deswegen nichts widerfahren wird. So war es 1931–1932 auch gewesen. Die Zeitung verdient einen gehörigen Denkzettel wegen Unfähigkeit, Herr Auerbach eine kräftige Ermahnung zu sachlicher Zurückhaltung. Klaus schreibt mir, er war am vergangenen Freitag in Wiesbaden im Kino, wo drei Musiker politische Lieder vortrugen und zum Schluß Verse auf Bonn:
Dort soll ein neues Reich erstehn!
Wir wollen unsern Führer sehn!
Donnernder Beifall des Publikums.

Klausis Lehrer hatte dieses Kino ebenfalls besucht und behandelte den Fall in der Schule, wobei er weidlich auf die deutsche Regierung schimpfte. Dabei lobte er Kurt Schumacher, weil er den Engländern einmal gründlichst die Meinung wegen der Demontage gesagt habe. Aber die CDU solle mal sehen! Sie würde bei den Wahlen ihr blaues Wunder erleben. Mindestens 25 % aller Stimmen würden für die Rechtsparteien wie FDP, LDP und NDP abgegeben werden.

Hier scheint mir eins von Wichtigkeit: die Besatzungsmächte, insbesondere die Amerikaner, haben immer wieder den Fehler gemacht, daß sie sich den sozialdemokratischen Forderungen wegen Betriebsrätegesetz, wegen Sozialisierung, wegen Ausbau der Sozialgesetzgebung widersetzten und die sozialdemokratischen Politiker, besonders in Hessen, übel behandelten. Auch sonst dürften die kapitalistischen Kreise in Deutschland Grund und Ermunterung genug haben, sich gegen die Gewerkschaften und die sozialdemokratischen Forderungen siegesbewußt zur Wehr zu setzen. Etwas mehr Zutrauen zu den Sozialdemokraten und etwas mehr Verständnis für die sozialpolitische Lage in Deutschland hätte viel zur Stärkung der Demokratie beigetragen. Nach meinem Ermessen hat hier Clay große Fehler begangen.

Die Folge ist eine instinktive Ablehnung der Besatzungsmächte, deren große Hilfe man als selbstverständlich hinnimmt („sie tun es für sich, nicht für uns und verdienen noch daran") und deren gelegentliche Fehler und Ungeschicklichkeiten ins Groteske übertrieben werden. Die Besatzungskosten im weitesten Sinne spielen dabei eine hervorragende Rolle. Hoffentlich schaffen die High Commissioner darin Wandlung – sie würden Wunder erleben!

Robertson hat sich am 4. August gegenüber den Min.-Präsidenten kritisch-warnend über die nationalistischen Auswüchse im Wahlkampf, insbesondere wegen der Angriffe auf die Besatzungsmächte, ausgesprochen.[56] Er sieht die Lage nüchtern-formal: darüber seien sich doch die deutschen Parteien offenbar einig; warum zögen sie z. B. die Demontage-Frage in den Wahlkampf, wenn es kein Streitpunkt sei? Die Deutschen würden diese Kampagne noch teuer zu bezahlen haben. Darauf entgegnete Kaisen mit einem Hinweis auf die Schutzlosigkeit der verantwortlichen Politiker gegen Drohungen und Verleumdungen – anders als in Amerika. Der Fall Loritz[57] wurde erwähnt, doch wünschte Robertson nicht die Erörterung von Einzelfällen. Robertson versprach, nach den Wahlen hier Abhilfe zu schaffen, und bat um geeignete Vorschläge der Ministerpräsidenten. Ich bin gewiß, daß solche Vorschläge nicht kommen werden, weil sich niemand darum kümmern wird! Wann hätten die hohen Länderchefs schon einmal auf die Protokolle ihrer Konferenzen mit den Militärgouverneuren zurückgegriffen!

Ich meine, es sollten sich die Besatzungsmächte den Schutz der Demokratie angelegen sein lassen und ihn selbst – jedenfalls einleitend und vorläufig – in die Hand nehmen, bis sich die Rechtsregelung so eingespielt hat, daß ihre Handhabung auf deutsche Stellen übertragen werden kann. Für das erste halte ich die deutsche Staatsautorität und den deutschen Behördenapparat nicht für gut und befestigt genug, um hier neue Wege zu beschreiten und dazu die Anerkennung auch der Widerspenstigen und Leichtbeeinflußbaren zu gewinnen. Es gibt Dinge in der Politik und im Interesse der Demokratie, die nicht zerredet werden dürfen. Daran müssen sich die Deutschen gewöhnen. Das müssen ihnen die Besatzungsmächte beibringen, wenigstens die Anglo-Amerikaner. Es sollten daher die Militärgouverneure die Befugnis haben, gegen öffentliche Verleumdungen einzuschreiten durch zeitweiliges Verbot der Zeitungen pp oder durch zeitweiliges Redeverbot unbeschadet der Bestrafung wegen Verleumdung, die von den Gerichten schnellstens durchzuführen wäre.

Alles in allem: die Deutschen, die unter dem Naziregime, dem Kriege und den Nachkriegsereignissen gelitten haben und immer wieder an den Rand der Verzweiflung gelangen, wollen Taten sehen, handfeste Arbeit, zielbewußtes Handeln ohne viele Worte. Sie sind bereit, zu dulden und zu warten, wenn ihnen nur klar gemacht wird, weshalb und wofür das notwendig ist. Möge doch die Wahl diesen Start mit der SPD möglich machen!

12. August 1949

Arnold J. Toynbee, „Studien zur Weltgeschichte".[58]

Das vielbesprochene Buch hat mich enttäuscht. Es ist eine Art biogenetischer Geschichtsbetrachtung, die Wachstum und Zerfall der Zivilisationen behandelt. Mit wissenschaftlicher Gründlichkeit hat es m. E. wenig zu tun. Es ist eine Geschichtsschau, die multa, nicht multum bringt. Man kann diese protzige Art, Beispiele aus der Geschichte für die behauptete Genesis der Zivilisationen vorzutragen, einen groß angelegten Essay nennen, aber nicht ein Geschichtswerk. Vielleicht bin ich mit falschen Voraussetzungen an die Lektüre gegangen. Jedenfalls hat mich schon die dichterische Art der Darstellung befremdet.

Doch eins scheint mir z. B. bemerkenswert, das ist die Rolle der breiten Masse der Bevölkerung – des Proletariats – in den Überlegungen Toynbees. Er schreibt S. 357/8: „Gewaltanwendung war jedoch keineswegs die einzige Antwort des hellenischen heimischen Proletariats: es schuf zu gleicher Zeit die christliche Religion. Dieser sanftmütige Ausdruck seines Gefühles war genau so echt wie die Wildheit: beides waren Ablösungsbewegungen innerhalb des Gesellschaftskörpers ... die Gewalttätigkeit vernichtete sich schließlich selbst und die Sanftmütigkeit gewann den Tag und das Leben. ... Diese Bekehrung der ersten Christen von der Anwendung der Gewalt zur Sanftmütigkeit wurde dadurch erkauft, daß sie alle ihre irdischen Hoffnungen vernichtet sahen. ... Die christliche Kirche beantwortete alle Verfolgung mit Sanftmütigkeit: ihr Lohn bestand in der Bekehrung der herrschenden Minderheit der hellenischen Gesellschaft und dann der barbarischen Kriegsbanden des fremdländischen Proletariats."

Und Seite 391: „Der eigentlich kennzeichnende Wert eines heimischen Proletariats ist die Schaffung einer höheren Religion und einer allumfassenden Kirche."

Diese Auffassung stimmt mit derjenigen von Rostovtzeff (Geschichte der Alten Welt Bd. II)[59] überein, wonach Kaiser Konstantin erkannte, daß die diktatorische Gewalt im römischen Reich nur durch Rechtfertigung aus dem religiösen Glauben – Kaiser von Gottes Gnaden – gestützt werden könne, weshalb er das Christentum zur Staatsreligion machte.

Ich glaube, daß Toynbees weltgeschichtliche Auffassung sich zusammenfassen läßt in die Sätze: Alle Zivilisation ist eine Aufgabe und Sache der herrschenden Minderheit; ihr folgt die proletarische Mehrheit eine Zeitlang durch gläubige Nachahmung. Dann reißt das Band ab, was den Stillstand der Zivilisation zur Folge hat. Die herrschende Minderheit versucht sich dann mit Gewalt im allumfassenden Staate an der Macht zu halten und braucht dazu das einheimische, später das fremdländische Proletariat, das den Zustand des Friedens zunächst begrüßt und fördert, schließlich aber vor der unüberwindlichen Gewaltherrschaft resigniert und „in Sanftmütigkeit" eine neue, höhere Religion – allumfassend – hervorbringt, die eine neue Epoche der Zivilisation – Kultur – einleitet.

Wenn das richtig ist – und ich vermag im Augenblick dieser Auffassung nichts entgegenzusetzen –, dann ist alle friedfertige Gesellschaftsordnung aristokratisch, ebenso aller Aufstieg der Zivilisation. Die breite Masse muß gläubig mittun, denn es handelt sich um echte Disziplin aus dem Gefühl der Unterlegenheit oder Verpflichtung gegenüber der herrschenden Minderheit. Hört dieses Verhältnis auf, dann folgt die Gewaltherrschaft bis zur Auflösung der Gesellschaft.

Die Demokratie kommt bei dieser Betrachtung schlecht weg, denn sie versucht doch im Grunde genommen einen Zwitterzustand zu schaffen oder auch aufrechtzuerhalten, der weder Aristokratie noch Gewaltherrschaft bedeutet. In der Tat setzt Toynbee selbst Zweifel in die Frage, ob das englische Parlament auch heute noch als Muster einer Regierungsform hingestellt werden kann.

S. 323: „Das Parlament ist seinem Wesen nach eine Versammlung örtlicher Vertreter. Nichts anderes können wir auf Grund seiner Herkunft erwarten. ... Fragen wir den Engländer heute, wer sein Nachbar ist, so wird er antworten, er sei von der Bahn, der Grube oder der Werkstatt. Die Beschäftigung eines Menschen, nicht sein Wohnort, ist wichtig geworden. Eine Volksvertretung auf beruflicher Grundlage jedoch ist unbetretener, jungfräulicher Boden, soweit es die Verfassung des Staates angeht, und die älteste Volksvertretung, Westminster, ist nicht geneigt, sich auf so unsicheren Boden zu begeben."

Damit hat er vollständig recht, denn es wäre völlig abwegig, nicht das Gemeinsame (nationale), sondern das Trennende (wirtschaftliche) in der Demokratie zu betonen.

So bleibt uns nur der demokratische Weg der Tüchtigenauslese für die Bildung der herrschenden Minderheit. Er wird solange zu guten Ergebnissen führen, als die gemeinsame Aufgabe der Gesellschaft die Regierungsgeschäfte bestimmt.

13. August 1949

Gestern Abend hat Stock hier in einer gut besuchten Wahlversammlung gesprochen. Er brachte einen beinahe zweistündigen Vortrag, nachdem vorher bis etwa 9^{00} [unleserlich] Knothe sich mit theatralisch vorgetragenen Redensarten seinen Wählern vorgestellt hatte. Er begann damit, daß er auf eine Pressekonferenz in [unleserlich] am 20. X. 1945 Bezug nahm, „als noch kein Eisenbahnzug verkehrte und noch die Trümmer von den Kriegszerstörungen rauchten, habe ich als erster deutscher Mann vor der ganzen Welt die Kollektivschuld des deutschen Volkes abgelehnt und die Mitschuld aller Staaten an diesem Kriege festgestellt...". Schwacher Beifall am Ende – noch dünner war allerdings der Versuch, Stock und später Knothe, als sie den Saal betraten, mit Händeklatschen zu begrüßen: die Nazipropagandamethoden sitzen doch noch tief in den Seelen selbst eifriger Sozialdemokraten. Stock sprach demgegenüber wohltuend ruhig und phrasenlos. Er sprach den Zuhörern mit seiner sonorigen Stimme und in seiner etwas breiten und warmen Art richtig zu Herzen. Freilich sagte er kein Wort zu den unterschiedlichen Auffassungen gegenüber CDU und setzte sich nur mit der Freiheitspropaganda und den Kampfmethoden der FDP auseinander. Die Fragen der Wirtschafts- und Finanzpolitik wurden nur gestreift mit dem Hinweis auf die Notwendigkeit der Planung. Stock sagte kaum etwas, das nicht auch ein CDU-Redner hätte aussprechen können. Am Schluß wies er auf die großen Verdienste der SPD um die Sozialversicherung hin und betonte das Bestreben der SPD in Hessen, den Kindern die bestmögliche Erziehung auf Kosten des Staates angedeihen zu lassen, da wir Vermögenswerte nicht zu erwerben hätten. Seine Ausführungen wurden mit langanhaltendem, starkem Beifall belohnt. Ich muß gestehen, daß ich Stock nach diesem Vortrag innerlich vieles abgebeten habe, weil ich ihm bisher – wohl am meisten durch Dr. Brills ätzende Kritik veranlaßt – mit Geringschätzung entgegengetreten war. Gestern hörte ich Stock zum ersten Male reden, ich hätte den Aufbau des Vortrages, die Begründung der Axiome, die Entschiedenheit mancher wichtigen Gesichtspunkte so wirkungsvoll nicht erwartet. Ich war in gutem Sinne überrascht.

16. August 1949

Das Wahlergebnis[60] ist heraus.

SPD	131	Abgeordnete = 32,5 % bei 29,2 % d. Stimmen
CDU/CSU	139	Abgeordnete = 34,5 % bei 31 % d. Stimmen
LDP	52	Abgeordnete = 13,9 % bei 11,9 % d. Stimmen
Bayernp.	17	Abgeordnete = 4,2 % bei 4,3 % d. Stimmen
DP	17	Abgeordnete = 4,2 % bei 4,2 % d. Stimmen
KPD	15	Abgeordnete = 3,7 % bei 5,7 % d. Stimmen
Wiederaufbau	12	Abgeordnete = 3 % bei 2,9 % d. Stimmen
Zentrum	10	Abgeordnete = 2,4 % bei 3,1 % d. Stimmen
Splitter	9	Abgeordnete

402 Abgeordnete

Am meisten kann noch die CDU zufrieden sein, weil sie sich über Erwarten gut gehalten hat. Für die SPD hatte ich am Freitag in der Unterredung mit Oppler auf 130 bis 140 Sitze getippt, ich habe also mit der unteren Grenze recht behalten. Freilich hatte ich der CDU – ohne CSU – nur 120 Sitze im Höchstfalle zugebilligt und bei der LDP mit 70 bis 80 Sitzen gerechnet. CDU/CSU und LDP haben jedenfalls zu wenig Abgeordnete, um eine feste Regierungskoalition bilden zu können. Es wäre schon am besten – in dieser Notzeit –, wenn sich CDU/CSU und SPD auf ein Regierungsprogramm einigten und alle Rivalität aufgäben. Der CDU kann nicht sehr wohl sein, ihr Regierungsgeschäft auf die Splitterparteien zu stützen. Freilich dürfte Schumacher Bedingungen stellen, die für die Herren Kapitalisten nicht sympathisch sein werden. Ich vermute sogar, daß die SPD in Opposition verharren wird, wenn sich nicht der sogenannte linke Flügel der CDU als stärker wie bisher erweist. Es hängt alles von der Einsicht der maßgebenden Politiker ab, die nach den bisherigen Erfahrungen nicht als gegeben angenommen werden kann; freilich kann mit Rücksicht auf die schwierige wirtschaftliche Lage für die SPD die Stellung in der Opposition verlockend sein. Eine große Politik ist dann freilich nicht möglich.

17. August 1949

Soeben komme ich von einer Besprechung mit Mr. Schairer und Herrn Funke, die gemeinsam die Frage des Werkstudententums und der Studentenhilfe bearbeiten, für die bei Omgus Mr. Grace zuständig ist. Anlaß zu dieser Unterredung war der Gedanke, aus Counterpart Funds[61] an allen deutschen Hochschulen große Studentenheime zu bauen, die etwa die Hälfte der Studierenden in Einzelzimmern aufnehmen könnten. Es wäre eine epochale Neuerung für Deutschland und das größte Denkmal, das sich die Amerikaner insbesondere bei der Intelligenz setzen könnten. Vielleicht kann ich einiges dazu beitragen.

Im Anschluß daran machten wir in Politik. Es war mir interessant zu hören, daß der Wahltag für die friedliebenden Amerikaner einen ausgezeichneten Erfolg bedeutet, weil die Auffassung völlig desavouiert wäre, wonach Deutschland daran arbeite, sich mit Rußland zu verbinden und einen neuen Weg anzutreten. Es sei auch zu berücksichtigen, daß nach der Stimmungsmache für Berlin eine Flaute zuungunsten Deutschlands kommen mußte. Das wurde z. T. ausgenutzt, um zum Kriege zu werben.

Wir sprachen auch über die Regierungsbildung und die Parteiführer Adenauer und Schumacher. Herr Schairer bestätigte, daß die CDU die Zeit bis zur Vereinigung von West und Ost für ihre parteipolitischen Interessen ausnutzen wolle, weil dann die SPD in einer für sie hoffnungslosen Lage sein würde. Funke wiederholte seine Äußerung von neulich, daß ihm Adenauer so stur vorkäme, wie es einst Hugenberg gewesen sei. Zur Erläuterung erzählte er von einer persönlichen Unterredung, die er mit Herrn Schairer und einigen wenigen Herren bei Adenauer hatte. Damals handelte es sich um den Vorschlag, die Thyssen-Hütte nicht zu demontieren, sondern der europäischen Jugend zu stiften, für die aus dem Jahresgewinn von ca. 10 Mio. DM eine Art europäische Studienanstalt an der Ruhr errichtet werden sollte.[62] Adenauer hatte den Vorschlag zunächst scharf abgelehnt. „Meine Herren, denken Sie noch national? Das ist ja Landesverrat, was Sie von mir wollen! Es ist Raub! Haben Sie denn schon den rechtmäßigen Eigentümer gefragt, was er darüber denkt?

Gewiß, die Hütte ist beschlagnahmt, doch hat sie ja noch einen Eigentümer." Herr Schairer hat darauf von einem Zusammensein in der Schweiz mit Dr. Wirth und August Thyssen[63] erzählt, der sich als von Hitler betrogen bezeichnete, weil er die NSDAP nur auf Grund von Hitlers ausdrücklicher Zusicherung finanziert habe, daß ihm und seinen Leuten nichts passieren würde. Er, Schairer, könne versichern, daß er alles tun würde, um die Rückgabe an Thyssen zu verhindern. Schließlich hat Adenauer eingeräumt, daß der Plan aus kulturellen Gründen förderungswürdig erscheine, deshalb wolle er nicht mehr dagegen reden und wirken; er erwarte jedoch, daß sein Freund François-Poncet einen entsprechenden Befehl erlassen würde, dem er sich zähneknirschend fügen wolle. Die Unterredung zwischen Herrn Schairer und Mr. Maier, dem franz. Finanzberater in Baden-Baden, ergab, daß François Poncet das Ansinnen Adenauers glatt ablehnte; der Gedanke müßte von den Deutschen selbst vorgebracht werden. – In der Tat waren maßgebende Ruhrindustrielle damit voll einverstanden.

Sehr interessant waren die Ausführungen Schairers zur Kriegsfrage. Er sagte, die Wahl Trumans[64] habe den Frieden gerettet. Bis dahin waren Forrestal, Draper, Clay und andere daran gewesen, einen Zwischenfall mit den Russen herbeizuführen, selbst wenn es zum Kriege käme. Dann sollten in einer Nacht 45 Millionen Russen vernichtet werden, und Amerika wäre für absehbare Zeit die alleinige Macht der Welt. Eine Reihe von Erfahrungen bestätigte diese Absichten. Z. B. habe man von amerikanischer Seite gefordert, daß die Robert-Bosch-Stiftung in Stuttgart für Erziehungszwecke freigegeben werde. Darauf habe General Wilson erwidert: Es würden in nächster Zeit noch viel mehr Räume für militärische Zwecke in Deutschland benötigt werden. – Übrigens habe Dr. Adenauer in einer Unterredung erklärt: „Meine Herren, in einem so kleinen Raum wie diesem kann man Gifte herstellen, die ausreichen, ganze Völker auszurotten. Da wollen Sie mir empfehlen . . ." Herr Schairer war entsetzt gewesen, daß ein alter Mann solche Gedanken überhaupt hegen und sogar aussprechen könne.

Zur Zeit, d. h. seit einigen Monaten, sollen Verhandlungen mit den Russen schweben – Taft-Gromyko –, die einen breiten Handelsverkehr zwischen den USA und Rußland eröffnen sollen. Rußland hat erst einmal zwei Milliarden Dollar Kredit verlangt und will auf lange Sicht 35 Mrd. Dollar Kredit haben. Ich kann mir wohl denken, daß eine Verständigung angebahnt werden soll. Freilich klingt mir noch das Wort von Schairer nach: „Amerika hat bisher jede Konferenz verloren und jeden Krieg gewonnen".

Die größten Verluste hat die SPD am Wahltag in Schleswig-Holstein und in Hessen erlitten. Sollte das nicht auf Lüdemann und Stock – auch – mit zurückzuführen sein? Der Fall Dietz hat gewiß seine Folgen gehabt, das zeigt der Verlust der CDU in Hessen mit ca. 3 %, die größte Einbuße, die der CDU zuteil wurde. Ich bin gespannt, was man für Konsequenzen zieht!

25. August 1949

Kriedemann erzählte gestern abend bei Dr. Hansen von den Gesprächen des P. V. Hannover nach der Wahl. Offenbar hatte Schumacher fest damit gerechnet, daß die SPD als stärkste Partei aus der Wahl hervorgehen würde und dann hätte er gern Bundespräsident oder Bundeskanzler werden wollen. Denn er machte eine Bemerkung, wonach er noch jetzt bereit wäre, auch als Zählkandidat auf diesem Posten aufzutreten.

Neulich hatte ich eine Besprechung mit dem Rektor der TH in Darmstadt, Professor Mehmel. Ich brachte einige Gedanken über den Bau von Studentenheimen hinein und mußte dabei von der Finanzierung aus den Counterpart Funds sprechen. Darauf kam die verwunderte Frage: „Müssen wir denn all diese Unmengen von Kautabak priemen?"

28. August 1949

Die Min.-Präsidenten-Konferenz hatte am Freitag – 26. August – ihre letzte Sitzung. Die „Neue Zeitung" – amerikanisch – bringt dazu eine Glosse „Ende des Interregnums",[65] die nicht gerade als Lob für die Tätigkeit der elf Länderchefs bezeichnet werden kann. „So wird niemand dem Ende der Ministerpräsidenten-Konferenz eine Träne nachweinen." Das meine ich auch, denn noch die Verhandlungen am 25. und 26. August haben gezeigt, wie völlig unfruchtbar die Bemühungen gewesen sind – wenn man schon von solchen sprechen will –. Ein Riesenschwarm von Leuten wird aufgeboten oder kommt auch ungebeten angereist. Vorher haben wochenlang verschiedene Ausschüsse gearbeitet und umfangreiche Denkschriften, Gutachten und graphische Darstellungen geliefert. Ergebnis: Zu jedem Thema werden nur fünf Minuten Referat zugelassen; die Vorlagen gehen ohne Diskusion an die Bundesregierung, die Herren Min.-Präsidenten betonen noch ausdrücklich, daß sie zu den Vorlagen sachlich keine Stellung bezogen haben. Wozu dann der ganze Rummel?

Dann beschlossen die Ministerpräsidenten, daß ein Landesminister nicht im Amte verbleiben darf, wenn er ein Mandat im Bundestag übernimmt. Unterstellt, die Meinung sei richtig – und es läßt sich manches dafür anführen –, was geht das die Ministerpräsidenten-Konferenz an? Warum bietet sie hier billige Angriffsflächen, wo es für sie so leicht wäre, einen solchen Beschluß zu fassen?

Natürlich wurde beschlossen, daß der Bundesrat nur ein technisches Büro haben soll – nicht auch Sachreferenten –, „weil im Bundesrat nicht eine Ministerialbürokratie, sondern der Wille der Länder maßgebend sein soll." Natürlich? – Ja natürlich mußte so beschlossen werden, weil in dieser Demokratie jeweils das Dümmste geschieht – wie es die Zyniker ausdrücken. In der Tat war Brauer der Rufer im Streit gegen das Sekretariat, obgleich doch der Wille seines Landes – Senats – umgekehrte Richtung hatte. Kopf stieß in dasselbe Horn und überließ die Begründung seinem Adjutanten Danckwerts, der die Sparsamkeitsflöte blies – in Verfassungsangelegenheiten einer jungen Demokratie! Man bedenke! Stock machte auch mit – ich glaube, er wußte nicht, was er tat. Natürlich stimmte Min.-Direktor Ringelmann aus München dagegen. Nur der ehrliche und einsichtige Kaisen und Katz und Maier-Stuttgart[66] traten für die Sachreferenten ein. Vielleicht ist es noch nicht das letzte Wort. Die Finanzminister und alle Vernünftigen könnten für die gute Sache einen Erfolg herausholen. O Gott! Ich habe wieder einmal erlebt, mit wie wenig Verstand die Welt regiert wird. Daß jedoch in diesem Fall sich die Sozialdemokraten – oder doch jedenfalls die Hälfte von ihnen unter den Ministerpräsidenten – als konservativ, um nicht zu sagen als reaktionär erweisen würden, das hatte ich nicht recht glauben wollen – bis es Ereignis ward!

Mir persönlich kann der Beschluß sehr recht sein, denn ich bin nun frei zu einem neuen Weg. Zunächst mal sehen, was sich bietet.

7. September 1949

Heute hatte Bonn seinen großen Tag.[67] Ein tüchtiges Gewitter in der vergangenen Nacht hatte die drückende Hitze – 30 bis 32 Grad im Schatten – verscheucht, so daß man sich leichter bewegen konnte. Die Baustelle des Bundeshauses war im wesentlichen fertig, wenn auch die Handwerker gewiß noch einige Wochen werden weiterarbeiten müssen. Der Verkehr am Eingang entwickelte sich wie bei einem Bienenkorb. Hunderte Neugieriger standen an der Zufahrtsstraße, um die Prominenten zu betrachten.

Nachdem ich am Tage vorher erlebt hatte, daß nach Anweisung von Minister Dr. Pfeiffer-München die Angestellten des Sekretariats des Bundesrats keinen einzigen Raum hatten, auch nicht im Gebäudetrakt des Bundesrates, wo doch fertige Räume vorhanden waren, weil, ja weil es Herr Pfeiffer verboten hatte und davon nicht abzubringen war, habe ich es endgültig verschmäht, der Eröffnungssitzung des Bundesrates beizuwohnen, obwohl mir Herr Pfeiffer mit besonderer Betonung seine einzige Ehrenkarte übergeben hatte mit der Bitte um Teilnahme. Er wollte es nämlich nicht wahrhaben, daß mich manche Bundesratsmitglieder lieber gehen als kommen sehen, und betonte mehrfach, daß ich zwischen meiner Person und der Notwendigkeit eines größeren Sekretariats beim Bundesrat streng unterscheiden müsse. Ich gab die Karte an Lüdemann, der nach seiner Absetzung als Ministerpräsident[68] aus Neugierde gekommen war und keine Eintrittskarte hatte. So tat ich noch ein gutes Werk an diesem alten Mann.

Der Bundesrat hatte am Abend vorher eine Vorbesprechung mit Abendessen abgehalten, die sich lange hinzog, weil die Kandidatur des Ministerpräsidenten Dr. Ehard als Präsident des Bundesrats – Vorschlag der CDU-Parteileitung – auf Widerstand stieß. Schumacher hatte wohl erklärt, daß man ihn nach der Ablehnung des Grundgesetzes nicht wählen solle und dafür Arnold nehmen sollte.[69] So kam es auch nach langem Hin und Her, freilich mit der Neuerung, daß zwei Vizepräsidenten bestimmt würden, Kopf und Müller, also zwei Ministerpräsidenten. Nunmehr wiederholt sich – trotz aller Mahnungen und Erfahrungen der Bevollmächtigten der Länder – der Zustand, daß der Präsident des Bundesrates praktisch nicht da ist und daher der Vorsitzende des geschäftsführenden Ausschusses die wichtigste Person wird – wenn nicht der Generalsekretär, den man jetzt noch mehr braucht. Ich war natürlich sehr erfreut, als mir Katz dies heute morgen erzählte und dabei voller Eifer für die Erhaltung des vollen Sekretariats war. Der Kampf darum geht nun los. Hoffentlich wird er zum guten Ende führen. – Die sozialdemokratischen Abgeordneten des Bundestages, die ich heute sprach (Brill, Kurlbaum, Kriedemann, Seuffert, Bergsträßer usw.) machten alle einen niedergeschlagenen Eindruck. Die Regieführung durch Schumacher erbost sie, weil die Fraktionssitzungen einem Befehlsempfang, einem Soldatenappell gleichen. Das 16-Punkte-Programm der SPD für die Oppositionspolitik[70] hätte als Wahlprogramm erscheinen müssen. Die kantige Haltung hat es Adenauer leicht gemacht, Koalitionsgespräche mit der SPD abzulehnen. Brill erzählte mir, daß er stundenlang auf Schumacher eingeredet hätte, er solle eine große Koalition – besser: eine nationale Regierungsbildung – betreiben, weil wir uns ja noch im Kriegszustande befänden und täglich in der Außenpolitik etwa gegenüber einem Ostzonenstaate zu kritischen Situationen kommen könnten. Es hat auf Schumacher keinen Eindruck gemacht. Wahrscheinlich wird die SPD eine scharfe Opposition treiben und sich erst nach den nächsten Wahlen mit dem Gedanken einer Beteiligung an den Regierungsgeschäften befassen. Insofern trifft sie sich wohl mit den Absichten Adenauers, der so lange als irgend möglich an der Macht bleiben wird, weil er wissen muß, daß die Koalition mit der SPD seinen Abgang bedeutet.

Es ist schwer vorauszusagen, wie sich die politischen Verhältnisse in Deutschland entwickeln werden. Für die SPD sehe ich nichts Gutes voraus; sie wird mit einem radikalen Kurs ohne überzeugende Gegenvorschläge wenig an Ansehen und Vertrauen gewinnen, sie wird die fairness vermissen lassen und den Weg zur Jugend und zu den Intellektuellen nicht finden. Dazu wäre eine gründliche Umstellung erforderlich, wozu in Hannover noch keinerlei Ansätze zu sehen sind. Alles mutet so an, als wenn ein „Führer" seine Machtpolitik treibt – um ihn herum Murren, das er nicht hört oder nicht hören will. Wie oft sagte man mir schon: Dr. Schumacher richtet die SPD zugrunde.

Natürlich hat es eine Oppositionspartei jetzt leicht, nachdem die Früchte der Währungsreform von der CDU abgeerntet sind und die Verarmung sich deutlich zeigen muß. Der Kampfruf „Besitzlose gegen Bürgerblock" wird gehört werden. Die Arbeitslosigkeit wird eine deutliche Sprache reden. Die Verteilung der Steuerlast gibt genügend Propagandastoff. Die Lebensmittelpreise und die Einfuhrpolitik treffen jeden einzelnen. – Alles richtig! Aber wie könnte es anders gehen? Und mit welchen Leuten? Und wie sage ich es den Wählern?

Andererseits hat die CDU alle Vorteile der Regierungsmacht auf ihrer Seite; sie baut den Verwaltungsapparat auf, sie verausgabt die Auslandshilfe, sie verteilt das steigende Sozialprodukt. Freilich werden Millionen auf den großen Lastenausgleich, andere auf die Steuersenkung, wieder andere auf Rentenerhöhungen, nicht wenige auf Wohnungsbau und Arbeitsbeschaffung warten. Die Finanz- und Kapitaldecke wird sich als zu kurz erweisen. Der gewerbliche

Mittelstand wird unter Absatznot und Steuerlast seufzen, die Arbeiter werden sich an ihr früheres Sozialeinkommen erinnern. Die Protestanten werden erleben, daß der Katholizismus das Feld beherrscht, die guten Patrioten werden die Konzessionen an den Föderalismus, besonders an Bayern bemängeln. Ergebnis: Es wird Lärm, vielleicht sogar Krach geben; die Demokratie wird kein gutes Ansehen haben. Die Feinde der Demokratie werden sich hervorwagen, das Ausland wird enttäuscht sein und sich mißtrauisch abwartend verhalten, die Not in Deutschland wird bei der großen Masse die Haltung bestimmen und oft zur Verzweiflung führen. Nach den nächsten Wahlen wird die Koalition SPD-CDU eine solche der Mitte sein, und die Rechts- und Linksradikalen werden weiter aktiv werden wie einst.

10. September 1949
Die Wahl Arnolds zum Präsidenten des Bundesrates hat Herrn Adenauers Konzept für die Besetzung der Bundesregierung in Verwirrung gebracht. Die Bayern sind wütend, der sonst so ruhige und rechtsbeflissene Herr Ehard wirft seinem Kollegen Arnold einen „diktatorischen Anspruch" vor, während er selbst für sich weder eine demokratische Mehrheit im Bundesrat noch ein vorheriges Einvernehmen mit seinen Kollegen, sondern nur seine Verabredung mit seinem Parteiführer Adenauer vorweisen kann. Eine merkwürdige Auffassung von Demokratie.[71]

Ich war am Freitag in Maria Laach zu einer Konferenz der Finanzminister; da ist mir wieder die Abneigung gegen Hilpert bewußt geworden. Ich versuche es immer wieder von neuem mit Höflichkeit, Dienstfertigkeit, Zurückhaltung, sachlicher Arbeit; er behandelt mich wie einen Drecklappen, allen Formen gesitteten Umgangs abhold – ich meine, er will es mich stets fühlen lassen, wie sehr er mich verschmäht. Sicherlich steht er dahinter, wenn Stock meinen Eintritt ins hessische Kabinett ablehnt; jedenfalls bestärkt er Stock in dieser Auffassung. Gestern lieferte H. wieder ein Prachtstück von Unehrlichkeit, als ein Schreiben der Bank deutscher Länder zur Erörterung stand, wonach diese sich darüber beschwerte, daß die Länder eine Enquete über die Guthaben der öffentlichen Stellen nicht zulassen wollen, obgleich sie doch von ihm, Herrn Hilpert, persönlich angeregt, ja beinahe eingerichtet worden wäre. Nach anfänglicher Zurückhaltung hat H. sich mit seinen Kollegen gegen die Bank deutscher Länder gewandt und keine Silbe darüber verlauten lassen, daß er die Enquete entriert hatte, obwohl nochmals die Frage aufgeworfen wurde, wie die Bank überhaupt zu der Anmaßung käme, die Länder derart zu kontrollieren. Hilpert sprach – wohl ohne innere Überzeugung – die Vermutung aus, daß die Bank nach ihrem Statut vielleicht auch dazu ein Recht hätte; er wollte gewiß nur ablenken und verwirren!

Am meisten regte es mich auf, wie er mehrere Anregungen seiner Kollegen, einen Beschluß der Finanzminister zugunsten eines Sekretariats beim Bundesrat zu fassen, „weil es ja gar nicht anders möglich wäre" – überhörte oder so ablenkte, daß immer nur festzustellen war; die Finanzminister wollen sich Herrn

Fischer-Menshausen erhalten. Dabei machte Hilpert die merkwürdigsten Vorschläge – Hamburg oder Nordrhein-Westfalen oder alle Länder gemeinsam sollten ihn anstellen – die alle sofort abgelehnt wurden. Nur kam niemand dahinter, daß Hilpert – anfangs ein Verfechter des Sekretariats – nun sein Gegner geworden ist. Ich meine allerdings, er will zunächst das SPD-Sekretariat auflösen – und dann – weil es ja gar nicht anders geht – ein CDU-Sekretariat einrichten. Darüber wird er wohl auch mit Bayern, insbesondere Herrn Pfeiffer, einig sein.

Kriedemann sagte mir heute, die SPD würde Wilhelm Kaisen, Bremen, deswegen nicht als Kandidaten für den Posten des Bundespräsidenten aufstellen, weil die Gefahr bestünde, daß er gewählt werden könnte. So wird wohl Kurt Schumacher selbst kandidieren – und durchfallen.[72]

Übrigens hatte sich Kaisen in einem Brief beschwerdeführend an Schumacher gewandt, weil das Parteibüro Hannover eine Fülle von Entscheidungen in hochwichtigen politischen Fragen in die Öffentlichkeit gäbe, insbesondere durch Fritz Heine, ohne daß er, Kaisen, als Mitglied des Parteivorstandes damit jemals beschäftigt worden wäre. Darauf erhielt er als Antwort ein Telegramm: Das wäre doch im Parteileben so üblich! – Kaisen schwieg; Brauer hätte zurückgefragt: „In welcher Partei?"

Herr Pünder ist nun endlich einmal bei einer seiner dummen Lügen öffentlich festgenagelt worden. Er hatte nämlich zu einem Reporter gesagt, er wäre für Bonn – nicht für Frankfurt als Sitz der Bundesregierung, weil er in Frankfurt zunächst habe in einer Dachkammer mit schrägen Wänden wohnen müssen. Dabei weiß jedermann, daß er damals in der Zeit der Reichsmark und Lebensmittelknappheit die Wohnung und Verpflegung im Marienkrankenhause vorgezogen und sich selbst ausgesucht hatte.[73]

18. September 1949

Kriedemann erzählte gestern, daß Schumacher immer darauf gedrungen habe, das Amt des Bundespräsidenten mit demjenigen des Bundeskanzlers zu verbinden – es stünde heute für ihn fest, daß Schumacher dabei sich selbst als diesen mächtigen Mann gesehen habe. Auch heute noch vertrete er die Politik der „geballten Macht", auch in der Opposition, der alles unterzuordnen sei.

Carlo Schmid hat sich zu Fliess geäußert, er erlebe täglich mehrere Male, daß er sich wie ein von Schumacher geprügelter Hund vorkomme und vor der Frage stünde, ob er nicht alles hinwerfen solle.

Der gute Klaiber ist Chef der Präsidialkanzlei geworden: Wie man so Glück oder Beziehungen haben kann – bei aller undurchsichtigen Indifferenz, die er bisher zur Schau getragen hat.

23. September 1949

Adenauer ist – mit einer Stimme Mehrheit – zum Bundeskanzler gewählt.[74] Ich nehme an, daß er dem Vorschlag des Bundespräsidenten, „Adenauer zum

Kanzler zu wählen", zugestimmt hat. Dann hat er sich selbst gewählt und, wenn man so will, im Ergebnis allein sich selbst zum Bundeskanzler bestellt. Mehrere Abgeordnete der Regierungsparteien haben nicht für Adenauer gestimmt. Sie nahmen wohl Anstoß an dem Verfahren, daß ein Mann zum Leiter der Staatsgeschäfte gemacht werden sollte
ohne Angabe seines Programms,
ohne Angabe der Minister seines Kabinetts,
also auch
ohne Festlegung auf ein Programm.

Die vierwöchigen Vorverhandlungen zwischen den bürgerlichen Parteien haben den Geschmack an der neuen Demokratie nicht gerade erhöht; so konnte der Gedanke aufkommen und auch öffentlich ausgesprochen werden: man kaufe bei dem Kanzler gewissermaßen die Katze im Sack.

28. September 1949

Die gröbste Enttäuschung für mich brachte die Debatte über das Regierungsprogramm mit den Ausführungen des ersten Redners der Deutschen Partei, Herrn Ewers, der die Fahne schwarz-rot-gelb ablehnte.[75] Dieser Auftakt durfte nicht kommen. Da ist noch sehr, sehr viel zu tun gegen die Feinde der Demokratie! Anderes kommt noch hinzu: die unmögliche Art der Geschäftsführung im Bundestag durch Dr. Erich Köhler, der dem kommunistischen Abgeordneten Reimann einen Ordnungsruf erteilte, „weil die überwiegende Mehrheit des Hauses seine Ansicht ablehne".[76]

Heute hörte ich, daß Dr. Schumacher doch sehr umgelernt hat. Er hatte seine Oppositionsrede nach nationalistischen Forderungen und Tendenzen ausrichten wollen. Andere dagegen rieten zu sozialistischer Kritik, schon damit sich nicht später Adenauer und Erhard darauf berufen könnten, daß ja auch Herr Schumacher die Demontage, das Ruhrstatut, die Besatzungsmächte für die Entwicklung der wirtschaftlichen Verhältnisse verantwortlich gemacht habe. Der Einwand lautete, man müsse die unzufriedenen Wählermassen für sich gewinnen. Schließlich siegte die Vernunft – so sprach Schumacher mehr mit dem Verstande als mit dem Herzen.[77]

Die Bundesregierung wird bald vor der schwerwiegenden Frage stehen, ob sie das Ruhrstatut anerkennen soll. Die Kommunistische Partei hat einen Antrag im Bundestag vorbereitet, daß der Bundestag die Anerkennung ablehnen solle.[78] Sie kann sich auf eine Rede Adenauers in der Schweiz berufen, in der er von dem Kolonialstatus der Ruhr gesprochen hat.[79]

Die Abwertungsdebatte[80] zeigt schon am Anfang die ganze Schwäche der Bundesrepublik. Die Uneinigkeit der Deutschen hat auch in diesem Falle das ihrige dazu beigetragen, die Besatzungsmächte in die Lage zu versetzen, ihre eigenen Interessen dabei mit auszuspielen.

Meine Gedanken bewegen sich um meine Zukunftsmöglichkeiten: Stellvertreter des Finanzministers in Düsseldorf oder Bürgermeister in Berlin oder eine leitende Stellung in Hamburg. Hessen will mich nicht haben. Heute hörte ich von zwei Seiten, daß ich doch Generalsekretär beim Bundesrat werden würde. Innerlich habe ich mich damit abgefunden hier auszuscheiden. Es stünde auch der Weg offen in die private Wirtschaft [unleserlich], Dr. Holzapfel, erklärte mir ungefragt, daß ich mich nicht in eine Position drängen lassen sollte, die mir nicht gefiele – ich könnte bei ihm mehr verdienen. Also warten wir ab und spinnen wir die Fäden weiter.

6. November 1949

Adenauer hat gesiegt: Bonn ist Bundeshauptstadt.[81] Ein Pyrrhussieg – für den demokratischen Gedanken in Deutschland. Zwei Lehren wird man wohl daraus ziehen müssen: der linke Flügel der CDU hat keinen Führer, mit dem linken Flügel kann die SPD vorläufig – vielleicht in den nächsten vier Jahren – keine Politik machen, um Adenauer zu stürzen, wenn sie es auch immer wieder versuchen sollte. Die Interessengegensätze und Meinungsverschiedenheiten sind unter den Parteien so groß, daß nur ein Zweiparteiensystem bezw. das Mehrheitswahlrecht das Volk in die Politik einschalten könnte. Es wäre eine Aufgabe für den Bundesrat, ein Wahlgesetz auszuarbeiten und vorzulegen.

Wie Adenauer verhandelt, ging aus einer Erzählung Hilperts hervor. In der CDU-Fraktionssitzung hatte Adenauer falsche, d. h. zu hohe Zahlen für die Kosten der Verlegung alliierter Dienststellen aus Frankfurt vorgetragen. Hilpert widersprach mit dem Hinweis auf die wahren Zahlen, die er von den Amerikanern erhalten hatte. Darauf Adenauer etwa: „Es mag sein, daß die Zahlen Hilperts richtig sind. Ich kann es nicht nachprüfen, weil ich es ablehne, so enge Beziehungen zu den Besatzungsmächten zu unterhalten, wie es offenbar Herrn Hilpert beliebt". Dagegen Hilpert: „Die Zugehörigkeit Hessens zur amerikanischen Zone hat die Beziehungen automatisch mit sich gebracht. Doch glaube ich, daß Herr Adenauer jetzt noch und schon in früheren Jahren engere Beziehungen zu den Franzosen unterhielt".

Der Bundesrat hat seinen Start verpaßt. Arnold hat die Organisation des Bundesrats den kleinen Leuten vom Schlage der Ministerialräte Hermans und Danckwerts, Kleberger (?) und Ringelmann überlassen. Die SPD leistete dabei Hilfe aus dem zentralistisch-taktischen Gedanken heraus, die zweite Kammer schwächlich zu halten. Die Folge ist eine Verärgerung und Verdrießlichkeit bei denen, die es besser wissen und können: Spiecker, Hansen, Dudek, Hilpert (?), [unleserlich] auf Kaisen.

Wenn die SPD nicht begreift, daß gerade sie aus dem Gesichtspunkt der dialektisch-materialistischen Geschichtsauffassung heraus für die Zweipoligkeit des politischen Geschehens eintreten müßte, dann wird sie ihre Mission nicht erfüllen.

Ich bin ordentlich froh, daß ich aus diesem Treiben im Bundesrat ausgeschieden (ausgeschlossen) bin. Wenn ich wüßte, daß mich die Bundesregierung pensionieren würde, schiede ich ganz aus dem Beamtenverhältnis aus und ginge nach Darmstadt. Das wäre gar zu schön, so daß ich es nicht glaube; einen 48jährigen Berufsbeamten wird niemand in den Ruhestand versetzen wollen.

Ich muß daher versuchen, meines Glückes eigner Schmied zu bleiben; deshalb ist es mir durchaus recht, daß sich die Parteifreunde in Düsseldorf um meine Übernahme als Stellvertreter des Finanzministers in Nordrhein-Westfalen bemühen.
Am Freitag war ich auf Grund einer Einladung des Rektors Dr. Freudenberg zu einer Konferenz mit McCloy nach Heidelberg geladen. Sie sollte den Rektoren der Hochschulen die sichere Aussicht auf namhafte Beträge zur Studentenhilfe und zum Bau von Studentenheimen bringen. McCloy erklärte jedoch in längeren Ausführungen, daß ihm dafür keine Mittel zur Verfügung ständen, daß er sich aber fördernd allen Bemühungen um Beschaffung ausländischer Stipendien anschließen würde, wenn die Deutschen einen angemessenen Anteil an den Kosten selbst aufbringen und nachweisen würden. Die tüchtigen Rektoren Piloty, Mehmel und Gerlach waren wohl bis ins Innerste enttäuscht; es haben diejenigen recht behalten, die Dr. Reinhold Schairer als einen hoffnungslosen Idealisten bezeichneten. Der eine Zeitlang gehegte Gedanke, dort eine organisatorische Aufgabe zu übernehmen, ist nun völlig abgetan.

13. November 1949

Ich bin in einen schrecklichen Strudel hineingeraten, und das kam so: Gelegentlich hingeworfene Gedanken zur Sozial- und Finanzreform in einem Gespräch mit Dr. Spiecker brachten mir den Auftrag ein, meine Vorschläge zu Papier zu bringen, damit sie als Grundlage für eine Verständigung von SPD, Gewerkschaftsbund und linkem CDU-Flügel dienen können. Zu meiner eigenen Sicherheit stellte ich die gefertigte Denkschrift[82] zur Diskussion in kleinem Kreise von Sozialdemokraten; das war am Dienstag, dem 8. November. Schon am nächsten Tag rief Kriedemann an und teilte mit, daß die CDU im Bundestag einen Antrag eingebracht habe, der die Bundesregierung auffordert, ein Gesetz zur Errichtung einer Familienausgleichskasse einzureichen.[83] Kriedemann und Willi Richter haben darauf in der SPD-Fraktion einen Beschluß durchgesetzt, der den Fraktionsvorstand ermächtigt, im Bundestag einen Gesetzentwurf zu dieser Frage einzureichen, wobei ihnen meine Vorschläge vor Augen standen. Nunmehr wurde ich nach Bonn zitiert, dort wurde auf meine Anregungen in etwa 2½ Stunden ein Gesetzentwurf in die Schreibmaschine diktiert, mit dem man bereits übermorgen weiter agieren will. Ich habe energisch dagegen geredet und wegen der Begründung acht Tage Zeit bei Kriedemann herausgeholt. Das Ganze ist in solcher Hetze natürlich trotzdem ein Unfug. Außerdem rutscht möglicherweise die Diskussionsbasis CDU-SPD fort. Vielleicht aber ist das Eis bei Dr. Schumacher praktisch gebrochen, denn er wird ja bald erfahren, von wem die Weisheit kommt, mit der Kriedemann und Richter operieren, so daß ihn meine weiteren Vorschläge nicht erschrecken werden oder zum Widerspruch reizen. Das Ganze ist ein großes Spiel, in das gestern Dr. Spiecker noch die Frage nach einer „revolutionären" Regelung des Mitbestimmungsrechtes der Arbeiter hineinwarf. Dazu soll ich ihm meine Gedanken bis Montag, den 21. November schriftlich fixieren; wir wollen uns an diesem Tage in Düsseldorf zu einer gemeinsamen Aussprache treffen. Spiecker wünscht, daß man sich mit der SPD-Leitung darüber einigt, daß ich den Auftrag bekomme, mit einem kleinen Stab von Mitarbeitern ein Programm für die soziale Neuordnung in Deutschland auszuarbeiten – mal sehn!

So wachse ich aus dem Aufgabenkreis eines Generalsekretärs beim Bundesrat, der ich denn doch nicht werden kann, weil ich den meisten der Herren zu groß bin – Stock hat diese Meinung ganz offen ausgesprochen – heraus. Es wäre schön, einen deutschen Beveridge-Plan[84] zu machen.

19. November 1949

Dr. Schumacher hat dem Kanzler einen Mordskrach gemacht wegen seiner eigenmächtigen und voreiligen Zusicherungen an die Alliierten.[85] Das gab ein Erschrecken ringsum, weil ja nach bisheriger Erfahrung jedermann annahm, daß die Opposition der SPD sich wenigstens auf dem außenpolitischen Gebiet in Grenzen halten würde, die dem Auslande die grundsätzliche Einigkeit der Deutschen gegenüber den Siegermächten zeigt. Nichts davon! Carlo Schmid ergänzte das Donnergetöse Schumachers noch mit dem Versuch, einen Giftpfeil auf Adenauers Stirn zu setzen, der ihn mit moralischer Unzuverlässigkeit markieren sollte (dolus eventualis). Natürlich brachte das den Kanzler aus dem Häuschen; mit vollem Recht. So treibt man keine Politik! Wo soll das hinführen? Die nachdenklichen Deutschen fragen sich heute schon, ob denn auf diese Weise das deutsche Volk aus seinem Elendszustande herausgeführt werden kann. Mußte man sich denn nicht über die naheliegenden praktischen Aufgaben verständigen oder doch wenigstens aussprechen, damit die Parteien einander verstehen lernen und nicht einfach auf einander loshauen? Die Zeitungen schreiben von Haß zwischen Adenauer und Schumacher – welch fürchterliche Vorzeichen! Es gemahnt an die Nibelungen-Sage, nur daß es damals noch keine Demokratie gab.

Schumacher hat recht, wenn er von vornherein den eigensinnigen und eigenmächtigen Kanzler an seine demokratischen Pflichten erinnert – er hat unrecht, wenn er diese formale Aufgabe des Oppositionsführers nicht scharf trennt von der sachlichen Stellungnahme zu den außenpolitischen Fragen. Adenauer hat recht, wenn er sich gegen Unterstellungen seiner persönlichen Zuverlässigkeit scharf wehrt – er hat unrecht, wenn er glaubt, die deutsche Bundesrepublik wie einst die Stadt Köln regieren zu können. Warum diese Auseinandersetzungen jedoch zu persönlichem Haß führen, ist nicht einzusehen. Der Haß muß schon vorher dagewesen sein. Er kommt von dem Religionscharakter der deutschen Parteipolitik. Hier steckt das Grundübel. Wenn wir zum Mehrheitswahlrecht kämen, würden sachliche Fragen – vor allem der Wirtschafts-, Sozial- und Finanzpolitik – zur Entscheidung vor den Wählern aufgerollt werden. Dazu müssen wir kommen, auch gegen Schumacher und Adenauer.

26. November 1949

Der Haß Adenauer – Schumacher hat zur ersten Explosion geführt: gestern hat Schumacher seinen Gegner „Kanzler der Alliierten" genannt. Ergebnis: Schumacher wird für 20 Sitzungen vom Bundestag ausgeschlossen.[86] Alle Abgeordneten, die ich gestern und heute sprach, waren empört über Schumachers Entgleisung, die der Opposition der SPD gewiß ungewöhnlichen Schaden zufügt. Schumacher muß sich damit abfinden, daß die Regierung auf außenpolitischem und auch auf wirtschaftlichem Gebiet eine Reihe von Erfolgen zu ernten hat. Es wäre daher viel klüger, wenn die Opposition sich auf solchen Gebieten der Politik betätigte, auf denen es der Regierung bei ihrer grundsätzlich konservativ-kapitalistischen Einstellung schwer fallen müßte, eine befriedigende Lösung dagegen zu setzen. Die Fragen der Sozialpolitik, der Preis- und Lohnpolitik, der Arbeitsbeschaffung, Verwaltungsvereinfachung usw. bieten sich da von selbst an. Wir wollen sehen, wie es weitergeht. Manche SPD-Abgeordnete hatten gemeint: „Leider kann Schumacher nicht dauernd aus dem Bundestag ausgeschlossen werden – so dumm würde die CDU auch nicht sein".

Heute war Schumacher in der Sitzung des wirtschaftspolitischen Ausschusses der SPD, wo er einige grundsätzliche Ausführungen machte. Ich muß sagen: es war das Bedeutendste, was überhaupt gesagt worden ist. Da hat Schumacher wieder einmal seine überragende Einstellung zu den soziologischen Grundfragen gezeigt. Er bedauerte, daß es noch keine Standardarbeit zur Soziologie vom Standpunkt des Sozialismus in Deutschland gäbe. Ja, wenn wir einen Schlager hätten wie Burnhams „Regime der Manager"[87], dann würde der Gedanke des Sozialismus in breiten Schichten der Intelligenz Eingang finden. Solch ein Werk könnte den Titel haben „Zwischen Freiheit und Gleichheit".

Albert Wagner hat das Mammut-Ministerium in Hessen übernommen[88] und gleich gehörig dreingeschlagen, indem er den vielberedten Arbeitsrechtler Engler (Mitglied der SPD, einen Hochstapler) aus dem Amte entfernte. Offenbar ballt sich die Fronde der Enttäuschten und Mißvergnügten zum Widerspruch zusammen. Otto Ernst (Ministerialdirektor) kündete mir an, daß Wagner wohl den nächsten Parteitag nicht überstehen werde. Ich glaube, Wagner wird sich keine entscheidende Blöße geben und gute Erfolge auf dem Gebiete der Verwaltung bald aufweisen können. Wenn die nächste Wahl nicht zu einem Ausschluß der SPD aus der Regierung in Hessen führt, könnte ich mir wohl denken, daß Wagner auch dann im Amte bleiben wird; denn wen sollte man hier schon herausstellen?

Da die Entscheidung in Düsseldorf, ob ich dorthin geholt werde, wohl noch einige Zeit auf sich wird warten lassen, geht mir immer wieder durch den Kopf, ob ich nicht dem Drängen der Darmstädter nachgeben und mich dort in die Kommunalverwaltung wieder einschalten soll. Wenn es Frankfurt wäre oder Düsseldorf oder Essen usw., dann zögerte ich nicht – aber das zerschlagene Darmstadt mit seinen jetzt ca. 80 000 Einwohnern und mit dieser hessischen Regierung. „Man soll sich niemals billiger machen und niemals hinabsteigen", sagt Kurt Jahn; das ist es, was ich jetzt noch beobachten muß. Und irgendwo glüht ja unter aller Arbeit und Geschäftigkeit die ehrgeizige Hoffnung, doch noch einmal an politisch interessanter Stelle zum Zuge zu kommen. Düsseldorf und Stellvertreter des Finanzministers wäre schon „Wartesaal 1. Klasse" nach Lukaschek.

4. Dezember 1949

Der Krach Schumacher – Adenauer ist beigelegt.[89] Ich glaube nicht, daß es der letzte Kampf dieser Art gewesen ist. Eine Erleichterung macht sich allenthalben bemerkbar.

Heute sprach Dr. Hermberg von den Halbwahrheiten, derer sich Dr. Adenauer gern bedient. Es ist doch beschämend, daß diese Feststellung unwidersprochen bleiben muß.

21. Dezember 1949

Der Bundesrat hat Geheimrat Katzenberger (Min.-Dirigent in der Staatskanzlei Düsseldorf) zum geschäftsführenden Direktor im Sekretariat gewählt. In der Person gar nicht übel. Und was ist das Ergebnis? Alles hat sich einmal herumgedreht, und es ist alles beim alten geblieben, nur ein Min.-Dirigent für einen Min.-Direktor, ein Katholik für einen Protestanten, ein CDU-Mann für einen Sozialdemokraten.

So haben es denn Brauer und Kopf – von Stock nicht zu reden, denn er ist zu töricht – dahin gebracht, daß der Bundesrat in seinem Sekretariat keinen sozialdemokratischen höheren Beamten haben wird. Das erstrebte kleine Sekretariat fängt bereits mit 20 Leuten mehr an, als der Länderrat jemals hatte.

Dr. Weitz hat mich am Samstag gefragt, ob ich als Nachfolger von Weisser zu ihm kommen wolle. Ich habe zugesagt und werde demnach ab 1. II. 1950 Stellvertreter des Finanzministers in Düsseldorf sein. Aufgabenkreis und Dienstsitz sind vielversprechend.

Anmerkungen

1947

[1] Im Original umfangreiche Schilderung von Leseeindrücken nach Hesses Glasperlenspiel und Thomas Manns Lotte in Weimar sowie Exzerpte aus letzterem.

[2] Im Original umfangreiche Exzerpte aus Carlo Schmid, Die Forderung des Tages. Reden und Aufsätze, Stuttgart 1946.

[3] Gemeint vermutlich Finanzminister Werner Hilpert (vgl. Tagebucheintragung v. 17. 4. 1947).

[4] Im Konzentrationslager Bergen-Belsen, das am 15. April 1945 von den Briten befreit wurde, herrschten grauenhafte Bedingungen, die im Frühjahr 1945 zum Massensterben führten, das auch nach der Befreiung anhielt. Vgl. Eberhard Kolb, Bergen-Belsen. Geschichte des „Aufenthaltslagers" 1943–1945, Hannover 1962 (Göttingen 1985²).

[5] Im Original umfangreiches Exzerpt.

[6] Die Neue Zeitung, 14. 4. 1947 (Dr. Ostrowski abgelehnt. SPD gegen ihren eigenen Oberbürgermeister).

[7] Kürzung einer Passage, Familiäres betreffend.

[8] Friedrich Meinecke, Die deutsche Katastrophe. Betrachtungen und Erinnerungen, Wiesbaden 1946 (1947 bereits in 3. Auflage).

[9] SPD-Kundgebung in Kassel am 18. Mai 1947, siehe Hessische Nachrichten, 20. 5. 1947 (Die Politik der SPD. Dr. Schumacher sprach in Kassel).

[10] Troeger hatte sich am 3. 7. 1947 dem Exekutivrat vorgestellt (vgl. Prot. der 2. und 3. Sitzung des Exekutivrats, 2.–4. 7. 1947, AVBRD 3, S. 213), am Vormittag des 14. Juli war seine Kandidatur ausführlich diskutiert worden (4. Sitzung, ebenda, S. 264–266), am Nachmittag des 14. Juli kam der Exekutivrat nach längerer Debatte „einstimmig überein, Herrn Dr. Troeger auf die Dauer von sechs Monaten als Generalsekretär einzusetzen, allerdings unter der Voraussetzung, daß seine Stellung frei bleibt von jedem politischen Einfluß, was auch vom Vorsitzenden zugesagt wurde". 5. Sitzung des Exekutivrats, 14.–16. 7. 1947, AVBRD 3, S. 268.

[11] Irrtum des Verfassers: Montag, der 21. Juli 1947.

[12] Bipartite Control Office (BICO) war die in Frankfurt residierende alliierte Kontrollinstanz der deutschen Bizonen-Administration mit gleichberechtigtem amerikanischen (Adcock) und britischen (MacReady) Vorsitzenden. BICO arbeitete ab Juni 1947 mit amerikanisch/britisch besetzten Fachabteilungen; die 900 Mitarbeiter waren im Verwaltungsgebäude der IG-Farben untergebracht. Oberste Instanz war Bipartite Board in Berlin, das die beiden Militärgouverneure Clay und Robertson bildeten.

[13] Wirtschaftsrat, 22. Juli 1947, Wörtl. Berichte, S. 2** ff.

¹⁴ Wirtschaftsrat, 23. Juli 1947, Wörtl. Berichte, S. 25*** ff.; zur Frankfurter Direktorenwahl vgl. Wolfgang Benz, Von der Besatzungsherrschaft zur Bundesrepublik. Stationen einer Staatsgründung 1946–1949, Frankfurt 1984, S. 65 ff.; Adenauer hatte an den Sitzungen des CDU-Fraktionsvorstandes am 21. und 22. Juli als Gast teilgenommen und eindringlich dafür plädiert, daß der Direktor für Wirtschaft aus den Reihen der CDU kommen müsse. Vgl. Niederschriften der Sitzungen der CDU-Fraktion und des CDU-Fraktionsvorstandes im Frankfurter Wirtschaftsrat, Archiv für Christlich-Demokratische Politik, St. Augustin, Best. VIII–001/1.

¹⁵ 9. Sitzung des Exekutivrates am 24. 7. 1947, in: AVBRD 3, S. 278 f.

¹⁶ Heinrich Köhler (CDU), Finanzminister von Württemberg-Baden, erklärte am 9. 8. 1947 seinen Rücktritt als Vertreter im Exekutivrat aus Protest gegen die Polarisierung zwischen den beiden großen Parteien bei der Direktorenwahl. Daß die politische Verantwortung in den Verwaltungen nur bei einer Partei liege, „sei kein erfreulicher Zustand", hatte er in einer Presseerklärung ausgeführt. Vgl. AVBRD 3, S. 335–338, und Heinrich Köhler, Lebenserinnerungen des Politikers und Staatsmanns 1878–1949, unter Mitw. von Franz Zilken, hrsgg. von Josef Becker, Stuttgart 1964, S. 370 f.

¹⁷ Vgl. Bericht des bremischen Bevollmächtigten beim Exekutivrat über die Besprechungen im Exekutivrat und die Verhandlungen mit den Fraktionen des Wirtschaftsrates am 8./9. August 1947, in: AVBRD 3, S. 335 ff.

¹⁸ Sen. Oswald Mittendorff (Bremen), Bernhard Hansen (Hamburg), OB Ludwig Metzger (Hessen), Rudolf Sachse (Niedersachsen), Franz Suchan (Schleswig-Holstein), Heinz Potthoff (Nordrhein-Westfalen).

¹⁹ Wirtschaftsrat, 3. Vollversammlung, 9. 8. 1947, Wörtl. Berichte, S. 58.

²⁰ Die FDP (bzw. LDP und DVP) hatte vier Abgeordnete im ersten Wirtschaftsrat (25. 6. 1947–23. 2. 1948), die mit den zwanzig Parlamentariern der CDU/CSU koalierten ebenso wie die zwei Vertreter der DP. Dieser „Bürgerblock" stand 20 Mandaten der SPD, 2 des Zentrums, 1 der WAV und 3 der KPD gegenüber. Im zweiten Wirtschaftsrat (24. 2. 1948–7. 9. 1949) wurde die Zahl der Mandate von 52 auf 104 im gleichen Verhältnis verdoppelt, an den Mehrheitsverhältnissen änderte sich also nichts.

²¹ Vgl. 20. und 21. Sitzung des Exekutivrates, 13. und 14. 8. 1947, in: AVBRD 3, S. 340–358.

²² Besprechung der Vorsitzenden des Bipartite Control Office mit dem Exekutivrat am 15. August 1947, in: AVBRD 3, S. 359–362.

²³ Auslassung einer Passage betr. Familiäres.

²⁴ Die Dena (zunächst Dana = Deutsche Allgemeine Nachrichtenagentur) war die Nachrichtenagentur der US-Zone, aus der im Herbst 1949 zusammen mit dem „Deutschen Presse Dienst" (britische Zone) die dpa hervorging.

²⁵ Frankfurter Rundschau, 19. 8. 1947.

²⁶ Vgl. 25. Sitzung des Exekutivrates, 22. 8. 1947, in: AVBRD 3, S. 372.

²⁷ Vgl. Süddeutsche Zeitung, 12. 8. 1947 (Gegen parteipolitische Gesichtspunkte. Dr. Ehard antwortet Dr. Adenauer).

²⁸ Nach der vierten Sitzung (10. 3.–24. 4. 1947) des Rats der Außenminister der vier Mächte in Moskau, bei der in der Reparationsfrage und beim Problem der wirtschaftlichen Einheit Deutschlands keine Einigung erzielt werden konnte, und nach der Ankündigung des Marshall-Plans durch die USA war das Scheitern der fünften Außenministerkonferenz in London (25. 11.–15. 12. 1947) in der Tat bereits im Sommer 1947 abzusehen.

Anmerkungen 1947   147

²⁹ 4. Vollversammlung des Wirtschaftsrats, 4. und 5. 9. 1947, Wörtl. Berichte, S. 63 ff.

³⁰ Das Personalamt für die Bizone war auf Drängen der Militärregierungen errichtet worden. Nach dem angloamerikanischen Vorbild der Civil Service Commission sollte es als unabhängige Behörde das Personalwesen im öffentlichen Dienst überwachen und eine wesentliche Rolle bei der Reform des öffentlichen Dienstes spielen. Zum Unbehagen auf deutscher Seite über diese Absichten der Militärregierungen kam hinzu, daß mit Kurt Oppler seit 3. 9. 1947 an der Spitze des Personalamts ein linker Sozialdemokrat und Befürworter der Beamtenreform stand. Vgl. W. Benz, Versuche zur Reform des öffentlichen Dienstes in Deutschland 1945–1952. Deutsche Opposition gegen alliierte Initiativen, in: VfZ 29 (1981), S. 216–245.

³¹ Office of Military Government for Germany U. S. (OMGUS).

³² Das führte im Herbst 1947 zum regelrechten „Kartoffelkrieg" zwischen der Bizonen-Administration, Niedersachsen und Bayern. Vgl. Benz, Von der Besatzungsherrschaft zur Bundesrepublik, S. 72 ff.

³³ Vgl. 4. Vollversammlung des Wirtschaftsrats, 5. 9. 1947, Wörtl. Berichte, S. 89–93.

³⁴ Vgl. 26. Sitzung des Exekutivrats, 25. 8. 1947, in: AVBRD 3, S. 374.

³⁵ Auf der Jahrestagung des Bayerischen Bauernverbands in Passau hatte sich Ministerpräsident Ehard skeptisch gegenüber der Bizonenadministration geäußert. Vgl. Süddeutsche Zeitung, 9. 9. 1947 (Ein Notprogramm gegen den Hunger).

³⁶ Vgl. 35. Sitzung des Exekutivrats, 11. 9. 1947, in: AVBRD 3, S. 476.

³⁷ „Gesetz über Notmaßnahmen auf dem Gebiet der Wirtschaft, der Ernährung und des Verkehrs (Bewirtschaftungsnotgesetz)", das am 30. Oktober 1947 vom Wirtschaftsrat verabschiedet, am 5. 12. 1947 von BICO genehmigt wurde.

³⁸ Die Proklamation Nr. 5 der amerikanischen bzw. die gleichlautende Verordnung Nr. 88 der britischen Militärregierung vom 10. Juni 1947 enthielt die rechtlichen Grundlagen für die Konstituierung des Wirtschaftsrats und der anderen Organe der Bizone. Abgedruckt u. a. bei Tilman Pünder, Das bizonale Interregnum. Die Geschichte des Vereinigten Wirtschaftsgebietes 1946–1949, Waiblingen 1966, S. 370 ff.

³⁹ Der hessische Justizminister Zinn hatte ebenso wie der württemberg-badische Wirtschaftsminister Veit am 7. 8. 1947 sein Mandat aufgegeben, da die Zugehörigkeit zu einer Landesregierung oder ein Landtagsmandat mit der Mitgliedschaft im Wirtschaftsrat unvereinbar war.

⁴⁰ Anspielung auf Heinrich Köhlers badische Herkunft und seinen Titelstolz.

⁴¹ „Gesetz über den vorläufigen Aufbau der Wirtschaftsverwaltung des VWG (amerikanisches und britisches Besatzungsgebiet in Deutschland)", das der Wirtschaftsrat am 9. August 1947 verabschiedete.

⁴² Vgl. 39. Sitzung des Exekutivrats, 18. 9. 1947, in: AVBRD 3, S. 494. In der Sache hatten es die Politiker der Bizone nicht eilig, das Personalamt als Teil einer Reform des öffentlichen Dienstes in Gang zu setzen. Vgl. W. Benz, Versuche zur Reform des öffentlichen Dienstes, in: VfZ 29 (1981), S. 216–245.

⁴³ Welche speziellen Erklärungen Troeger meinte, war nicht zu ermitteln, abfällige Äußerungen gegen die Bizonen-Administration waren in München gang und gäbe. Vgl. Tagebucheintragung vom 12. 10. 1947.

⁴⁴ „Anordnung des Direktors der Hauptverwaltung für Ernährung, Landwirtschaft und Forsten betr. Bewirtschaftung von Kartoffeln in der britischen und US-Zone im Wirtschaftsjahr 1947/48", 1. 10. 1947, Wirtschaftsrats-Drucksache Nr. 39.

⁴⁵ 39. und 40. Sitzung des Exekutivrats, 18. und 19. 9. 1947, in: AVBRD 3, S. 493–497.

⁴⁶ Beschlußfassung über den Entwurf eines Gesetzes über die Anordnungsbefugnis des Exekutivrats und der Direktoren der Verwaltung im Wirtschaftsrat am 5. September 1947, 4. Vollversammlung des Wirtschaftsrates, Wörtl. Berichte, S. 93–94.

⁴⁷ Siehe dazu Besprechung der Vorsitzenden des Bipartite Control Office mit dem Exekutivrat und Vertretern von Wirtschaftsrat und Verwaltungen in Frankfurt/M. am 23. September 1947, in: AVBRD 3, S. 500f.

⁴⁸ Verordnung Nr. 14 der amerikanischen und Nr. 89 der britischen Militärregierung vom 10. Juni 1947 über Erzeugung, Zuteilung und Verteilung von Waren und Rohstoffen, in: Wirtschaftsrat, Erschließungsband, S. 12ff.

⁴⁹ Carl Spiecker vor dem Wirtschaftsrat am 30. September 1947, Wörtl. Berichte, S. 124.

⁵⁰ Gesetz zur Sicherung der Kartoffelversorgung im Wirtschaftsjahr 1947/48, vgl. Wörtl. Berichte, 5. Vollversammlung, 29. 9. 1947, S. 116–121; verabschiedet am 3. 10. 1947, von BICO genehmigt am 7. 10. 1947.

⁵¹ Gesetz zur Sicherung der Fleischversorgung im Wirtschaftsjahr 1948/49, vgl. Wörtl. Berichte, 5. Vollversammlung, 30. 9. 1947, S. 122–126.

⁵² Gesetz über Notmaßnahmen auf dem Gebiet der Elektrizitäts- und Ferngasversorgung (Zentrallastverteilungsgesetz), vgl. Wörtl. Berichte, 6. Vollversammlung, 11. 10. 1947, S. 141–145.

⁵³ Erst am 20. 10. 1947 begann die Verwaltung für Wirtschaft in der neuen Organisationsform zu arbeiten, bis dahin arbeitete noch der Apparat des Verwaltungsamts für Wirtschaft in Minden unter der Leitung des neuen Direktors für Wirtschaft (in Frankfurt) weiter.

⁵⁴ Entwurf für ein Gesetz über Notmaßnahmen auf dem Gebiete der Wirtschaft, der Ernährung und des Verkehrs (Bewirtschaftungsnotgesetz), vgl. 38. Sitzung des Exekutivrats am 17. 9. 1947, in: AVBRD 3, S. 491.

⁵⁵ Zu den Ereignissen im Wirtschaftsausschuß des Wirtschaftsrates am 1. Oktober 1947 vgl. AVBRD 3, S. 548.

⁵⁶ Entwurf der Verwaltung für Verkehr für ein Gesetz zur Sicherung des Verkehrs, 46. Sitzung des Exekutivrats am 30. September 1947, in: AVBRD 3, S. 534.

⁵⁷ Am 25. September 1946 veröffentlichten Parteivorstand und Parteiausschuß der SPD in Köln eine gemeinsame Entschließung, die unter dem Titel „Umkehr oder Untergang" die Stärkung kapitalistischer Auffassungen in Politik, Wirtschaft und Verwaltung kritisierte. Die SPD lehnte darin die politische Verantwortung für die ihr aufgezwungenen Zustände ab und machte ihre politische Mitarbeit von verbindlichen Zusagen abhängig. Franz Osterroth/Dieter Schuster, Chronik der deutschen Sozialdemokratie, Bd. III, Bonn 1978, S. 46f.

⁵⁸ Vgl. Süddeutsche Zeitung, 11. 10. 1947 (Der Kampf ums tägliche Brot. Wie hoch ist die Kartoffelernte? – Dr. Baumgartner weist westdeutsche Vorwürfe zurück).

⁵⁹ Vgl. 53. Sitzung des Exekutivrats, 10. 10. 1947, in: AVBRD 3, S. 606, und Schreiben Bay. Bevollmächtigter an Bay. Staatskanzlei, 10. 10. 1947, Institut für Zeitgeschichte, Archiv, ED 132 (Nachlaß Baumgartner), Bd. 7; vgl. Benz, Von der Besatzungsherrschaft, S. 73f.

⁶⁰ Wirtschaftsrat, 6. Vollversammlung, 11. 10. 1947, Wörtl. Berichte, S. 144, 146.

⁶¹ Im Original ist das Wort Präsident jeweils unterstrichen.

[62] Im Herbst 1947 unternahm Orland Kay Armstrong, der von 1947–1948 im U. S. Senate Committee on Civil Service tätig war, eine mehrwöchige Reise durch die amerikanische Besatzungszone in Deutschland, um Material über den dort vorhandenen Hilfsbedarf für das Committee on Relief Organizations Licensed for Operation in Germany zu sammeln. Zum Abschluß seiner Reise verfaßte er am 5. Oktober 1947 einen Brief an Clay, in dem er ihm ein Programm zur zukünftigen Behandlung Deutschlands vorlegt, dessen Grundgedanke die möglichst baldige Beendigung der militärischen Besatzungsherrschaft war. Text des Briefes in OMGUS: POLAD 460/8; deutsche Übersetzung (ohne erkennbaren Zusammenhang) veröffentlicht in: Konrad Adenauer und die CDU der britischen Besatzungszone 1946–1949. Dokumente zur Gründungsgeschichte der CDU Deutschlands, hrsg. von der Konrad-Adenauer-Stiftung, Bonn 1975, S. 465–477.

[63] Übergabe der Demontageliste durch die Vorsitzenden des BICO an den Exekutivrat und Vertreter des Wirtschaftsrats am 16. 10. 1947 in Frankfurt, zugleich Veröffentlichung u. a. in: Süddeutsche Zeitung, 18. 10. 1947 (Um das Schicksal der deutschen Industrie. Das Reparationsprogramm für die Doppelzone/Neue Probleme des Wiederaufbaues).

[64] 58. Sitzung des Exekutivrats, 17. 10. 1947, in: AVBRD 3, S. 681.

[65] Konferenz der Ministerpräsidenten, Arbeitsminister und Wirtschaftsminister des VWG mit dem Exekutivrat und Vertretern des Wirtschaftsrats in Wiesbaden, 22. 10. 1947, in: AVBRD 3, S. 690–711.

[66] Vgl. Die Neue Zeitung, 3. 11. 1947 (Bayerische „Offensive" im Kartoffelkrieg), 10. 11. 1947 (Bayern contra Frankfurt. Schlange-Schöningen nach München eingeladen) und Süddeutsche Zeitung, 11. 11. 1947 (Vor einer Entscheidung in der Kartoffelfrage. Ehard an Schlange-Schöningen/Neue Vorwürfe Baumgartners gegen Frankfurt).

[67] Vgl. Die Neue Zeitung, 14. 11. 1947 (Schlange-Schöningen vermittelt) und Wirtschaftsrat, 8. Vollversammlung, 21. 11. 1947, Wörtl. Berichte, S. 205–221.

[68] 81. Sitzung des Exekutivrats, 20. 11. 1947, in: AVBRD 3, S. 849.

[69] Süddeutsche Zeitung, 18. 11. 1947 (Das Ende des Kartoffelkrieges. Schlange-Schöningens „diplomatische Mission" in Bayern).

[70] Wirtschaftsrat, 8. Vollversammlung, 21. 11. 1947, Wörtl. Berichte, S. 211 f.

[71] Ebenda, S. 208 f.

[72] Ebenda, S. 211 f.

[73] Die Neue Zeitung, 17. 11. 1947 (Dalton begeht Indiskretion. Cripps zum britischen Schatzminister ernannt).

[74] Auf Einladung der Bayerischen Staatsregierung besuchte der Exekutivrat am 26. 11. 1947 München, vgl. Süddeutsche Zeitung, 29. 11. 1947 (Der Exekutivrat in München).

[75] S. Anm. 28.

[76] Konferenzen der Militärgouverneure mit den Ministerpräsidenten und Vertretern der bizonalen Verwaltungen in Frankfurt, 7. und 8. 1. 1948, in: AVBRD 4, S. 126–182.

[77] Vgl. Schleswig-Holsteinische Volkszeitung, 11. 12. 1947 (Minister Arp beurlaubt) und 13. 12. 1947 (keine Differenzen Bizone – Arp) und Die Neue Zeitung, 15. 12. 1947 (Dr. Baumgartner tritt zurück).

[78] Entwurf eines Memorandums über Änderungen im Aufbau der Wirtschaftsverwaltung des VWG, in: AVBRD 3, S. 1010–1014.

[79] 93. Sitzung des Exekutivrats, 9. 12. 1947, in: AVBRD 3, S. 966 f.

[80] 9. Vollversammlung des Wirtschaftsrats, 18. 12. 1947, Wörtl. Berichte, S. 238−264.

[81] Die „Sonderstelle Geld und Kredit" war ein Gremium von Finanz- und Wirtschaftsexperten, das unter dem Vorsitz von Ludwig Erhard seit Oktober 1947 an einem deutschen Plan für eine Währungsreform arbeitete. Vgl. Hans Möller, Die westdeutsche Währungsreform von 1948, in: Währung und Wirtschaft in Deutschland 1876−1975, Hrsg. Deutsche Bundesbank, Frankfurt 1976, insbes. S. 441−445; 93. Sitzung des Exekutivrats, 9. 12. 1947, in: AVBRD 3, S. 965.

[82] Alfred Andersch, Getty oder die Umerziehung in der Retorte, in: Frankfurter Hefte 2 (1947), S. 1089−1096 (schildert Demokratisierungskurse an deutschen Kriegsgefangenen in USA); Richard Schmid, Zwangsarbeit, ebenda, S. 1105−1118.

[83] 9. Vollversammlung des Wirtschaftsrats, 18. 12. 1947, Wörtl. Berichte, S. 250−252.

[84] Vgl. 102. Sitzung des Exekutivrats, 30. 12. 1947, in: AVBRD 3, S. 1007f.

[85] 99. Sitzung des Exekutivrats, 18. 12. 1947, in: AVBRD 3, S. 997; Protest Spieckers im Wirtschaftsrat, 18. 12. 1947, Wörtl. Berichte, S. 245 f.

[86] S. Anm. 76.

[87] Der Vorsitz im Exekutivrat wechselte vierteljährlich: Auf OB Ludwig Metzger (24. 6.−30. 9. 1947) folgten MinDir. Carl Spiecker (1. 10.−31. 12. 1947) und Staatsrat Gebhard Seelos (1. 1. −19. 2. 1948). Vgl. Tilman Pünder, Das bizonale Interregnum. Die Geschichte des Vereinigten Wirtschaftsgebiets 1946−1949, Waiblingen 1966, S. 338.

1948

[1] Konferenzen der Militärgouverneure mit den Ministerpräsidenten und Vertretern der bizonalen Verwaltung in Frankfurt, 7. und 8. 1. 1948, in: AVBRD 4, S. 126 ff.

[2] Die Neue Zeitung, 9. 1. 1948 (Bizonaler Postdirektor verteidigt Pg's. Gewerkschaften protestieren gegen Gutachten Dr. Schuberths).

[3] Vgl. Wirtschaftsrat, 10. Vollversammlung, 21. 1. 1948, Wörtl. Berichte, S. 268; 107. und 108. Sitzung des Exekutivrats, 13. 1. 1948 und 14. 1. 1948, in: AVBRD 4, S. 215−219.

[4] Vgl. Süddeutsche Zeitung, 27. 1. 1948 (Polen verlangt Auslieferung des Ministerpräsidenten Kopf); Der Spiegel, 31. 1. 1948 (Kopf-Jäger. Der ehrliche Makler). − Aufgabe der nach der Zerschlagung des polnischen Staats im Herbst 1939 errichteten „Haupttreuhandstelle Ost" war die „Sicherstellung" (Beschlagnahme, Verwaltung, Verwertung) privater und staatlicher polnischer Vermögenswerte in den von Deutschland annektierten Ostgebieten gewesen.

[5] 106. und 109. Sitzung des Exekutivrats, 12. und 15. 1. 1948, in: AVBRD 4, S. 190 und 231; vgl. Die Neue Zeitung, 16. 1. 1948 (Sorge um die deutsche Ernährung. General Hays vor dem Länderrat: Einfuhr-Versprechen wird gehalten).

[6] Vgl. Die Neue Zeitung, 19. 1. 1948 (Kommunistischer Sabotageplan. US-Militärregierung über „Protokoll M" nicht erstaunt).

[7] Die Neue Zeitung, 12. 1. 1948 (Streikbewegungen an der Ruhr. Wirtschaftliche und politische Hintergründe) und 16. 1. 1948 (Forderungen der Ruhrarbeiter. Gewerkschaften halten wachsende Streikbewegung zurück). Vgl. Christoph Kleßmann, Peter Friedemann, Streiks und Hungermärsche im Ruhrgebiet 1946−1948, Frankfurt, New York 1977.

[8] Konferenz der Militärgouverneure mit den Ministerpräsidenten und Vertretern der bizonalen Verwaltungen in Frankfurt, 8. 1. 1948, in: AVBRD 4, S. 167 f.

[9] Wirtschaftsrat, Drucksache 144: Bericht des Direktors der Verwaltung für Ernährung, Landwirtschaft und Forsten vom 15. 12. 1947 über Verstöße gegen Anordnungen des Wirtschaftsrates oder der Verwaltung für Ernährung, Landwirtschaft und Forsten zur Sicherung der Kartoffelversorgung.

[10] Das „Nothilfegesetz zur Ermittlung, Erfassung und Verteilung von Lebensmittelbeständen" wurde am 23. 1. 1948 vom Wirtschaftsrat verabschiedet, am 28. 1. 1948 von BICO genehmigt. Vgl. 107. und 108. Sitzung des Exekutivrats, 13. und 14. 1. 1948, in: AVBRD 4, S. 214 f. und 219; Wirtschaftsrat, Drucksache 156 und 161; Wörtl. Berichte S. 297−304.

[11] Vgl. Außerordentliche Sitzungen des Exekutivrats, 22. und 26. 1. 1948, in: AVBRD 4, S. 250 und 253 f.

[12] Konferenz der Ministerpräsidenten der amerikanischen und britischen Besatzungszonen in Frankfurt, 27./28. 1. 1948, in: AVBRD 4, S. 256−270.

[13] Proklamation Nr. 7 der amerikanischen und VO Nr. 126 der britischen Militärregierung „Verwaltung des Vereinigten Wirtschaftsgebiets", veröffentlicht am 6. 2. 1948, in: Wirtschaftsrat, Erschließungsband, S. 16−19; vgl. Süddeutsche Zeitung, 7. 2. 1948 (Westdeutschlands neues Wirtschaftsstatut. Die Proklamation der Charta in Frankfurt/ Erweiterte Legislative − verstärkte Exekutive).

[14] Vgl. Die Neue Zeitung, 23. 1. 1948 (Die Tribüne der Parteien).

[15] Eugen Kogon, Das Jahr der Entscheidungen, in: Frankfurter Hefte 3 (1948), S. 16−28.

[16] Außerordentliche Sitzung des Exekutivrats, 11. 2. 1948, in: AVBRD 4, S. 316 ff.

[17] Besprechung der Militärgouverneure mit bizonalen Vertretern in Frankfurt, 14. 2. 1948, in: AVBRD 4, S. 335 f.

[18] Sitzung des Parteivorstands der SPD in Kassel am 17./18. 2. 1948; vgl. SPD-Pressedienst, Hannover, 20. 2. 1948 (Politik auf weite Sicht. Zur Kasseler Tagung der SPD).

[19] Am 7. Februar 1948 brachten CDU und Zentrum im Landtag von Nordrhein-Westfalen zwei getrennte Anträge zur Bildung einer gesamtdeutschen Vertretung ein. Vgl. Die Neue Zeitung, 8. 2. 1948 (Neue Vorschläge von CDU und Zentrum).

[20] Am 19. 2. 1948 hatte der Exekutivrat in 123. Sitzung zum letzten mal getagt (vgl. AVBRD 4, S. 353 f.). Seine Aufgaben gingen in der dritten Phase der Bizone zum Teil an den neuen Verwaltungsrat (Kontrolle und Koordination bizonaler Politik), zum Teil an den neuen Länderrat (Vertretung der Länderinteressen gegenüber der Bizonen-Administration) über. Der Länderrat konstituierte sich als erstes der neuen Organe am 23. 2. 1948. Die erste Vollversammlung des Wirtschaftsrats nach seiner Umbildung (Verdoppelung der Zahl der Abgeordneten) fand am 24. 2. 1948 statt, der Verwaltungrat (bestehend aus den Direktoren der Verwaltungen unter dem Vorsitz des ressortlosen Oberdirektors) trat am 23. März 1948 zu seiner ersten „Direktorialsitzung" zusammen. Vgl. T. Pünder, Das bizonale Interregnum, S. 133 ff.

[21] Zu den Kandidaturen um das Amt des Oberdirektors vgl. Benz, Von der Besatzungsherrschaft zur Bundesrepublik, S. 95 ff.; Niederschriften der Sitzungen der CDU-Fraktion des Wirtschaftsrates, Archiv für Christlich-Demokratische Politik, St. Augustin, Fraktionssitzungen vom 24. 2., 29. 2., 1. 3. 1948.

[22] Vgl. die Schlagzeile in der Neuen Zeitung vom 29. 2. 1948: „Prag unterdrückt Drei-Mächte-Note. Beneschs Zustimmung wurde erpreßt – Presse gleichgeschaltet".

[23] Wirtschaftsrat, 12. Vollversammlung, 2. 3. 1948, Wörtl. Berichte S. 322–342.

[24] Im Protokoll über die 2. nichtöffentliche Sitzung des Länderrates am 5. 8. 1948 heißt es zur Wahl des Generalsekretärs lediglich: „Nach eingehender Aussprache über die zur Wahl stehenden Personen wird beschlossen, für die Abstimmung Stimmzettel zu verwenden, auf die der Name des gewünschten Kandidaten zu schreiben ist. Weiße Zettel bedeuten Stimmenthaltung. Der Protokollführer sammelt 16 Stimmzettel ein und der Wahlausschuß ermittelt das Ergebnis der Wahl. Der Vorsitzende stellt fest, daß Dr. Heinrich Troeger zum Generalsekretär des Länderrates gewählt ist." Bundesarchiv, Z 4/540. Der „Süddeutsche Länderrat", offiziell Länderrat des amerikanischen Besatzungsgebietes, der im Herbst 1945 als Koordinierungsorgan der Länder der US-Zone in Stuttgart errichtet worden war, existierte, ebenso wie der Zonenbeirat der britischen Zone, neben der Bizonen-Administration weiter.

[25] Die Neue Zeitung, 11. 3. 1948 (Dr. Pünder tritt sein Amt an); vgl. Hermann Pünder, Von Preußen nach Europa. Lebenserinnerungen, Stuttgart 1968, insbes. S. 315 ff.

[26] Mitglieder des Länderrats waren je zwei von den Regierungen der 8 Länder der Bizone bestellte Vertreter, von denen einer der jeweilige Ministerpräsident sein konnte. Dem Länderrat oblag die Vertretung der Länder bei der Gesetzgebung. Für den Vorsitz galt die gleiche Regelung – turnusmäßiger Wechsel – wie sie im Exekutivrat vereinbart gewesen war; Februar/März 1948 Ehard (Bayern), bis Juni 1948 Kopf (Niedersachsen), bis September 1948 Köhler (Württemberg-Baden), bis Dezember 1948 Lüdemann (Schleswig-Holstein), Januar/März 1949 Brauer (Hamburg), bis Juni 1949 Kaisen (Bremen), Juli/August 1949 Stock (Hessen). Vgl. Walter Vogel, Westdeutschland 1945–1950, Teil I, Koblenz 1956, S. 96 f.; Tilman Pünder, Das bizonale Interregnum, Waiblingen 1966, S. 137 f.

[27] Die Neue Zeitung, 1. 4. 1948 (Deutsche Vorschläge für das ERP). Wirtschaftsrat macht Angaben über Westzonenbedarf); Süddeutsche Zeitung, 3. 4. 1948 (Die deutschen Vorschläge zum Europahilfsplan. Köhler: Doppelzone als Partner anerkannt/Gemeinsame Beratungen).

[28] Es handelte sich um Vorboten der Blockade Berlins. Vgl. Die Neue Zeitung, 1. 4. 1948 (SMA verschärft Grenzkontrolle. Kampagne gegen Verbindung Berlins mit dem Westen); vgl. W. Benz, Die Gründung der Bundesrepublik. Von der Bizone zum souveränen Staat, München 1984, S. 11 ff.

[29] Durch die amerikanische Proklamation Nr. 8 und gleichlautende britische Verordnung Nr. 98, die gleichzeitig mit dem neuen Bizonenstatut am 9. 2. 1948 in Kraft trat, war als zentrale Instanz der Justiz das „Deutsche Obergericht für das Vereinigte Wirtschaftsgebiet" in Köln errichtet worden. Das Obergericht hatte gleichzeitig die Funktion eines obersten Staats- und Verfassungsgerichts, des Reichsgerichts und eines Verwaltungsgerichtshofes, es war letzte Revisionsinstanz. In der Normenkontrolle war es aber beschränkt, da Gesetze des Wirtschaftsrats, wenn BICO sie genehmigt hatte, nicht mehr angefochten werden konnten.

[30] Vorbesprechung zur Besprechung der Militärgouverneure mit bizonalen Vertretern in Frankfurt, 14. 4. 1948, in: AVBRD 4, S. 451−463.

[31] Aufbauplan 1948/49 für die Wirtschaft des Vereinigten Wirtschaftsgebietes vom 9. April 1948, in: Wirtschaftsverwaltung, Heft 1, Mai 1948, S. 15 ff. (gekürzte Fassung); ausführliche Fassung Bundesarchiv, Z 8/198, Bl. 14−204.

[32] Sitzung bei BICO am 12. 4. 1948, in: AVBRD 4, S. 462 f. Besprechung der Militärgouverneure mit bizonalen Vertretern in Frankfurt, 14. April 1948, in: AVBRD 4, S. 451 ff.

[33] Vgl. Anm. 30.

[34] Vom 20. 4.−2. 6. 1948 fand die zweite Phase der Londoner Sechsmächte-Konferenz statt.

[35] Deutschlands Einschaltung in den Marshall-Plan, in: Sopade, April 1948, S. 79 f.

[36] Im Juni 1947 beauftragte US-Präsident Truman drei Studiengruppen mit der Untersuchung der Voraussetzungen und möglichen Auswirkungen des geplanten European Recovery Program. Zusätzlich zu diesen von Edwin G. Nourse, Julius A. Krug und W. Averill Harriman geleiteten Gruppen beschäftigte sich auch das vom Kongreß eingesetzte Herter-Komitee mit dieser Aufgabe. Gegen Ende des Jahres wurden die Abschlußberichte veröffentlicht, die die amerikanische Diskussion des Marshall-Plans stark beeinflußten. Vgl. John C. Campbell and the research staff of the council of foreign relations, The United States in World Affairs 1947−1948, New York, London 1948, S. 481 ff.

[37] Sitzung des Länderrats, 30. 4. 1948, Bundesarchiv Z 4/541.

[38] Bei der Konferenz am 8. Januar 1948 hatte Clay den deutschen Ministerpräsidenten angekündigt, daß künftig regelmäßige Sitzungen zwischen den Spitzen der Militärregierungen und deutschen Vertretern stattfinden würden. Ab 15. März 1948 wurde dies institutionalisiert. Der Meinungsaustausch zwischen den beiden Militärgouverneuren und Vertretern von Wirtschaftsrat, Länderrat und Verwaltungsrat fand jeweils am 15. eines Monats statt.

[39] New York Herald Tribune (European Edition), 30. 4. 1948 (Ned Russell, Six Speed Regime for West Zones. Constituent Group Will Be Convened. German State Is Due to Be in Operation by 49: Plebiscite to be Held).

[40] Vgl. W. Benz, Föderalistische Politik in der CDU/CSU. Die Verfassungsdiskussion im „Ellwanger Kreis" 1947/48, in: VfZ 27 (1977), S. 776–820.

[41] Die Finanzleitstelle Hamburg hatte für die britische Zone Funktionen, die in der US-Zone von den Länderministerien ausgeübt wurden; die Länder der britischen Zone hatten auf dem Gebiet der Finanzen kaum Kompetenzen. Vgl. auch 7. Direktorialsitzung, 26. 4. 1948, in: AVBRD 4, S. 485 f.

[42] Bei den Kreistags- und Gemeindeparlamentswahlen in Hessen am 25. April 1948 entfielen von insgesamt 1729 Sitzen auf die SPD 630, CDU 517, LDP 395, KPD 99, NDP 56, Arbeiterpartei 9 und die Wählervereinigungen 23. Vgl. Frankfurter Rundschau, 27. 4. 1948 (Ergebnisse der hessischen Wahlen. SPD behauptet sich – CDU prozentualer Rückgang – LDP Zunahme – KPD Stimmverluste).

[43] Vorbesprechung bei BICO am 7. Mai 1948 zur Besprechung der Militärgouverneure mit bizonalen Vertretern in Frankfurt am 14. Mai 1948.

[44] Vgl. Bericht des Untersuchungsausschusses zur Untersuchung der Mißstände im Bayerischen Wirtschaftsministerium und in den Wirtschaftsämtern vom 29. September 1947, in: Verhandl. des Bayer. Landtages, II. Tagung 1947/48, Beilage 799.

[45] Besprechung der Militärgouverneure mit bizonalen Vertretern in Frankfurt, 14. Mai 1948, in: AVBRD 4, S. 502–514.

[46] In § 31 Abs. 3 der Geschäftsordnung war festgelegt, daß der Schriftführer über jede nichtöffentliche Sitzung eine Niederschrift anzufertigen hatte und welche Formalien dabei zu beachten waren, Bundesarchiv Z 4/540.

[47] Am 21. Mai 1948 war Erwin Hielscher unter Protest aus dem Konklave in Rothwesten bei Kassel ausgeschieden, in dem deutsche Währungssachverständige unter strenger Geheimhaltung und von der Außenwelt isoliert bei den Vorbereitungen der Alliierten für die Währungsreform mitwirkten. Die Mitarbeit beschränkte sich auf Übersetzungen und Formulierungshilfen bei den Gesetz- und Verordnungstexten. Das Konklave dauerte vom 20. 4. – 8. 6. 1948. Vgl. Erwin Hielscher, Der Leidensweg der deutschen Währungsreform, München 1948, und Hans Möller, Die westdeutsche Währungsreform von 1948, in: Währung und Wirtschaft in Deutschland 1876–1975, Frankfurt 1976, S. 433–483.

[48] Tatsächlich war Leutnant Tenenbaum, Assistent des Finanzberaters in General Clays Stab, erst 27 Jahre alt. Er hatte 1942 in Yale mit einer Arbeit „Nationalsozialismus gegen internationalen Kapitalismus" graduiert, beherrschte sechs Sprachen und galt auch bei deutschen Währungsexperten bald als Autorität. Vgl. Eckhard Wandel, Die Entstehung der Bank deutscher Länder, Frankfurt 1980, S. 95 ff.

[49] Vgl. Die Neue Zeitung, 27. 5. 1948 (Ernste Differenzen in London. Paris fordert verstärkte Kontrolle der Ruhrproduktion); Die Neue Zeitung, 30. 5. 1948 (Weitgehende Einigung in London. Politische Fragen nicht völlig bereinigt).

[50] Durch die Finanzreform Erzbergers wurde 1919 dem Reich die unbeschränkte Finanzhoheit auch über die direkten Steuern gesichert und eine eigene Reichsfinanzverwaltung aufgebaut; das wurde als entscheidender Schlag gegen den Föderalismus empfunden.

[51] Konferenz der Ministerpräsidenten der amerikanischen, britischen und französischen Besatzungszonen in Frankfurt, 28. Mai 1948, in: AVBRD 4, S. 530–533.

[52] Abdruck des Kommuniqués der Londoner Sechs-Mächte-Konferenz über Deutschland vom 7. 5. 1948, engl. und dt., in: Der Parlamentarische Rat 1948–1949, Bd. 1, S. 1 ff.

[53] Am 14. Juni 1948 wurde im Wirtschaftsrat ein gemeinsamer Antrag der Fraktionen der

CDU/CSU/DP, der SPD, der FDP und des Zentrums für eine Empfehlung an die Militärregierungen zur Geldreform verabschiedet, Wörtl. Berichte, S. 607f.

[54] Am Freitag, dem 18. Juni 1948, wurde die bevorstehende Währungsreform verkündet, am 20. Juni wurde die erste Rate der Kopfquote, 40 DM, ausgegeben, am 21. Juni trat die Währungsreform in Kraft.

[54a] Troeger äußerte sich mehrmals zum Problem des Lastenausgleichs, vgl. u. a. die Manuskripte: „Fragen des Lastenausgleichs. Vortrag auf der Steuerwissenschaftlichen Tagung in Bonn am 21./22. 4. 1947" (Anhang, Dokument 1); „Grundsätzliches zum Lastenausgleich" (Wiesbaden, 23. 6. 1948, 12 Seiten Typoskript); „10 Thesen zum Lastenausgleich" (Anhang, Dokument 2); „Sozialer oder quotaler Lastenausgleich?" (7 Seiten Typoskript, o. D.); Grundlagen und Möglichkeiten des Lastenausgleichs, in: Wirtschaftsverwaltung 1 (1948), Heft 6 (August), S. 2–5. Alle Manuskripte im Hess. Hauptstaatsarchiv Wiesbaden, Abt. 1185, Nr. 30.

[55] Besprechung der Militärgouverneure mit bizonalen Vertretern in Frankfurt am 14. und 15. Juni 1948, in: AVBRD 4, S. 598–614, und Konferenz der Militärgouverneure mit den Ministerpräsidenten der Bizone in Frankfurt, 15. Juni 1948, ebenda, S. 615–618.

[56] Besprechung am 14. Juni 1948, S. 599f.

[57] Ebenda, S. 609.

[58] Besprechung des britischen Militärgouverneurs mit bizonalen Vertretern in Frankfurt am 16. Juni 1948, in: AVBRD 4, S. 629–634.

[59] Als Reaktion auf die Währungsreform hatte die sowjetische Besatzungsmacht ab 23. Juni 1948 die Zufahrtswege zu Lande und zu Wasser nach Berlin gesperrt. Am 24. Juni begann auf Befehl General Clays die Versorgung der Westsektoren Berlins durch die Luft. Vgl. Die Neue Zeitung, 27. 6. 1948 (Kampf um Berlin verschärft sich. Sowjets sperren Lebensmittel- und Stromversorgung).

[60] Konferenz der Militärgouverneure mit den Ministerpräsidenten der westdeutschen Besatzungszonen, Frankfurt, 1. 7. 1948, in: Der Parlamentarische Rat 1948–1949, Bd. 1, S. 22–29. Zweck der Konferenz war die Übergabe der Frankfurter Dokumente an die Länderchefs. Sie enthielten die Quintessenz der Londoner Sechs-Mächte-Konferenz, den Auftrag zur Gründung des deutschen Weststaats (Dokument I), die Aufforderung, die Ländergrenzen in Westdeutschland zu überprüfen (Dokument II) und die Ankündigung eines Besatzungsstatuts (Dokument III).

[61] Text der Frankfurter Dokumente in: Parl. Rat 1, S. 30–36.

[62] Die unter dem Oberbegriff Lastenausgleich zusammengefaßten Maßnahmen zugunsten der durch Vertreibung und Kriegsschäden und -verluste Betroffenen im Zusammenhang mit der Währungsreform kamen erst allmählich in Gang: Hypothekensicherungsgesetz September 1948, Flüchtlingssiedlungsgesetz und Soforthilfegesetz August 1949; das eigentliche Lastenausgleichsgesetz wurde erst im August 1952 vom Bundestag verabschiedet. Vgl. Reinhold Schillinger, Der Entscheidungsprozeß beim Lastenausgleich 1945– 1952, Ostfildern 1985.

[63] Konferenz der Ministerpräsidenten der westdeutschen Besatzungszonen vom 8.–10. Juli 1948 in Koblenz (Rittersturz), in: Parl. Rat 1, S. 60–142.

[64] Treffen der SPD-Länderchefs und des Parteivorstands am 7. Juli 1948 im Jagdschloß Niederwald bei Rüdesheim; vgl. Carlo Schmid, Erinnerungen, Bern, München, Wien 1979, S. 318f.

[65] Gekürzt um 1½ Seiten Exzerpte.

[66] Antwortnote der Ministerpräsidenten der westdeutschen Besatzungszonen an die Militärgouverneure mit Stellungnahme zu den Frankfurter Dokumenten, Koblenz, 10. Juli 1948, in: Parl. Rat 1, S. 143−150.

[67] Vgl. Besprechung der Ministerpräsidenten der amerikanischen Besatzungszone mit General Clay in Frankfurt am 14. Juli 1948, in: Parl. Rat 1, S. 151−156.

[68] Ebenda, S. 159.

[69] Zu der Tagung in Bad Vilbel vgl. SPD-Pressedienst, 23. 7. 1948 (Sozialdemokratische Grundsätze zum Lastenausgleich).

[70] Konferenz der Ministerpräsidenten der westdeutschen Besatzungszonen, Jagdschloß Niederwald, 21./22. Juli 1948, in: Parl. Rat 1, S. 172−270.

[71] Konferenz der Militärgouverneure mit den Ministerpräsidenten der westdeutschen Besatzungszonen, Frankfurt, 20. Juli 1948, in: Parl. Rat 1, S. 163−171.

[72] Rundfunkansprache Max Brauers im NDR am 14. Juli 1948, Bundesarchiv, Z 4/121, Bl. 229 ff.

[73] Die Neue Zeitung, 24. 7. 1948 (SPD gibt Leitsätze für Lastenausgleich).

[74] Im Original stand ursprünglich „Dr. Külz", Troeger berichtigte den Irrtum und setzte „J. Kaiser" ein.

[75] Vgl. Dietrich Staritz, Die National-Demokratische Partei Deutschlands 1948−53. Ein Beitrag zur Untersuchung des Parteiensystems der DDR, rer. pol. Diss. FU Berlin 1968.

[76] Vgl. Schlußkonferenz der Militärgouverneure mit den Ministerpräsidenten der westdeutschen Besatzungszonen in Frankfurt am 26. Juli 1948, in: Parl. Rat 1, S. 273−285.

[77] Am 2. August 1948 empfing Stalin in Moskau Vertreter der Westmächte; Die Neue Zeitung, 4. 8. 1948 (Westmächte beraten Stalin-Interview. Zweistündige Unterredung im Kreml erzeugt gute Stimmung).

[78] Walter Lippmann, The Bargaining Position, New York Herald Tribune (European Edition), 6. 8. 1948; vgl. Ein Amerikaner blickt auf Europa, in: Frankfurter Hefte 3 (1948), S. 689−691.

[79] Vgl. Süddeutsche Zeitung, 27. 7. 1948 (Vierjahrespläne für ERP-Länder gefordert. Hoffman auf der Marshall-Plan-Konferenz in Paris); vgl. auch Besprechung der Militärgouverneure mit bizonalen Vertretern in Frankfurt, 30. Juli 1948, in: AVBRD 4, S. 704−708.

[80] Die Bank Deutscher Länder war am 1. 3. 1948 durch Gesetz Nr. 60 der amerikanischen und gleichlautende Verordnungen (Nr. 129 bzw. 155 a) der britischen und französischen Militärregierung errichtet worden. Leitungsorgane waren der Zentralbankrat, dem die Präsidenten der elf Landeszentralbanken angehörten und das von diesem gewählte Direktorium. Die Wiederaufbaubank, amtlich: „Kreditanstalt für Wiederaufbau", war durch Gesetz des Wirtschaftsrats vom 5. 11. 1948 im Zusammenhang mit dem Marshall-Plan zur Versorgung der Wirtschaft mit Krediten gegründet worden. Der Verwaltungsrat der Wiederaufbaubank war zum Teil von den Organen der Bizone, zum Teil von der Bank Deutscher Länder bestellt. Vgl. Walter Vogel, Westdeutschland 1945−1950, Teil III, Boppard 1983, S. 138 ff.

[81] Im handschriftlichen Original folgt eine Aufzählung von teilweise unleserlichen Namen, die Troeger schon in der Transkription wegließ.

[82] Die Neue Zeitung, 21. 8. 1948.

[83] Protokoll der Verhandlungen des Parteitages der SPD vom 11.−14. September 1948 in Düsseldorf, Hamburg 1948.

[84] Am 12. September 1948 wurde die zweite, endgültige Fassung des Kopenhagener Wellenplans veröffentlicht, in dem die Verteilung der europäischen Rundfunksendefrequenzen geregelt wurde. Diese war zu Ungunsten der deutschen Ansprüche ausgefallen. G. v. Glowczewski: Kopenhagener Wellenplan 1948. Seine politischen, rechtlichen und technischen Folgen für die ARD, in: Rundfunk und Politik 1923−1973, Beiträge zur Rundfunkforschung, Bd. 3, hrsg. v. Winfried B. Lerg und Rolf Steininger, Berlin 1975, S. 385−410.

[85] P. W. Wenger, Die SPD in der Krise, in: Rheinischer Merkur, 18. 9. 1948.

[86] Referat Zorns am 14. September 1948, in: Protokoll der Verhandlungen des Parteitags der SPD vom 11. bis 14. September in Düsseldorf, S. 138−159.

[87] Konferenz der Militärgouverneure mit den Ministerpräsidenten der Bizone in Frankfurt am 30. September 1948, in: AVBRD 4, S. 823−830.

[88] Besprechung der Militärgouverneure mit bizonalen Vertretern in Frankfurt am 15. Oktober 1948, in: AVBRD 4, S. 858−868.

[89] Die Neue Zeitung, 16. 10. 1948 (Frankfurt vor „offener Feldschlacht". CSU will Schlange-Schöningen durch Hermes ersetzen). Siehe auch Im Schatten des Hungers. Dokumentarisches zur Ernährungspolitik und Ernährungswirtschaft in den Jahren 1945−1949. Hrsg. von Hans Schlange-Schöningen. Bearb. von Justus Rohrbach, Hamburg 1955, S. 233 ff.

[90] Die Zeit, 14. 10. 1948.

[91] Konferenz der Militärgouverneure mit den Ministerpräsidenten der Bizone in Frankfurt am 29. Oktober 1948, in: AVBRD 4, S. 906−914.

[92] Am 1. 10. 1948 überreichten die Ministerpräsidenten der westlichen Besatzungszonen eine Denkschrift an die Regierungschefs der westlichen Alliierten zur Demontagefrage. Siehe Konferenz der Ministerpräsidenten der amerikanischen, britischen und französischen Besatzungszonen im Jagdschloß Niederwald, 1. Oktober 1948, in: AVBRD 4, S. 831 f., insbes. 837.

[93] Vgl. Die Neue Zeitung, 30. 10. 1948 (Ausschreitungen in Stuttgart. US-Truppen greifen ein − 32 Demonstranten verhaftet).

[94] Die Neue Zeitung, 30. 10. 1948 (Bonn oder Frankfurt als Hauptstadt; Beide Städte kämpfen um den Rang − Berlins Anspruch bleibt anerkannt); vgl. Klaus Dreher, Ein Kampf um Bonn, München 1979.

[95] Konferenz der Ministerpräsidenten der amerikanischen, britischen und französischen Besatzungszonen in Schlangenbad, 28. Oktober 1948, in: AVBRD 4, S. 879−905.

[96] Wirtschaftsrat, 27. Vollversammlung, 3. 12. 1948, Wörtl. Berichte, S. 1223−1241; vgl. Die Neue Zeitung, 6. 11. 1948 (Ein Amt und mehrere Meinungen. „Offene Feldschlacht" um Schlange-Schöningen abgeblasen).

[97] Vgl. Walter Vogel, Westdeutschland 1945−1950. Der Aufbau von Verfassungs- und Verwaltungseinrichtungen über den Ländern der drei westlichen Besatzungszonen Deutschlands 1945−1948, Teil II, Boppard 1964, S. 214 ff.

[98] Am 22. November 1948 hatten die Militärgouverneure dem Parlamentarischen Rat ein Aide-Mémoire zugestellt, das die wichtigsten alliierten Forderungen an das Grundgesetz enthielt, dazu gehörte vor allem das Postulat nach einer Zweiten Kammer, die mit genügender Befugnis zur Wahrung der Länderinteressen ausgestattet sein mußte. Text of Aide-Mémoire left with the President of the Parliamentary Council at Bonn, 22. 11. 1948,

in: Documents of the Creation of the German Federal Constitution, prepared by Civil Administration Division, OMGUS, Berlin 1949, S. 105.

[99] Heinrich Troeger, Finanzpolitische Fragen der Gegenwart, Offenbach a. M. 1948 (Manuskript dazu, dat. Januar 1948, im Hess. Hauptstaatsarchiv Wiesbaden, Abt. 1185, Nr. 150).

[100] Bergsträsser in der 4. Sitzung des Hauptausschusses des Parlamentarischen Rates am 17. 11. 1948, in: Parlamentarischer Rat. Verhandlungen des Hauptausschusses. Bonn 1948/49, Bonn 1949, S. 48−53.

[101] Pressekonferenz General de Gaulles in Paris am 17. November 1948. Vgl. Le Monde, 18. 11. 1948 (Dans sa conférence de presse le général de Gaulle déclare: „Le Reich reconstitué à Londres évoluera comme toujours vers l'aventure").

[102] Vgl. Konferenz der Militärgouverneure mit den Ministerpräsidenten der Bizone in Frankfurt am 29. November 1948, in: AVBRD 4, S. 963−971, insbes. 968.

[103] Das am 9. Juli 1948 vom Wirtschaftsrat beschlossene Gewerbezulassungsgesetz wurde am 17. September 1948 von BICO abgelehnt.

[104] Zur Kontroverse um die Bestrebungen zur Reform der deutschen Sozialversicherung nach 1945, bei der um Einheitsversicherung oder traditionell gegliederte Sozialversicherung gestritten wurde, vgl. Hans-Günther Hockerts, Sozialpolitische Entscheidungen im Nachkriegsdeutschland. Alliierte und deutsche Sozialversicherungspolitik 1945−1957, Stuttgart 1980, S. 21−106.

[105] Schon vor der Suspendierung des Ausführungsgesetzes zu Artikel 41 der hessischen Verfassung („Sozialisierungsgesetz") durch die US-Militärregierung für Hessen Anfang Dezember 1948 hatten die Amerikaner das wirtschaftliche Mitbestimmungsrecht, wie es im hessischen Betriebsrätegesetz vom 3. Mai 1948 vorgesehen war, außer Kraft gesetzt. Vgl. Sopade, Dezember 1948, S. 109 f.

[106] Die Neue Zeitung, 24. 12. 1948 (General Clay: Wir alle werden helfen).

[107] Die Neue Zeitung, 7. 12. 1948 (TVA Eckernförde wird gesprengt. Protest des Landtags gegen „Politik der verbrannten Erde").

[108] In der 29. Vollversammlung des Wirtschaftsrats am 17. Dezember 1948 erfolgte die 2. und 3. Lesung des Gesetzes gegen Preistreiberei (Wörtl. Berichte, S. 1293 ff.). Am 19. Januar 1949 behandelte der Wirtschaftsrat den Antrag des Ausschusses für Wirtschaft betr. Einspruch des Länderrats gegen das Gesetz zur Verlängerung des Übergangsgesetzes über Preisbildung und Preisüberwachung (ebenda, S. 1361).

[109] In der Sitzung des Wirtschaftsrats am 17. Dezember 1948 erfolgte auch die 2. und 3. Lesung des Gesetzes zur Verlängerung des Gesetzes über Leitsätze für die Bewirtschaftung und Preispolitik nach der Geldreform (Wörtl. Berichte, S. 1290 ff.). Am 19. Januar 1949 lag dem Wirtschaftsrat der Antrag des Ausschusses für Wirtschaft betr. Einspruch des Länderrats gegen dieses Gesetz vor (Wörtl. Berichte, S. 1361 f.).

[110] Am 16./17. Dezember 1948 war eine Delegation des Parlamentarischen Rats, geführt von Adenauer, mit den Militärgouverneuren in Frankfurt zusammengetroffen. Dabei hatte Adenauer Differenzen auf deutscher Seite erläutert, was ihm den Vorwurf der SPD eintrug, er habe Interna ausgeplaudert, um einen alliierten Schiedsspruch im Sinne der CDU/CSU zu erreichen. Die SPD-Fraktion sprach am 18. Dezember Adenauer schriftlich ihr Mißtrauen aus. Die „Frankfurter Affäre" hatte keine weiteren Folgen; vgl. W. Benz, Von der Besatzungsherrschaft zur Bundesrepublik, Frankfurt 1984, S. 216 f.; vgl. Die Neue Zeitung, 21. 12. 1948 (Offene Krise in Bonn ausgebrochen. Zerwürfnis der großen Parteien − SPD mißtraut Adenauer).

1949

[1] Die Eroberung Pekings am 18. 1. 1949 durch die Kommunisten war eine wesentliche Etappe im Chinesischen Bürgerkrieg, die den endgültigen Machtverlust der Kuomintang-Regierung Tschiang Kai Scheks und die Gründung der Volksrepublik China (1. 10. 1949) einleitete.

[2] Am 28. 12. 1948 war der Entwurf des Ruhrstatuts veröffentlicht worden, das eine Internationale Ruhrbehörde vorsah, deren Hauptaufgabe in der Aufteilung der Produktion von Kohle, Koks und Stahl der Ruhr zwischen Export und inländischem Verbrauch bestehen sollte. Die Westzonen waren in dieser zunächst durch die Militärgouverneure vertreten. Entgegen den Befürchtungen deutscher Politiker entwickelte sich das Ruhrstatut überraschend schnell zur Keimzelle der Europäischen Integration (Montanunion).

[3] Die Deutsche Wirtschaftskommission (DWK), im Juni 1947 auf Befehl der sowjetischen Militär-Administration errichtet und mehrmals umstrukturiert, war ab März 1948 praktisch die erste deutsche zentrale Regierungsinstanz in der SBZ. Der DWK oblag die Kontrolle der Planwirtschaft und Verwaltung, sie hatte gegenüber den Landesverwaltungen auch Weisungsrechte.

[4] Vgl. Die Neue Zeitung, 15. 2. 1949 (Léon Blum zum deutschen Problem. Reuters Besuch in Paris hat befriedigt).

[5] Zu den Streitigkeiten um den Vorwurf der Vermischung von amtlichen und privaten Interessen des Präsidenten des hessischen Landesernährungsamts und Zuckergroßhändlers Fritz Dietz vgl. Der Spiegel, 19. 2. 1949 (In des Teufels Küche. Aufopfernde Tätigkeit).

[6] Die Neue Zeitung, 17. 2. 1949 (Clay: Beamtengesetz ist notwendig. Bizonale Zollkontrolle angekündigt; eventuell auch Einsatz von Soldaten). Vgl. auch W. Benz, Versuche zur Reform des öffentlichen Dienstes, in: VfZ 29 (1981), S. 216−245.

[7] Besprechung der Militärgouverneure mit bizonalen Vertretern in Frankfurt, 15. Februar 1949, in: AVBRD 5, S. 223−233.

[8] 33. Vollversammlung des Wirtschaftsrats, 18./19. Februar 1949, Wörtl. Berichte, S. 1418−1483.

[9] Heinrich Köhler, der trotz seines spektakulären Rücktritts aus dem Exekutivrat am 9. 8. 1947 (s. dort, Anm. 16) im Länderrat Württemberg-Baden wieder vertreten war, war am 6. Februar 1949 in Karlsruhe gestorben.

[10] Unter dem gemeinsamen Untertitel „Wirtschaftliche Fragen bei Durchführung des Long-Term-Programms" veröffentlichte Troeger die Ergebnisse des von ihm initiierten Kreises „von Sachverständigen und von politisch interessierten Freunden aus allen Parteien" in den Heften 9−12 der Zeitschrift Wirtschaftsverwaltung, die von der Verwaltung für Wirtschaft und der Verwaltung für Arbeit der Bizone herausgegeben wurde. Die Aufsätze erschienen ohne Verfasserangabe; mit Ausnahme des vierten (Aufbau der Landwirtschaft), den Hans Podeyn geschrieben habe, stammten offenbar alle aus Troegers Feder (vgl. Troeger, Erlebtes und Gedachtes, S. 185f.). Gegen die sechs Aufsätze − 1. Der Rahmen der deutschen Wirtschaftspolitik, 2. Außenhandel als Lebensfrage, 3. Sicherung des Massenverbrauchs, 4. Aufbau der Landwirtschaft, 5. Kapitalbildung und Lohnpolitik, 6. Kapitalbildung und Steuerpolitik, in: Wirtschaftsverwaltung 2 (1949), S. 233−235; 265−269; 299−305; 329−334 − erhob sich nicht nur Protest aus den Reihen der Verwaltung für Wirtschaft in Gestalt von Entgegnungen u. a. durch Leonhard Miksch und Helmut Meinhold (a. a. O., S. 334−335; 346−349), die Redaktion

versicherte auch wiederholt, daß an Troegers Arbeitskreis niemand aus der Verwaltung für Wirtschaft beteiligt war, der abschließende siebte Aufsatz Troegers über Kapitallenkung kam nicht mehr zum Abdruck. „Die Auffassungen des Arbeitskreises waren den leitenden Herren der Verwaltung für Wirtschaft offenbar allzusehr auf Lenkung und Planung abgestellt, was bei der Behandlung der Fragen zur Durchführung des Long-Term-Programms unvermeidlich war" (Erlebtes und Gedachtes, S. 187). Die Manuskripte der Aufsatzserie befinden sich im Hess. Hauptstaatsarchiv Wiesbaden, Abt. 1185, Nr. 139, sowie in Nr. 77 und Nr. 29 (dort das Manuskript über Kapitallenkung, das Troeger dann auch erfolglos der Redaktion der Wirtschaftszeitung angeboten hatte).

[11] Am 4. Januar 1949 lehnte die SPD-Fraktion im Parlamentarischen Rat ein förmliches Mißtrauensvotum gegen Adenauer mit 19:3 Stimmen ab. Vgl. Rudolf Morsey, Die Rolle Konrad Adenauers im Parlamentarischen Rat, in: VfZ 18 (1970), S.77.

[12] Sitzung des Parteivorstands der SPD, 11./12. 3. 1948, vgl. Sopade, März 1949, Bl. 49.

[13] Der Auszug aus der Debatte im italienischen Parlament über den Beitritt zur NATO findet sich in der Neuen Zürcher Zeitung vom 17. 3. 1949 (Aus den Erklärungen Sforzas).

[14] Am 2. März 1949 hatten die Alliierten gegen den fertigen Grundgesetzentwurf Bedenken erhoben, insbesondere wegen der Finanzverfassung und der Aufteilung der Gesetzgebungskompetenz zwischen Bund und Ländern. Den daraufhin zwischen den Fraktionen ausgehandelten Kompromiß lehnten die Militärgouverneure am 18. März wiederum ab. Die SPD verhielt sich gegenüber allen Änderungswünschen zur Finanzverfassung intransigent, während die CDU/CSU den Alliierten entgegenkommen wollte. Später, als die Fassung vom 18. März doch genehmigt wurde, warf die CDU der SPD vor, sie sei von britischer Seite informiert gewesen, daß die alliierten Einwände nicht so gravierend waren und hätte deshalb die Kraftprobe mit den Alliierten ohne Risiko gesucht. Vgl. W. Benz, Von der Besatzungsherrschaft zur Bundesrepublik, S. 218ff.

[14a] S. Anm. 99 zum Jahr 1948.

[15] Frankfurter Rundschau, 9. 4. 1949 (Erhard gegen Länder-Finanzpolitik. Produktionsindex im März auf 85 Prozent gestiegen).

[16] Sitzung des Parteivorstands der SPD am 11./12. 3. 1949 und gemeinsame PV/PR-Fraktionssitzung am 11. 4. 1949 in Bad Godesberg. Siehe dazu Hans Altendorf, SPD und Parlamentarischer Rat, in: Zeitschrift für Parlamentsfragen 10 (1979), S. 416–419.

[17] Die Zeit, 1. 4. 1949; wieder abgedruckt in: N. Frei, F. Friedlaender (Hrsg.), Ernst Friedlaender: Klärung für Deutschland. Leitartikel der Zeit 1946–1950, München 1982, S. 166–169.

[18] „Kleiner Parteitag" der SPD am 19./20. April 1949 in Hannover, vgl. Sopade, April 1949, Bl. 39.

[19] Das Memorandum der Außenminister der drei Westmächte, das die Militärgouverneure am 22. 4. 1949 dem Präsidenten des Parlamentarischen Rats übergaben, enthielt die Konzessionen der Alliierten zu den beiden strittigen Komplexen Finanzverfassung und Gesetzgebungskompetenzen. Das Memorandum war vom 8. April 1949 datiert, die Militärgouverneure waren ermächtigt gewesen, es bis zu einem geeigneten Zeitpunkt zurückzuhalten. Message to the Military Governors, 8. 4. 1949, in: FRUS 1949, Vol. III, S. 185ff. Vgl. Anm. 14.

[20] Vgl. Die Neue Zeitung, 21. 4. 1949 (Sowjetpolitiker in geheimer Mission. Westmächte zu Meldungen über Blockadeaufhebung – Kein Kommentar).

[21] Anfang März 1949 wurde der bisherige sowjetische Außenminister Wjatscheslaw Molotow durch Andrej Wyschinsky ersetzt.

²² Dr. Josef Kübel war 1927–1931 Justitiar der Firma Vereinigte Glanzstoff Fabriken (VGF), die mit der holländischen Algemeene Kunstzijde Unie (Aku) verflochten war (die Firmen fusionierten 1969 zum multinationalen Enka-Konzern). Im Januar 1933 mußte Dr. Fritz Blüthgen, langjähriger Vorstands- und Aufsichtsratsvorsitzender, zusammen mit zwei anderen Verwaltungsmitgliedern wegen schwerer Verfehlungen (Untreue, persönliche Bereicherung zu Lasten der Firma etc.) ausscheiden. Die Auseinandersetzungen zwischen VGF und Blüthgen, der für seine Interessen u. a. Göring (als Beauftragten für den Vierjahresplan) einzusetzen verstand, dauerten bis 1963. Kübel, der sich bei seinem Abgang von Blüthgen schlecht behandelt fühlte, kämpfte mit Strafanzeigen, durch Auftritte in den Hauptversammlungen (zuletzt 1972) und mit einer Broschüre „Kampf um Glanzstoff" (1950) sowohl gegen Blüthgen als auch gegen den Konzern. Die Transaktionen, an denen Adenauer beteiligt war, lieferten einerseits Kübel jahrzehntelang Munition, andererseits versuchte Blüthgen, der die Geschichte namentlich in Wahljahren immer wieder hervorkehrte und auch den Spiegel (s. den Artikel „Wertpapiere", 11. 1. 1961) zur Kolportage benutzen konnte, sie zur Aufbesserung seiner ihm von der VGF generös gewährten regelmäßigen finanziellen Beihilfe zu verwenden. Die Hintergründe des Adenauer-Komplexes: Blüthgen hatte 1928 Adenauer persönlich zum Kauf von shares einer amerikanischen VGF-Tochtergesellschaft bewogen und ihn, nachdem er sich in sehr erheblichem Maße engagiert hatte, auch bei anhaltenden Kursverlusten zum Durchhalten überredet. Die Deutsche Bank, die Adenauers Transaktionen kreditierte, erhielt als Sicherheit für Adenauers Passivsaldo von zeitweise 1,6–1,7 Mill. RM von Blüthgen vermittelte Aku-Aktien. Adenauer verlor enorme Summen, obwohl er mit der Deutschen Bank eine vergleichsweise Einigung erzielte. Spätere Regreßansprüche Adenauers gegen Blüthgen konnten, da dieser sein eigenes Vermögen verlor, nicht realisiert werden. Die Glanzstoff A. G. als Firma war von den Vorgängen nur insoweit betroffen, als ihr Generaldirektor Blüthgen sich zweifelhaft verhalten hatte. Für Auskünfte zu diesen Problemen sind die Herausgeber Herrn Dr. Ludwig Vaubel, Wuppertal, zu Dank verpflichtet.

²³ Meeting of the three western Military Governors with a Parliamentary Council Delegation, 25. April 1949 in Frankfurt, OMGUS, 17/213–3/39.

²⁴ Besprechung von General Clay mit den Ministerpräsidenten der US-Zone am 29. 4. 1949, in: AVBRD 5, S. 405–407.

²⁵ Clays Amtszeit als Militärgouverneur endete am 15. Mai 1949, drei Tage nach der Genehmigung des Grundgesetzes und der Verkündung des Besatzungsstatuts. Amtierender Militärgouverneur wurde General Huebner, der am 17. 5. 1949 seinen Vertreter General Hays bevollmächtigte, diese Funktionen auszuüben. Der am 18. 5. 1949 ernannte amerikanische Hohe Kommissar John McCloy, dessen Amtszeit mit Konstituierung der Bundesrepublik und Inkrafttreten des Besatzungsstatuts (21. 9. 1949) begann, fungierte ab Anfang Juli formell als US-Militärgouverneur.

²⁶ Der Tagesspiegel, Berlin 3. 5. 1949 (Die Gefahr der Parteidisziplin). Löwenthal schied daraufhin aus der Fraktion und aus der SPD aus.

²⁷ Vgl. Die Neue Zeitung, 3. 5. 1949 (Zwischen Frankfurt und Bonn. Vor Entscheidung über die Bundeshauptstadt – Verschiedenste Argumente); s. a. Klaus Dreher, Ein Kampf um Bonn, München 1979.

²⁸ Die Neue Zeitung, 12. 5. 1949 (Clays Abschied von Frankfurt. Wirtschaftsrat und Länderrat danken dem scheidenden Gouverneur).

²⁹ S. Anm. 27.

³⁰ Mit Wirkung vom 31. Mai 1949 hatte der Zentralbankrat der Bank Deutscher Länder eine Lockerung der Kreditrichtlinien beschlossen. Vgl. Die Neue Zeitung, 24. 5. 1949 (Kredite werden gelockert).

[31] 6. Tagung des Alliierten Außenministerrates in Paris vom 23. Mai bis 20. Juni 1949.

[32] Die Sowjetunion hatte die Wiederbelebung des Kontrollrats und die Bildung eines gesamtdeutschen „Staatsrats" vorgeschlagen. Die Westmächte offerierten den Anschluß der Sowjetzone an die Westzonen auf der Grundlage des Bonner Grundgesetzes. Text der Pariser Vorschläge der Westmächte in: AVBRD 5, S. 474 ff.

[33] Die Neue Zeitung, 28. 5. 1949 (Bahnstrecke nach Berlin blockiert. Ostzonen-Eisenbahner mit Streikenden solidarisch).

[34] Verwechslung mit Stalins Tochter Swetlana, die im Frühjahr 1949 in zweiter Ehe Jurij Andrejewitsch Shdanow heiratete, den Sohn des 1948 verstorbenen Politbüromitglieds und Chefs der Propagandaabteilung des ZK. Vgl. Swetlana Allilujewa, 20 Briefe an einen Freund, Wien 1967, S. 271 und 277.

[35] Bei der Abstimmung über das Grundgesetz am 8. Mai 1949 hatten 6 der 8 CSU-Abgeordneten im Parlamentarischen Rat dagegen gestimmt und der Bayerische Landtag lehnte am 20. Mai mit 101 gegen 63 Stimmen die Ratifikation des Grundgesetzes ab. Dazu Le Monde, 21. 5. 1949: Origines, données et perspectives de l'actuelle crise bavaroise, von Jules-Albert Jaeger.

[36] Konferenz der Militärgouverneure mit den Ministerpräsidenten der Bizone in Frankfurt, 31. Mai 1949, in: AVBRD 5, S. 488−495.

[37] Ministerpräsidentenkonferenz in Bad Schlangenbad, 10. Juni 1949, in: AVBRD 5, S. 547−555.

[38] S. Anm. 32.

[39] Konferenz der Militärgouverneure mit den Ministerpräsidenten der Bizone in Frankfurt, 30. Juni 1949, in: AVBRD 5, S. 689−698.

[40] Ministerpräsidentenkonferenz in Bad Schlangenbad, 6. 7. 1949, ebenda, S. 795−804.

[41] S. Anm. 39.

[42] Besprechung der Militärgouverneure mit bizonalen Vertretern in Frankfurt, 15. Juli 1949, in: AVBRD 5, S. 888−908; vgl. Anm. 25.

[43] 12.−16. Sitzung des Organisationsausschusses der Ministerpräsidenten in Bad Schlangenbad, 9.−13. Juli 1949, in: AVBRD 5, S. 805−871.

[44] 14. Sitzung des Organisationsausschusses, 11. 7. 1949, ebenda, S. 834.

[45] Süddeutsche Zeitung. 16. 7. 1949 (Vatikan verdammt den Kommunismus. Exkommunizierung kommunistischer Aktivisten).

[46] Wahlrede bei einer CDU/CSU-Kundgebung im Heidelberger Schloß, 21. Juli 1949, in: Konrad Adenauer, Reden 1917−1967. Eine Auswahl, hrsg. von Hans-Peter Schwarz, Stuttgart 1975, S. 146 f.

[47] Ebenda; vgl. dazu W. Benz, Von der Besatzungsherrschaft zur Bundesrepublik, S. 260 f.

[48] Vgl. Konrad Adenauer, Erinnerungen 1945−1953, Stuttgart 1965, S. 217 f.

[49] Die Neue Zeitung, 25. 7. 1949 (Konjunktur und Krise).

[50] Am 27. Juli 1949 bei einer CDU-Wahlkundgebung; vgl. Die Neue Zeitung, 30. 7. 1949 (Sprechchöre verhindern Erhards Rede).

[51] Vgl. Besprechung der Militärgouverneure mit bizonalen Vertretern in Frankfurt, 30. Juli 1948, in: AVBRD 4, S. 703−708.

[52] Frankfurter Rundschau, 26. 7. 1949 (Thomas Mann: Meine Heimat ist die deutsche Sprache. Seine „Ansprache im Goethe-Jahr" in der Paulskirche zu Frankfurt a. M.).

[53] Am 18. Mai 1948; siehe Frankfurter Rundschau, 20. 5. 1948 (Jahrhundertfeier in der Paulskirche. Große Anteilnahme der Bevölkerung – Fritz von Unruh an die Deutschen).

[54] Am 11. August 1919 hatte Reichspräsident Ebert die von der Nationalversammlung angenommene Reichsverfassung der Weimarer Republik unterzeichnet.

[55] Der mit „Adolf Bleibtreu" unterzeichnete Leserbrief erschien in der Süddeutschen Zeitung vom 9. August 1949. Zu den Protesten siehe Die Neue Zeitung vom 11. 8. 1949 (Schwere Tumulte in München. Antisemitischer Leserbrief verursacht Straßenschlacht).

[56] Konferenz der Militärgouverneure mit den Ministerpräsidenten der Bizone in Frankfurt, 4. August 1949, in: AVBRD 5, S. 977–985.

[57] Zu den Ereignissen um den skandalumwitterten WAV-Vorsitzenden Alfred Loritz siehe Hans Woller, Die Loritz-Partei. Geschichte, Struktur und Politik der Wirtschaftlichen Wiederaufbau-Vereinigung (WAV) 1945–1955, Stuttgart 1982.

[58] Von Toynbees A Study of History (12 Bände, Oxford 1934–1961) erschien in Hamburg 1949 eine erste deutsche Zusammenfassung u. d. T.: Studie zur Weltgeschichte. Wachstum und Zerfall der Zivilisationen.

[59] Michael Iwanowitsch Rostovtzeff, Geschichte der Alten Welt, 2 Bände, in deutsch erstmals 1941 und 1942.

[60] Die Wahl zum ersten Deutschen Bundestag hatte am 14. August 1949 stattgefunden.

[61] Die Gegenwerte der von den Alliierten im Rahmen des Marshallplans eingeführten Güter und Rohstoffe blieben devisenmäßig gestundet (die inländischen Verbraucher zahlten in DM), dadurch entstanden erhebliche Beträge, die bei der Bank deutscher Länder für die Militärregierung als „Counterpart Funds" geführt wurden. Die im November 1948 gegründete Kreditanstalt für Wiederaufbau hatte die Aufgabe, diese Mittel der deutschen Wirtschaft als Darlehen zur Verfügung zu stellen.

[62] Die Neue Zeitung, 23. 6. 1949 (Thyssen-Hütte soll Europa dienen. Umwandlung in europäisches Jugendaufbauwerk vorgeschlagen) und 26. 5. 1949 (Thyssenplan an Außenminister. Amerikanische Studienkommission gab erste Anregung).

[63] Verwechslung mit Fritz Thyssen (1873–1951), dem Sohn des bereits 1926 verstorbenen August Thyssen. Fritz Th. brach nach dem Kriegsausbruch 1939 mit der NSDAP, die er lange gefördert hatte, und emigrierte zunächst in die Schweiz und dann nach Frankreich. Dort geriet er nach der deutschen Besetzung in Gefangenschaft. 1945 geriet er wiederum in amerikanische Internierungshaft. 1950 erhielt er sein bereits 1940 vom damaligen Land Preußen beschlagnahmtes Vermögen zurück.

[64] Am 2. November 1948 war Harry S. Truman trotz innerparteilicher Opposition gegen den Republikaner Thomas E. Dewey zum US-Präsidenten wiedergewählt worden.

[65] Ministerpräsidentenkonferenz in Koblenz, 25./26. August 1949, in: AVBRD 5, S. 1059–1067; Die Neue Zeitung, 27. 8. 1949.

[66] Die Entscheidung gegen ein mit Referenten arbeitendes Büro des Bundesrats und einen beamteten Präsidenten war schon im Organisationsausschuß am 11. 7. 1949 gefallen (s. Anm. 44), zu den Beschlüssen der Ministerpräsidenten am 25./26. August s. AVBRD 5, S. 1063–1064; die Erwähnung des Stuttgarter Ministerpräsidenten Reinhold Maier beruht auf einem Irrtum Troegers: Maier wurde durch Justizminister Beyerle vertreten.

[67] Am 7. September 1949 traten der Bundesrat und der Bundestag in Bonn zu ihren konstituierenden Sitzungen zusammen.

⁶⁸ Die Neue Zeitung, 30. 8. 1949 (Neues Kabinett in Schleswig-Holstein. Bundestagswahlergebnis führte zu Lüdemanns Rücktritt). – Auslösend war dabei, daß die verschwenderische Ausgabe von Steuergeldern für Repräsentationszwecke mitverantwortlich für das schlechte Abschneiden der schleswig-holsteinischen SPD gemacht worden war.

⁶⁹ Die Verabredung, Ehard zum Bundesratspräsidenten zu wählen, war Teil der Koalitionsabsprachen gewesen. Nach der Wahl Arnolds wurde die CSU mit zusätzlichem Minister- und Staatssekretärsposten abgefunden.

⁷⁰ Auf der Dürkheimer Tagung des Parteivorstandes der SPD wurde am 30. August 1949 eine Entschließung zur Oppositionspolitik veröffentlicht. Wortlaut der 16 Punkte in: Sozialdemokratischer Pressedienst, 30. 8. 1949, S. 1 f.

⁷¹ Süddeutsche Zeitung, 8. 9. 1949 (Geburtsstunde der deutschen Bundesrepublik. Arnold Präsident des Bundesrates, Köhler Präsident des Bundestages/Brüskierung Bayerns). Ebenda: Erklärung des bayerischen Ministerpräsidenten Dr. Ehard.

⁷² Vgl. Die Neue Zeitung, 13. 9. 1949 (SPD nominierte Schumacher als Kampfkandidaten. Loritz erntete eine Stimme und Gelächter – Wahlzeremonien in Bonn).

⁷³ Vgl. die Pressestimmen, die unter dem Titel „Dr. Pünders Dachkammer" im Sopade-Informationsdienst, Sept. 1949, S. 27 f., zusammengestellt sind. S. a. Hermann Pünder, Von Preußen nach Europa. Lebenserinnerungen, Stuttgart 1968, S. 326 f. und 396 f.

⁷⁴ Adenauer wurde am 15. 9. 1949 mit 202 gegen 142 Stimmen (bei 44 Enthaltungen und einer ungültigen Stimme) gewählt. Verhandlungen des Deutschen Bundestages, I. Wahlperiode 1949, Sten. Berichte, Bd. 1, S. 13 f.

⁷⁵ Bundestag, 22. 9. 1949, Sten. Berichte, Bd. 1, S. 53.

⁷⁶ Am 22. September 1949 hatte Max Reimann die Oder-Neiße-Grenze als „die Grenze des Friedens" bezeichnet, wofür ihm Köhler wegen „Provokation der überwältigenden Mehrheit" einen Ordnungsruf erteilte, ebenda, S. 86.

⁷⁷ Bundestag, 21. 9. 1949, Sten. Berichte, Bd. 1, S. 31 ff.

⁷⁸ Antrag der KPD vom 8. September 1949 betr. Ruhrstatut, Bundestag, Anlagen zu den Sten. Berichten, Drucksache Nr. 5.

⁷⁹ Zur Berner Rede am 23. März 1949 vor Schweizer Parlamentariern siehe K. Adenauer, Erinnerungen 1945–53, Stuttgart 1965, S. 182–192, wo er den Wortlaut auszugsweise wiedergibt. S. a. Neue Zürcher Zeitung, 27. 3. 1949 (Das Foreign Office gegen Adenauer), und NZZ, 28. 3. 1949 (Die Berner Rede Adenauers. Nachträgliche Vertuschungsmanöver).

⁸⁰ Bundestag, 28. 9. 1949, Debatte über die Frage der Pfundabwertung, Sten. Berichte, Bd. 1, S. 157 ff.

⁸¹ Am 3. November beschloß der Bundestag mit 200 zu 76 Stimmen, daß Bonn die vorläufige Hauptstadt der Bundesrepublik bleiben solle, Sten. Berichte, Bd. 1, S. 341 ff.

⁸² Eine entsprechende Denkschrift war nicht zu ermitteln. Wahrscheinlich handelt es sich um die erste Fassung einer Ausarbeitung Troegers, die 1950 vervielfältigt wurde und als vertraulich deklariert war: „Soziale Lebenssicherung. Eine Ideenskizze über die Schaffung der Grundlagen für eine soziale Neuordnung in Deutschland" (Wortlaut im Anhang, Dokument 3).

⁸³ Antrag der Abgeordneten Gockeln, Even, Winkelheide, Heix und Genossen (alle CDU/CSU) betr. Vorlage eines Gesetzentwurfes über die Errichtung einer Familien-Ausgleichskasse vom 4. November 1949, Bundestag, Drucksache Nr. 163.

[84] Unter der Leitung des britischen Sozialreformers und Wirtschaftspolitikers William Henry Lord Beveridge arbeitete eine Regierungskommission Vorschläge für einen freien Gesundheitsdienst, staatliche Altersrenten und Pensionen aus, die 1942 veröffentlicht wurden und die Grundlage der umwälzenden Sozialreformen in England nach dem Zweiten Weltkrieg waren.

[85] Vgl. die Bundestagsdebatte vom 15. November 1949, Sten. Berichte, Bd. 1, S. 400–408, 439–447.

[86] Sitzung des Bundestags am 25. November 1949, Sten. Berichte, Bd. 1, S. 525 f.

[87] James Burnham, Das Regime der Manager, 1941, deutsch 1948.

[88] Wagner war vom November 1949 bis Dezember 1950 Minister für Arbeit, Landwirtschaft, Wirtschaft und Verkehr.

[89] Vgl. Süddeutsche Zeitung, 2. 12. 1949 (Schumacher war bei Adenauer. Einstündige Unterredung des Bundeskanzlers mit dem SPD-Vorsitzenden/Beide Parteien bemühen sich um die Beilegung des Konflikts/McCloy wurde unterrichtet).

Dokumente

Sozialpolitische Thesen und Vorschläge Heinrich Troegers

Der Steuer- und Finanzexperte Troeger beteiligte sich von Anfang an engagiert an der öffentlichen Diskussion über die Bewältigung der finanzpolitischen und sozialen Probleme der Nachkriegszeit. Mit der Währungsreform wurde das Problem des Lastenausgleichs akut, Troeger war ein Exponent des sozialen Lastenausgleichs.

In seinen Erinnerungen schrieb er: „Ich habe auch mich persönlich schon sehr frühzeitig in die Auseinandersetzungen um den quotalen oder sozialen Charakter des Lastenausgleichs eingeschaltet, weil es für mich in der deutschen jungen Demokratie nach der Katastrophe des Zweiten Weltkrieges und den Erfahrungen mit der nationalsozialistischen Diktatur schlechthin ein unerträglicher Gedanke war, deutsche Mitbürger, die durch den Krieg ihre wirtschaftliche Existenz oder ihr Vermögen ganz oder teilweise verloren hatten, auf die Unterstützungsleistungen der Gemeinden – ‚auf die Wohlfahrt‘, wie man sich populär auszudrücken pflegte – zu verweisen."

Troegers „zehn Thesen" vom Juli 1948 überzeugten den Parteivorstand der SPD; die im September dem Düsseldorfer Parteitag dann vorgelegten „Sozialdemokratischen Grundsätze zum Lastenausgleich" basierten auf Troegers Vorschlägen. „Eine große Enttäuschung" war für ihn dagegen „die Tatsache, daß die Mitte Oktober 1948 in Münster am Stein versammelten Vertreter der Gewerkschaften sich trotz meiner dringenden Vorstellungen nicht dazu entschließen konnten, einhellig für den sozialen Lastenausgleich einzutreten". Troeger trat später, 1950–1952, auch als Kritiker der Entwürfe der Bundesregierung zum Lastenausgleichsgesetz hervor. Seine Zukunftsperspektiven entwickelte er in der Denkschrift „Soziale Lebenssicherung",in der sich gleichzeitig Vorstellungswelt und Aufbruchsstimmung der Gründerjahre der Bundesrepublik spiegeln.

Die drei Dokumente befinden sich im Nachlaß Troegers im Hauptstaatsarchiv Wiesbaden (Abt. 1185, Nr. 30) und werden mit dessen freundlicher Erlaubnis abgedruckt. Die Fußnoten zum Dokument 3 sind original.

Dokument 1: Fragen des Lastenausgleichs (1947)

Vortrag auf der steuerwissenschaftlichen Tagung in Bonn am 21./22. 4. 47
von Ministerialdirektor Dr. Troeger, Wiesbaden.

Für die Finanzpolitik in den nächsten Jahren ist die Frage des Lastenausgleichs im weitesten Sinne des Wortes von entscheidender Bedeutung. Darunter ist sowohl der Lastenausgleich zwischen dem Deutschen Reich und den Ländern, wie auch der Lastenausgleich zwischen den Ländern und den Kommunen und Kommunalverbänden zu verstehen. Der Neuaufbau des Reiches und der Länder erfordert eine grundsätzlich andere Behandlung dieser Frage gegenüber dem Zustand in der Weimarer Republik und natürlich erst recht gegenüber dem Zustand im Dritten Reich.

Obgleich noch nicht abzusehen ist, welche Bestimmungen der künftige Friedensvertrag über die staatsrechtliche Konstruktion des Deutschen Reiches enthalten wird, kann doch wohl schon so viel gesagt werden, daß der bundesstaatliche Charakter der deutschen Republik stärker betont sein wird, als dies nach der Weimarer Verfassung der Fall war. War es damals eine öfter behandelte Doktorfrage, ob die Länder nach der Weimarer Verfassung noch als Staaten anzusehen wären oder nicht, so wird es für das neue Deutsche Reich wohl nicht zweifelhaft sein, daß die Länder den Charakter von Staaten haben. Die Verfassungen der Länder in der amerikanischen Zone und die Entwicklung der Länder in den anderen Besatzungsgebieten zeigen deutlich den Weg zu eigenstaatlichem Leben und lassen keinen Zweifel darüber aufkommen, daß die Länder Staaten sein sollen und bleiben werden. Insoweit ist der föderative Charakter der deutschen Republik wohl als feststehend anzunehmen.

Trotzdem ist sicher, daß die Finanz- und Steuergesetzgebung weitgehend bei der deutschen Zentralinstanz – es ist ein Reichsfinanzministerium von allen Besatzungsmächten in Aussicht genommen – liegen wird. Die Gesetzgebung über das formelle und materielle Steuerrecht muß für das Deutsche Reich einheitlich gestaltet werden, weil die Steuergesetzgebung eine der wichtigsten Komponenten der gesamten Wirtschaftspolitik ist, die für das Deutsche Reich nur nach einheitlichen Gesichtspunkten gemacht werden kann. Schon jetzt hat der Kontrollrat Gesetze auf dem Gebiet des formellen und materiellen Steuerrechtes erlassen und damit die Gesetzgebungskompetenz des Deutschen Reiches betont. Es sollten – dies sei hier nebenbei bemerkt – sich die Länder an diesen Tatbestand halten und die Zuständigkeit des Reiches in Fragen des Steuerrechtes respektieren, damit der einheitliche Charakter nicht verlorengeht. Deshalb sollten die Länderregierungen es insbesondere auch ablehnen, daß Änderungsgesetze zur Reichsabgabenordnung erlassen werden. Das gilt auch von solchen Bestrebungen auf bizonaler Grundlage.

Unter Berücksichtigung der vorstehenden Ausführungen ergibt sich staatspolitisch die Notwendigkeit, die Länder finanziell auf eigene Füße zu stellen. Der Zustand aus der Weimarer Republik, daß die Länder im wesentlichen darauf angewiesen waren, daß ihnen das Reich Anteile an dem Reichssteueraufkommen überließ, ist für die Zukunft nicht tragbar. Ebenso scheint mir jedoch auch der augenblickliche Zustand unhaltbar zu sein, wonach die nach den Reichssteuergesetzen erhobenen Steuern, Verbrauchsabgaben und Zölle im vollen Umfang den Ländern zufließen, bzw. von ihnen in Anspruch genommen werden. Theoretisch betrachtet gibt es 3 Möglichkeiten des Finanzausgleichs zwischen dem Reich und den Ländern:

a) Alle Einnahmen fallen den Ländern zu. Diese zahlen zur Bestreitung der Ausgaben des Reiches Matrikularbeiträge.
b) Alle Einnahmen fallen wie früher dem Reiche zu; die Länder werden an dem Steueraufkommen des Reiches nach Maßgabe ihres Bedarfs usw. beteiligt.
c) Es findet eine Verteilung der Steuerquellen zwischen dem Reich und den Ländern statt.

Zu a) Der augenblickliche Zustand, daß sämtliche Einnahmen aus Reichssteuern den Ländern zufließen, dürfte wirtschaftlich nicht tragbar sein. Es hat sich schon jetzt herausgestellt, daß besonders bei den Verbrauchsabgaben aus rein fiskalischen Gesichtspunkten eine Rivalität zwischen den Ländern besteht, die zu groben volkswirtschaftlichen Schädigungen für die Gesamtheit führen muß. Als Beispiel erwähne ich die Schwierigkeiten bei der Verteilung des Tabaks an die Produzenten von Tabakwaren; jedes Land sucht möglichst viel Tabak zu erhalten oder aus eigener Produktion bei sich selbst Tabakerzeugnisse zu verarbeiten, damit ihm das Aufkommen an der Tabaksteuer zufließt. Das hat die Folge, daß z. B. Zigarettenfabriken unter mangelnder Zulieferung von Rohstoffen leiden. Ähnliche Erscheinungen zeigen sich auch auf anderen Gebieten, sodaß fiskalische Gesichtspunkte neue Zwangsmassnahmen oder Engpässe für die Wirtschaft entstehen lassen, die das deutsche Volk in seinem Verarmungszustand nicht vertragen kann. Ich bin deshalb der Auffassung, daß eine Verteilung der Steuerquellen zwischen dem Reich und den Ländern Platz greifen muß.

Zu b) Zu der Wiederherstellung des früheren Zustandes, daß das Reich über das Aufkommen an Steuern, Verbrauchsabgaben und Zöllen selbst zu befinden hat und die Länder zu seinen Kostgängen macht, ist nicht viel zu sagen, weil die staatspolitische Entwicklung über diesen Zustand hinausgeführt hat: es unterliegt keinem Zweifel, daß die staatsrechtliche Stellung der Länder eine eigene Finanzbasis zwingend erfordert.

Zu c) Bei der Prüfung der Frage, wie zweckmässigerweise die Steuerquellen zwischen dem Reich und den Ländern zu verteilen wären, bin ich nach reiflicher Überlegung zu dem Ergebnis gekommen, daß die Länder das gesamte Aufkommen an Einkommensteuer und Körperschaftssteuer und den dazu gehörigen Steuern wie Kapitalertragssteuer, Aufsichtsratsteuer, erhalten sollen. Alle übrigen Einnahmen aus Reichssteuern, insbesondere die Vermögenssteuer, die Erbschaftssteuer, die Umsatzsteuer und sonstige indirekte Steuern müßten dem Reich zufließen und dürften für die Finanzierung der Kriegsfolgelasten und etwaige Verpflichtungen aus dem Friedensnvertrag kaum ausreichen. Eine solche Verteilung hätte verschiedene Vorteile. Da die Wirtschaft innerhalb des Deutschen Reiches einheitlich gelenkt werden muß, kann das Reich auf die Regelung der Besteuerung schlechthin, insbesondere aber der indirekten Besteuerung nicht verzichten. Auf diese Weise wird auch der Lebensstandard der deutschen Bevölkerung, der nach den Vereinbarungen der Siegermächte gewissen Beschränkungen unterworfen wird, zweckmäßig reguliert werden. Die Erfüllung der Verpflichtungen aus dem verlorenen Krieg wird nach alter geschichtlicher Erfahrung nicht anders als durch eine Senkung des Lebensstandards und d. h. eben zum großen Teil durch eine Erhöhung der indirekten Besteuerung zu erreichen sein. Die Erhöhung der Steuern auf Tabak, Branntwein und Bier zeigt bereits den Weg an. Hier liegen auch noch gewisse Reserven, nachdem kein Streit mehr darüber besteht, daß die Einkommenbesteuerung über das wirtschaftlich vernünftige Maß hinaus angespannt ist und einer erheblichen Ermäßigung bedarf.

Es ist nicht im voraus zu sagen, ob bei einer solchen Verteilung der Steuerquellen die Länder ihren Finanzbedarf aus eigenen Mitteln werden decken können. Die Beantwortung dieser Frage hängt davon ab, welche Zuständigkeiten das neue Reich haben wird und welche Zuständigkeiten zu den Ländern gehören werden. Es ist sicher, daß die Zuständigkeiten der Länder gegenüber dem früheren Zustand größer sein werden und daß insbesondere die Reichsinstanzen einen eigenen Verwaltungsunterbau kaum haben werden. Wie sich das jedoch in den Haushaltsplänen auswirken wird, ist schwer zu sagen, zumal auch noch nicht abzusehen ist, inwieweit das Reich Kriegsfolgelasten auf den eigenen Haushalt übernehmen muß, damit eine möglichst gleichmäßige Verteilung der Belastungen nach dem Kriege auf alle Teile des deutschen Volkes gewährleistet wird. Es wird sich wahrscheinlich herausstellen, daß bei der Verteilung der Einnahmequellen zwischen dem Reich und den Ländern die Deckung des Spitzenbedarfs bei dem Reich oder bei den Ländern Finanzzuweisungen bzw. Matrikularbeiträge erforderlich macht. Darüber läßt sich jedoch heute nicht mehr sagen.

Daß die Eisenbahn und die Post Anstalten des Reiches sein müssen, ist wohl nicht bestritten.
Ganz andere Gesichtspunkte dürften für den Lastenausgleich zwischen den Ländern und den Kommunen (Gemeinden, Städten, Landkreisen, Kommunalverbänden) maßgebend sein. Hier handelt es sich darum, daß das Erfordernis einer demokratischen Einrichtung der Verwaltung mit der Notwendigkeit sparsamen Wirtschaftens der öffentlichen Hand verbunden werden muß. Der Lastenausgleich zwischen Ländern und Kommunen ist daher zugleich eine Frage der Verwaltungsreform, worunter ich sowohl die Vereinfachung (Rationalisierung) des Verwaltungsbetriebes, wie auch die Veränderung von Zuständigkeiten verstehe. Aus demokratischen Gesichtspunkten erscheint es mir unerläßlich, daß alle Verwaltungsaufgaben, die nicht unbedingt aus staatspolitischen Gesichtspunkten bei den Ländern verbleiben müssen, in die Zuständigkeit der Kommunen übergehen sollten. Für die staatliche Zuständigkeit sehe ich bei den Verwaltungsaufgaben der örtlichen Instanz nur eine Notwendigkeit, d. h. die Sicherheitspolizei. Alle übrigen Aufgaben, die zur örtlichen Verwaltung gehören, wobei unter örtlicher Verwaltung auch die Verwaltung in der Kreisinstanz zu verstehen ist, sollten Selbstverwaltungsaufgaben der Kommunen werden. Das gilt insbesondere von dem gesamten Schulwesen, also von den Volksschulen, Berufsschulen, Fachschulen u. dergl., nicht jedoch von den Universitäten. Bei Anerkennung dieses Grundsatzes ergibt sich die Notwendigkeit, daß die Länder den Kommunen ausreichende Mittel für die Erfüllung dieser Aufgaben zur Verfügung stellen. Ich halte es daher für notwendig, daß generell die Länder den Stadt- und Landkreisen ausreichende Dotationen zur Deckung der Personalkosten für die Sicherheitspolizei, die Schulen und ferner Dotationen für die Flüchtlingsfürsorge und den Straßenbau zahlen. Dabei wären gewisse Mindestanforderungen wegen der Erfüllung dieser Aufgaben zu stellen und durch feste Zuweisungen zu finanzieren. Das könnte geschehen indem der Staat für x Einwohner die Kosten eines uniformierten Polizeibeamten mit einem festen Betrag übernimmt oder daß auf y Volksschüler oder z Schüler an höheren Unterrichtsanstalten je ein fester Betrag zur Deckung des Personalaufwandes gezahlt wird. Auf diese Weise würde erreicht, daß die Polizeibeamten und Lehrer, um bei diesen beiden Beispielen zu verweilen, Kommunalbeamte würden, daß der Staat dadurch eine wesentliche Entlastung erführe und daß diese Aufgabengebiete durch ihre Verwaltung in der Kommunalinstanz unter demokratische Kontrolle gestellt würden.
Für die Finanzierung der Flüchtlingsfürsorge ist durch bizonale Regelung festgestellt, daß die Länder 85 % der Kosten übernehmen, während 15 % auf die Kommunen entfallen.
Wegen der Straßenbaulasten läßt sich leicht eine Regelung treffen, indem die Länder die Unterhaltung der Reichsautobahnen und Straßen 1. Ordnung in eigener Regie behalten, während im übrigen der Straßenbau und die Straßenunterhaltung zu den Aufgaben der Kommunen gehören, wofür ihnen finanzielle Zuweisungen unter Berücksichtigung der Bevölkerungsdichte und der Länge der Straßen zugesichert werden.
Den Kommunen verbleiben als Haupteinnahmequellen die Grundsteuer und die Gewerbesteuer. Sie sollten eine weitere finanzielle Beweglichkeit erhalten dadurch, daß die Länder auf die Steuer der kommunalen Versorgungsbetriebe und Verkehrseinrichtungen verzichten. Daneben behalten die Kommunen die indirekten Steuern, wie Vergnügungssteuer, Hundesteuer u.dergl., die für den gesamten Lastenausgleich nur von untergeordneter Bedeutung sind.
Inwieweit es bei Durchführung einer solchen Regelung im Sinne der Verwaltungsreform und des Lastenausgleichs noch notwendig sein wird, den Kommunen allgemeine Finanzzuweisungen (Schlüsselzuweisungen) zukommen zu lassen, unter Berücksichtigung des örtlichen Steueraufkommens oder der Einwohnerzahl oder der Belastung mit Fürsorgelasten usw. bedürfte eingehender Prüfung. Es dürfte sich dabei herausstellen, daß für die Städte, die durch die Kriegsereignisse großen Schaden erlitten haben und daher eine große Einbuße in der Steuerkraft haben hinnehmen müssen, noch solche Steuerzuweisungen erforderlich sein werden. Bei der Beurteilung der Frage, wie diese Steuerzuweisungen zu

gestalten sind, müßte jedoch der Grundsatz Berücksichtigung finden, daß es nicht Aufgabe der betroffenen Gemeinden, sondern des Landes oder gar des Reiches ist, die Kosten des Wiederaufbaues für öffentliche Gebäude, Einrichtungen und Anstalten aus allgemeinen Steuermitteln ganz oder zum größeren Teil aufzubringen. Es kann den zerbombten Städten nicht zugemutet werden, daß sie die Verwaltungsgebäude, Schulen, Brücken, Straßen, Krankenhäuser u.dergl., die durch Kriegsereignisse beschädigt oder zerstört worden sind, aus eigenen Mitteln und unter Inanspruchnahme des eigenen Kredites wiederherstellen. Hier ist eine allgemeine Aufgabe durch die Länder oder das Reich zu erfüllen. Deshalb müssen bei dem Lastenausgleich genügend Mittel für Zwecke des Wiederaufbaues der öffentlichen Hand bereitgestellt werden. Die Verteilung dieser Mittel sollte sich nach den praktischen Möglichkeiten des Wiederaufbaues richten, die gegeben sind durch Materialbeschaffung und Bereitstellung von Arbeitskräften.
So ergibt sich für den Lastenausgleich zwischen den Ländern und den Kommunen nach den hier vorgetragenen Gesichtspunkten eine vierfache Gliederung:
1. Die Grundlage des Lastenausgleichs bilden die Dotationen für bestimmte Aufgabengebiete, nämlich Polizei, Schulen, Flüchtlingswesen und Straßenbau. Das ist der sogenannte spezielle Lastenausgleich. Er müßte die breite Basis für den kommunalen Lastenausgleich darstellen.
2. Dazu kommen die eigenen Einnahmequellen der Kommunen aus Grundsteuer und Gewerbesteuer sowie aus den kommunalen Versorgungsbetrieben und Verkehrseinrichtungen. Mit den letzteren ist den Kommunen durch Erhebung von Finanzzuschlägen die Möglichkeit indirekter Besteuerung gegeben. Inwieweit es möglich sein wird, den Gemeinden noch eine zusätzliche Einnahmequelle dadurch zu erschließen, daß sie eine Personalsteuer, etwa in der Art der früheren Bürgersteuer erheben dürfen, muß davon abhängig sein, wie die Einkommensteuer nach der Währungsreform gestaltet wird. Z.Zt. ist kein Streit darüber, daß die Einkommensteuer überhöht ist, so daß für eine weitere Personalsteuer kein Raum vorhanden ist. Sollte in Zukunft bei der Einkommensteuer ausdrüklich darauf Rücksicht genommen werden, daß eine zusätzliche Belastung durch eine Personalsteuer der Kommunen stattfindet, dann würde finanzpolitisch und volkswirtschaftlich die Möglichkeit der Wiedereinführung der Bürgersteuer oder einer anderen ähnlichen Personalsteuer gegeben sein.
3. Ob die allgemeinen Schlüsselzuweisungen beizubehalten sind, hängt von der Beantwortung der Frage ab, welche Aufgabengebiete den Kommunen zugewiesen werden und inwieweit sie in der Lage sind, ihre Aufgaben durch die Finanzquellen zu 1) und 2) zu erfüllen. Es dürfte sich wahrscheinlich herausstellen, daß wenigstens für die zerstörten Gemeinden noch allgemeine Steuerzuweisungen (allgemeiner Lastenausgleich) erforderlich sind.
4. Unerläßlich erscheint schließlich, daß in den Haushaltsplan der Länder ausreichende Mittel zur Finanzierung des öffentlichen Wiederaufbaues in den zerstörten Städten zur Verfügung gestellt werden, weil die Beseitigung dieser Kriegsschäden nicht von den betroffenen Kommunen erwartet oder gefordert werden kann; sie ist eine allgemeine Aufgabe des deutschen Volkes und muß daher weitgehend aus allgemeinen Steuermitteln finanziert werden.

Dokument 2: 10 Thesen zum Lastenausgleich (1948)

1. Der Lastenausgleich muß für die Sachwertbesitzer ein großes Opfer sein, wenn er seinen politischen, wirtschaftlichen und sozialen Sinn erfüllen soll, d.h. die Grundlage und der Ausgangspunkt für den Wiederaufbau Deutschlands zu sein aus dem Zustande des Chaos, der Verarmung und der moralischen Zerrüttung.

2. Hat ein sehr großer Teil des deutschen Volkes seine Existenzgrundlage, Haus und Hof, Spargroschen und Lebensversicherung, Möbel und Kleidung, oft auch Gesundheit und Arbeitsfähigkeit, Heimat und nahe Angehörige verloren – ist ein Heer von Millionen Deutscher durch den Krieg und seine Folgen bis zum Tage nach der Währungsreform in bitterstes Elend und menschenunwürdige Verhältnisse gestoßen worden, dann erfordert der Grundsatz der Gerechtigkeit und der Anstand aus nationaler Gesinnung, daß die Besitzenden ihr Vermögen ohne Unterschied und Einschränkung der Allgemeinheit zur Verfügung stellen, damit die großen sozialen Schäden bekämpft und im Rahmen des Möglichen beseitigt werden.

3. Nur aus dem Ertrage der Arbeit kann das deutsche Volk nach Verlust eines großen Teiles seines Vermögens leben und eine bessere Zukunft aufbauen. Deshalb sollten alle Deutschen

unter den gleichen Bedingungen, d.h. ohne den Besitz freier Kapitalgüter im offenen Leistungswettbewerb zu angestrengter Arbeit antreten und

durch die Hergabe ihrer Sachgüter und sonstigen Vermögenswerte die Mittel bereitstellen, die gebraucht werden, um den Flüchtlingen, Bombengeschädigten, Enteigneten und sonst vom Kriege Betroffenen das tägliche Brot und ein bescheidenes eigenes Heim zu geben, sofern sie arbeitsunfähig und vermögenslos sind.

4. Die Währungsreform hat den Geldbesitzern unterschiedslos 90 % ihres Vermögens genommen. Die große Zahl der kleinen Sparer ist völlig enteignet worden, während andere im gleichen Verhältnis von ihren Schulden befreit worden sind. Der Krieg hat schon vorher Millionen Deutsche durch Bombenschaden oder Vertreibung aus der Heimat bettelarm gemacht oder um die Ergebnisse ihrer Arbeit gebracht. Daher ist es nur allzu gerechtfertigt, wenn die Besitzer von Sachgütern und sonstigen Vermögenswerten zugunsten der Allgemeinheit 80 % des Wertes ihres Reinvermögens abzugeben haben.

5. Die 80%ige Vermögensabgabe auf Grund der neu festzustellenden Einheits- und Steuerwerte soll in der Regel mit 3 % jährlich verzinst und mit 1 % jährlich unter Zuwachs der ersparten Zinsen getilgt werden. Eine schnellere Tilgung ist zugelassen.
Durch die Vermögensabgabe wird zugleich der Vermögenszuwachs aus Kriegsverdiensten, Rüstungsgewinnen, Währungsreform und anderen Verhältnissen und Geschäften erfaßt. Für die Schuld aus der Vermögensabgabe haftet das gesamte Vermögen des Abgabepflichtigen; es wird zu 80 % seines Wertes erstrangig zugunsten des Staates belastet bzw. verpfändet. Die näheren Bestimmungen zur Durchführung dieser Grundsätze und zur Vermeidung von volkswirtschaftlichen Schäden oder persönlichen Härten trifft das Gesetz über den Lastenausgleich.

6. Das Aufkommen aus der Vermögensabgabe dient

a) der Zahlung von Vorzugsrenten an arbeitsunfähige und vermögenslose Flüchtlinge, Bombengeschädigte und andere Enteignete und Verarmte,

b) der Zahlung von Hausratsentschädigungen nach Pauschalbeträgen an solche Flüchtlinge, Bombengeschädigte und Verarmte, die Hausrat und Kleidung ganz oder zum größeren Teil verloren haben und aus Arbeitsertrag alsbald nicht wieder beschaffen können.

Es ist zu prüfen, ob und inwieweit das Auskommen aus der Vermögensabgabe darüber hinaus zur Zahlung von Renten an arbeitsunfähige und vermögenslose Deutsche benutzt werden kann im Interesse der Entlastung der öffentlichen Haushaltspläne und der sozialen Versicherungsträger.

Die Gewährung verbilligter Kredite zur Finanzierung der Begründung selbständiger wirtschaftlicher Existenzen durch Flüchtlinge und Bombengeschädigte im Rahmen ihres Berufes und nach Maßgabe der volkswirtschaftlichen Dringlichkeit aus dem Aufkommen oder mit Hilfe der Haftungsmasse der Vermögensabgabe ist vorzusehen.

7. Weitere Entschädigungszahlungen werden nicht geleistet. Eine Feststellung der Kriegssachschäden findet nicht statt. Die Erstattung von Besatzungsschäden aus der Zeit vor der Währungsreform unterbleibt.

8. Zur Verwaltung der Vermögensabgabe wird die Deutsche Ausgleichskasse als Körperschaft des öffentlichen Rechts errichtet. Sie hat in jedem Lande eine Hauptstelle, der die Zins- und Tilgungsbeiträge aus Zahlungen der Abgabepflichtigen dieses Landes zufließen. Die Deutsche Ausgleichskasse hat die Stellung einer öffentlichen Hypothekenbank und kann Pfandbriefe und Schuldverschreibungen ausgeben.

Die Eingänge aus der Vermögensabgabe bei allen Hauptstellen der Deutschen Ausgleichskasse dienen zur Zahlung der Vorzugsrenten und der Hausratsentschädigungen im gesamten Zuständigkeitsbereich der Deutschen Ausgleichskasse. Sobald das Auskommen aus der Vermögensabgabe nicht mehr in vollem Umfange für die Zahlung der Vorzugsrenten und Hausratsentschädigungen benötigt wird, verbleiben die überschießenden Beträge vorbehaltlich gesetzlicher Ausgleichsbestimmungen den Hauptstellen zur Verwendung in den einzelnen Ländern im Interesse der Finanzierung des Wohnungsbaues und der Begründung wirtschaftlich selbständiger Existenzen durch Flüchtlinge und Bombengeschädigte.

Die Deutsche Ausgleichskasse ist verpflichtet, die ihr zustehenden Sicherheiten (Hypotheken, Pfandrechte) zur Aufnahme von Krediten durch den Abgabepflichtigen nach Maßgabe besonderer Bestimmungen bereitzustellen.Durch die Tilgungszahlungen aus der Vermögensabgabe werden jeweils die erstrangigen Sicherheiten zugunsten der Abgabepflichtigen frei, sofern eine ungedeckte Schuld aus der Vermögensabgabe nicht mehr besteht.

Die Veranlagung und Einziehung der Vermögensabgabe obliegt den Finanzämtern, die kostenlos Rechts- und Amtshilfe zu leisten haben.

9. Die 80%ige Vermögensabgabe bedeutet finanzpolitisch die Erfassung des größeren Teiles der Kapitalrente und hat daher eine Verminderung des Aufkommens an Einkommensteuer zur Folge, weshalb die öffentlichen Haushalte von Rentenzahlungen an Arbeitsunfähige nach Möglichkeit freigestellt werden müssen.

Die 80%ige Vermögensabgabe bedeutet volkswirtschaftlich den Zwang zu größerer Produktivität und fördert daher die Tüchtigenauslese. Der Abgabepflichtige ist gezwungen, das wieder zu erwerben, was er über den Krieg und die Nachkriegszeit retten konnte und nach der Feststellung der Vermögensabgabe wieder zu besitzen wünscht.

Die 80%ige Vermögensabgabe bedeutet sozialpolitisch, daß die Vermögensbesitzer für Brot und Bett der Arbeitsunfähigen und Vermögenslosen durch Erfüllung einer einmaligen Abgabeschuld aufkommen sollen, damit der Arbeitsertrag der deutschen Volkswirtschaft in den Jahren des Wiederaufbaues von den Lasten der Sozialschäden der Vergangenheit möglichst befreit wird.

10. Der Lastenausgleich muß einen neuen Start für das deutsche Volk einleiten und die Arbeitskräfte für den Wiederaufbau frei machen. Er darf deshalb nicht rückschauend den aussichtslosen und teuren Versuch machen, eine vernichtete und vergangene Vermögensschichtung unter den Deutschen teilweise wieder herbeizuführen.

Der Lastenausgleich muß mit dem Blick in die Zukunft den Interessen der Jugend und der Schaffenden dadurch dienen, daß er sie von der sozialen Last des verlorenen Krieges durch die Erfassung der verbliebenen Sachwerte weitgehend entlastet.

Frankfurt/Main, den 2. Juli 1948.

Dokument 3: Soziale Lebenssicherung (1950)
Eine Ideenskizze über die Schaffung der Grundlagen für eine soziale Neuordnung in Deutschland

Ministerialdirektor Dr. Troeger, Düsseldorf　　　　　　　　　　　　　　　　Vertraulich!

I. Ausgangsüberlegungen

a) Historisch

Die soziale Frage ist nach der Katastrophe des zweiten Weltkrieges noch dringlicher, als sie früher, etwa in den Jahren der Weimarer Republik oder gar zur Zeit der Entstehung der deutschen Sozialversicherung gewesen ist. Die Sozialversicherungsgesetze haben eine befriedigende Lösung der sozialen Frage nicht gebracht. Die Träger der Sozialversicherung, der Bund, die Länder und die Wohlfahrtsämter der Gemeinden bemühen sich, abgesehen von zahlreichen Arbeitgebern und sozialen Verbänden, miteinander und nebeneinander um die Behebung der Notstände, sie verursachen viel bürokratische Arbeit und viel Verdruß und haben doch nicht ein befriedigendes Ergebnis erreichen und das Vertrauen der Bevölkerung gewinnen können. Zahlreiche Änderungs-, Ergänzungs-, Angleichungs und Erweiterungsgesetze und Verordnungen bedeuten nur Flickwerk an dem überkommenen System, das vor zwei Menschenaltern unter anderen wirtschaftspolitischen Umständen geschaffen worden ist. Es muß daher überlegt werden, ob nicht ein besseres System für die Lösung der sozialen Frage unter den heutigen Umständen gefunden werden kann, zumal die Verarmung in Deutschland nach dem verlorenem Kriege und dem großen Bevölkerungszustrom für lange Zeit das Kennzeichen der deutschen Wirtschaftspolitik sein wird.

b) Soziologisch

Die Menschen in Deutschland, und zwar nicht nur die Arbeitnehmer, sondern auch große Teile des Mittelstandes, leben in der Angst[1] um ihre wirtschaftliche Existenz und Zukunft, in der Angst vor Familienzuwachs, vor Krankheit, vor Arbeitslosigkeit und vor dem Alter. Diese Angst geht zurück auf die persönlichen Erfahrungen, die wohl alle Deutschen im reifen Alter mit Wirtschaftskrise, Krieg, Inflation, Währungsumstellung und anderen Nachkriegsereignissen gemacht haben. Der Warenhorter, der Hamsterer, der Sachwertbesitzer hat diejenigen übervorteilt und zum Teil sogar ausgeplündert, die auf ihre persönliche Arbeit zur Befriedigung des Lebensunterhalts angewiesen sind und nicht in den Warenumschlag als wirtschaftlich Selbständige eingeschaltet waren. Alle Versicherungen der Staatsorgane über die Mündelsicherheit von Sparguthaben und anderen Kapitalwerten, über die gleichmäßige Verteilung der Kriegsfolgelasten und der Währungsverluste auf Geld- und Sachwertbesitzer, über die große soziale Schicksalsgemeinschaft des deutschen Volkes haben sich als falsch herausgestellt. Der Glaube an die öffentlichen Einrichtungen ist bis ins Mark erschüttert. Die Angst bzw. der Drang nach Sicherung der persönlichen Existenz beherrscht die meisten Deutschen in ihrem wirtschaftlichen Verhalten und fördert die erschreckende Lockerung der allgemeinen Moral, besonders der Steuerunehrlichkeit, die schon vielfach als unabänderlich hingenommen wird.

c) Wirtschaftspolitisch

Die neue Demokratie in Deutschland – wohl die letzte Chance für das deutsche Volk – muß nach den ungeheuren Verlusten des zweiten Weltkrieges und auf der verbliebenen schmalen Basis zu neuen Wegen und Zielen kommen. Es wäre für sie tödlich, wenn sie die

---

[1] Die Angst vor dem Kriege gehört nicht in diesen Zusammenhang.

wirtschaftenden Menschen in ihrer Angst und Unsicherheit sich selbst überließe. Die Entfaltung der wirtschaftlichen Freiheit und Leistungsfähigkeit, ihr Einsatz im freien Wettbewerb führt zur Verarmung der Armen und zur Bereicherung der Reichen, wie wir es in den letzten Jahren deutlich erlebt haben, und am Ende zum politischen Ruin. Die Volkswirtschaft muß auf ein Fundament bestimmter sozialer Mindestsicherungen für die persönliche Existenz des Einzelnen gestellt werden, auf ein Fundament von *Einkommen und Eigentum*, das stark genug ist, den wirtschaftlichen Wettbewerb zu tragen, und das die staatliche Wirtschafts-, Finanz- und Steuerpolitik bestimmt.

d) Staatspolitisch

Deutschland steht schutz- und wehrlos zwischen Ost und West. Es soll sich niemand darüber täuschen, daß der Neid eine der stärksten Triebkräfte im Leben ist. Deshalb wäre für die deutsche Zukunft nichts so gefährlich als eine große politische Spannung aus den sozialen Verhältnissen heraus. Es könnte leicht eintreten, daß Millionen Enttäuschter, Deklassierter und Verzweifelter zu dem Ergebnis kommen, daß es sozial gerechter wäre, wenn alle nichts hätten. Denn die politische Freiheit wiegt bei Neid und Haß weniger als das Gefühl der Gleichheit.

Es kommt hinzu, daß zahlreiche Staaten der Kulturwelt in den letzten 20 Jahren zu neuen Formen der Verteilung des Sozialproduktes (Volkseinkommens) im Interesse der Behebung sozialer Notstände gekommen sind. Sie sind gewiß gesünder und wohlhabender als das geschlagene und zerteilte deutsche Volk. Deshalb besteht umsomehr für die deutsche Staatspolitik die Notwendigkeit, die Sozialordnung unter den verbliebenen Umständen nach neuen Gesichtspunkten – bescheiden aber befriedigend – einzurichten. Es ist nicht wahr, daß wir Deutschen immer noch Grund haben, auf unsere Sozialversicherung stolz zu sein; sie ist bei weitem nicht mehr die wirksamste und umfassendste, also die beste Sozialgesetzgebung, die es gibt.

Der neue deutsche Staat hat die Chance, von neuem zu beginnen, wahrhaftig eine große geschichtliche Chance. Man möchte an dem Gleichnis von dem Ungerechten und den 99 Gerechten denken. Wir stehen vor der Aufgabe, für unser Volk diese Chance zu nutzen, daß wir vielleicht, die wir jetzt die Letzten sind, in einem ganz anderen Sinne die Ersten werden könnten.

II. Vorschlag

Zur Schaffung neuer Grundlagen für die soziale Ordnung in Deutschland werden im wesentlichen zwei Vorschläge vorbehaltlich der Prüfung im Einzelnen und ohne nähere Erörterung der organisatorischen und der finanziellen Fragen zur Diskussion gestellt; sie sind von finanzpolitischen Erwägungen getragen, d.h. von der öffentlichen Haushaltslage und deswegen von der Einnahmeseite her entwickelt, die in der Diskussion über sozialpolitische Aufgaben häufig vernachlässigt wird.

1. Familienausgleichskasse

Eine staatliche Familienausgleichskasse sollte errichtet werden mit der Aufgabe, Kinderbeihilfen an die in Deutschland wohnenden unterhaltspflichtigen Arbeitnehmer (oder Vormünder) für alle Kinder bis zum 15. Lebensjahre zu zahlen. Die Kinderbeihilfen müßten steuerfrei gewährt werden; die Zahlung sozialer Zuschläge an Lohn- und Gehaltsempfänger und an Beamte könnte dann vorbehaltlich gewisser Lohnausgleiche in Fortfall kommen. Inwieweit auf Kinder von selbständig Erwerbstätigen bei der Zahlung von Kinderbeihilfen – etwa nach dem Vorschlage von Senator van Heukuleun (Bremen) oder dem Königsteiner Beschluß vom 6.1.1950 berücksichtigt werden – sollte der weiteren Diskussion vorbehalten bleiben, ohne das hier entwickelte Schema zu stören.

Es wäre des Näheren zu untersuchen und darzustellen, daß
a) die Zahlung von Kinderbeihilfen ein wesentlicher Beitrag zur Existenzsicherung bei Familien mit Kindern bedeutet. Die Erfahrung beweist, daß Familienväter in ihrer wirtschaftlichen Existenz gerade dann gefährdet sind, wenn bei der Lohn- und Gehaltsregelung mit Rücksicht auf den Familienstand die Zahlung sozialer Zuschüsse vorgesehen ist; die Arbeitgeber bevorzugen häufig junge und unverheiratete Arbeitskräfte, weil sie sich davon Lohnersparnisse errechnen. Den Familienvätern und den Unterhaltspflichtigen durch Zahlung von Kinderbeihilfen eine bescheidene, aber doch sichere Grundlage für die Bedürfnisse des täglichen Lebens ihrer Kinder zu geben, wäre von unerhörter sozialpolitischer Bedeutung. Es könnte dann der Gedanke des Leistungslohnes in vollem Umfange zur Auswirkung kommen, weil ja der soziale Aspekt befriedigt wäre.
b) die Kinderbeihilfen den Staat in die Lage versetzen würden, die gesetzliche Miete zu erhöhen, so daß der soziale Wohnungsbau auf eine breitere und tragfähigere Grundlage gestellt werden könnte. Die Erhöhung der Altmieten hätte für lange Zeit der Finanzierung des sozialen Wohnungsbaues zu dienen. Es würde damit zugleich die soziale Ungerechtigkeit gemindert werden, daß Arbeiter, die gezwungen sind, Neubauwohnungen zu beziehen, einen erheblich größeren Teil ihres Arbeitseinkommens für die Miete aufwenden müssen als ihre Kollegen, die das Glück haben, in alten Wohnungen zu sitzen, oder gar darin noch Untermieter aufnehmen können. Auf die Dauer ist es finanzpolitisch unmöglich, einen etwa 40-50 %igen unrentierlichen Anteil der Baukosten aus öffentlichen Mitteln zu finanzieren. Der Vorschlag von Bipartite Control Office vom 6. 5. 1949 (Fin 26563/1) gibt hier wertvolle Anregungen.
c) die Subventionierung importierter Lebensmittel durch die Zahlung der Kinderbeihilfen überflüssig gemacht oder doch wesentlich erleichtert würde, weil die Kinderbeihilfen so bemessen werden könnten, daß etwa notwendige Erhöhungen des Brotpreises oder des Preises für Fett, Fleisch und dergleichen aufgefangen würden. Das Ergebnis läge auch im Sinne der deutschen Landwirtschaft, die einerseits an ausreichenden, aber festen Preisen und andererseits an einem kaufkräftigen inländischen Markt interessiert ist.
d) die Errichtung einer Familienausgleichskasse eine ausserordentliche Ersparnis von unproduktiver Arbeit, und zwar nicht nur beim Staat, sondern ebenso in den Lohnbüros und an anderen Stellen der Wirtschaft zur Folge hätte. Das gilt umsomehr, als die Familienausgleichskasse eine Vereinfachung im Steuersystem nach sich ziehen könnte.

2. Altersversicherung

Die Altersversicherung sollte von Staats wegen durch eine besondere Anstalt mit dem Ziele geregelt werden, allen deutschen Männern und Frauen vom 65. Lebensjahre ab eine Rente zu zahlen, die so hoch ist, daß der Lebensunterhalt in bescheidenem Maße gesichert ist. Niemand sollte im Alter darauf angewiesen sein, die „Wohlfahrt" in Anspruch zu nehmen, nachdem er ein Leben lang gearbeitet hat.

Abweichend von der bisherigen Regelung sollte der Unterschied zwischen der Altersversicherung der Arbeiter und der Angestellten fortfallen und die Invalidenversorgung (vor Erreichung des 65. oder 60. Lebensjahres) auf eine andere Grundlage gestellt werden; es wird eine reine Altersversicherung vorgeschlagen. Die neue Altersversicherungsanstalt sollte eine einheitliche Rente – diese allerdings in ausreichender Höhe – gewähren. Wer den Wunsch hat, in seinem Alter oder für seine Ehefrau eine bessere Versorgung zu haben, als sie durch die allgemeine Rente gewährleistet wird, dem bleibt es überlassen, entweder freiwillig eine Zusatzversicherung bei der öffentlichen Altersversicherungsanstalt abzuschließen oder entsprechende Verträge mit Versicherungsgesellschaften oder anderen Institutionen zu treffen, denen gegenüber er sich zur Zahlung von Prämien, Sparbeträgen und dergleichen nach eigenem Ermessen verpflichtet. Selbstverständlich würden solche zusätzlichen Sparmaßnahmen zur Sicherung der Altersversorgung ebenso wie die Zwangsbeiträge an die neue Altersversicherungsanstalt gleichermaßen von der Lohn- und Einkommenssteuer freizustellen sein. Um die persönliche Verbindung des Versicherten zu der neuen Anstalt herzustellen und dem Versicherten das Gefühl zu geben, daß er für *sein* Alter durch die Zahlung der Zwangsbeiträge Vorsorge trifft und daß er bei der Anstalt ein *eigenes* Spar-Vermögen ansammelt, muß die Versicherung grundsätzlich auf das Kapitaldeckungsverfahren eingerichtet sein, so daß der Versicherte das Recht hat, im Rahmen der von ihm gezahlten Versicherungssumme z.b. ein Hypothekendarlehen in Anspruch zu nehmen, wenn er ein Haus bauen oder ein Grundstück erwerben will. Allerdings müssten bestimmte Beschränkungen gelten, damit der Zweck der Altersversorgung gesichert bleibt und der Versicherte nicht etwa über sein Grundstück oder andere Kapitalwerte in einer Weise verfügt, daß am Ende doch das Wohlfahrtsamt für seinen Lebensunterhalt im Alter aufzukommen hätte.

Entscheidend wichtig wäre die radikale Vereinfachung der Versicherung gegenüber den bisherigen Verhältnissen. Einheitliche Beiträge und einheitliche Renten hätten die einfachste Form der Berechnung, Zahlung und Kontrolle zur Folge. Der Rentenanspruch stünde dem Versicherten oder seiner Ehefrau zu; falls beide den Eintritt des Versicherungsfalles nicht erleben, dann müßte an die erbberechtigten Abkömmlinge die eingezahlte Prämiensumme (mit oder ohne Zinsen) zur Auszahlung kommen, sofern sie unversorgt sind. Sind solche Abkömmlinge nicht vorhanden, dann würde die eingezahlte Prämiensumme der neuen Anstalt zufallen. Die vorgeschlagene Regelung dürfte für den großen Durchschnitt von 80 % der Erwerbstätigen zu einer befriedigenden Lösung führen. Schwierigkeiten wären mit der Überleitung von der bisherigen Form der Altersversicherung auf das vorgeschlagene System verbunden, wenn man nicht eine etwa 30jährige Übergangszeit in Kauf nehmen will. Der Übergang wäre mit Hilfe von Staatszuschüssen oder durch eine Beitragsstaffelung oder durch verschieden hohe Rentzahlungen je nach der Altersklasse und den bisherigen Beiträgen der Versicherten zu regeln, so daß jedenfalls für die Betroffenen keine Schlechterstellung gegenüber der bisherigen Lösung einträte.

3. Andere soziale Aufgaben

Der hier gemachte Vorschlag steht im Widerspruch zu verschiedenen Plänen für die Reform der deutschen Sozialversicherung, die im allgemeinen für eine Einheitsversicherung oder gar für eine Volksversicherung eintreten, wobei jedoch im Grunde genommen nur eine Erweiterung des Kreises der Versicherten, eine Verbesserung der Leistungen und in der Regel die organisatorische Zusammenfassung der verschiedenen Versicherungszweige angestrebt wird; der Grundgedanke der überkommenen deutschen Sozialversicherung als einer Mischung von staatlicher Fürsorge mit versicherungstechnischen Formen wird von diesen Reformvorschlägen übernommen. Es mag ergänzend zu den bestehenden Versicherungseinrichtungen folgendes bemerkt werden:

Für die Krankenversicherung wäre zu prüfen, ob das bisherige System durch einen allgemeinen staatlichen Gesundheitsdienst abgelöst werden sollte etwa in der Art, wie er vor kurzem in England eingeführt worden ist. Die Zeit für eine solche Umstellung scheint mir in Deutschland noch nicht gekommen, weil der Wiederaufbau der Volkswirtschaft und des Staates eben erst begonnen hat und die Finanzkraft bis an die Grenze der Leistungsfähigkeit beansprucht. Sie wäre auch nicht von der gleichen fundamentalen Bedeutung für die Neuordnung der sozialen Verhältnisse wie die Errichtung einer Familienausgleichskasse und die Neuregelung der Altersversicherung, weil die bestehende Form der Krankenversicherung den sozialen Ansprüchen im wesentlichen genügt und könnte ohne große Schwierigkeiten auch später durchgeführt werden. Es wird deshalb vorgeschlagen, an dem jetzigen System der Krankenversicherung im Prinzip vorläufig nichts zu ändern.

Deshalb bleibt nach wie vor dringlich, die Krankenversicherung durch eine Erweiterung des versicherten Personenkreises und eine Stärkung der allgemeinen Krankenkassen leistungsfähiger zu gestalten. Die Versicherung gegen Berufsunfälle und Berufskrankheiten sollte ebenfalls in der bisherigen Form beibehalten werden unbeschadet der Tatsache, daß Verbesserungen bei den Leistungen erforderlich sind und die Betreuung der Berufsinvaliden auf eine breitere Grundlage gestellt werden müßte, weil mit Einrichtung der neuen Altersversicherung die bisherige Form der Invalidenversicherung in Fortfall käme und dafür z.T. Ersatz geschaffen werden müßte.

Für die Knappschaftsversicherung gilt grundsätzlich Entsprechendes.

Die Versorgung der Kriegsbeschädigten ist eine Staatsaufgabe besonderer Art, die in diese Überlegungen wegen der Schaffung neuer Grundlagen für die Sozialordnung in Deutschland nicht einbezogen zu werden braucht.

Die Vorsorge für den Fall der Arbeitslosigkeit kann nach den bisherigen Erfahrungen nicht durch ein System öffentlichrechtlicher Zwangsversicherung getroffen werden. Es ist Aufgabe des Staates, Konjunkturpolitik zu treiben und die erforderlichen Mittel für Umschulung, Arbeitsbeschaffung und Arbeitslosenunterstützung aus Steuermitteln aufzubringen, wobei eine angemessene Beteiligung der Gemeinden vorzusehen wäre. Zu überlegen ist, ob nicht die Arbeitnehmerorganisationen in geeigneter Weise eingeschaltet werden und die finanzielle Betreuung der Arbeitslosen mit Hilfe staatlicher Mittel übernehmen sollten. Es fehlt uns die geeignete Form der Selbstverwaltung für die Betreuung der Arbeitslosen; sie hängt keineswegs mit dem Versicherungscharakter der Reichsanstalt zusammen.

Die Leistungen aus dem Lastenausgleich wären den geplanten Leistungen der Altersversicherung anzupassen. Es sei nur bemerkt, daß der Lastenausgleich klar auf dem Grundsatz der sozialen Gerechtigkeit aufgebaut werden muß; das bedeutet für den Gesetzgeber, daß nicht der Versuch gemacht werden darf, die alten Vermögenswerte zu ermitteln und ganz oder anteilsmäßig wiederherzustellen, so daß den ehemals Wohlhabenden viel und den Armen wenig oder gar nichts aus dem Aufkommen des Lastenausgleichs zuzuteilen wäre. Die Gerechtigkeit beim Lastenausgleich kann nur aus der sozialen Notwendigkeit hergeleitet werden. Das bedeutet, daß für die arbeitsunfähigen Berechtigten eine ausreichende Versorgungsrente gezahlt werden muß, während im übrigen durch Gewährung von Ausbildungsbeihilfen, Hausratsbeihilfen und Gemeinschaftsbeihilfen nach der Art, wie dies im Soforthilfegesetz vorgesehen ist, Abhilfe geleistet wird, wobei der produktiven Seite des Lastenausgleiches eine besondere Bedeutung zugemessen ist.

Es sollten Mittel aus der Abgabe für den Lastenausgleich zur Finanzierung der Rentenversicherung abgezweigt werden, nachdem diese durch die Währungsreform etwa 9 Milliarden DM Deckungsvermögen verloren hat und ohne ein solches Deckungsvermögen gar nicht imstande sein kann, ihren Verpflichtungen unter Beibehaltung des Versicherungsgedankens nachzukommen. Inwieweit Mittel aus dem Lastenausgleich hierfür benötigt werden, wird an andere Stelle behandelt.

III. Finanzielle Auswirkungen und Bedeutung

Vorbemerkungen

Die Dringlichkeit der hier angestellten Überlegungen ergibt sich zum Teil aus der Materie selbst, in der Hauptsache jedoch aus der Tatsache, daß sich der Bund zu Beginn seines Aufbaues darüber schlüssig werden muß, ob er die überkommene Sozialordnung grundsätzlich beibehalten will oder Änderungen für notwendig hält, die dann allerdings zu Beginn der Gesetzgebung Gestalt finden müßten. Erst wenn man darüber eine Entscheidung getroffen hat, kann mit Aussicht auf Dauer und befriedigenden Erfolg eine Reihe anderer Aufgaben, insbesondere die der Steuerreform, in Angriff genommen werden.

Die hier gemachten Vorschläge gehen davon aus, daß die wirtschaftliche Sicherung der

Existenz des Einzelnen Ausgang und Ziel aller wirtschaftlichen Bestrebungen des Staates sein muß und daß die bestehende soziale Ordnung diesem Gesichtspunkt nicht genügend Rechnung trägt und bei ihrer grundsätzlichen Beibehaltung auch nicht Genüge leisten kann.

Ferner haben diese Vorschläge zum Ziele, eine weitgehende Vereinfachung der Verwaltung herbeizuführen und den Gedanken der Versorgung durch den Staat nach Möglichkeit zu ersetzen durch die Selbstverantwortung der beteiligten Wirtschaftskreise unter Einschaltung des Staates mit seiner Steuerkraft dort, wo es notwendig ist.

Finanzpolitisch betrachtet, brauchen wir eine Auflockerung des Systems der Steuern und Abgaben mit dem Ziele, dem einzelnen Steuer- und Abgabepflichtigen, soweit dies möglich ist, deutlich vor Augen zu führen, für welche ihn selbst betreffenden Zwecke er von Staats wegen zu Steuern und Abgaben herangezogen wird. Dabei kann das persönliche Interesse des Einzelnen jedenfalls bei der Altersversicherung dadurch noch besonders geweckt werden, daß er seine Beiträge als Ansammlung eigenen Sparvermögens betrachten kann. Dem volkswirtschaftlichen Bedürfnis nach Bildung von Kapital ist in den Vorschlägen weitgehend Rechnung getragen.

Lohnpolitisch ist zu beachten, daß die Neuordnung der sozialen Verhältnisse vor die Anpassung der Reallöhne an die gesteigerte Produktion und die Vergrößerung des Sozialproduktes gestellt werden muß. Danach wird es möglich sein, dem Erfordernis des Leistungslohnes und der wirtschaftlichen Existenzsicherung in der Zeit einer wachsenden Volkswirtschaft besser Rechnung zu tragen.

Schließlich gehen die Vorschläge davon aus, daß zum Lohn oder Gehalt nach den Grundsätzen der Betriebswirtschaft auch die Arbeitgeberbeiträge für die Sozialversicherung gehören, d. h. daß der Gesamtlohn um diese Beiträge höher ist als der Bruttolohn des Arbeitnehmers. Es ist daher betriebswirtschaftlich einfacher, wenn die Aufteilung der Beiträge zu den Sozialversicherungen zwischen Arbeitnehmern und Arbeitgebern beseitigt wird, wodurch an dem finanziellen Ergebnis nichts geändert würde.

Bei der Vereinfachung des Systems und der Abgrenzung der sozialpolitischen Verantwortlichkeit gehen die Vorschläge davon aus, daß

die Zahlung von Kinderbeihilfen, d. h. die soziale Ausgestaltung des im übrigen auf die Leistung abgestellten Lohnes Aufgabe der Arbeitgeber ist, weshalb diese durch entsprechende Beiträge an die Familienausgleichskasse (FAK) für die Deckung des Bedarfes allein aufzukommen haben; es handelt sich um einen Teil des Lohnaufwandes;

die Zahlung der Beiträge zu den Krankenkassen allein im persönlichen Interesse der Arbeitnehmer liegt, weshalb es nur folgerichtig ist, daß sie allein die Beiträge aus ihrem Lohn bestreiten; an der Höhe des Gesamtlohnes (s. oben) und des ausgezahlten Nettolohnes ändert sich dadurch nichts;

die Zahlung der Beiträge zur Unfallversicherung gerade in der hier vorgeschlagenen erweiterten Form allein den Arbeitgebern obliegt, weil die Berufsstände dafür aufzukommen haben, daß die gesundheitlichen Schäden durch den Beruf und bei der Berufsarbeit ausgeglichen bzw. behoben werden. Das gilt auch dann, wenn man sich dafür entscheiden sollte, die soziale Betreuung der Erwerbsbeschränkten und der Erwerbsunfähigen vor Erreichung des 65. Lebensjahres als Aufgabe den Berufsgenossenschaften zu übertragen;

die Zahlung der Prämien zur Altersversicherung die ureigenste Angelegenheit der Versicherten ist und daher von ihnen allein getragen werden muß. Dafür stehen aus dem Gesamtlohn die vollen 10 % zur Verfügung, die nach dem augenblicklichen Stand der Gesetzgebung den Rentenversicherungen zufließen. Der persönliche Charakter soll durch ein gewisses Verfügungsrecht des Versicherten über seine Deckungsreserve und durch eine beschränkte Vererblichkeit besonders betont werden;

die Zahlungen zur Arbeitslosenversicherung aufgehoben werden, indem der Staat allein in der Lage ist und deshalb als dafür verantwortlich angesehen wird, die erforderlichen

Maßnahmen im Falle der Arbeitslosigkeit (Arbeitsvermittlung, Arbeitsbeschaffung, Umschulung und Unterstützungszahlung) zu treffen und zu finanzieren. Die hier vorgeschlagene Abgrenzung der sozialpolitischen Verantwortlichkeiten dient neben der Vereinfachung der Verwaltung einer grundsätzlichen sozialpolitischen Ausrichtung des Wirtschaftslebens. Inwieweit durch geeignete organisatorische Maßnahmen, insbesondere durch die Beteiligung der Arbeitnehmer und Arbeitgeber an der Verwaltung der Sozialversicherungsträger und an dem Verfahren zur Betreuung der Arbeitslosen, eine Vertiefung der Verantwortlichkeit zu erreichen ist, wird hier nicht erörtert.

1. Familienausgleichskasse

Es wird vorgeschlagen, steuerfreie Kinderbeihilfen in Höhe von 20,- DM (bei Vollwaisen 30,- DM) monatlich für alle Kinder bis zum 15. Lebensjahr (Schulabgang) – jedoch höchstens 100,- DM monatlich an einen Unterhaltsverpflichteten – zu zahlen, soweit der Unterhaltsverpflichtete in einem sozialversicherungspflichtigen Arbeitsverhältnis[1] steht oder stand und deshalb Bezieher von sozialen Renten oder Unterstützungen ist. Die Kosten für die Zahlung der Kinderbeihilfen durch die FAK werden durch Beiträge der Arbeitgeber (einschl. des Staates) nach der Höhe der Gesamtlohnsumme aufgebracht; die anteiligen Beiträge für die Kinder solcher Unterhaltsverpflichteten, die vorübergehend nicht in einem Arbeitsverhältnis stehen, hat der Staat zu zahlen. Die Frage eines Ausgleiches zwischen lohnintensiven und kapitalintensiven Betrieben bedarf der Erörterung und Klärung. Die Kinderbeihilfen werden, soweit möglich, von den Arbeitgebern zugleich mit den Löhnen ausgezahlt; die Verrechnung der Arbeitgeberbeiträge mit den Vorschußzahlungen für die Kinderbeihilfen ist zulässig.

Die Zahlung von Kinderbeihilfen an alle Kinder inländischer Unterhaltsverpflichteter (also auch an die Kinder beruflich selbständiger Personen) wird nicht vorgeschlagen, weil die Belastung der Arbeitgeber mit den dadurch erhöhten Aufwendungen der FAK sozialpolitisch nicht zu rechtfertigen wäre und daher eine zusätzliche Abgabe vom Einkommen eingeführt werden müßte, weil die Aufnahme dieser Last in den Etat des Bundes – von kleinen Ausgleichsbeträgen abzusehen – vorerst nicht möglich erscheint, eine spätere Ausdehnung der Leistungen der FAK vorbehalten bleibt.

Für den Gesamtaufwand der FAK geben nachstehende Zahlen für das Bundesgebiet einen Anhalt. Die Zahl der Kinder von Arbeitnehmern unter 15 Jahren beträgt rund 8 000 000. Bei einem Monatsbetrage von 15,- DM Beihilfe pro Kind ergäbe sich ein Gesamtbetrag von 132 Mill.DM monatlich oder 1584 Mill. DM jährlich. Bei einem Monatsbetrage von 20,- DM pro Kind bedeutet dies eine Summe von 176 Mill.DM monatlich oder 2112 Mill. DM jährlich. Es wird darauf verzichtet, noch rechnerisch klarzustellen, ob sich eine Mehrbelastung dadurch ergäbe, daß für Waisenkinder eine Beihilfe von 30,- DM monatlich gezahlt werden soll, während für das 6. und weitere Kinder allerdings eine Beihilfe nicht in Aussicht genommen ist. Diese Summen bedeuten bei einem Gesamtlohneinkommen aller Arbeitnehmer in Höhe von 32 Mrd.DM (nämlich in der Bizone 29,7 Mrd.DM – „Deutschland in Zahlen" Bund-Verlag Köln 1949, S. 85 – zuzüglich rund 8 % = 2,3 Mrd. DM in der französischen Zone) etwa 5 bzw. 6,6 % der derzeitigen Löhne und Gehälter. Wird die Kinderbeihilfe in Fällen nicht vollendeter Schul- oder Berufsausbildung bis zum 18. Lebensjahre weitergezahlt, dann ergäbe sich ein Arbeitgeberbeitrag von etwa 5,5 bzw. 7,2 %.

Die Frage, wie hoch die Kinderbeihilfe zu bemessen ist, hängt von den finanzpolitischen Überlegungen ab, die mit der Zahlung der Kinderbeihilfe verbunden werden. Sie sollte, wie bereits in Abschnitt II angegeben, die Subventionen bei importierten Lebensmitteln aus Steuern erübrigen. Hierfür gelten folgende Zahlen: Die Gesamthöhe der Subventionen ist für 1949/50 mit 800–900 Mill.DM angegeben worden. Wenn dazu noch einmal derselbe Betrag für die Preiserhöhung inländischer Produkte hinzugerechnet wird, ergibt

---

[1] Anm. = Wegen der Aufnahmen von Kindern sozialbedürftiger, selbständiger Erwerbspersonen vgl. Seite 4 [175].

sich eine Verteuerungssumme von 1.700–1.800 Mill.DM oder pro Kopf der Bevölkerung von rd. 40,- DM im Jahre. Die Verteuerung der Lebensmittel wäre danach höchstens mit 3,50 DM im Monat auf den Kopf des Verbrauchers zu veranschlagen; wahrscheinlich ist der Betrag praktisch niedriger. Es ist ferner beabsichtigt, durch die Zahlung von Kinderbeihilfen eine Erhöhung der gesetzlichen Mieten möglich zu machen. Die Miete in einem Arbeiterhaushalt mit 2 Kindern wird für die weiteren Überlegungen mit 50,- DM monatlich angenommen, was der Miete von Wohnungen mit etwa 60 qm bei ca. 90 Pfg. Miete pro qm entspricht, die nach dem ersten Weltkrieg gebaut worden sind. Eine Mieterhöhung um 25 % bedeutete daher eine Verteuerung der Lebenserhaltung um monatlich 12,50 DM, bei 30 % um monatlich 15,- DM. Dabei mag erwähnt werden, daß nach den Feststellungen des wirtschaftswissenschaftlichen Instituts der Gewerkschaften (in der Sonderbeilage zu den Mitteilungen Nr. 4/5, 2. Jahrgang „Die wichtigsten Einzelkenntnisse aus der Haushaltsbucherhebung", S. 3 Anm. 3) die Miete bei einer 3,6 Personen umfassenden Familie durchschnittlich 22,- DM monatlich beträgt. Zum Ausgleich der Verteuerung der Lebensmittel und der Miete sind nach obiger Berechnung bei 4 Personen erforderlich: 14,- DM für Lebensmittel und 12,50 bzw. 15,- DM für Miete, zusammen also 26,50 bzw. 29,- DM. Daraus ergibt sich, daß die Beihilfe mindestens auf 15,- DM monatlich pro Kind bemessen werden müßte. Die Folge wäre bei verheirateten und kinderlosen Ehepaaren mit nur einem Verdiener im Haushalt eine Verteuerung mit 3,50 bzw. 7,- DM monatlich zuzüglich der Mieterhöhung[1]; bei Verheirateten mit einem Kind unter Annahme einer monatlichen Miete von 40,- DM eine Verteuerung um 9,50 DM und um 10,- bzw. 12,- DM für Miete, wogegen eine Kinderbeihilfe von 15,- bzw. 20,- DM stünde. Daß sich die Verhältnisse in allen den Fällen erheblich günstiger stellen, in denen die Miete unter 40,- bzw. 50,- DM liegt (was immerhin die Mehrheit ist) oder in denen für drei oder mehr Kinder Beihilfe gezahlt wird, liegt auf der Hand. An sich ist die Bemessung der Kinderbeihilfe mit 20,- DM monatlich wünschenswert, weil erst mit einem solchen Betrage eine sozial befriedigende Lösung für Haushaltungen der Arbeitnehmer mit Kindern gefunden würde. Deshalb wird der Vorschlag gemacht, 20,- DM monatlich Kinderbeihilfe zu zahlen und damit den Anschluß an die Praxis der öffentlich-rechtlichen Arbeitgeber zu finden.

Volkswirtschaftlich wäre zu beachten, daß in der Bizone das gesamte Mieteinkommen auf 2,5–3 Mrd.DM geschätzt wird, so daß die Erhöhung der gesetzlichen Mieten, die vom Staate in Form einer Mietzinssteuer zu erfassen wäre, einen Betrag von 600–700 Mio.DM für Zwecke des sozialen Wohnungsbaues einbrächte; dadurch könnten gegenüber dem bisherigen Stande jährlich mindestens 120 000 Wohnungsneubauten zusätzlich finanziert werden, was für die volkswirtschaftliche Entwicklung von einer unerhörten Bedeutung wäre.

Die lohnpolitischen Folgerungen aus diesem Vorschlag werden weiter unten erörtert.

2. Altersversicherung

Es wird vorgeschlagen, alle deutschen Erwerbstätigen (also nicht nur die Arbeitnehmer) bei einer staatlichen Anstalt zwangsweise zur Altersversicherung heranzuziehen, so daß sie nach dem 65. Lebensjahre eine monatliche Rente von 100,- DM[2] erhalten. Die Rente wird nach Erreichung des 65. Lebensjahres des Ehemannes an die überlebende Ehefrau in Höhe von 70,- DM monatlich bis zu deren Ableben weitergezahlt.
    Der Versicherungsfall tritt daher ein:
Fall 1: mit dem Beginn des 65. Lebensjahres für den versicherten Mann;

---

[1] Ein Ausgleich würde bei jungen Arbeitnehmern ganz oder teilweise durch geringere Beiträge zu der neuen Altersversicherung eintreten.

[2] Anm.: Die Zahl hat nur beispielhafte Bedeutung.

Fall 2: mit dem Beginn des 65. Lebensjahres für den verheirateten Mann (auch nach dessen Tod), so daß die Rente in Höhe von 70,– DM an seine Witwe lebenslänglich gezahlt wird;
Fall 3: mit Beginn des 65. Lebensjahres für die versicherte Frau.

Die Versicherung ist als eine Sparversicherung gedacht, so daß jeder Versicherte das Recht hat, schon zu seinen Lebzeiten über das von ihm eingezahlte und mit 3 % verzinste Sparkapital zu bestimmten Zwecken zu verfügen. Die weitere Folge dieses Sparsystems wäre, daß zum Beispiel eine Frau im Falle ihrer Verheiratung den gesparten Betrag zurückfordern kann, wenn sie sich mit der Altersversicherung ihres Ehemannes begnügt, oder daß sie die Versicherung freiwillig fortsetzen kann. Sollten die Versicherten den Eintritt des Versicherungsfalles nicht erleben, dann soll der gesparte Versicherungsbetrag den erbberechtigten inländischen Abkömmlingen (mit oder ohne Zinsen) ausgezahlt werden, wenn sie noch unversorgt sind.

Nach den Angaben des Direktors der Verwaltung für Arbeit in dem Memorandum über die finanziellen Auswirkungen des Sozialversicherungs-Anpassungsgesetzes vom April 1949 (S.12) betrugen die Renten in der Bizone durchschnittlich vor der Erhöhung durch das Sozialversicherungs-Anpassungsgesetz

bei der Invalidenversicherung:
Invalidenrente	42,80 DM monatlich
Witwenrente	25,10 DM monatlich
Waisenrente	14,60 DM monatlich

bei der Angestelltenversicherung:
Ruhegeld	79,10 DM monatlich
Witwenrente	37,80 DM monatlich
Waisenrente	23,– DM monatlich

„Die unzulängliche Höhe der Renten wird noch deutlicher, wenn man ihre Schichtung nach der Rentenhöhe untersucht. Eine allgemeine Statistik hierüber liegt nicht vor. Im Bereich des Landes Nordrhein-Westfalen sind jedoch für die Invalidenversicherung repräsentative Auszählungen in 6 Bezirken mit typischen Berufs- und Wirtschaftsstrukturen durchgeführt worden. Danach liegen in ländlichen Bezirken (Lemgo und Geldern) etwa 50 v.H. aller Versichertenrenten unter 35,– DM monatlich. In schwerindustriellen Bezirken (Duisburg) erhalten zwar nur 20 v.H. aller Versichertenrenten Monatsbezüge in Höhe von weniger als 35 DM monatlich; andererseits kommt aber auch nur die Hälfte der Rentner auf einen höheren Betrag als 55,– DM monatlich."

Das Sozialversicherungs-Anpassungsgesetz hatte nur den Sinn, die Mindestrenten zu erhöhen, so daß sich nach den statistischen Ermittlungen für die britische Zone die Durchschnittsrenten nach den Pauschalzuschlägen monatlich belaufen auf (vergl. Begründung zum Sozialversicherungs-Anpassungsgesetz, S.1)

in der Invalidenversicherung:
bei Invalidenrenten	61,20 DM
bei Witwenrenten	41,70 DM
bei Waisenrenten	30,– DM

in der Angestelltenversicherung:
bei Ruhegeldern	94,10 DM
bei Witwenrenten	50,20 DM
bei Waisenrenten	34,10 DM

Es ist zu berichten, daß die Durchschnittsrenten in der britischen Zone über dem Durchschnitt des Bundesgebietes liegen; die Differenz gegenüber der amerikanischen Zone beträgt in der Invalidenversicherung etwa 10 %.

Wenn die Höhe der Renten unbefriedigend ist, so liegt das nicht ausschließlich an den

Verlusten infolge der Währungsumstellung, sondern zu einem erheblichen Teil daran, daß sehr große Beträge an Rentenempfänger gezahlt werden, welche die Altersgrenze nicht erreicht haben. Es wurde schon darauf hingewiesen, daß Anfang 1939 bei der Angestelltenversicherung nach Feststellungen der Verwaltung für Arbeit 42 % der Rentenempfänger die Altersgrenze noch nicht erreicht hatten, was deutlich beweist, daß die Verkoppelung von Altersversicherung und Invalidenversicherung dann nicht tragbar ist, wenn eine befriedigende Altersversicherung gewünscht wird.

Für die Höhe der Beiträge gelten nach den Grundsätzen des individuellen Sparverfahrens mit 3 % Verzinsung und bei Annahme von 5 % Zuschlag für Verwaltungskosten die folgenden Sätze, deren Berechnung auf die Rentnersterblichkeitstafeln neuester Art für die private Lebensversicherung zurückgeht:

Alter	im Versicherungs- Fall 1 DM	Fall 2 DM	Fall 3 DM
15	10,25	13,70	11,95
20	12,45	16,65	14,50
35	24,25	32,45	28,25
50	62,–	82,95	72,75

Es ergibt sich selbst bei diesem weitgehenden und daher teuersten Verfahren, dessen Anwendung nicht vorgeschlagen wird, daß die zur Zeit erhobenen 10 % Beiträge zur Rentenversicherung bei Annahme eines monatlichen Durchschnittslohnes von 240,– DM ausreichend wären für Beitragszahlungen vom 30. Lebensjahre ab, also für die Dauer eines Versicherungsverhältnisses von 35 Jahren. Wer mit jüngeren Jahren in die Altersversicherung einträte, käme mit geringeren Beiträgen aus. Tatsächlich würde die Beitragslast erheblich niedriger sein als nach diesen privatversicherungsrechtlichen Berechnungen. Das bedeutet für die praktische Anwendung in der Sozialversicherung eine wesentliche Verkürzung der Übergangszeit und zugleich eine ausreichende Spanne für beitragsfreie Zeiten wegen Krankheit oder Arbeitslosigkeit. Es würde zu weit führen, darüber im Einzelnen Berechnungen anzustellen; nur sei angemerkt, daß die Beiträge der sozialen Altersversicherung schätzungsweise 30 % unter den angegebenen Zahlen liegen dürften. Wegen der Berechtigung des Versicherten zur Verfügung über die gezahlte Beitragssumme ist es interessant, die Höhe der angesammelten Guthaben festzustellen. Sie betragen nach den oben angegebenen Beiträgen im Falle der Privatversicherung:

bei Sparbeginn im Alter von Jahren	Versicherungs- Fall 1 DM	Fall 2 DM	Fall 3 DM
a) nach 10 Jahren			
15	1384	1848	1612
20	1680	2246	1956
35	3272	4379	3812
50	8366	11190	9749
b) nach 20 Jahren			
15	3242	4333	3779
20	3937	5266	4586
35	7670	10260	8935
c) nach 30 Jahren			
15	5740	7672	6692
20	6972	9324	8120
d) nach 40 Jahren			
15	9097	12150	10600
20	11050	14770	12860

Schwierigkeiten bereitet die Überleitung von dem bisherigen System der Angestellten- und Invalidenversicherung auf die vorgeschlagene Form der Altersversicherung. Es ist zu beachten, daß bis heute die Beitragszahlungen im Umlageverfahren das erforderliche Geld für die laufenden Rentenzahlungen nicht sicher aufbringen, obgleich die Leistungen ungenügend sind. Wenn die Altersversicherung auf das Kapitaldeckungsverfahren umgestellt würde, wie es hier vorgeschlagen wird, dann hätte dies für die Zeit bis zum Wirksamwerden der neuen Versicherungsform (Übergangszeit) zur Folge

1. daß die Beiträge der von dem neuen Verfahren erfaßten Versicherten nicht mehr zur Deckung der laufenden Rentenzahlungen verwandt werden können, weil sie ja zur Ansammlung des Deckungskapitals nach dem neuen Verfahren aufgespart werden und daß
2. von Jahr zu Jahr ein Teil der laufenden Beiträge – z. B. bei 10-jähriger Übergangszeit ein Zehntel – für die Deckung der Rentenverpflichtungen nach dem bisherigen Versicherungssystem fortfiele, weil die Versicherten das 60. oder 65. Lebensjahr erreichen und rentenbezugsberechtigt werden.

Bei der Finanzierung der Übergangsperiode ist daher sowohl die Tatsache zu berücksichtigen, daß für die laufenden Rentenverpflichtungen sofort ein erheblich höherer Zuschußbedarf entsteht, als auch der Umstand zu erwägen, daß dieser Zuschußbedarf von Jahr zu Jahr ansteigt, bis er mit Ablauf der Übergangsperiode den Höchstbetrag erreicht und dann mit der Verminderung der Zahl der Rentenbezieher ständig geringer wird. Vor diesem Finanzierungsproblem sind bisher offenbar alle Vorschläge zur Reform der Sozialversicherung mit dem Ziele der Umstellung auf das Kapitaldeckungsverfahren zurückgeschreckt.

Zur Lösung der Frage, wie die Übergangsperiode auf etwa 10 bis 12 Jahre verkürzt und die zur Zeit gültigen Renten für die Berechtigten finanziell sichergestellt werden können, gibt es verschiedene Möglichkeiten:

a) Die Versicherten leisten höhere Beiträge (mehr als 10 % der Lohnsumme), um in den Genuß der Altersrente von 100,- DM monatlich zu kommen (evtl. zusätzliche Leistungen der Arbeitgeber).

b) Die Altersrente wird für bestimmte Jahrgänge auf 80,- DM monatlich festgesetzt, was eine Verringerung der Beiträge um 20 v. H. zur Folge hätte.

c) Die Rentenversicherung erhält aus den Mitteln des Lastenausgleichs (Soforthilfe) einen Zuschuß als teilweisen Ersatz der ihr durch die Währungsreform verloren gegangenen Vermögenswerte.

d) Der Staat leistet laufend Zuschüsse bis zum vollen Wirksamwerden des Kapitaldeckungsverfahrens der neuen Altersversicherung, wobei die Inanspruchnahme von Steuermitteln dadurch auf ein bestimmtes Maß beschränkt werden könnte, daß die neue Altersversicherungsanstalt dem Staate aus ihrem Deckungsvermögen Kredite gewährt, die angemessen verzinst und innerhalb bestimmter Frist getilgt werden müßten.

Für eine überschlägige finanzielle Kalkulation stehen folgende Zahlen[1] zur Verfügung:

a) Ausgaben der Arbeiter- und Angestelltenversicherung in Millionen DM von Januar bis Juni 1949, umgerechnet auf ein volles Jahr (Wirtschaft u. Statistik 1949, Seite 659)

Invalidenversicherung Bizone rd.	1 250 Mill. DM
Angestelltenversicherung Bizone	550 Mill. DM
Französische Zone (10 % Zuschlag)	180 Mill. DM
	1 980 Mill. DM

---

[1] Anm.: Diese Kalkulation soll nur die Art der technischen Überlegungen darstellen, sie erhebt keinen Anspruch auf absolute Richtigkeit, weil geeignetes statistisches Material erst bearbeitet werden müßte. Die Zahlen sind z. T. entnommen der Aufstellung des Bundesministers für Arbeit über die Entwicklung des Sozialaufwandes in Deutschland von März 1950 – IV a 411/50.

Der Gesamtaufwand würde sich durch Einführung von Kinderbeihilfen nach einer überschläglichen Genehmigung um etwa 116 Mio. DM jährlich vermindern, so daß rd. 1 865 Mio. DM verblieben.

Es wird angenommen, daß in dem Versicherungsaufwand für die Betreuung der Invaliden (unter 60 bzw. 65 Jahren) einschließlich der Heilverfahren und dergl. enthalten sind bei der

Invalidenversicherung Bizone	400 Mill. DM
Angestelltenversicherung Bizone	180 Mill. DM
Französische Zone	60 Mill. DM
Verwaltungskosten (anteilig)	40 Mill. DM
Zusammen	680 Mill. DM

Danach verbliebe für die reine Altersversicherung ein Finanzbedarf in Höhe von ca. 1 300 Mill. DM jährlich, der noch bis auf 1 500 Mill. DM ansteigen könnte. Die Aufwendungen in Höhe von 680 Mill. DM für Zwecke der Invalidenbetreuung gingen als zusätzliche Aufgaben und Belastung auf die Träger der Unfallversicherung (oder auf die Krankenkassen oder auf einen neuen Sozialversicherungsträger) über. Dabei dürfte die Möglichkeit bestehen, durch eine Änderung im System der Betreuung der Berufskranken und frühzeitig Invaliden wesentliche Verbesserungen und Ersparnisse zu erzielen.

An Einnahmen stünden für die Deckung des Rentenbedarfs von 1 300 – 1 500 Mill. DM in der Altersversicherung nach dem bisherigen System zur Verfügung der zur Zeit gezahlte Staatszuschuß in Höhe von rund 460 Mill. DM jährlich (einschließlich der Zuschüsse für Flüchtlingsrenten und der Zahlungen aus dem Arbeitslosenstock) und die Beiträge der Versicherten in Höhe von etwa einem Drittel des augenblicklichen Beitragsaufkommens, wenn angenommen wird, daß von den erwerbstätigen Arbeitnehmern etwa ein Drittel im Alter von 50 – 65 Jahren steht. Die Beitragseinnahmen der Rentenversicherung betrugen laut „Wirtschaft und Statistik", September-Heft 1949, Seite 521, im zweiten Kalendervierteljahr 1949 bei der

Invalidenversicherung Bizone	230 Mill. DM
Angestelltenversicherung Bizone	120 Mill. DM
	350 Mill. DM
dazu 10 % für französische Zone	35 Mill. DM
Zusammen	385 Mill. DM

also jährlich 1 540 Mill. DM

Nach neuerlichen Berechnungen des Bundesarbeitsministeriums werden allerdings die jährlichen Beitragseinnahmen im Bundesgebiet nach voller Auswirkung der Bestimmungen des Sozialversicherungs-Anpassungsgesetzes errechnet bei der

Invalidenversicherung	1 780 Mio. DM
Angestelltenversicherung	840 Mio. DM
Zusammen	2 620 Mio. DM

Diese Zahlen beweisen, welche Unsicherheit auf dem Gebiete der statistischen Erfassung von Daten bei der Sozialversicherung besteht, da offenbar die Ausgaben höher angegeben werden müssen, als es hier geschehen ist. Das Drittel der Beitragseinnahmen, das für die

15 Jahrgänge der älteren Arbeitnehmer zur Finanzierung der Altersversicherung unter Beibehaltung des jetzt gültigen Systems zur Verfügung steht, liegt danach zwischen 520 und 880 Mill. DM. Es erscheint gerechtfertigt, für die weiteren Überlegungen anzunehmen, daß das Jahresaufkommen aus den Beiträgen der Rentenversicherung im Bundesgebiet wenigstens 2 400 Mill. DM betragen wird, so daß auf die Jahrgänge 1900 und älter anteilig rd. 800 Mill. DM entfallen.

Zur Deckung der mit 1 300−1 500 Mill. DM anzusetzenden Altersrenten stünden danach außer den bisher gezahlten 400 Mill. DM Staatszuschüssen [1] (hier ohne die Zahlungen aus dem Arbeitslosenstock) aus dem Beitragsaufkommen weitere 800 Mill. DM zur Verfügung, so daß ein Fehlbetrag von 100−300 Mill. DM zu decken bliebe. Dafür könnte das Aufkommen aus dem Lastenausgleich herangezogen werden, nachdem die Rentenversicherungen ein Deckungsvermögen in Höhe von rd. 9 Mrd. RM durch die Währungsreform verloren haben.

Diese kalkulatorische Rechnung hätte allerdings nur Gültigkeit für ein Jahr, sagen wir z. B. für das Jahr 1951, wenn die Umstellung der Altersversicherung bis dahin durchgeführt würde. In den darauffolgenden Jahren würde die Rentenlast mindestens dieselbe sein oder gar noch ansteigen, während von der Beitragsumlage bei 15 jähriger Übergangszeit jährlich der 15. Teil (nämlich im ersten Jahre der Beitrag für die Arbeitnehmer des Jahrgangs 1886) ausfiele, der das 65. Lebensjahr erreicht. Das bedeutet eine Lücke in den Einnahmen von jährlich 54 Mill. DM bei einem anteiligen Beitragsaufkommen von 800 Mill. DM. Diese Lücke wächst von Jahr zu Jahr, bis der Jahrgang 1900 aus der zur Zeit gültigen Form der Altersversicherung ausgeschieden ist und Rentenempfänger wird. In den darauf folgenden Jahren träte eine laufende Verminderung der Rentenlast ein, weil dann die neu hinzukommenden Jahrgänge das erforderliche Deckungskapital angesammelt hätten, wofür ein Zuschußbedarf nicht mehr bestünde.

Wenn der hier gemachte Vorschlag einer Umstellung der Altersversicherung auf das Kapitaldeckungsverfahren realisiert werden soll, dann müßte für die Abwicklung der jetzt gültigen Form der Altersversicherung eine Finanzierung gefunden werden, welche jährlich 1 300−1 500 Mill. DM für Rentenzahlungen aufbrächte, ohne daß eine wesentlich höhere Belastung des Steueretats damit verbunden sein würde. Der Vorschlag lautet nach dem Vorhergesagten:

	1951	1966
Beiträge wie bisher (Jährlich 54 Mill. DM Minderung)	800 Mill. DM	−
Staatszuschuß	500 Mill. DM	500 Mill. DM
Zuschuß aus Lastenausgleich	(200) Mill. DM	200 Mill. DM
Staatszusschuß aus Krediten der neuen Altersversicherungsanstalt		800 Mill. DM
Zusammen	1300 (1500) Mill. DM	1500 Mill. DM

---

[1] Anm.: Es sei vermerkt, daß die Einführung von Kinderbeihilfen einschl. der bereits erwähnten Ersparnis in Höhe von 116 Mill. DM bei der Invaliden- und Angestelltenversicherung insgesamt eine Ausgabeminderung in Höhe von ca. 250 Mill. DM bei den Rentenversicherungen und der Arbeitslosenfürsorge zur Folge hätte.

Wahrscheinlich ergibt sich eine gewisse Einnahmeerhöhung aus wachsenden Löhnen und damit wachsenden Beiträgen. Wenn im Jahre 1966 die neue Altersversicherung wirksam würde und der Jahrgang 1901 die monatliche Altersrente von 100,- DM erhielte, dann würden die Staatszuschüsse zum alten Versicherungssystem von Jahr zu Jahr geringer werden und schließlich ganz fortfallen, so daß der Staat aus dem Zuschußbetrag von 500 Mill. DM jährlich den Kredit bei der neuen Anstalt tilgen könnte.

Erst genauere Berechungen, auch wegen der erzielbaren Ersparnisse an verschiedenen sozialen Aufwendungen, könnten die Grundlage für eine abschließende Stellungnahme geben.

3. Krankenversicherung

Bei der Krankenversicherung ist zu sagen, daß die Beiträge auf höchstens 5 % des Lohnes oder Gehaltes bemessen werden dürften, wie es zur Zeit für die amerikanische Zone als Durchschnitt gilt (vgl. Begründung zum Sozialversicherungs-Anpassungsgesetz S. 5). Es wird empfohlen, den Kreis der Versicherungspflichtigen bis zu einem Monatseinkommen von 600 DM auszudehnen. Wie bereits ausgeführt, ist die Krankenversicherung eine Angelegenheit der Versicherten, weshalb sie auch allein Beiträge zahlen sollten. Damit die Beiträge bei aller Anerkennung der Notwendigkeit eines sozialen Ausgleichs doch in einem angemessenen Verhältnis zu den Leistungen bleiben, wäre zu erwägen, bei der Erweiterung der Versicherungspflicht eine Bestimmung zu treffen, wonach bei 5 % Beitragshöhe ein alleinstehender Versicherter höchstens 15,- DM, ein Versicherter mit einem mitversicherten Angehörigen höchstens 20,- DM, mit 2-3 Mitversicherten höchstens 25,- DM, mit 4 und mehr Mitversicherten den vollen Betrag, also höchstens 30,- DM monatlich zu zahlen hätte. Es ist selbstverständlich, daß der Arbeitgeberanteil zur Krankenversicherung dem Arbeitnehmer bei Durchführung des Vorschlages mit zur Verfügung stünde, wodurch sich dort, wo bereits 6 % Beiträge für die Krankenversicherung erhoben werden, insgesamt eine Ermäßigung um 1 % ergäbe. Zu prüfen wäre ferner, ob nicht nach dem französischen Vorbild die Unterscheidung zwischen kurzen und langwährenden Erkrankungen eingeführt werden sollte.

4. Die Unfallversicherung

Bei der Unfallversicherung wird vorgeschlagen, daß die Arbeitgeber die erforderlichen Beiträge allein tragen, weil es sich um die Betreuung von Arbeitnehmern handelt, die im Zusammenhang mit ihrer Berufsausübung eine gesundheitliche Schädigung erlitten haben. Zu prüfen wäre, ob nicht die Invalidenversicherung, d. h. die Betreuung von Personen unter 60 bzw. 65 Jahren wegen voller oder teilweiser Berufs- oder Erwerbsunfähigkeit, auf die Unfallversicherung übertragen werden sollte, auch wenn es sich nicht um Berufserkrankungen handelt. Nach dem Vorbild anderer europäischer Staaten wird dabei entscheidender Wert darauf gelegt werden müssen, daß Renten nur an voll Erwerbsunfähige gezahlt werden, während in den übrigen Fällen mit Umschulung, eventuell unter Zahlung vorübergehender Unterstützungen oder einmaliger Kapitalsummen, gearbeitet wird. Die Tatsache, daß nach dem Stande von Anfang 1939 in der Angestelltenversicherung 42 % der Ruhegeldempfänger im Alter unter 65 Jahren waren, zeigt, daß Fehler im System vorliegen. Die hier vorgeschlagene Regelung bedeutete gewiß eine erhebliche Beitragserhöhung für die Arbeitgeber. Wenn angenommen wird, daß in den Rentenversicherungen etwa 680 Mill. DM Ausgaben für vorzeitige Invaliden enthalten sind, dann würden die Arbeitgeber in Zukunft etwa 4 % des Gesamtlohnes als Beitrag für die Unfallversicherung zu zahlen haben. Eine befriedigende Lösung für die Betreuung der vorzeitig Erwerbsunfähigen bringt dieser Plan nicht; insoweit liegt eine Lücke vor.

5. Arbeitslosenversicherung

Die Arbeitslosenversicherung sollte aufgehoben werden, weil die Arbeitslosigkeit ein volkswirtschaftliches Risiko ist, das sich jeder versicherungstechnischen Bewertung und Behandlung entzieht. Es ist Aufgabe des Staates, Konjunkturpolitik, Arbeitsbeschaffung und Arbeitsumschulung zu betreiben und nötigenfalls die erforderlichen Unterstützungssummen aufzubringen. Eine aktive Mitwirkung der Gewerkschaften sollte dabei vorgesehen werden; hier ist eine angemessene Form der Selbstverwaltung zu entwickeln.

Der Staat würde durch die Abschaffung der Beiträge zur Arbeitslosenversicherung im Gebiet der Bizone eine Einnahme von monatlich 67,8 Mill. DM verlieren (vergl. das Memorandum der Verwaltung für Arbeit über die finanziellen Auswirkungen des Sozialversicherungs-Anpassungsgesetzes vom April 1949, S. 27). Das bedeutete jährlich einen Ausfall von 800 Mill. DM (nach dem neuesten Stand etwa 1000 Mio. DM), der zum grösseren Teil durch die Aufhebung der Subventionen für importierte Lebensmittel ausgeglichen würde. Es kommt hinzu, daß nach den hier gemachten Vorschlägen durch die Finanzierung von zusätzlich wenigstens 120 000 Wohnungen im Jahre eine Entlastung der öffentlichen Hand auf dem Gebiete der Arbeitslosenfürsorge zu erwarten ist. Wenn zur Finanzierung der Altersversicherung auch Mittel des Lastenausgleiches herangezogen werden, dann würde der Staat eine große Entlastung bei der Zuschußgewährung für die Rentenversicherung der nächsten Jahre erfahren.

IV. Zusammenfassende Betrachtungen

1. Lohngestaltung

Schon an anderer Stelle wurde vermerkt, daß die Gesamtaufwendungen des Arbeitgebers für die Arbeitnehmer seines Betriebes in Betracht gezogen werden müssen, um die Auswirkungen der hier gemachten Vorschläge für Lohn und Gehalt des Einzelnen und des Arbeitgebers zu beurteilen. Ein Beispiel möge das erläutern; es ist an einen Arbeiter gedacht, dessen Ehefrau nicht erwerbstätig ist und der 2 Kinder im Alter bis zu 15 Jahren zu versorgen hat, ohne daß er für Frau und Kinder Sozialzuschläge zum Lohn erhält.

Arbeitnehmer erhält jetzt				*Arbeitgeber zahlt jetzt*			
Bruttolohn			240,— DM	Bruttolohn			240,— DM
Abzüge:				5 % Rentenver-			
5 % Rentenver-				sicherung		12,—	
sicherung		12,—		3 % Krankenver-			
3 % Krankenver-				sicherung		7,20	
sicherung		7,20		2 % Arbeitslosen-			
2 % Arbeitslosen-				versicherung		4,80	
versicherung		4.80	24,— DM	1.2 % Unfallvers.		2,88	26,88 DM
Nettolohn			216,— DM				266,88 DM

Nach Durchführung der hier gemachten Vorschläge sähe das vorstehende Beispiel folgendermaßen aus:

Arbeitnehmer erhielte   *Arbeitgeber zahlte*

	Aus-zahlung DM	Ab-züge DM		DM	DM
Kinderbeihilfe	40,—		7,2 % Beitrag z. FAK		17,28
5 % Krankenvers.		12,—	4 % Beitrag zur Un-		
10 % Altersvers.		24,—	fallversicherung		9,60
bisheriger			bisheriger		
Nettolohn	216,—		Nettolohn	216,—	
			bisherige Beiträge		
zusammen	256,—	36,—	zur Kranken- und		
			bisherige Gesamt-		
Bruttolohn		292,— DM	beiträge zur		
Nettolohn		256,— DM	Rentenversicherung		
steuerpflich-				36,—	252,—
tiger Lohn		216,— DM			

Lohnaufwand 278,88
bisheriger Gesamtlohn 266,88

Mehrbelastung 12,—
= 4,5 % des Gesamtlohnes oder
5,0 % des Bruttolohnes.

Sofern bisher Soziallöhne gezahlt worden sind, würde sich das Mehreinkommen des Arbeitnehmers vorbehaltlich der Verständigung der Tarifparteien um die dadurch bedingte Mehrbelastung des Arbeitgebers möglicherweise verringern. Nach angestellten Ermittlungen in verschiedenen Industriebetrieben ist festgestellt, daß bei diesen im Durchschnitt vom Arbeitgeber für zusätzliche Altersversorgung der Arbeitnehmer 4 % der Lohnsumme, für Verheiratete und Kinderzuschläge 2,5 % der Lohnsumme aufgewendet werden; diese Zahlen lassen sich gewiß nicht verallgemeinern. Die Lage des Arbeitnehmers, der ledig oder ohne Kinder verheiratet ist, erfährt eine gewisse Verschlechterung wegen der Erhöhung der Lebensmittelpreise und der Mieten, denen jedoch in vielen Fällen eine Verringerung der Beiträge zur Altersversicherung gegenüberstünde. Es entsteht hier die Frage, ob durch eine Erhöhung des steuerfreien Existenzminimums schon im Interesse der Verringerung des Verwaltungsaufwandes eine Erleichterung geschaffen werden sollte.

Mit Nachdruck sei darauf hingewiesen, daß diese Vorschläge nicht den Zweck haben, Lohnerhöhungen und Lohnverbesserungen zu *ersetzen*; sie wollen nur deutlich machen, daß an die Spitze aller Maßnahmen auf lohn-, sozial- und steuerpolitischem Gebiet ein gewisser Umbau der Grundlagen der deutschen Sozialordnung gestellt werden sollte, dem sich die Tarifverträge und die steuerliche Regelung anzupassen hätten. Selbstverständlich bedeutete eine Erhöhung des Gesamtlohnaufwandes um 4,5 % eine allgemeine Lohnerhöhung, die bei künftigen Tarifverhandlungen zu berücksichtigen wäre. Daß eine solche Form allgemeiner Lohnerhöhung erstrebenswert ist, weil sie sozial und volkswirtschaftlich notwendig ist, haben die vorstehenden Ausführungen hoffentlich bewiesen. Weitere Lohn- und Gehaltserhöhungen werden in der nächsten Zeit schon deswegen kommen, weil der Aufbau der deutschen Wirtschaft mit ausländischer Hilfe eine bedeutende

Steigerung des Sozialproduktes mit sich bringen wird, so daß die allgemeine Konsumrate und damit das Realeinkommen der Arbeitnehmer gesteigert werden können und gesteigert werden müssen.

2. Sozialpolitische Bedeutung

Hinter diesen Vorschlägen, insbesondere wegen der Altersversicherung, steht der Gedanke, das „Wohlfahrtsamt" weitgehend überflüssig zu machen, mindestens wegen der Rentenempfänger aller Art. Es müßte auch möglich sein, die Arbeitslosen außerhalb der Wohlfahrtsämter sachgemäß zu betreuen. Das Weiterschieben arbeitsloser Unterstützungsempfänger von der Versicherung an die Fürsorge und von dort an die Wohlfahrtsämter wirkt erniedrigend und ist würdelos, abgesehen davon, daß damit erhebliche Verwaltungskosten verbunden sind. Deshalb wird zur Erwägung anheimgegeben, eine Form der Selbstverwaltung oder Zusammenarbeit mit den Gewerkschaften wegen Betreuung der Arbeitslosen zu finden; es sollten dabei die Arbeitsbeschaffung mit und ohne Umschulung und die Durchführung von Notstandsarbeiten im Vordergrunde stehen. Deshalb wird der Vorschlag gemacht, die Arbeitslosenversicherung nach der bisherigen Form aufzuheben und dem Staate die volle finanzielle und sozialpolitische Verantwortung zu übertragen.

Die vorgeschlagene Form der Altersversicherung trägt auch dem Gedanken Rechnung, daß nach dem deutschen Wiederaufbauprogramm der Gesamtkonsum mit Rücksicht auf die begrenzten Importmöglichkeiten und die großen Investitionsbedürfnisse auch nach einer erheblichen Steigerung des Sozialproduktes nicht den Vorkriegsstand erreichen kann (vergl. dazu Schrift der ECA in Washington über „Westdeutschland im europäischen Wiederaufbauprogramm", S. 67). Wenn die Arbeitnehmer unter diesen Verhältnissen nicht einen Teil des verdienten Lohnes „geschenkweise" dem Arbeitgeber überlassen wollen (vergl. dazu Hofmann in der Zeitschrift für das gesamte Kreditwesen 1948, S. 351), dann müssen sie sich an der Kapitalbildung beteiligen; sie tun es am besten für ihre eigenen Zwecke, insbesondere zur Sicherung ihres Alters. Der Rückgang der Lohnquote, d. h. der Lohn- und Gehaltssumme in Prozenten des Nettoproduktionswertes von 50 % im Jahre 1936 auf 39 % im März 1949 (vergl. dazu „Deutschland in Zahlen", S. 89) zeigt die Lage an.

Das sozialpolitische Problem ist die Frage nach der gerechten Verteilung des Sozialproduktes (Volkseinkommens). Die Auseinandersetzung darüber wird niemals aufhören; es ist aber für die Arbeitnehmer von entscheidender Bedeutung, von welcher Grundlage aus sie ihre Forderungen verfechten. Die hier gemachten Vorschläge wollen den Arbeitnehmern durch die Errichtung der Familienausgleichskasse und die Errichtung einer echten Versicherung für das Alter eine bessere Stellung im volkswirtschaftlichen Prozeß sichern, als ihnen bisher nach der deutschen Sozialgesetzgebung eingeräumt war.

3. Volkswirtschaftliche Forderungen

Die Schaffung sozialer Sicherungen für den Einzelnen, insbesondere den Arbeitnehmer, ist nicht nur aus allgemein-politischen Gründen jetzt wichtig, sondern bei der Lage der deutschen Volkswirtschaft auch dringend notwendig. Gewerkschaften und Arbeitgeberverbände haben sich schon selbst um die soziale Gestaltung der Löhne und Gehälter bekümmert und Vorschläge für die Zahlung von Kinderbeihilfen unterbreitet, die sich jedoch von den hier gemachten Vorschlägen dadurch unterscheiden, daß sie die volkswirtschaftliche Notwendigkeit der Beseitigung der Lebensmittelsubventionen und einer Erhöhung der gesetzlichen Mieten im Interesse des sozialen Wohnungsbaues nicht berücksichtigen.

Die Entwicklung der Leistungslöhne in den Tarifverträgen wäre wesentlich erleichtert, wenn durch Gründung einer Familienausgleichskasse die sozialen Grundlagen gesichert wären.

Eine ganz besondere Bedeutung wird dem Umstand beigemessen, daß die Umstellung der Altersversicherung auf das Kapitalsparverfahren eine wesentliche Erhöhung der Kapitalbildung mit sich brächte. Dabei wird der Tatsache, daß die Versicherten in bestimmten Grenzen über ihr Sparkapital verfügen können, großer Wert beigelegt. Die deutsche Volkswirtschaft braucht in den nächsten Jahren die Bildung neuen Kapitals ganz dringend. Die Einflußnahme der Arbeitnehmer auf die Anlage der von ihnen gesparten Kapitalien – nicht nur in den Fällen einer Verwendung – wäre volkswirtschaftlich und politisch höchst bedeutsam.

4. Finanzpolitische Bedeutung

Die hier gemachten Vorschläge haben zum Ziele, die Sozialversicherung nach Möglichkeit auf eigene Füße zu stellen und von Staatszuschüssen unabhängig zu machen. Für die Zeit der Überleitung bei der Altersversicherung ist das jedoch nicht möglich, weil die jetzigen Rentenversicherungen ihr Kapitalvermögen durch die Währungsreform verloren haben und daher auf Staatszuschüsse für die Rentenzahlungen angewiesen sind.

Der Fortfall der Einnahmen für den Staat aus der Arbeitslosenversicherung wird nach den hier gemachten Vorschlägen durch die Ersparnisse bei den Lebensmittelsubventionen und bei den Zuschüssen für die Sozialversicherung sowie durch andere volkswirtschaftliche Vorteile insbesondere bei der Kapitalbildung vollkommen ausgeglichen.

Der Staat müßte seine Pläne für eine große Steuerreform zurückstellen, bis über den Umbau der sozialen Grundlagen der deutschen Volkswirtschaft entschieden ist. Steuerprogression, steuerfreies Existenzminimum, Steuerermäßigung für Haushaltsangehörige, das Verhältnis der direkten zu den indirekten Steuern und ähnliche Fragen sollten abhängig gemacht werden von der vorherigen sozialen Neugestaltung, insbesondere der Errichtung der Familienausgleichskasse.

In diesem Zusammenhang ist zu bemerken, daß die Arbeitnehmer heute absolut und relativ höhere Abgaben an die öffentliche Hand aus ihrem Einkommen entrichten als die wirtschaftlich selbständigen Personen: absolut mehr, weil sie durch die Beiträge zur Arbeitslosen- und Rentenversicherung tatsächlich öffentliche Aufwendungen finanzieren, die der Sache nach dem Staat obliegen, und relativ mehr, weil die wirtschaftlich Selbstständigen einen beträchtlichen Teil ihrer Ausgaben als Unkosten behandeln können und darüber hinaus durch Abschreibungen und Bewertungsfreiheit aus ihren Einkünften Vermögen bilden, bevor die steuerliche Belastung wirksam wird. Es bedarf keiner näheren Erläuterung, daß die privatwirtschaftliche Bilanz eines Handwerkers, der ein steuerpflichtiges Einkommen von 3 000 oder 4 000 DM jährlich ausweist, erheblich anders, und zwar erheblich günstiger für ihn aussieht als die gleiche Rechnung für einen Arbeitnehmer mit einem Einkommen in gleicher Höhe. Deshalb kann wohl behauptet werden, daß die hier vorgeschlagene allgemeine Lohnerhöhung in Höhe von rund 5 % eine Korrektur im Sinne der Gerechtigkeit wäre.

V. Schlußbemerkungen

Kurz zusammengefaßt wird der Vorschlag gemacht, die Löhne in Deutschland um 5 % allgemein zu erhöhen, um
1. die Zahlung von Kinderbeihilfen an die Arbeitnehmer in Höhe von 20,– DM pro Kind und Monat zu ermöglichen;
2. jeden Erwerbstätigen zu einer Altersversicherung mit Kapitaldeckungsverfahren und einer Monatsrente von 100,– DM nach dem 65. Lebensjahre gesetzlich anzuhalten.
   Die Folge dieser Vorschläge würde sein
   a) die Beseitigung der Subventionen für importierte Lebensmittel,
   b) die Möglichkeit einer Erhöhung der gesetzlichen Miete zum Zwecke der Erweiterung des sozialen Wohnungsbaues,

c) die Trennung von Invaliden- und Altersversicherung,
d) die Aufhebung der Arbeitslosenversicherung,
e) eine erhebliche zusätzliche Kapitalbildung.

Nach Durchführung dieser Vorschläge würde es möglich sein,
1. wesentliche Ausgaben für Verwaltungszwecke, insbesondere in den Lohn- und Personalbüros, zu ersparen;
2. die Steuerreform und die Wirtschaftspolitik auf eine sozial tragfähige Grundlage zu stellen;
3. die Lohnregelung in Zukunft mehr unter dem Gesichtspunkt des Leistungslohnes zu behandeln.

Die Vorschläge gehen davon aus, daß es im Jahre 1950 wegen der eingetretenen Steigerung des Sozialproduktes ohne volkswirtschaftliche Schädigung möglich ist, die Löhne und Gehälter um mehr als 5 % über den Stand von 1948/49 zu erhöhen, so daß nach der Durchführung dieser Vorschläge bei den Verhandlungen über die Anpassung der Tarifverträge und sonstigen Lohn- und Gehaltsbestimmungen an die Neuregelung noch Raum für Lohnverbesserungen vorhanden ist.

Die Arbeitgeber und Arbeitnehmer sollten sich zu Beginn des Aufbaues der Deutschen Bundesrepublik bei der Lösung der entscheidenden Sozialprobleme zusammenfinden. Die Arbeitnehmer haben durch ihr „vernünftiges" Verhalten in der Zeit nach der Währungsreform bereits einen sehr realen Beitrag geleistet; er sollte jetzt durch die hier vorgeschlagene Form einer allgemeinen Lohnerhöhung zum Zwecke des Umbaues der sozialen Ordnung realisiert werden.

Kurzbiographien

Clarence L. Adcock (1895), US-General, 1946 stellv. Militärgouverneur, 1947–49 amerikanischer Vorsitzender von BICO.

Viktor Agartz (1897–1964), seit 1918 SPD, 1946 Leiter des Zentralamtes für Wirtschaft in der britischen Besatzungszone, 1947 Leiter des Zwei-Zonen-Wirtschaftsamtes in Minden und MdL in Nordrhein-Westfalen, führender Wirtschaftsexperte des DGB, 1955 Trennung wegen politischer Differenzen, 1957 Ausschluß aus der SPD.

Peter Altmeier (1899–1977), 1947–69 Ministerpräsident von Rheinland-Pfalz, seit 1946 Landesvorsitzender der CDU.

Wilhelm Apel (1906–1969), 1923–33 Verwaltungsbeamter, danach politischer Emigrant im Saargebiet und in Frankreich, ab 1946 Mitglied der Verfassungberatenden Hessischen Landesversammlung und des Hessischen Landtags, 1947 Ernennung zum Staatsrat, 1947–1963 Bevollmächtigter des Landes Hessen bei der Bundesregierung.

Josef Arndgen (1894–1966), 1945 Mitgründer der CDU in Hessen, 1945–47 Ministerialdirektor im Hessischen Ministerium für Arbeit und Wohlfahrt, 1946–49 MdL, 1947–51 Hessischer Minister für Arbeit und Wohlfahrt, 1949–65 MdB.

Karl Arnold (1901–1958), 1945 Mitgründer der CDU im Rheinland, Jan.–Dez. 1946 Oberbürgermeister von Düsseldorf, Juni 1947 bis Febr. 1956 Ministerpräsident von Nordrhein-Westfahlen.

Erich Arp (1909), ab 1945 Vorstandsmitglied der von ihm mitgegründeten SPD Schleswig-Holsteins, 1946–50 MdL, nach seinem Austritt aus der SPD 1949 parteilos, 1946–48 Minister für Aufbau bzw. Landwirtschaft und Aufbau von Schleswig-Holstein, bat am 10. 12. 1947 um Beurlaubung wegen seines angegriffenen Gesundheitszustandes.

Philipp Auerbach (1906–1952), 1940–45 in Auschwitz und Buchenwald inhaftiert, ab 1946 Staatskommissar für die rassisch, religiös und politisch Verfolgten in Bayern, seit Oktober 1948 Generalanwalt für Wiedergutmachung, ab November 1949 Präsident des bayerischen Landesentschädigungsamtes, wegen Verfehlung in diesem Amt 1951 verhaftet, Freitod nach der Verurteilung im August 1952.

Josef Baumgartner (1904–1964), Volkswirt, 1929–33 stellv. Generalsekretär der Bayerischen Bauernvereine, 1945 Mitgründer der CSU, 1945–48 bayerischer Landwirtschaftsminister, MdL in Bayern 1946–54, 1948 Übertritt zur Bayernpartei, Vorsitzender der Bayernpartei 1948–52 und 1953–57, 1954–57 stellv. Ministerpräsident und Landwirtschaftsminister.

Georg Berger (1897), Wirtschaftsprüfer, 1947–49 Mitglied des Frankfurter Wirtschaftsrates für die SPD.

Ludwig Bergsträsser (1883–1960), Historiker, 1924–28 MdR, wechselte 1930 von der DDP zur SPD, nach dem Krieg Regierungspräsident in Darmstadt, 1948–49 Abgeordneter im Parlamentarischen Rat, 1949–53 MdB.

Sir Vaughan Berry (1891), 1946–49 Regional Commissioner für Hamburg der britischen Militärregierung, 1949–50 britischer Vertreter in der Internationalen Ruhrbehörde.

Ulrich Biel (1907), Rechtsanwalt, 1934 Emigration nach USA, 1946–52 Tätigkeit für US-Außenministerium, leitende Funktionen bei OMGUS und HICOG, ab Nov. 1949 Land Observer in Hannover, anschließend Rechtsanwalt und Notar in Berlin, seit 1965 CDU, ab 1971 Mitglied des Abgeordnetenhauses.

Franz Blücher (1896–1959), 1945 Mitgründer der FDP in Essen, ab 1946 Finanzminister in Nordrhein-Westfalen, 1947 MdL, ab Juni 1947 Mitglied des Frankfurter Wirtschaftsrates, 1949–58 MdB, 1949–57 Vizekanzler und Bundesminister für Angelegenheiten des Marshallplans bzw. wirtschaftliche Zusammenarbeit.

Lorenz Bock (1883–1948), Rechtsanwalt, CDU, 1947–48 Staatspräsident von Württemberg-Hohenzollern.

Paul Bourdin (1900–1955), 1945–49 Lizenzträger und Chefredakteur der Berliner Abendzeitung „Der Kurier", Dez. 1949–Jan. 1950 Pressechef der Bundesregierung, Mai–Sept. 1950 Chefredakteur der „Welt", dann freier Journalist.

Max Brauer (1887–1973), seit 1903 SPD, 1924–33 Oberbürgermeister von Altona, Emigration, 1946–53 und 1957–60 1. Bürgermeister von Hamburg, 1961–65 MdB.

Arnold Brecht (1884–1977), seit 1910 Ministerialbeamter in Preußen und im Reich, 1933 Emigration nach USA, Prof. für Polit. Wissenschaften in New York, nach dem Krieg Berater der US-Militärregierung, Gastprofessor in Heidelberg.

Hermann Louis Brill (1895–1959), 1920–33 MdL Thüringen (USPD bzw. SPD), 1932 MdR, nach 1933 wiederholt inhaftiert, 1939–43 Zuchthaus Brandenburg, dann KZ Buchenwald bis 1945, 1945 Regierungschef von Thüringen, 1946 Chief Consultant bei OMGUS, Berlin, 1947–49 Staatssekretär und Leiter der Hessischen Staatskanzlei, ab 1948 Professor an der Universität Frankfurt, 1949–53 MdB (SPD).

Gustav Dahrendorf (1901–1954), SPD, als Mitglied des Goerdeler-Kreises 1944 zu Zuchthaus verurteilt, 1928–33 und seit Oktober 1946 als Abgeordneter in der Hamburger Bürgerschaft, 1947–49 Vizepräsident des Frankfurter Wirtschaftsrates.

Justus Danckwerts (1887–1969), ab 1920 preußischer Ministerialbeamter, 1923–1930 Regierungspräsident in Stade, 1946 Ministerialrat in Niedersachsen.

Hermann Dietrich (1879–1954), 1928–33 Reichsminister für Ernährung und Landwirtschaft, anschließend Reichswirtschaftsminister (DDP bzw. Staatspartei) 1930–32 Reichsfinanzminister, 1945 Mitgründer der FDP, Sept. 1946–Sept. 1947 Vorsitzender des Amtes für Ernährung und Landwirtschaft für die amerikanische und britische Zone, danach wieder als Rechtsanwalt tätig.

Fritz Dietz (1909–1984), Zuckergroßkaufmann und Verbandspolitiker, war daneben ab Februar 1946 Vertreter des hessischen Ernährungs- und Landwirtschaftsministers und 1946–48 Präsident des Landesernährungsamtes Hessen.

Sir Sholto Douglas (1893–1969), 1940 Generalstabschef der britischen Luftwaffe, nach dem Krieg zum Luftmarschall befördert, 1947–48 Militärgouverneur für die Britische Besatzungszone.

Walter Dudek (1890–1976), SPD seit 1916, 1925–33 Oberbürgermeister von Harburg, ab 1933 Textilkaufmann, 1944 verhaftet, 1946–53 Senator und Präses der Finanzbehörde Hamburg.

John Foster Dulles (1888–1976), Berater der US-Delegationen auf den Außenministerkonferenzen, 1952–59 US-Außenminister.

Fritz Eberhard (1896–1982), seit 1922 SPD, 1947–49 Staatssekretär im Württemberg-Badischen Staatsministerium und Leiter des Deutschen Büros für Friedensfragen, 1948–49 Mitglied des Parlamentarischen Rates, 1949–58 Intendant des Süddeutschen Rundfunks.

Werner Eggerath (1900–1977), KPD/SED, 1947–52 Ministerpräsident von Thüringen, 1954–57 Botschafter der DDR in Rumänien, 1957–60 Staatssekretär für Kirchenfragen.

Hans Ehard (1887–1980), 1924 Anklagevertreter im Hitler-Prozeß, vor 1933 Mitglied der BVP, 1945/46 Staatssekretär im bayerischen Justizministerium, 1946–54 und 1960–62 bayerischer Ministerpräsident, 1962–66 Justizminister, 1949–55 Vorsitzender der CSU.

Johannes von Elmenau (1906), nach dem Krieg Regierungsrat in der Bayerischen Staatskanzlei, 1948–49 Leiter des Hauptreferats Wirtschaft, Ernährung, Landwirtschaft und Forsten in der Direktorialkanzlei des Verwaltungsrates des VWG, dann bis 1974 im bayerischen Kultusministerium.

Hans Ewers (1887–1968), Rechtsanwalt, 1929–33 im Lübecker Senat (DVP), Landesvorsitzender der DP in Schleswig-Holstein, 1949–53 MdB.

Gustav Otto Feick (1904–1983), 1946–56 Stadtkämmerer in Darmstadt, 1956–57 Staatssekretär im Hessischen Finanzministerium, 1957–60 Präsident der hess. Brandversicherungskammer, 1960 Stadtkämmerer in Wiesbaden.

Eugen Fischer (1880), Jurist, seit 1907 im Eisenbahndienst, ab Jan. 1946 Generaldirektor des Verkehrswesens der US-Zone, ab Jan. 1947 Leiter der Reichsbahn-Generalbetriebsleitung Süd in Stuttgart.

Herbert Fischer-Menshausen (1906), 1948/49 Ministerialrat im Frankfurter Länderrat, 1949/50 im Bundesrat, 1950–58 im Bundesfinanzministerium (zuletzt Ministerialdirektor), 1959–69 Vorstandsmitglied bei ESSO.

Walter Fliess (1901), seit 1925 führender Funktionär des Internationalen Jugend-Bunds und des ISK, 1933 Flucht nach Holland und Großbritannien, 1943–45 Mitarbeiter am Radiosender Freies Europa, 1947–48 Leiter der Abteilung German Organisations bei der britischen Militärverwaltung, 1948 für das Foreign Office als Berater bei BICO in Frankfurt/M.

Ernst Fraenkel (1891–1971), Prof. für Wirtschafts- und Sozialgeschichte, emigrierte 1939 nach Großbritannien, kehrte 1947 nach Deutschland zurück als Lehrer an das Pädagogische Institut Jugenheim/Bergstraße, seit 1957 o. Prof. und Direktor des Instituts für Wissenschafts- und Sozialgeschichte der Universität Frankfurt/M.

André François-Poncet (1887–1978), 1931–38 Botschafter Frankreichs in Berlin, 1949–53 Hoher Kommissar, 1953–55 Botschafter in Bonn.

Karl Johann Freudenberg (1886–1983), 1926–56 Professor für Chemie an der Universität Heidelberg, 1949/50 Rektor.

196 Kurzbiographien

Carl J. Friedrich (1901), Politikwissenschaftler, seit 1922 in USA, seit 1927 Prof. in Harvard, 1956–68 auch in Heidelberg, 1946–49 Governmental Affairs Adviser der amerikanischen Militärregierung.

Joseph Kardinal Frings (1887–1978), 1942–69 Erzbischof von Köln, Herbst 1948–Frühjahr 1949 Mitglied der CDU.

Edmund Frohne (1891–1971), Bauingenieur, Reichsbahnbeamter, nach dem Krieg Staatssekretär für Verkehr in Niedersachsen, 1947–49 Direktor der Verwaltung für Verkehr im VWG, 1949 Staatssekretär im Bundesverkehrsministerium, 1952–56 Vorstandsvorsitzender der Bundesbahn.

Gerhard Fürst (1897), 1945–48 Direktor im Statistischen Landesamt Hessen, 1949–64 Leiter bzw. seit 1951 Präsident des Statistischen Bundesamtes.

Walther Ernst Gase (1901), nach Kriegsende Leiter des Oberfinanzpräsidiums in Kassel, 1947–50 Ministerialdirektor im Hessischen Finanzministerium, 1950–52 Staatssekretär im Bundesministerium für den Marshall-Plan.

Andreas Gayk (1893–1954), 1945–54 Oberbürgermeister von Kiel, seit 1946 MdL Schleswig-Holstein, 1948–49 Abgeordneter im Parlament. Rat, ab 1946 im PV der SPD.

Willi Gebhard (1901), KPD/SED, 1947–52 Innenminister in Thüringen, 1952–62 1. Vorsitzender des Rates des Bezirks Erfurt.

Ernst Gerlach (1898–1979), Direktor des Instituts für Städt. Straßenwesen und des Zentralinstituts für Städtebau der TU Berlin.

Hermann Gögler (1887–1964), 1921–36 im Württembergischen Wirtschaftsministerium, 1945–51 Ministerialdirektor bzw. Staatssekretär im Württ.-Badischen Staatsministerium, Vertreter im Süddeutschen Länderrat in Stuttgart, 1947 Vertreter im Exekutivrat, 1949–52 Vertreter des Landes Württemberg-Baden in Bonn.

Victor Gollancz (1893–1967), englischer linkssozialistischer Schriftsteller und Verleger, setzte sich nach dem Zweiten Weltkrieg für die Versöhnung zwischen Großbritannien und Deutschland ein, unternahm im November 1946 und Frühjahr 1947 Reisen durch die britische Zone Deutschlands.

Karl Hagen (1890–1959), nach dem Krieg Vizepräsident des OLG Gera und stellv. Vorsitzender der thüringischen Justizverwaltung, MdL Thüringen und Fraktionsvorsitzender der CDU, 1948 Übersiedlung in den Westen, später Ministerialdirigent im Bundesministerium für gesamtdeutsche Fragen.

August Halbfell (1889–1965), SPD seit 1931, nach Kriegsende Leiter des Arbeitsamts Essen und Präsident des Landesarbeitsamtes Westfalen-Lippe, 1946–50 Arbeitsminister in Nordrhein-Westfalen, 1947–54 MdL.

Bernhard Hansen (1896), Rechtsanwalt, seit 1946 SPD, 1946–49 in der Hamburger Bürgerschaft, Vertreter Hamburgs im Exekutivrat, Länderrat und Bundesrat, dann wieder als Rechtsanwalt tätig.

Gustav Wilhelm Harmssen (1890–1970), ab 1933 Direktor, ab 1942 Vorstandsmitglied der Atlas-Werke Bremen, 1945–53 Senator für Wirtschaftsforschung und Außenhandel in Bremen, seit 1948 BDV bzw. FDP.

Kurzbiographien 197

Alfred Hartmann (1894−1967), seit Dezember 1945 im Bayer. Finanzministerium, 1947−49 Direktor der Verwaltung für Finanzen im VWG, 1949−59 Staatssekretär im Bundesfinanzministerium.

Fritz Heine (1904), 1933−45 mit dem emigrierten Parteivorstand der SPD in Prag, Paris und London, 1946−57 Mitglied im Parteivorstand und Pressechef der SPD, 1958−74 Geschäftsführer der Konzentration GmbH, Bonn.

Fritz Henßler (1886−1953), 1930−33 MdR (SPD), anschließend insgesamt neun Jahre inhaftiert, seit November 1946 Oberbürgermeister von Dortmund, ab April 1947 MdL Nordrhein-Westfalen, 1949−53 MdB.

Hubert Hermans (1909), 1944−47 Richter in Koblenz, 1947 Ministerialrat im Justizministerium Rheinland-Pfalz, ab 1948 in der Staatskanzlei, 1952−71 Bevollmächtigter von Rheinland-Pfalz beim Bund, 1949 kurzzeitig im Parlamentarischen Rat (CDU).

Paul Hermberg (1888−1969), Professor für Volkswirtschaft, bis 1933 Professor in Leipzig (für Statistik), 1936−55 Tätigkeit in Kolumbien und USA, 1946−48 in Diensten von OMGUS, seit 1957 Honorarprofessor an der FU Berlin.

Andreas Hermes (1878−1964), 1920−22 Reichsernährungsminister, 1922−23 Reichsfinanzminister (Zentrum), nach dem Krieg erster Vorsitzender der von ihm mitbegründeten CDU in der SBZ bis Dezember 1945, 1946 Übersiedlung in den Westen, 1947−49 Abgeordneter im Wirtschaftsrat, bis 1961 Vorsitzender des Raiffeisenverbandes.

Erwin Hielscher (1898−1971), ab Oktober 1945 Ministerialrat im Bayerischen Finanzministerium, August 1946−1964 Stadtkämmerer in München, 1947−48 zugleich stellv. Vorsitzender der Sonderstelle Geld und Kredit.

Heinz Hilpert (1890−1967), Regisseur und Intendant, ab 1945 Gastregisseur u. a. am Schauspielhaus Zürich, 1947−48 Intendant der Städt. Bühnen Frankfurt, 1950−65 in Göttingen.

Werner Hilpert (1897−1957), 1922−33 Verbandssyndikus, 1939−45 im KZ Buchenwald, Okt. 1945 bis Jan. 1947 Minister ohne Geschäftsbereich und stellv. Ministerpräsident von Hessen, Vors. der hessischen CDU, Jan. 1947 bis Dez. 1950 Finanzminister und stellv. Ministerpräsident, 1946−52 MdL Hessen, 1952−57 Präsident der Deutschen Bundesbahn.

Paul G. Hoffman (1891−1974), 1935−48 Präsident der Studebaker Automobil Gesellschaft, 1948−50 ERP-Administrator, 1950−53 Präsident der Ford-Foundation.

Friedrich Holzapfel (1900−1969), 1945−46 Oberbürgermeister von Herford, stellv. Vorsitzender der CDU Westfalen und bis 1952 der Bundespartei (CDU), stellv. Generalsekretär des Verwaltungsamtes für Wirtschaft in Minden, vorübergehend MdL Nordrhein-Westfalen, 1947−49 Mitglied des Frankfurter Wirtschaftsrates, 1949−53 MdB, 1952−58 Gesandter bzw. Botschafter in der Schweiz.

Kurt Jahn (1914), 1945−49 Leiter des Versicherungs-, Besatzungs- und Schadensamtes in Gießen, 1949−52 Regierungsrat im Hessischen Arbeitsministerium, 1952−58 Landesoberverwaltungsrat der Landesversicherungsanstalt Westfalen, zugleich seit 1945 Lehrtätigkeit, zuletzt 1959−70 Honorarprofessor für Sozialversicherungswesen an der FU Berlin.

Paul Josten (1887), 1924 Ministerialrat im Reichswirtschaftsministerium, 1948 Hauptabteilungsleiter bei der Verwaltung für Wirtschaft.

Wilhelm Kaisen (1887–1979), seit 1905 SPD, 1927–33 Senator für Wohlfahrt in Bremen, von Aug. 1945 bis Juli 1965 Bürgermeister und Senatspräsident von Bremen, 1946–50 Mitglied des Parteivorstands der SPD.

Jakob Kaiser (1888–1961), Mitgründer und ab 1947 1. Vorsitzender der CDU in der SBZ bis zu seiner Absetzung durch die SMAD im Jan. 1948, 1948–49 Vertreter Berlins im Parlamentarischen Rat, 1949–57 Bundesminister für gesamtdeutsche Fragen.

Rudolf Katz (1895–1961), SPD, 1933 Emigration nach China, 1935 weiter nach USA, 1946 Rückkehr mit der Delegation der „Association of Free Germans", 1947–50 Justizminister in Schleswig-Holstein, Vertreter im Frankfurter Länderrat, 1948–49 Mitglied des Parlamentarischen Rates, seit September 1951 Richter und Vizepräsident des Bundesverfassungsgerichts.

Herman Katzenberger (1891–1958), 1920 Generalsekretär der Deutschen Zentrumspartei, 1928–33 im AA, nach Kriegsende Mitbegründer und Verlagsleiter des Berliner CDU-Organs „Neue Zeit", 1947 Ministerialdirigent und Pressechef der Landesregierung Nordrhein-Westfalen, 1949–51 Direktor des Sekretariats des Bundesrats, 1951–1956 Gesandter in Irland.

Edmund Kaufmann (1893–1953), CDU, 1946 Landesdirektor für Wirtschaft, Ernährung und Verkehr in Karlsruhe, 1946–48 Ministerialdirektor im Württ.-Bad. Wirtschaftsministerium, 1948–49 stellvertretender Direktor der Verwaltung für Wirtschaft des VWG, 1949–51 Württ.-Bad. Finanzminister.

Theophil Kaufmann (1888–1961), 1946–48 Bürgermeister von Ettlingen/Baden, 1948–1949 Mitglied des Frankfurter Wirtschaftsrates und des Parlamentarischen Rates (CDU), 1952–54 Generalkonsul in Basel.

Günter Keiser (1902), 1933–37 Redakteur bei der Voss. Zeitung und Frankfurter Zeitung, 1946–49 Hauptabteilungsleiter im Verwaltungsamt für Wirtschaft (Grundsatzabteilung), Mitglied Sonderstelle Geld und Kredit, 1950–51 im Bundeswirtschaftsministerium, 1952–56 Feldmühle AG, 1956–64 bei OEEC bzw. OECD in Paris.

Manfred Klaiber (1903–1981), seit 1926 im AA, 1949–57 Chef des Bundespräsidialamts in Bonn, 1957 deutscher Botschafter in Italien und 1963–68 in Frankreich.

Karl Heinrich Knappstein, (1906), nach Kriegsende Ministerialdirektor im Hessischen Ministerium für polit. Befreiung, 1936–43 Redakteur bei der Frankfurter Zeitung, ab 1948 Leiter der Presseabteilung des Verwaltungsrats des VWG, 1950–56 Generalkonsul in Chicago, 1956–58 Botschafter in Spanien, 1958–60 ao. Staatssekretär im AA, 1960–62 deutscher Beobachter bei der UN, New York.

Wilhelm Knothe (1888–1952), SPD seit 1906, ab 1945 Mitglied des Bürgerrates in Frankfurt/M., Vorsitzender der SPD-Fraktion im vorbereitenden Landesausschuß und in der Verfassungberatenden Landesversammlung für das Land Hessen, bis 1951 im SPD-Parteivorstand, 1949–52 MdB.

Harald Koch (1907), 1946 Finanz- und Wirtschaftsminister in Oldenburg MdL Niedersachsen (SPD), 1947–49 hessischer Wirtschafts- und Verkehrsminister, 1949–53 MdB.

Erich Köhler (1892−1958), vor 1933 bei der DVP, 1933−38 arbeitslos, schlug sich anschließend als Versicherungsagent durch, 1945 Hauptgeschäftsführer der Industrie- und Handelskammer Wiesbaden und Mitgründer der CDU in Hessen, seit 1946 stellv. Landes- und Fraktionsvorsitzender im Hessischen Landtag, von Juni 1947 bis Aug. 1949 Präsident des Frankfurter Wirtschaftsrats, 1949−53 MdB, 1949−50 Präsident des Bundestags.

Heinrich Köhler (1878−1949), 1920−27 bad. Finanzminister, 1923 und 1926 bad. Staatspräsident, 1927−28 Reichsfinanzminister, 1946−48 Wirtschaftsminister von Württemberg-Baden, Vertreter im Exekutivrat bzw. Länderrat.

Eugen Kogon (1903), seit 1946 Mitherausgeber der „Frankfurter Hefte", 1951−68 o. Professor für wissenschaftliche Politik an der TH Darmstadt.

Walter Kolb (1902−1956), seit 1920 SPD, 1924−33 (Entlassung) öffentlicher Dienst, 1934−41 Anwaltspraxis in Bonn, 1941−45 Militärdienst, Okt. 1945 Oberstadtdirektor in Düsseldorf, 1946−56 Oberbürgermeister von Frankfurt/M.

Hinrich Wilhelm Kopf (1893−1961), ab Sept. 1945 Oberpräsident der Provinz Hannover, seit 1946 MdL SPD, 1946−55 Ministerpräsident von Hannover bzw. Niedersachsen.

Hans Kraus (1879−1952), 1919−32 im Bayerischen Finanzministerium, 1945−46 Ministerialdirektor bzw. Staatssekretär in der Bayerischen Staatskanzlei, 1946−50 Finanzminister.

Carl Krautwig (1904−1981), nach dem Krieg Oberverwaltungsdirektor bei der Stadtverwaltung Köln, später Ministerialdirektor und Leiter der Direktorialkanzlei des Verwaltungsrates des VWG, 1953−1963 Ministerialdirektor im Bundesministerium für Wirtschaft, 1964−68 Staatssekretär im Bundesministerium für gesamtdeutsche Fragen.

Gerhard Kreyssig (1899−1982), 1931−45 Leiter der wirtschaftspolitischen Abteilung des Internationalen Gewerkschaftsbundes in Berlin, Paris und London, 1946−51 Wirtschaftsredakteur der Süddeutschen Zeitung, 1947−49 Mitglied des Frankfurter Wirtschaftsrats (SPD), 1951−65 MdB, 1958−65 MdEP.

Herbert Kriedemann (1903−1977), seit 1925 bei der SPD, ab 1946 Mitglied des Parteivorstands, 1947−49 MdL Niedersachsen und Mitglied des Wirtschaftsrats.

Alfred Kubel (1909), SPD, 1946 Ministerpräsident von Braunschweig, in Niedersachsen 1946−70 Minister (Wirtschaft, Verkehr, Arbeit, Finanzen) und 1970−76 Ministerpräsident.

Wilhelm Külz (1875−1948), 1904 Oberbürgermeister von Bückeburg, 1912 von Zittau, 1930−33 von Dresden, 1920−30 MdR (DDP bzw. Staatspartei), 1926 Reichsminister des Innern, 1945−48 Vorsitzender der LDP in der SBZ, 1946−48 Vorsitzender der LDP (zusammen mit Theodor Heuss) in ganz Deutschland.

Georg Kurlbaum (1902), Diplomingenieur, 1931−41 Telefunken Gesellschaft für drahtlose Telegraphie in Berlin, danach im Vorstand der Metrawatt A. G. Nürnberg, 1949−1969 MdB (SPD).

Ludwig Max Lallinger (1908), Polizeibeamter und Mitgründer der Bayernpartei, wurde im Herbst 1945 von der Militärregierung als Leibwächter von Hoegner eingesetzt, verschiedene Ämter in der Landesleitung der BP, MdL in Bayern 1950−66.

200 Kurzbiographien

Johannes Langendörfer (1891–1985), Arzt, 1946–56 Oberstadtdirektor in Bonn.

Herbert Lauffer (1900–1980), seit 1946 Staatssekretär in Niedersachsen und von 1951–56 in Hessen, 1956–64 Vorstandsvorsitzender der Hessischen Landesbank/Girozentrale.

Joachim Lehmann (1901), 1946–47 Geschäftsführer der Handelskammer Hamburg, ab 1947 Justitiar des Exekutivrats, 1950–51 Leiter der Rechtsabteilung des Bundespräsidialamts, 1951–59 Richter am Bundesverfassungsgericht.

Edward H. Litchfield (1914), 1937–38 Dozent für polit. Wissenschaft an der Brown University, 1942–45 stellv. Direktor der Michigan State Civil Service Commission, 1946–47 stellv. Direktor von Civil Administration Division (CAD) der US-Militärregierung in Berlin, 1947–49 Direktor, 1950–53 Geschäftsführer der American Political Science Association.

Fritz Löwenthal (1888–1956), seit 1928 KPD, 1930–32 MdR, 1933 Emigration nach UdSSR, Ende 1946 bis zu seiner Flucht im Mai 1947 nach Westdeutschland Abteilungsleiter in der deutschen Zentralverwaltung für Justiz der SBZ, anschließend SPD, 1948–1949 Abgeordneter im Parlamentarischen Rat.

Erich Walter Lotz (1895–1966), bis 1960 Oberstadtdirektor in Braunschweig.

Herbert Lubowski (1898-1977), nach Kriegsende Oberregierungsrat im Thüring. Finanzministerium, 1946–50 Ministerialrat im Hess. Finanzministerium, 1950–68 Präsident der Deutschen Pfandbriefanstalt.

Hermann Lüdemann (1880–1959), seit 1912 SPD, ab Nov. 1946 Innenminister und stellv. Ministerpräsident von Schleswig-Holstein, von April 1947 bis Aug. 1949 Ministerpräsident.

Hans Lukaschek (1885–1960), 1929–33 Oberpräsident von Oberschlesien, 1944–45 KZ Ravensbrück, nach 1945 Mitgründer der CDU in Thüringen, bis zur Amtsenthebung Sept. 1946 Minister für Land- und Forstwirtschaft, April 1948 bis Juni 1949 Vizepräsident des Deutschen Obergerichts für das VWG, 1949–53 Bundesminister für Angelegenheiten der Vertriebenen.

Sir Gordon MacReady (1891), 1942 Chief of British Army Staff in Washington, 1946–47 Regional Commissioner für Niedersachsen, 1947–49 britischer Vorsitzender von BICO.

Alfred Mehmel (1898–1972), 1939–65 Ordinarius für Massivbau und Institutsdirektor der TH Darmstadt.

Walter Menzel (1901–1969), SPD seit 1921, im Herbst 1945 Berater der US-Militärregierung Berlin, Sept. 1946–Aug. 1950 Innenminister von Nordrhein-Westfalen, 1948–49 Abgeordneter des Parlamentarischen Rates, Verfassungsexperte der SPD, 1946–69 MdB.

Ludwig Metzger (1902), SPD, März 1945 – Januar 1951 Oberbürgermeister von Darmstadt, seit 1946 MdL Hessen, von Juli 1947 bis Februar 1948 Vertreter Hessens im Exekutivrat, von Januar 1951–53 Hessischer Kultusminister, 1953–69 MdB.

Gebhard Müller (1900), Jurist, 1934–45 Amtsrichter, 1946 Vertreter des Justizministers in Württemberg-Hohenzollern, 1948–52 Staatspräsident, Finanz- und Justizminister von Württemberg-Hohenzollern, 1953–58 Ministerpräsident von Baden-Württemberg (CDU), 1958–71 Präsident des Bundesverfassungsgerichts.

Josef Müller (1898–1979), 1945 Mitgründer, 1946–49 Landesvorsitzender der CSU, 1946–62 MdL in Bayern, 1947–52 Justizminister und stellv. Ministerpräsident.

Robert D. Murphy (1894–1978), amerikanischer Diplomat, 1944–49 politischer Berater der amerikanischen Militärregierung für Deutschland, 1949–52 Botschafter in Belgien.

Wilhelm von Nathusius (1893–1952), Verwaltungsjurist, arbeitete nach 1945 zunächst in der Zentralverwaltung des Verkehrswesens von Berlin, seit Juli 1946 Abteilungsleiter und Ministerialrat im Hessischen Landwirtschaftsministerium, seit Sommer 1948 Bürgermeister von Wiesbaden, ab Januar 1950 Leitung der Unterabteilung für Verfassung und Staatsrecht im Bundesinnenministerium.

Alfred Nau (1906–1983), SPD, 1928–33 Sekretär beim Parteivorstand, 1945 Mitarbeiter Kurt Schumachers, seit 1946 Mitglied des Parteivorstands, 1946–75 Schatzmeister der SPD.

Franz Neumann (1904–1974), 1946–58 Landesvorsitzender der SPD in Berlin, 1946–60 Stadtverordneter und MdA Berlin, 1946–69 MdB.

Wilhelm Niklas (1887–1957), CSU, bis 1943 MinRat im Bayer. Landwirtschaftsministerium, nach Kriegsende MinRat und MinDirektor im Bayer. Landwirtschaftsministerium (Okt. 1945 Ernennung zum Staatsrat), 1948–49 stellv. Direktor der Verwaltung für Ernährung, Landwirtschaft und Forsten des VWG, 1949–53 Bundesminister für Ernährung, Landwirtschaft und Forsten.

Martin Nischalke (1882–1962), SPD, 1928 Regierungs- und Schulrat in Arnsberg, 1933 entlassen, seit dem 1. Mai 1945 Regierungspräsident in Wiesbaden, 1946 Mitglied der Verfassungberatenden Landesversammlung Hessen, bis 1950 MdL.

Erik Nölting (1892–1953), SPD seit 1923, nach dem Krieg Generalreferent für die Wirtschaft in Westfalen, Juni 1947–50 Wirtschaftsminister in Nordrhein-Westfalen, 1949–53 MdB.

Erich Ollenhauer (1901–1963), seit 1933 im Parteivorstand der SPD, 1946–52 stellvertretender, 1952–63 Vorsitzender der SPD, 1949–63 MdB.

Kurt Oppler (1902–1981), bis 1937 Rechtsanwalt in Gleiwitz, politisch aktiv in der SAPD, 1938 Emigration nach Holland anschließend Belgien, 1946 Rückkehr, aktiv in der SPD, ab Mai 1946 Ministerialdirektor und Abteilungsleiter im Hessischen Justizministerium, ab Oktober 1947 Chef des Personalamts des VWG, 1952 Gesandter, später Botschafter in Island, Norwegen (1956), Belgien (1959), Kanada (1963–66).

Lord Francis Angier Pakenham (1905), 1938 Labourkandidat für das Parlament in Oxford, 1941–44 persönlicher Assistent von Sir William Beveridge, 1946–47 parlamentarischer Staatssekretär im War Office, 1948–51 Minister für Zivile Luftfahrt.

Anton Pfeiffer (1888–1957), Studienrat, 1918–33 Generalsekretär der BVP, 1945 Mitgründer der CSU, 1945–46 als Staatsrat bzw. Staatssekretär Leiter der Bayerischen Staatskanzlei, 1946 Staatsminister, MdL in Bayern 1946–50, 1948–49 Mitglied des Parlamentarischen Rats, 1950–54 deutscher Generalkonsul bzw. Botschafter in Brüssel.

Hans Piloty (1894–1969), Professor für Elektrische Nachrichten- und Meßtechnik, 1948–1951 Rektor der TH München.

Hans Carl Podeyn (1894–1965), SPD, 1924–33 Abgeordneter in der Hamburger Bürgerschaft, 1945 Senatsdirektor im Landwirtschaftsamt Hamburg, 1946–49 Abteilungsleiter und Ministerialrat in der Verwaltung für Ernährung, Landwirtschaft und Forsten, 1949 Generalreferent im Bundesministerium für Ernährung, Landwirtschaft und Forsten, 1949–54 bei der Vertretung Bonns in Washington, 1954–59 Botschafter in Pakistan.

Heinrich Potthoff (1904–1974), Wirtschaftswissenschaftler, 1945 Direktor eines Elektrizitätsversorgungsunternehmens in Minden-Ravensberg, 1946 Ministerialdirektor im Wirtschaftsministerium Nordrhein-Westfalen, 1950 stellv. Mitglied für die Gewerkschaft in der Internationalen Ruhrbehörde, 1951 Chef der deutschen Delegation in der Ruhrbehörde, 1953–63 deutscher Vertreter in der Hohen Behörde der Europäischen Gemeinschaft für Kohle und Stahl.

Ludwig Preller (1897–1974), seit 1920 SPD, ab 1946 Leiter der Abteilung Sozial- und Kulturpolitik im Süddeutschen Länderrat in Stuttgart, 1947 Honorarprofessor TH Stuttgart, 1948–50 Minister für Arbeit, Wirtschaft und Verkehr in Schleswig-Holstein, 1951–57 MdB.

Friedrich Wilhelm von Prittwitz und Gaffron (1884–1954), ab 1920 als Diplomat in Triest, Rom, Washington, seit 1946 MdL (CSU) in Bayern, 1949–51 Fraktionsvorsitzender.

Ernst Reuter (1889–1953), SPD seit 1912 (1919–22 KPD), 1931–33 Oberbürgermeister von Magdeburg, 1933–35 zweimal im KZ, Emigration über England in die Türkei, 1946 Rückkehr nach Berlin, 1947–53 Oberbürgermeister bzw. Regierender Bürgermeister von Berlin.

Willi Richter (1894–1972), Gewerkschafter, 1947–49 im Frankfurter Wirtschaftsrat (SPD), 1949–57 MdB, 1950–62 Vorstandsmitglied und Vorsitzender (1956) des DGB.

Richard Ringelmann (1889–1965), seit 1919 im bayerischen Staatsdienst, 1945 Ministerialdirektor, 1950–54 Staatssekretär im Finanzministerium.

Erich Roßmann (1884–1953), SPD, 1924–33 MdR, 1945–48 Generalsekretär des Süddeutschen Länderrats (Stuttgart), 1948–49 Intendant von Radio Stuttgart.

Herbert Ruscheweyh (1892–1965), 1946–60 Vizepräsident bzw. Präsident des Hanseat. OLG und Hamburger OVG, 1948–51 zugleich Präsident des Deutschen Obergerichts für das VWG, Köln.

Reinhold Schairer (1887–1971), Verbandsfunktionär und Bildungsexperte, emigrierte 1934 nach London und 1940 in die USA, seit 1945 Zusammenarbeit mit dem State Department, 1949 Erziehungssachverständiger bei der US-Hohen Kommission in Deutschland, Mitwirkung an der Gründung der Carl-Duisberg-Gesellschaft und der Stiftung Volkswagenwerk.

Eduard Schalfejew (1888–1962), 1935–45 Generaldirektor der Deutschen Continental-Gas-Gesellschaft, Dessau, 1947–49 Leiter der Hauptabteilung Energiewirtschaft und Bergbau sowie für Wirtschaftspolitik (1948) in der Verwaltung für Wirtschaft des VWG, 1949–51 Staatssekretär im Bundeswirtschaftsministerium.

Richard Schenck (1900), 1946—47 Geschäftsführer der Handelskammer Hamburg, 1946—
1950 MdL Schleswig-Holstein, 1947—49 Finanzminister.

Hans Schlange-Schöningen (1886—1960), 1924—32 MdR (DNVP bzw. Volkskonservative), 1945 Mitgründer der CDU, 1947—49 Direktor der Verwaltung für Ernährung, Landwirtschaft und Forsten im VWG, 1949/50 MdB, 1950—55 Generalkonsul bzw. Botschafter in Großbritannien.

Carlo Schmid (1897—1979), 1949—53 Professor für Völkerrecht in Tübingen, 1953—64 Professor für politische Wissenschaft in Frankfurt/M., seit 1945 SPD, 1946—47 Präsident des Staatssekretariats Württemberg-Hohenzollern, 1947—48 stellv. Staatspräsident, 1947—50 Justizminister, 1948—49 Mitglied des Parlamentarischen Rats, 1949—1972 MdB.

Otto Schniewind (1887—1970), Bankier und Mitglied zahlreicher Aufsichtsräte.

Erwin Schoettle (1899—1976), seit 1919 SPD, 1933—45 Emigration in die Schweiz und nach Großbritannien, seit 1946 MdL Württemberg-Baden, 1947—49 Mitglied des Frankfurter Wirtschaftsrats, 1949—72 MdB.

Louise Schröder (1887—1957), SPD, 1946—51 Bürgermeisterin in Berlin, 1949—57 MdB.

Hans Schuberth (1887—1976), CSU, 1947—49 Direktor der Verwaltung für Post- und Fernmeldewesen des VWG, 1949—53 Bundesminister für Post- und Fernmeldewesen.

Gebhard Seelos (1901—1984), 1925 bis zu seiner Entlassung 1944 im diplomatischen Dienst, 1945—47 bayerischer Bevollmächtigter beim Länderrat in Stuttgart, 1947—49 beim Exekutivrat bzw. Länderrat in Frankfurt/M., 1949—53 MdB (Fraktionsvorsitzender der Bayernpartei).

Johannes Semler (1898—1973), Mitbegründer der CSU, 1947 Direktor der Verwaltung für Wirtschaft, 1948 wegen seiner berüchtigten „Hühnerfutter-Rede" entlassen, 1950—55 MdB.

Walter Seuffert (1907), 1948/49 Mitglied des Frankfurter Wirtschaftsrats für die SPD, 1949—67 MdB, 1964—67 MdEP, 1967—75 Vizepräsident des Bundesverfassungsgerichts.

Valentin Siebrecht (1907), nach dem Krieg Referent im Landesarbeitsamt Hessen, später Abteilungsleiter in der Bundesanstalt für Arbeitsvermittlung und Arbeitslosenversicherung in Nürnberg, anschließend Präsident des Landesarbeitsamtes Südbayern.

Hans Simons (1893—1972), SPD, 1930—32 Oberpräsident von Niederschlesien, 1933 Emigration nach USA, 1947—49 Abteilungsleiter bei OMGUS, Verbindungsmann zum Parlamentarischen Rat.

Carl Spiecker (1888—1953), seit 1923 Ministerialdirektor und Pressechef der Reichsregierung, Vorstandsmitglied des Reichsbanners, des Republikanischen Reichsbundes und der Vereinigten Republikanischen Presse, 1933—45 Emigration nach Frankreich, England, USA und Kanada, ab 1946 stellv. Vorsitzender der von ihm mitgegründeten Zentrumspartei, April bis Juni 1947 MdL Nordrhein-Westfalen, Juli 1947 bis Aug. 1949 Mitglied des Wirtschafts- und des Exekutiv- bzw. Länderrats in Frankfurt, Dez. bis Febr. 1949 Vorsitz des Zentrums, März 1949 Eintritt in die CDU, 1949—53 Minister ohne Geschäftsbereich in Nordrhein-Westfalen und Bevollmächtigter beim Bundesrat.

Christopher E. Steel (1903–1973), Political Advisor bei der britischen Militärregierung, ab 1949 stellvertretender Hoher Kommissar, Botschafter in Bonn 1957–63.

Erwin Stein (1902), 1946–51 MdL Hessen für die CDU, Jan. 1947 bis Dez. 1950 Minister für Kultus und Unterricht, Nov. 1949 bis Dez. 1950 auch für Justiz, 1951–71 Richter am Bundesverfassungsgericht.

Theodor Steltzer (1885–1964), 1920 Landrat in Rendsburg, 1944 als Mitglied des Kreisauer Kreises verhaftet, 1945 Mitgründer der CDU in Schleswig-Holstein, Nov. 1945 bis Mai 1947 Oberpräsident bzw. Ministerpräsident von Schleswig-Holstein.

Christian Stock (1884–1976), SPD seit 1902, 1919–20 Mitglied der Nationalversammlung, Gewerkschaftsfunktionär, 1933–45 Vertreter, zeitweise im KZ, nach Kriegsende Direktor der AOK Frankfurt und Präsident der Hessischen Landesversicherungsanstalt, Mitglied der Verfassungberatenden Landesversammlung Hessen und des Landtags, 1946–50 Ministerpräsident von Hessen.

Sir William Strang (1893–1978), politischer Berater der britischen Militärregierung.

Walter Strauß (1900–1976), 1928–35 Hilfsreferent im Reichswirtschaftsministerium, Okt. 1945–Dez. 1946 Staatssekretär im Hessischen Staatsministerium. Mitglied des Direktoriums des Süddeutschen Länderrates, Juni 1947–März 1948 stellvertretender Direktor der Verwaltung für Wirtschaft, ab April 1948 Leiter des Rechtsamts des VWG, Mitglied des Parlamentarischen Rates (CDU), Nov. 1949–Nov. 1962 Staatssekretär im Bundesjustizministerium.

Fritz Stricker (1897–1949), 1946–1947 Verkehrsminister in Nordrhein-Westfalen, Zentrumsabgeordneter im Wirtschaftsrat von Juni 1947 bis Juli 1949.

Franz Suchan (1911–1971), SPD, Landesdirektor in Schleswig-Holstein und Vertreter Schleswig-Holsteins im Exekutivrat, 1950–57 Mitglied des Direktoriums und seit 1954 Vizepräsident der Berliner Zentralbank.

Otto Suhr (1894–1957), seit 1919 SPD, Aug. 1945–März 1946 Hauptabteilungsleiter der Deutschen Zentralverwaltung für Industrie in der SBZ, seit August 1946 Generalsekretär der SPD Berlin, 1946–48 Vorsteher der Stadtverordnetenversammlung von Groß-Berlin, 1948–55 Stadtverordnetenvorsteher bzw. Präsident des Abgeordnetenhauses von Westberlin, 1955–57 Regierender Bürgermeister von Berlin.

Edward A. Tenenbaum (1921–1975), US-Leutnant, Assistent von Clays Finanzberater Jack Bennett, 1952–54 Berater der amerikanischen Regierung in Griechenland.

Fritz Usinger (1895–1982), Studienrat und Schriftsteller, Georg-Büchner-Preisträger 1946, o. Mitglied der Akademie für Sprache und Dichtung Darmstadt sowie der Akademie der Wissenschaften und der Literatur Mainz.

Hermann Veit (1897–1973), SPD, 1945–46 Oberbürgermeister von Karlsruhe, 1946–60 Wirtschaftsminister, seit 1951 auch stellv. Ministerpräsident von Württemberg-Baden bzw. Baden-Württemberg, 1949–53 MdB.

Otto Veit (1898–1984), 1947–52 Präsident der Landeszentralbank Hessen, 1948–52 Mitglied des Zentralbankrats der Bank Deutscher Länder bzw. Bundesbank, seit 1952 o. Professor an der Universität Frankfurt, Direktor des Instituts für Kreditwesen.

Albert Wagner (1885–1974), hessischer Pädagoge und SPD-Politiker, nach dem Ende des Zweiten Weltkriegs zunächst Landrat, dann Ministerialrat im hessischen Finanz-, Wirtschafts- und Verkehrsministerium, von Nov. 1949 bis Dez. 1950 hessischer Minister für Arbeit, Landwirtschaft, Wirtschaft und Verkehr, seit 1950 MdL.

Hermann Wandersleb (1895–1977), 1946–49 Chef der Landeskanzlei Nordrhein-Westfalen, 1950–59 Staatssekretär im Bundeswohnungsbauministerium, bis 1963 Leiter der Gesellschaft für Kernforschung in Karlsruhe.

Gerhard Weisser (1898), Professor für Sozialpolitik, nach Kriegsende Ministerialdirektor in Braunschweig, Leiter des Ministeriums für Finanzen und Wirtschaft und stellv. Ministerpräsident, ab 1946 Generalsekretär des Zonenbeirats der britischen Besatzungszone, 1948–50 Staatssekretär im Finanzministerium Nordrhein-Westfalen, 1950–60 o. Professor an der Universität Köln.

Heinrich Weitz (1890–1962), 1927–37 Oberbürgermeister von Trier, bis 1933 Zentrum, seit 1945 CDU, 1945–47 Oberbürgermeister von Duisburg, 1946–51 Finanzminister in Nordrhein-Westfalen, 1952–61 Präsident des Deutschen Roten Kreuzes.

Lawrence Wilkinson (1905), 1946–49 Economic Adviser der amerikanischen Militärregierung in Berlin, 1950–54 Direktor bzw. Präsident der New York State Civil Defence Community.

Leo Wohleb (1888–1955), 1947–52 Staatspräsident von Baden, bis 1948 Landesvorsitzender der CDU, 1952–55 Gesandter in Lissabon.

Eduard Wolf (1903–1964), 1934–48 Mitarbeiter des Instituts für Konjunktur- bzw. Wirtschaftsforschung in Berlin, seit 1947 wissenschaftlicher Mitarbeiter bei der Sonderstelle Geld und Kredit, später im Direktorium der Deutschen Bundesbank.

Lorenz Wolkersdorf (1915), Diplomkaufmann, 1945–46 Revisor Kölner Wirtschaftsprüfer, 1947–58 Abteilungsleiter im Wirtschaftswissenschaftlichen Institut der Gewerkschaften, 1959–71 Referent und Unterabteilungsleiter im Bundesfinanzministerium.

Georg-August Zinn (1901–1976), 1927–33 Stadtverordneter in Kassel (SPD), 1945 Landgerichtsdirektor in Kassel, 1947–62 hessischer Justizminister, 1948–49 Mitglied des Parlamentarischen Rats, August 1949–51 und 1961 MdB, 1950–69 hessischer Ministerpräsident.

Rudolf Zorn (1893–1966), SPD, 1927–33 Bürgermeister von Ludwigshafen-Oppau, 1946 Präsident des Landesamtes für Vermögensverwaltung und Wiedergutmachung, 1946–1947 bayer. Wirtschaftsminister, 1951 Finanzminister, 1949–64 Präsident des Bayerischen Sparkassen- und Giroverbandes.

Abkürzungen

AVBRD	Akten zur Vorgeschichte der Bundesrepublik Deutschland
BICO	Bipartite Control Office
CDU	Christlich Demokratische Union
CSU	Christlich Soziale Union
DP	Deutsche Partei
DVO	Durchführungsverordnung
DVP	Demokratische Volkspartei
ERP	European Recovery Program
FDP	Freie Demokratische Partei
FRUS	Foreign Relations of the United States
KPD	Kommunistische Partei Deutschlands
LDP	Liberaldemokratische Partei
NDP	Nationaldemokratische Partei
NSDAP	Nationalsozialistische Deutsche Arbeiterpartei
NZZ	Neue Zürcher Zeitung
OMGUS	Office of Military Government for Germany (US)
SBZ	Sowjetische Besatzungszone
SED	Sozialistische Einheitspartei Deutschlands
SMA	Sowjetische Militär-Administration
SPD	Sozialdemokratische Partei Deutschlands
VfZ	Vierteljahrshefte für Zeitgeschichte
VO	Verordnung
VWG	Vereinigtes Wirtschaftsgebiet
WAV	Wirtschaftliche Aufbau-Vereinigung

Register

Acheson, Dean 120
Adcock, Clarence L. 28, 58, 61, 76, 78, 145
Adenauer, Konrad 29, 33, 66, 69, 75, 82, 88, 99, 101, 104, 107, 109, 110, 112, 115, 116, 117, 118, 121, 124, 132, 133, 136, 137, 138, 139, 140, 142, 143, 144, 146, 149, 156, 160, 161, 162, 164, 165
Agartz, Viktor 67
Allemann, Fritz René 16
Allilujewa, Swetlana 162
Altheim 118
Altmeier, Peter 86, 125
Andersch, Alfred 54
Apel, Wilhelm 37, 99
Apelt, Manfred 64
Armstrong, Orland Kay 45, 149
Arndgen, Josef 28
Arnold, Karl 47, 65, 120, 135, 137, 140, 164
Arp, Erich 54, 149
Auerbach, Philipp 127

Baudelaire, Charles 49
Baumgartner, Josef 40, 44, 50, 51, 53, 54, 98, 148, 149
Becker, Hellmut 16
Beckmann, Max 30
Beethoven, Ludwig van 125
Benesch, Eduard 152
Berger, Georg 67, 68
Bergsträsser, Ludwig 91, 101, 136, 158
Berley 91
Berry, Sir Vaughan 87
Beveridge, William Henry Lord 165
Bevin, Ernest 92, 109
Beyerle, Josef 163
Biel, Ulrich 73
Birrenbach, Kurt 16
Bismarck, Otto Fürst von 30, 83
Blauer 23
Blessing, Karl 16
Bley 89
Blücher, Franz 31
Blüthgen, Fritz 116, 161
Blum, Léon 81, 159
Bock, Lorenz 86
Böhme, Jakob 49

Bourdin, Paul 91
Brauer, Max 47, 48, 49, 62, 63, 77, 85, 86, 87, 89, 90, 98, 107, 112, 115, 134, 138, 144, 152, 156
Brecht, Arnold 83
Bremer, Adolf 27
Brentano, Heinrich von 119
Brill, Hermann Louis 8, 12, 13, 14, 15, 16, 22, 23, 24, 27, 40, 69, 131, 136
Brinkmann 73
Burnham, James 143

Canter 73
Clave 72
Clay, Lucius D. 28, 39, 45, 53, 55, 58, 61, 65, 73, 76, 77, 79, 84, 88, 89, 90, 97, 98, 102, 103, 109, 117, 118, 120, 124, 127, 133, 145, 149, 153, 154, 155, 156, 158, 159, 161
Cripps, Sir Richard Stafford 149

Dahrendorf, Gustav 82
Dalton 52, 149
Danckwerts, Justus 140
Dewey, Thomas E. 163
Diehls 60
Dietrich, Hermann 70
Dietz, Fritz 24, 109, 133, 159
Dörr, Wilhelm 56
Douglas, Sir Sholto 28
Draper, William H. 133
Dudek, Walter 74, 76, 88, 140
Dulles, John Foster 97

Eberhard, Fritz 71
Ebert, Friedrich 163
Eden, Anthony (Earl of Avon) 89
Eggerath, Werner 91
Ehard, Hans 33, 37, 40, 47, 53, 58, 59, 62, 63, 71, 77, 78, 82, 109, 135, 137, 146, 147, 149, 152, 164
Ellscheid, Robert 15
Elmenau, Johannes von 59, 72, 80
Engler, Herbert 143
Erhard, Ludwig 79, 84, 97, 102, 114, 119, 123, 124, 125, 139, 150, 160, 162

Ernst, Otto 143
Erzberger, Matthias 80, 154
Etzel, Franz 16
Even, Johannes 164
Ewers, Hans 139

Fay, Fritz 118
Feick, Gustav Otto 43
Fischer, Eugen 29
Fischer-Menshausen, Herbert 138
Fliess, Walter 33, 123, 138
Forrestal, James V. 133
Fraenkel, Ernst 65
François-Poncet, André 133
Freudenberg, Karl Johann 141
Friedlaender, Ernst 115, 160
Friedrich II. (der Große) 111
Friedrich, Carl J. 89
Frings, Joseph Kardinal 109
Frohne, Edmund 31, 59, 79
Fürst, Gerhard 96, 102
Funke 132

Gase, Walther Ernst 68, 69
Gatteridge 91
Gaulle, Charles de 83, 101, 158
Gayk, Andreas 86
Gebhard, Willi 91
Gerlach, Ernst 141
Gockeln, Josef 164
Goebbels, Joseph 27, 124
Gögler, Hermann 40
Göring, Hermann 28, 161
Goethe, Johann Wolfgang von 22, 49, 125, 126
Gollancz, Victor 21, 33, 34, 35, 45
Grace, Alonso G. 132
Griebel 28
Gromyko, Andrej 133
Gusenko, Igor 95

Hagen, Karl 90, 91
Halbfell, August 107
Hansen, Bernhard 42, 46, 64, 75, 102, 112, 134, 140, 146
Harmssen, Gustav Wilhelm 77
Harriman, W. Averell 153
Hartmann, Alfred 31, 38, 40, 79
Hays, George P. 151, 161
Heine, Fritz 62, 103, 110, 114, 138
Heix, Martin 164
Held, Martin 53
Hensel, Walther 16

Henßler, Fritz 67, 68, 114
Hermans, Hubert 140
Hermberg, Paul 110, 111, 144
Hermes, Andreas 69, 110, 157
Hess, Berta 71
Heß, Rudolf 124
Hesse, Hermann 21, 22
Hielscher, Erwin 107, 154
Hill 56
Hilpert, Heinz 52
Hilpert, Werner 14, 15, 16, 23, 43, 46, 63, 65, 68, 69, 70, 72, 73, 74, 76, 78, 79, 82, 85, 88, 93, 100, 102, 109, 116, 137, 138, 140, 145
Hitler, Adolf 13, 27, 83, 111, 120, 124, 133
Hoch 22
Hoffman, Paul G. 77, 93, 156
Hoffmann 110
Holgate 62
Holzapfel, Friedrich 50, 119, 140
Housen 73
Huch, Ricarda 51
Huebner, Clarence R. 161
Hugenberg, Alfred 132
Huizinga, Johan 51

Imhof 94
Imhoff, Christoph von 16
Irmer, Franz 62

Jahn, Kurt 43, 80, 112, 144
Josten, Paul 38

Kaisen, Wilhelm 46, 63, 68, 69, 86, 90, 97, 107, 112, 114, 115, 117, 135, 138, 140, 152
Kaiser, Jakob 90, 156
Katz, Rudolf 135, 136
Katzenberger, Hermann 144
Kaub 86
Kaufmann, Edmund 42
Kaufmann, Theophil 47
Keiser, Günter 38, 75, 111
Klaiber, Manfred 138
Klein, Josef 91
Knappstein, Carl Heinrich 92
Knothe, Wilhelm 130, 131
Koch, Harald 78
Köhler, Erich 28, 30, 32, 34, 37, 40, 42, 45, 46, 47, 51, 55, 56, 61, 63, 74, 79, 84, 92, 100, 118, 119, 122, 139, 164
Köhler, Heinrich 29, 31, 38, 82, 88, 110, 146, 147, 152, 153, 159

Koenig, Pierre 86, 89
Körner 116
Kogon, Eugen 16, 64, 91
Kolb, Walter 28, 30, 78, 125
Konstantin (der Große) 129
Kopelmanas, Lazare 83
Kopf, Hinrich Wilhelm 46, 48, 60, 63, 74, 75, 78, 107, 121, 122, 134, 135, 144, 151, 152
Kraus, Hans 88
Krautwig, Carl 72
Kreyssig, Gerhard 67
Kriedemann, Herbert 15, 29, 31, 32, 33, 34, 51, 52, 72, 76, 77, 86, 89, 90, 96, 100, 102, 107, 109, 112, 114, 115, 118, 119, 120, 122, 134, 136, 138, 141
Krug, Julius A. 153
Kubel, Alfred 29, 48, 107
Kübel, Josef 116, 161
Külz, Wilhelm 156
Kurlbaum, Georg 136

Lallinger, Ludwig Max 98
Langendörfer, Johannes 118
Lauffer, Herbert 96, 102
Lehmann, Joachim 33
Leitner, Alfons 90
Lentze, Helmut 43, 77, 112, 113
Leuninger, Franz 11
Levy, Sigfrid 45
Lippmann, Walter 92
Litchfield, Edward H. 62, 63, 89, 115
Löwenthal, Fritz 117, 161
Loritz, Alfred 128, 163, 164
Lotz, Erich 62
Lubowski, Herbert 15, 23, 87, 96, 102
Lüdemann, Hermann 12, 13, 46, 48, 63, 99, 115, 125, 133, 135, 152, 164
Lukaschek, Hans 46, 69, 70, 72, 73, 75, 144
Luther 77

MacReady, Sir Gordon 58, 61, 76, 78, 145
Maier, Reinhold 86, 135, 163
Maier 133
Mann, Thomas 22, 125, 126, 145
Manz, Albert 71
Marreco, Anthony 62
Marshall, George C. 92
Marx, Karl 44
McCloy, John J. 122, 141, 161, 165
Medicus, Franz Albrecht 119
Mehmel, Alfred 134, 141

Meinecke, Friedrich 24
Meinhold, Helmut 119, 159
Menzel, Walter 65, 68, 99, 113
Metzger, Ludwig 8, 28, 30, 33, 35, 37, 39, 40, 43, 46, 60, 146, 150
Meyer, Paul 53
Miksch, Leonhard 119, 159
Mittendorff, Oswald 146
Moering, Ernst 19
Molotow, Wjatscheslaw Michailowitsch 120, 160
Morgenstern, Christian 61
Mozart, Wolfgang Amadeus 89
Müller, Gebhard 135
Müller, Josef (Ochsensepp) 47, 59, 64, 77, 82, 97, 98, 121
Müller 126
Murphy, Robert D. 97, 117

Nathusius, Wilhelm von 52
Nau, Alfred 86
Neumann, Franz 67
Niemöller, Martin 66
Niklas, Wilhelm 57
Nischalke, Martin 78
Nölting, Erik 107
Nourse, Edwin G. 153

Ollenhauer, Erich 48, 62, 68, 86, 88, 102, 103, 107, 112, 121
Oppler, Kurt 35, 37, 40, 56, 57, 72, 120, 131, 147
Ortega y Gasset, José 123
Ostrowski, Otto 12, 23, 145

Pakenham, Lord Francis Angier 80
Pascal, Blaise 49
Peters 91
Pfeiffer, Anton 45, 59, 77, 135, 138
Pferdmenges, Robert 15
Phelps, Robert K. 92
Piloty, Hans 141
Plato 44
Podeyn, Hans Carl 50, 51, 78, 96, 102, 159
Poincaré, Raymond 101
Potthoff, Heinrich 33, 146
Preller, Ludwig 89
Prittwitz und Gaffron, Friedrich Wilhelm von 69
Pünder, Hermann 9, 70, 71, 72, 73, 74, 75, 79, 80, 92, 102, 109, 118, 125, 138, 152, 164

Quisling, Vidkun 66

Rauch, Karl 49
Reichel, Edgar 88
Reichelt 73
Reimann, Max 139, 164
Reisser 91
Reuter, Ernst 107, 109, 115, 117, 159
Richter, Willi 141
Ringelmann, Richard 135, 140
Robertson, Sir Brian Hubert 39, 53, 55, 58, 61, 65, 73, 76, 77, 79, 84, 97, 98, 99, 100, 101, 102, 121, 124, 127, 145
Rolf 80
Roos 110
Roßmann, Erich 71
Rostovtzeff, Michael Iwanowitsch 129
Ruscheweyh, Herbert 73, 75

Sachse, Rudolf 46, 146
Schairer, Reinhold 132, 133, 141
Schalfejew, Eduard 41
Schenck, Richard 74, 76, 88
Schiller, Friedrich von 64
Schlange-Schöningen, Hans 39, 50, 51, 61, 70, 78, 79, 97, 98, 100, 102, 149, 157
Schmid, Carlo 21, 86, 88, 101, 107, 114, 117, 138, 142
Schmid, Richard 54
Schniewind, Otto 29
Schoettle, Erwin 15, 67, 107
Schröder, Louise 87, 88
Schuberth, Hans 59, 79, 151
Schumacher, Karl 77
Schumacher, Kurt 8, 16, 24, 25, 26, 27, 29, 31, 32, 36, 38, 50, 57, 62, 66, 67, 68, 77, 81, 102, 107, 112, 113, 114, 115, 116, 117, 127, 132, 134, 135, 136, 138, 139, 141, 142, 143, 144, 145, 165
Schuman, Robert 109
Seelos, Gebhard 8, 33, 37, 40, 43, 44, 45, 47, 50, 56, 57, 59, 64, 65, 150
Seidel, Hanns 76
Semler, Johannes 31, 33, 38, 41, 42, 47, 48, 55
Serwe, August 95
Seuffert, Walter 15, 136
Sforza, Carlo Graf 112
Shdanow, Jurij Andrejewitsch 162
Siebrecht, Valentin 87
Simons, Hans 60, 89, 115
Spiecker, Carl 42, 44, 45, 46, 47, 50, 54, 57, 64, 65, 73, 77, 86, 140, 141, 142, 148, 150
Spranger, Eduard 22

Stalin, Josef Wissarionowitsch 92, 95, 102, 120, 162
Steel, Christopher E. 63
Stein, Erwin 109
Steltzer, Theodor 69, 91
Stock, Christian 14, 16, 43, 47, 48, 63, 65, 69, 78, 98, 99, 118, 125, 130, 131, 133, 134, 137, 142, 144, 152
Strang, Sir William 97
Strauß, Walter 41, 57, 72, 110
Stresemann, Gustav 80
Stricker, Fritz 70
Strobel, Robert 100
Suchan, Franz 89, 146
Süßmuth 22
Suhr, Otto 12, 67
Szczesny, Gerhard 22

Taft, Robert Alphonso 133
Tenenbaum, Edward A. 81, 154
Thyssen, August 133, 163
Thyssen, Fritz 163
Toynbee, Arnold J. 129, 163
Troeger, Else 19, 56
Truman, Harry S. 133, 153, 163
Tschiang Kai Schek 105, 159

Udet, Ernst 53
Unruh, Fritz von 125
Usinger, Fritz 49, 50

Valéry, Paul 49
Veit, Hermann 62, 147
Veit, Otto 23
Viehweg 49
Vogelsang, Thilo 12, 19
Voigt, Fritz 11

Wagner, Albert 14, 116, 143, 165
Wagner, Otto 11
Wahrhaftig, Samuel L. 102
Wandersleb, Hermann 118
Weber, Max 24
Weir, Sir Cecil 73
Weisser, Gerhard 89, 144
Weitz, Heinrich 144
Weizsäcker, Richard von 16
Wenger, Paul Wilhelm 96
Wilkinson, Lawrence 73
Wilson, Minox Keith 133
Winkelheide, Bernhard 164
Winkler 43
Wirth, Joseph 80, 133
Witsch, Joseph 15

Woerner 114
Wohleb, Leo 86, 109, 125
Wolf, Eduard 96
Wolkersdorf, Lorenz 89
Wyschinsky, Andrej 160

Zimmer 71
Zinn, Georg August 15, 32, 37, 46, 68, 69, 73, 107, 147
Zinnkann, Heinrich 13, 14
Zorn, Rudolf 96, 157
Zuckmayer, Carl 52, 53

Akten zur Vorgeschichte der Bundesrepublik Deutschland 1945-1949

Herausgegeben von Bundesarchiv und Institut für Zeitgeschichte

Das Werk liegt geschlossen vor:
5 Bände zusammen DM 1022,–

Band 1
September 1945 - Dezember 1946
Bearbeitet von Walter Vogel und Christoph Weisz
1976. 1197 Seiten, DM 230,–
ISBN 3-486-44321-6

Band 2
Januar - Juni 1947
Bearbeitet von Wolfram Werner
1979. 654 Seiten, DM 118,–
ISBN 3-486-44551-0

Band 3
Juni - Dezember 1947
Bearbeitet von Günter Plum
1982. 1068 Seiten, DM 218,–
ISBN 3-486-49141-5

Band 4
Januar - Dezember 1948
Bearbeitet von Christoph Weisz, Hans-Dieter Kreikamp und Bernd Steger
1983. 1076 Seiten, DM 226,–
ISBN 3-486-49151-2

Band 5
Januar - September 1949
Bearb. von Hans-Dieter Kreikamp
1981. 1160 Seiten, DM 230,–
ISBN 3-486-49161-X

Aus der Fachkritik:

Das Parlament:
„Das fünfbändige Werk hat nunmehr mit dem Band 4 seinen Abschluß gefunden und es läßt sich schon nach dem ersten Sichten mit Fug und Recht sagen, daß den zahlreichen Mitarbeitern hiermit etwas ganz Großes gelungen ist, auf das man immer wieder zurückgreifen wird, wenn man sich forschend, lehrend oder aus dem Interesse des Zeitzeugen oder Nachgeborenen heraus mit dieser Epoche deutscher Zeitgeschichte befassen will."
Bernd Rudolph

Historische Zeitschrift:
„Die vorbildliche Kommentierung setzt Maßstäbe."
Rudolf Morsey

Wehrwissenschaftliche Rundschau:
„Das Bestreben der Herausgeber ist es, die wichtigsten politischen Entscheidungen zu dokumentieren, die als Etappe zur Weststaatsgründung angesehen werden können. So werden deutliche Schwerpunkte gebildet. Außerdem führt ein umfangreicher Anmerkungsapparat den Benutzer zu weiterem ungedruckten Material. Nur so war es möglich, dem Aktenberg eine Gestalt zu geben, die eine Benutzung der Bände auch in Lehrveranstaltungen der Universitäten und anderen Bildungsstätten ermöglicht."
Andreas Hillgruber

Oldenbourg